JN333219

大下由美・小川全夫・加茂 陽 [編]

ファミリー・ソーシャルワークの理論と技法

社会構成主義的観点から

九州大学出版会

はじめに

　国内でのファミリー・ソーシャルワークは，法的な根拠に従い資源を提供する方法以外，明確な理論的根拠を有する支援の方法を持ちあわせておらず，それは，国際的には，マスコミ界をにぎわした比喩を用いるならば，「ガラパゴス」化した，特殊な資源導入論のソーシャルワーク・パラダイムである。国内の医療，教育，そして福祉の諸機関に属する多くのソーシャルワーカーは，このパラダイムでの実践に慣れ親しんでいるがゆえ，自らのその実践を振り返り，それに対して批判的に吟味を加える作業の必要性を感じることはまれであるだろう。専門的著作や学術的論文においてさえ，本著作の著者たちの論文で提示されたモデル以外，既存の法的手続きに従う資源導入を唱えるソーシャルワークに対抗的な，理論および技法の体系を有する支援モデルを目にすることはまれである。しかし，社会変容を試みることを職務とするソーシャルワーカーは，関与対象に対して説明力を有する独自の理論，とりわけ社会理論と，社会の変容技法の体系が不在であるならば，発生する問題への解決力が著しく低下することに自覚的でなければならないであろう。この社会理論と技法の不在は，実践科学としてのソーシャルワーク構築のために，批判的に論じ尽くさなければならない重要な主題であり，それへの議論を深めた上で，ファミリー・ソーシャルワークの体系化の議論を展開するべきであろう。しかし，本著作においては，紙面の都合上，ソーシャルワークが実践科学として成立するために不可欠な，この課題についての考察を十分に深めることはできない。不本意ではあるが，本著作においては，問題提起に止めざるを得ない。

　本著作では，ソーシャルワーク実践についての，このような根源的な問題からとりあえず離れ，より焦点化されたファミリー・ソーシャルワークの考察課題が取り扱われる。つまり，以下では，家族を固有の構造と力学を有するシステムとして定義し，そのシステムの変容論を提起した，70年代以降のシステムズ理論に依拠した支援論への吟味から開始し，その後の一連のポストモダニズムと名づけられる支援論についても考察を加え，国際的には最前線の家族支援モデルの理論と変容の実際を示したみたい。

　家族の適応様式が多様化し，流動化している今日，核家族を正常の類型と見なし，家族が抱える問題をその類型からの逸脱として説明する伝統的な家族理論は，もはやそれらの現象への十分な説明力を有してはいない。それゆえこれらの家族への支援を試みるファミリー・ソーシャルワークにとって，標準化された核家族類型を正常性の尺度と見なす基礎理論に基づき，家族の問題を説明し，評定する方法論は，時代遅れとなりつつある。そして，その理論的な前提を下敷きにして考案され

てきた変容技法も，この家族の多様化，流動化に対応できず，無力化しつつある。この文脈で盛んに提唱されたのが，現実構成の言説決定論に依拠するナラティブ・アプローチを中心とする，ポストモダンという接頭語がつけられた一連のソーシャルワーク論であった。例えば，正常家族の存在を前提とする構造的家族療法に強い影響を受けたハートマン（Hartman, A）たちの『家族中心のソーシャルワーク』は，80年代の名著であったが，その家族類型の実在が疑わしくなる時代的背景の中で，著者たちはそのモラルの理論的及び実践的有用性への考察を放棄し，ナラティブ・アプローチに急旋回する。ところがこのアプローチの提唱者たちは，思想論レベルにおいては華々しい発言を繰り返しつつも，具体的な変容論においては，言説の変容が直線的に問題解決に結びつく言説決定論を唱え，単純な直線的な問題解決論に陥っていた。むろん日常の生活場面を特定の言説から演繹的に説明し尽くすことはできず，それゆえ具体的な変容作業のレベルにおいては，問題解決力を示すことができず，このアプローチは次第に影響力を無くしていった。時代のポストモダンの流れに悪乗りし，理論と実践は何でもありの野放図な発言を行った，国内の泡沫的なポストモダン・ソーシャルワークについては言及する必要性はないだろう。家族の正常類型と異常類型の二分法が通用せず，そして，異常類型を治療により正常類型に回帰させるという変容論が成立しない事態において，求められるファミリー・ソーシャルワーク・モデルは，無責任な何でもアリの説明論に陥ることなく，洗練された問題の説明と解法の理路を有し，同時に決定論の呪縛から解き放された，ソーシャルワークモデルである。この解決が容易ではない課題を念頭に置いて，その解決を試み出版された著作が，2011年の編者らの *Reconstructing Meaningful Life Worlds: A New Approach to Social Work Practice* であった。本著作においては，古典的な哲学者の存在を巡る議論や，現代的マルキストの認識，存在そして実践の知見を取り入れ，この2011年の著作で提示された支援の基礎理論，技法論，そして測定論についての考察をさらに深め，支援の理論と技法の体系化を試みた。

　本著作でより詳しく論じられるが，そのモデルの概略は，以下である。人の社会的構成を論じる社会構成主義的視点から生成的システムズ理論を体系化したCMM（Coordinated Management of Meaningの略）理論に依拠し，この人のシステムの生成理論を，ハイデガー（Heidegger, M.）のケア（Sorge）概念，さらにこの概念を社会的文脈で再構築した廣松渉の人とものの四肢的構造論で補強し，人とものの相互生成論が，支援の基礎理論として組み立てられる。さらに，システム生成の手法に優れる北米ミラノ学派の循環的質問法を中心として，解決志向短期療法の技法も取り入れられ，技法体系が構築される。ベールズ（Bales, R. F.）やパーソンズ（Parsons, T）らの集団研究の成果を活用して，ソーシャルワークではこれまで試みられなかった変容力学の測定論が示されることも強調しておきたい。さらに，これらの基礎理論，技法使用，そして測定の有用性についての議論が，具体的事例を用いて深められる。

　このような，明確な支援パラダイムが不在の事態において，本著作での目新しい将来のパラダイムを提示する作業が，現状に飽き足らず，新たな家族支援の方向性を模索している，実践家や研究者に対して，役立つ知識を提示できるならば，それは望外の喜びである。

　本著作は，第1部理論編，第2部技法・測定編，第3部実践編の3部構成となっている。初め

てファミリー・ソーシャルワークを学ぶ人にとっては，第3部から読み始め，第1部の理論編，第2部の技法・測定編に戻って理解を深めるという読み方の方が，馴染みやすいかもしれない。

　各部の構成は，以下のとおりである。第1部は，第1章～第5章で成り立ち，そこでは，ミクロレベルからマクロレベルまでを含む社会構成主義的ソーシャルワーク実践の基礎理論，および変容理論が論じられている。

　第1章では，ファミリー・ソーシャルワークの新たな理論構築を目指すべく，上記の何でもありの非決定論，逆に安易な決定論の克服に向けた議論が展開される。社会構成主義的認識論と存在論を基礎理論に置き，ものと人が対人間のトランズアクション過程で物象化される構造と力学の枠組みが提示される。さらに「私」論が示され，仮想的ではあるが，世界存続には不可欠な，クライアントの「私」を支援者が立ち上げることで，世界も立ち上がり，そこでは，「私」と世界の両極が成立する力学が説明される。この構造化を文脈として，クライアントの「私」の実践作業として新たな世界構成が開始することが論じられる。さらに，「私」を立ち上げ，次の世界作りを試みる支援過程の概略が論じられる。

　第2章では，ベイトソン（Bateson, G.）の差異の概念と「私」論とが組み合わされ，支援活動における，認識論，存在論，実践論の各レベルへの考察が深められ，「私」と世界を立ち上げる支援の原則が提示される。すなわち，未だ無原則に受け入れられている，50年代の自己決定論が論破され，「私」による世界構成の正当性の論拠が示される。

　第3章では，社会構成主義の特徴である生成論的視点から，変容対象である社会の構造とその力学概念の再構成がメゾ，ミクロレベルで試みられ，新たな支援の社会理論とその変容の手法が提示される。

　第4章では，自己の生成を論じる西田幾多郎の「否定」の概念と，「間柄」として社会を論じる和辻哲郎の「空」の概念が取り上げられ，自己及び社会が生成される「場所」論と，差異の生成力学が論じられ，それらを支援の基礎理論に体系づける方向性が示される。

　第5章は，コミュニティ理論にもとづいて住民の地域組織化が再考される。今日，コミュニティ・ソーシャルワークの概念が，実践場面で多用される時期を迎えているが，そこで語られる地域や福祉の概念が，必ずしも自明のものではないことが指摘され，新たな地域概念が提示される。その地域概念と結びつけて，地域住民のエンパワーメントを図るソーシャルワークが提起される。

　第2部技法・測定編は，第6章～第9章で成り立つ。第6章，第7章，第8章では，第1部理論編で論じた，ファミリー・ソーシャルワーク実践における新しい基礎理論や変容理論に基づく変容技法論および測定論について論じられる。

　第6章では，「私」論，ケア論および「差異の生成」理論を基礎理論として取り入れた上で，それらの技術化の方法が論じられる。循環的質問法に加え，従来の専門家からクライアントへの一方向的「ケア」ではなく，クライアントの「私」が立ち上がる過程を支援する，専門家とクライアントとの双方向的ケアの実践技術について論じられる。

　第7章では，測定とは無関係であると主張し，その意義を見失った，従来の社会構成主義的支援

法を批判的に考察し，測定法の再構築が試みられる。第1章で論じられた新たな家族支援の理論的枠組みに基づく変容手順と支援技法および効果測定法の理論的体系が明示される。

　第8章では，第7章で示された測定論の理論的枠組みに基づき，親子間の対立増幅過程を変容した事例の面接データを用い，家族の問題解決過程の効果の測定の実際が示される。

　第9章では，直線的因果論を克服すると提唱された逆説的支援モデルについて，多義的生成論の立場より，その直線的な問題解決の説明法について批判的吟味を試みる中から，社会構成主義的支援モデルの技法使用の枠組みが提示される。

　第3部は，第10章～第15章で構成され，第1部で論じられた支援の枠組みに基づき，第2部で提示された循環的質問法を中心とした変容技法の体系的使用法の有用性が，実践事例の支援過程の考察から示される。

　第10章～第12章は，児童と家族へのファミリー・ソーシャルワークの実際が示されている。

　第10章では，児童養護施設のファミリー・ソーシャルワーカーによる，里親家族への支援例が示される。そこでは，解決資源とニーズの共生成を強化する支援により，思春期の里子と里親間での悪循環パターンを解消し，里子と里親を家族として再統合する支援活動が論じられる。

　第11章では，同じく里親家族への支援例が取り上げられる。これは，循環的質問法を中心に，成員各々の問題解決の実践へのリフレクションを促す手法により，里親家族内の対立増幅過程の解消を試みた事例である。その変容過程が，道具的役割，表出的役割という家族の役割概念を分析フレームとして，論じられる。

　第12章では，精神科病院での退院支援における家族エンパワーメントの実践例が論じられる。この章でのエンパワーメントは，問題のある家族システムで作動している排除の力学を，それへの対抗的力となる否定の力を活性化することで衰退させ，家族システムの変容を実現するという力（パワー）論に依拠したエンパワーメントとして定義される。この枠組みに基づき，退院計画が進まなかった抑うつの患者とその家族への支援過程を取り上げられた。そして，その家族システムの力学変容に必要な否定の力の活性化技法として，ポジティブ・リフレーミングを使用し，その技法と循環的質問法との併用の効果が考察される。

　第13章～第15章においては，高齢者とその家族への支援の実践事例が取り上げられる。

　第13章においては，福祉施設に入所し，「帰宅願望」が強い高齢者自身への直接支援の事例と，平日のショートステイを利用していた高齢者への，家族介護者による在宅での虐待行為が懸念された，高齢者と介護者家族への支援が論じられる。どちらの事例においても，問題行動をポジティブにリフレーミングすることで，成員相互の対立増幅過程の解消を試みた過程が示される。

　第14章では，寝たきり状態になっていた在宅で生活する高齢者とその家族への支援事例が取り上げられる。高齢者の生活世界の二重拘束状態に着目し，高齢者とその家族の不適応の生成メカニズムが考察される。この分析に続き，循環的質問法と逆説処方およびミラクル・クエスチョンを用いて作り出した，高齢者と家族成員間との二重拘束的コミュニケーション・パターンの変容過程が説明される。

第 15 章においては，長年地域で問題とされながらも，公的なサービス機関とのネットワークが形成されていなかった，地域で暮らす高齢の姉妹への支援事例が論じられる。そこでは，その姉妹のケアの実践の有意味性を浮上させる，根源的ポジティブ・リフレーミング及び循環的質問法の活用法が示される。さらにケア論を軸に，姉妹システムと地域の支援システムとの，問題解決過程を生成したネットワーク構築論が論じられる。

　最後に，九州大学出版会編集部の永山俊二氏には，本書の出版に際して，ひとかたならぬご尽力を頂き，ここに深く感謝の意を表します。

　なお，第 1 部の第 1 章，第 2 部の 6 章〜第 9 章，第 3 部の第 10 章，第 12 章は，JSPS 科研費 24530712 の研究成果の一部である。
　また，第 1 部第 3 章は，JSPS 科研費 24530758 の研究成果の一部である。

2014 年 9 月
大下由美・小川全夫・加茂　陽

目　次

はじめに ……………………………………… 大下由美・小川全夫・加茂　陽　i

第 1 部
理 論 編

第 1 章　新しいファミリー・ソーシャルワーク論の構築を目指して
　　　　──「私」とケアの概念を軸に──
　　　　……………………………………………………… 加茂　陽・大下由美　3
　　はじめに ……………………………………………………………………… 3
　　Ⅰ．「私」と世界の生成論 …………………………………………………… 4
　　Ⅱ．人とものとが社会的物「として」生成する四肢構造 ……………… 5
　　Ⅲ．支援論としてのケア論の可能性 ………………………………………… 8
　　Ⅳ．新たなファミリー・ソーシャルワーク論の基本的枠組み ………… 10
　　まとめ ……………………………………………………………………… 20

第 2 章　「私」によるソーシャルワーク論考 ……………………… 山岸文惠　23
　　はじめに …………………………………………………………………… 23
　　Ⅰ．私について……………………………………………………………… 24
　　Ⅱ．「私」が立ち上がる過程と支援者の質問技法 ……………………… 30
　　まとめ ……………………………………………………………………… 39

第 3 章　社会の構造と力学 ……………………………… 岡本晴美・加茂　陽　41
　　はじめに …………………………………………………………………… 41
　　Ⅰ．ソーシャルワークにおけるシステムズ理論 ………………………… 42
　　Ⅱ．システム的社会理論による支援理論の構築 ………………………… 46
　　Ⅲ．規則と世界構成実践の生成メカニズムの分析 ……………………… 50
　　まとめ ……………………………………………………………………… 54

第4章 差異生成論とソーシャルワーク　　田髙寛士　56
　はじめに　56
　Ⅰ．自己生成論と差異　57
　Ⅱ．社会の生成論　64
　Ⅲ．生成論的ソーシャルワークの基礎理論　70
　まとめ　74

第5章 日本における地域福祉の脱構築と再構築　　小川全夫　78
　はじめに　78
　Ⅰ．従来の「地域」福祉研究法の吟味　78
　Ⅱ．農村における「限界集落」論と地域福祉　83
　Ⅲ．地域支援論の再考　85
　Ⅳ．地域の社会問題の脱構築と再構築　92
　まとめ　96

第2部
技法・測定論編

第6章 「私」によるケアと技法論　　大下由美　101
　はじめに　101
　Ⅰ．「私」によるケアの基礎理論　102
　Ⅱ．ケアの相互生成過程　104
　Ⅲ．技法体系と変容手順　108
　まとめ　118

第7章 問題解決過程の効果測定論　　大下由美　120
　はじめに　120
　Ⅰ．SRMにおける変容論と技法論の概略　121
　Ⅱ．変容手順と測定論　127
　まとめ　130

第8章 問題解決過程の効果測定の実際　　大下由美　132
　はじめに　132
　Ⅰ．事例の評定と変容計画　132
　Ⅱ．変容過程　133

Ⅲ．支援の効果測定 ……………………………………………………………… 149
　　　まとめ …………………………………………………………………………… 151

第9章　支援モデルの展開 —— 逆説的因果論から社会構成主義的生成論へ ——
　　　………………………………………………………………………… 加茂　陽 153
　　はじめに …………………………………………………………………………… 153
　　　Ⅰ．議論の方向性 ………………………………………………………………… 154
　　　Ⅱ．逆説的支援法の基礎理論への批判的吟味 ………………………………… 156
　　　Ⅲ．生成論的支援モデルの概略 ………………………………………………… 160
　　　まとめ …………………………………………………………………………… 164

第3部 事例編

第10章　ファミリー・ソーシャルワーカーの役割と里親家族支援論
　　　……………………………………………… 大下由美・加茂　陽・前田佳代 171
　　はじめに …………………………………………………………………………… 171
　　　Ⅰ．支援論の基本的枠組み ……………………………………………………… 172
　　　Ⅱ．変容論 ………………………………………………………………………… 174
　　　Ⅲ．変容技法 ……………………………………………………………………… 176
　　　Ⅳ．事例分析 ……………………………………………………………………… 178
　　　まとめ …………………………………………………………………………… 190

第11章　被虐待児童と里親家族への支援論 —— 家族構造変容論の視点から ——
　　　………………………………………………………………………… 山田修三 191
　　はじめに …………………………………………………………………………… 191
　　　Ⅰ．理論の概略 …………………………………………………………………… 192
　　　Ⅱ．事例分析 ……………………………………………………………………… 195
　　　まとめ …………………………………………………………………………… 204

第12章　家族エンパワーメントと退院支援
　　　………………………………… 執行良子・神成成子・加茂　陽・大下由美 206
　　はじめに …………………………………………………………………………… 206
　　　Ⅰ．ニーズと資源の相互生成とエンパワーメント …………………………… 207
　　　Ⅱ．ディスエンパワーメントと排除の力学 …………………………………… 209

　　　　Ⅲ．エンパワーメントの方法論：問題維持の社会システムの変容論 ………………… 212
　　　　Ⅳ．事例分析 ……………………………………………………………………………… 214
　　　　まとめ …………………………………………………………………………………… 220

第13章　介護実践におけるポジティブ・リフレーミングの有用性 ………… 中尾恵子　221
　　　　はじめに ………………………………………………………………………………… 221
　　　　Ⅰ．介護支援における基礎理論 ………………………………………………………… 222
　　　　Ⅱ．介護実践事例の考察 ………………………………………………………………… 226
　　　　Ⅲ．考　察 ………………………………………………………………………………… 230
　　　　まとめ …………………………………………………………………………………… 230

第14章　高齢者とその家族への支援論 ——コミュニケーション理論の視点から——
　　　　　………………………………………………………………………………… 藤原恵美　232
　　　　はじめに ………………………………………………………………………………… 232
　　　　Ⅰ．高齢者家族支援論の課題 …………………………………………………………… 232
　　　　Ⅱ．基本的概念整備 ……………………………………………………………………… 233
　　　　Ⅲ．高齢者と家族への支援モデルの枠組み …………………………………………… 236
　　　　Ⅳ．事例分析 ……………………………………………………………………………… 238
　　　　まとめ …………………………………………………………………………………… 242

第15章　高齢者支援論の再考 ——存在論的視点から—— ………………… 西田知世　244
　　　　はじめに ………………………………………………………………………………… 244
　　　　Ⅰ．基 礎 理 論 …………………………………………………………………………… 246
　　　　Ⅱ．「気遣い」（ケア）の支援技法 ……………………………………………………… 250
　　　　Ⅲ．事例分析 ……………………………………………………………………………… 252
　　　　まとめ …………………………………………………………………………………… 257

用 語 解 説 ……………………………………………………………………………………… 259
人 物 解 説 ……………………………………………………………………………………… 262
索　　　引 ……………………………………………………………………………………… 267

FAMILY SOCIAL WORK

第1部
理 論 編

THEORY AND TECHNIQUE

第1章
新しいファミリー・ソーシャルワーク論の構築を目指して
―「私」とケアの概念を軸に―

加茂　陽・大下由美

はじめに

　本章における新しいファミリー・ソーシャルワーク論の構築のための議論は，基礎理論，技法論及び効果測定法から構成される，次世代のソーシャルワーク・モデルとして提示された，SRM (Short-term Reconstruction of Meaningful Life Worlds)（大下・加茂 2013）モデルの洗練化から始める。

　この SRM モデルは，ナラティブ・アプローチ（White and Epston 1989 = 1990）を批判的に吟味する過程（加茂・大下 2001）で構築された，新しい対人支援モデルの一つであり，以下のような長所を有する。一つは，言語行為論に依拠した生成的システムズ理論を基礎理論としている点である。それゆえ，このモデルは，クライアントの語りに現れるミクロな現実構成を変容の素材とし，クライアントと彼/彼女を取り巻く背景とのシステム全体の変容を実現する，ソーシャルワーク・モデルと言える。二つ目は，従来のシステムズ理論のシステム構成員間での問題増幅の平板な説明法を，行為選択と対人間で生成される現実構成の重層的力学との悪循環として再構成する点である。三つ目は，基礎理論，変容論と結び付く変容技法が，体系的に論じられている点である。そこでは，生成的なシステムズ理論に依拠し，また循環的質問法を中心技法とし，システム論的家族療法の流れの中で洗練されてきた各種技法群を併用する支援モデルの体系が示されている。四つ目は，具体的な変容手順に位置づけられた，支援過程の効果測定法が示されている点である。

　しかし，このモデルには，以下のような課題が残されている。一つは，社会的な「私」とものの道具化との関連の説明が不十分であったことである。もうひとつは，「私」によって構成される人の行為や意味構成と，そしてそれに付随するものの道具化との相互間の構造と力学についての説明が，不十分であったという点である。最後に，世界構成の根源的地点である「私」相互間の水平的な社会的相互変容過程であるトランズアクションにおいて，世界が産出されるメカニズムについても，その説明が十分ではなかったことがあげられる。

　そこで，本章では，まず世界生成における前提条件として「私」を設定したうえで，その概念の洗練化を図る。その上で，廣松渉の四肢構造論を，社会の生成構造を説明する基礎理論とし，さらに，ハイデガー（heidegger, M.）のケア論を，「私」による人とものの世界への実践行為論として取り

入れ，新たな社会的なケア概念に基づく支援論の体系化を試みる。そこでは，ハイデガーの，生成を試みる超越論的な「私」による，対人的及び対物的世界へのケア論は，廣松の四肢構造論によって，社会的地平において再構築される。つまり，それは社会的な行為規則や意味構成規則に従いつつ，人とものを社会的な人物および道具「として」作り出す，「私」の内の役割遂行者である私による社会的な行為論として読み替えられる。これは，変容論の基礎理論のフレームでもある。さらにこの四肢構造論を基盤に，ものと人とを軸とする，自らのケア実践の変容を作り出す技法が考察される。それらの議論をへて，新たな家族支援モデルの実践への応用可能性が示される。

Ⅰ．「私」と世界の生成論

1．世界生成の前提条件としての「私」

日常の個々の「私」の構成として宣言される世界は，いかに生成されるのだろうか。まず，「私」について，考察してみたい。本章では，私という用語を，カッコつきの「私」と私とに使い分ける。「私」と表記する場合は，世界構成の根拠としての「私」を意味する。

この「私」は，トランズアクションの場面ごとに，どこかに実在する，たとえば神のコピーのような先験的，超越的な私ではない。

しからば，本章での「私」とは。「私」についての議論を進めてみよう。子どもは，重要な他者より，「私」は実在する超越論的な世界構成の主体であることを教え込まれ，そのとき世界は構成与件として出現し，未だ自他および自物の区分が未分化な世界が構造化される。「私」は，人知によって受け継がれてきた，世界を構成与件とし，再生産するために不可欠な，前提である。その存在が実在化するならば，コミュニケーションは円滑に進行し，新たな世界は生成し続ける。

2．疑うことの禁止が伴う「私」作り

経験的な世界を再生産するために，この「私」の存在に疑いを持つことを，外部より，そして後には自動的に禁止する強い力が作動する。

「私」という抽象的な概念ではなく，経験的な「殴る」行為を取り上げ，この禁止の力について触れてみよう。殴るのに使用した身体部位から説明しようとすると，「殴る」のは，拳か，手か，あるいは全身かと，その確定が困難な事態に陥る。あるいは「殴る」動機があったという曖昧な概念を説明に持ち込んだとしよう。そこでは，「殴る」行為を引き起こす原因と見なされる主体の動機について，衝動性，あるいはそれまでの生活文脈など複数の事象が取り上げられ，またもや確定が困難な事態に陥る。どれが「殴る」行為を遂行したのかは，説明できないのである。すると「殴る」とは何か。結論から言えば，その場面を説明する人が，依拠する文脈次第で，その定義は異なるということである。そして，どこまでいっても殴ることの根源的な文脈には行きつかないため，どこかでその定義の根拠探しについての問いを停止しなければならない。

「私」の概念のみならず，経験的世界の事物の諸概念も含め，あらゆる概念はその根源的な実在の根拠を保有していない。根拠への疑いの停止線を設けることで，それらの概念は存続することができる。「私」の概念への疑義には，とりわけ強い禁止の力が作動する。言葉は，疑いの禁止によって真実味を帯びる（Wittgenstein 1972）。そして，「私」の実在化と対になり，経験的世界が切り出される。

3. 他者に宣言することで立ち上がる「私」

超越論的,絶対的「私」の内面化とその時の世界の対象化には,日常場面において,ある構成法を「私」の構成として宣言する行為実践が伴わなければならない（Wittgenstein 1972）。この点について鬼界の「絶対的私」の説明を引用してみる。

> 絶対的「私」とは,仮に全ての他者と狂気関係に陥るとしても自分の言葉を譲らない,と宣言する「私」である（鬼界 2003：413-414）。

「私」が生起するためには,その宣言はコミュニケーション過程において他者に「私」の言明として宣言し,他者へ伝達する必要がある。

> 絶対的「私」は超越言明に先立ちどこかにももともと存在しているのではない。全ての他者と狂気によって隔てられても自己の主張を譲らないという宣言によってのみ,絶対的「私」は存在するのであるから,絶対的「私」とは超越言明においてはじめて現れる存在なのである（鬼界 2003：414）。

即自的立場は,世界との融合状態であり,その状況下では,経験的な世界と関係する「私」は成立することはない。「私」は,それが実在であると教え込まれるが,それを信じるだけでは存続することはできない。上記の鬼界の説明を用いるならば,「これこれを○○と思うのは,この私自らの考えだ」とものや人との関係性についての説明を構成し,それについての言明を「私」の言明として他者に宣言し,伝達する時,「私」と経験的な世界が生起する。他者不在の真空の事態では,「私」と世界との関係は生成されない[1]。

世界は,それぞれの超越論的な構成主体である「私」が作り出した固有の構成体であるがゆえ,「私」の世界構成は「あなた」には謎である。あなたの世界構成も,この「私」には同様に謎である。それぞれの「私」は,自らの世界構成の超越性を確信しつつも,経験的世界においては,他者への支配力を失ってしまう。宣言の伝達が実践されるトランスアクション過程は,このように全能性と無力さが共存する過程であることを付け加えておきたい。「私」は,世界構成の主軸であり,特権的な構成の自由を容認される。しかし,個々の局面においては,「私」は,謎である他者の世界への反応（response）への責任（resposibility）を負わされる。この存在様式が「私」の内閉的構成体を差異化する。この全能でありかつ無力である「私」という「私」論から,以下の支援論が導出される。それは謎の解明手引を所有しておらず,その意味で無力であるにもかかわらず,解明と変容責任を負わされる,超越的主体としての「私」の世界変容に働きかける支援論である。この「私」の変容作業を強化するため,差異化の技法が選択される。

絶対的「私」の生起と世界の構成作業は,他者との間で産出する社会的な行為である。この産出の構造とその力学について,以下ではさらに説明を加えたい。

II. 人とものとが社会的物「として」生成する四肢構造

1. 支援の基礎理論としての四肢構造論

本章での世界生成の説明のために準拠する枠組みは,廣松の提示した世界の四肢構造論である（廣松 1972, 1982, 1988, 1992）。認識による世界生成の四肢構造のメカニズムを廣松は,以下のように説明する。

用材的財態の二肢的二重性（実在的所与―意義的価値）と能為的主体の二肢的二重性（有為的誰某―役柄的或者）」とは，両々独立ではなく，一種独得の仕方で連関し合っており，都合四肢的な連環を形成している（廣松 1992：181）。

つまり相互連関的に，人が社会化された人，人物となり，ものが道具化された物となる二重の二肢的力によって世界は生成される。この生成論は，単純な直線的世界生起論である，物質が人の思考や行動様式を決定するという唯物（ただもの）反映論，あるいは逆に精神的特性がものの世界の成り方を決定するという精神反映論とは異なり，人の人物化とものの道具化の循環的な生成論である。

具体的に説明してみよう。既存のある社会的役割定義によって，社会的な私（たとえば母親）として形成された私は，その役割遂行規則に基づき，既存の役割遂行者である他者（たとえば子ども）への行為を試みる。「私」はこのトランズアクション過程で，所与である他者を社会的人物（娘）「として」構成し，同時に所与であるもの（娘の使用するもの）に社会的な意味を付与し，用材化，道具化を押し進める。つまり，超越論的構成主体である「私」によって，与件としての他者は役割遂行者として再構成され，物化され，所与であるものは，人が利用する有用な「或る物」，適応のための財である道具としての意味が与えられる。

本章においては，平仮名の「もの」と漢字の物は，社会化されているか否かによって使い分けられる。平仮名のものは，人によって差異化される以前の原初的なものを意味する場合に，他方漢字の物は，物あるいは物化として，ものが社会化されて道具となり，人が役割遂行者として社会化される場合に用いる。

2．四肢構造の諸次元

人が所識の人（人物）として，ものの世界がそれ以上の意味世界として生起する世界の四肢構造の様態を，認識論，存在論，そして実践論の次元から説明してみよう。これら3つの次元は，独立した次元ではなく，各々が他の次元を浮上させる文脈となる次元である。

(1) 認識論の次元

「私」は，共同主観的な意味構成規則に従い，「能知者」以上の「能識者」，つまり社会的役割遂行者として自らを形成し，他者を役割遂行者として意味づけ，さらに遍在するものを道具として，つまり所与（人，もの）をそれ以上の所識（或る人，或る物）として認知し，構成する（廣松 1988）。

この共同主観は大枠であり個々の認識場面では，この大枠の内で，与件である人について，あるいはものについて，「私」個有の多様な認識が試みられる。さらに，世界は共同主観的に生成され，その構成された共同主観的世界は，流動的であることを付け加えておく。

(2) 存在論の次元

人的与件が社会化された人物として，ものが社会的に有用な道具である物として生成する過程は同時に進行し，それらは物象化される。

〈判断主観一般（プュア）〉に対して共同主観的にアル事態であるたぐいの命題的事態が主観一般から端的に独立自存するものの相に物象化され，以って「客観的事態」とされ，それが"倒錯的に"真理性・虚偽性の客観的基準とされるに至ります（廣松 1988：152）。

上述のような過程において，自明性を帯びた役割遂行者や道具が客観的に存在するとみなされる。そのとき，その人や物は，物象化され，それ以外の人や物になる自由度を失い，実在化され

る。そこでは，人の役割やものつくりの行動や，それらの意味構成の規範，すなわち社会的な規範の構造が生起し，共同主観化される。例えば，子どもの問題行動を類型化することで，問題行動は実在味を帯び，それは真実として，その後の「私」の自他構成法に強い影響力を及ぼす。しかし，子どもの行動が，ある物（ここでは問題行動）として類型化される必然性はない。物象化された人や物は，他の人や物になる自由度が排除される過程で生み出される虚像である。

（3） 実践論の次元

実践は，既存の共同主観的行為選択規則や意味構成規則に，完全に支配されることなく遂行され，それゆえそれは，差異生成の原動力である。所与であるものと人を所識つまり，道具と社会的な人へと生成するその時点においてさえ，そこには多方向へずれていく力学が生じる可能性が潜在化している。そして実践により，切り出される世界は，時系列の過程で所識として差異化され続ける。そこでは能識者も新たに生起する。

　経験的・観察的な事実の問題として，人は"同じ"幕場的情況下にあって，一定の幅の埒内にこそあれ，"異なる"行動を現に示します。（中略）時間的経過がある限り，絶対的に同じ情況に絶対的に同じ人物が位置することはそもそも現実には不可能です（廣松 1988: 200）。

経験的・観察的な実際の生活場面においては，幕場自体が差異化され，再生産され続ける。昨日の対立劇は今日には仲直りの劇として演じられる。

「私」が自らを能識者として形成し，また行動や出来事全体に関してそれらを「として」作り出すためには，トランスアクショナルな「私」相互間の行為の交換の過程を必要とする。

小林は廣松の四肢構造論を相互的行為から次のように説明する。

　われわれ人間の認識はそうした「者と物」の関係ばかりで成り立っているわけではない。「者と者」つまり人と人との相互認識もまた重要なファクターを成している。しかもこの場合認識はたんなる認識にとどまっていることはできない。この相互に対他的な関係にある認識は同時に相互行為となって表現されるのが普通だからである。このあたりまえの事実の中に認識論と実践行為論とをつなぐ接点がある（小林 2007: 103）。

「私」間の相互行為の実践より，何々として自らと世界とを意味づける「私」の構成規則の体系が作り出される。そしてこれらの意味構成は次の実践の先行的力として作用する。

3. 支援論と四肢構造論

上記の廣松の四肢構造論をもとに，クライアントの訴えの生成について論じてみたい。クライアントは生活場面で，役割遂行者としての私自身，同じく他方の役割遂行者である他者，そして道具化された私のもの，他者のものという4種類の与件を，「として」として構成する役割遂行の実践を試みている（ただし，廣松が与件を4種類に区分しているわけではない）。クライアントの訴えは，この役割遂行者を内部に形成した「私」たちの間での役割行動を通して，人とものの意味あい（所識）を否定的に構成し，それらを先行的力として問題の解決実践を遂行する過程で構成される。「私」は，「能識者」として役割遂行規則によって，所与である他者の行動について，あるいは他者全体について類型化し，ものについては道具化し，「〜として」認識する。さらに「私」は自他間のトランスアクション過程において，自らを他者の構成与件として提供しつつ，この他者からの認識法や行為選択法についての情報を基に，ものを道具「として」認識する規則，および対人関係

を社会的関係「として」認識する規則を再獲得する。このトランスアクショナルな過程において，訴えが現実化され，問題が実在化する。この問題の訴えの生成過程は，上記のような4つの与件に関する「として」の形成力の衰退過程，差異生成力の衰退過程である。この視点から，「私」たちのトランスアクション過程が変容する。つまりそこでの「私」の他者やものへの実践が差異化されるならば，問題は解消されるという支援論が導き出される。構成員間での循環的な生成過程を説明する力動的四肢構造論をフレームとするならば，そより，その構造内での相互に連関する4つの与件のそれぞれに対して，差異化の力学の活性化を図ることが，クライアントの世界生成の支援活動として引き出される。

III. 支援論としてのケア論の可能性

1. ハイデガーのケア論

世界に対する主体的企投を論じた先駆者はハイデガーである。ハイデガーは，日常生活場面で「私」（現存在）が自らの生を生みだす実践を，ケア論として理論化した（Heidegger 1967 = 1963）。物象化された世界の意味の構造と，その生成のケアの主体である「私」という概念は，ソーシャルワーク理論の基本的構成要素であり，80年代の社会構成主義的な家族支援論の哲学的基礎を語っている。人は，他者をトランスアクションの相手として社会的に構成し（Fürsorge: care for），さらにもの的世界を有用な物として用材化する（Besorgen: care about）（Gelven 1989: 121）。ケアの実践過程で得られた世界構成の知識と，世界内の有用化された人材と物材が，世界生成の資源である。

上述の廣松の四肢構造論に基づく「として」の世界生成論は，人の社会化，社会化された人による，所与であるもの及び人的世界の社会的構成というように，社会化のメカニズムを優位において論じられている。このものと人の社会的生成論と，ハイデガーが，Sorge（care: ケア）と名づけたものおよび他者へのケアという，現存在の主体的企投を大前提に論じる世界生成論との間には，密接な関連があることが指摘されている（宇波 1994: 17）。また，本章での「私」の概念は，ハイデガーが述べたケアの主体という概念とほぼ類似していることを述べておこう。

なお本章では，ハイデガーの述べるケア，つまり，公共的に提示されている世界構成法から自由に，主体が人とものを自らにとって有用な用材，資源に変え，「私」自らの可能性を切り開く実践，つまり，企投と同義の場合はケアと表記し，制度化された「ケア」とを区分して表記する。あえて説明するまでもないが，このケア論はあくまでも『存在と時間』で語られる，人である「私」の意味的世界構成の企投としてのケアである[2]。

2. 制度的「ケア」論の批判的吟味

超越的な法則による意味的世界の生起を否定し，また，観察によるその理路の認識をも否定するケア概念は，実践を前面に押し出し，意味の世界の生成を論じる。それに対し，福祉領域で用いられる「ケア」は，マネジメントと結び付けられて語られる[3]。そこでは，クライアントは類型化されたマネジメントの対象と見なされ，つまり，物化され，また，問題解決法は，制度化された意味合いの物の導入が主流である。そこには，「私」による生成という視点抜きの支援が試みられている。またこのような「ケア」は，主体相互に構成する世界の意味の物象化という視点も希薄であ

る。さらに，この支援法は，クライアントのものの道具化の過程（care about）に着目することなく，適応の問題に苦しむクライアントに対し直接的に介入を試みる。たとえば，それは，介護保険法に従い，高齢者の栄養不足や家事労働の困難さには，給食サービスの導入で，また身体疾患に伴う症状の訴えには，医療機関の受診の推奨で，そして身体の残存機能の維持のためには，デイケアでのリハビリテーションプログラムへの参加を促すというように，制度化されたマネジメント手順に基づく，問題とその解決法に見られる。その実践は，公的な支援手続きを実践する専門家からの他者（高齢者）への「ケア」である。そこでは，物的条件，つまり制度化された給食サービスや医療機関の利用から，高齢者の適応の向上が評価される。それらはいずれも支援者上位の関係性で実施される一方向的「ケア」である。そこでの「ケア」は，構成主体であるクライアント自身のケアという本来の意味とは，正反対の意味へと捻じ曲げられている。この実践は，クライアントの，人とものを社会的な資源，物へと生成させる力を衰弱させ，ひいては彼/彼女らの世界構成を無化する活動と言える。

3. 臨床論としてのケア論の課題

ハイデガーのケア論は，看護領域で臨床論への応用が試みられている。先行研究としては，ベナーの看護論が有名である（Benner and Wrubel 1989 = 1999）が，既存の支援論におけるケア論および時間論の解釈上の課題が指摘されるのみで（池辺 2007），臨床論としての体系化には至っていない。本章では，池辺の指摘するハイデガーのケア論の解釈上の課題ではなく，ソーシャルワークの実践論の体系化を課題として，ハイデガーのケアの概念を吟味する。彼のケア論には，社会的，歴史的側面の議論が不足している点を指摘しておきたい。この点についての廣松の指摘を引用しておこう。

ハイデガーは，こうして，結局のところ存在者の「生起」としての世界史を蒸発させ，単独者としての自己と存在（存在者 Seiendes と区別された特別な意味での das sein）とを分溜する（廣松 1996: 75）。

ハイデガーの自己は，あくまでも単独者としての自己である。それぞれの自己が，トランスアクション過程でいかに意味構成や行為選択を展開し，その時系列や，時系列群としての歴史において間主観的なそれらの規則を生成し，逆にこの規則から，次の実践の先行的力を得る力学については，触れていないのである。

つまり，社会生活への支援を論じるソーシャルワーク実践論に，ハイデガーのケア論を取り入れる際には，世界内存在である自己（言い換えると「私」）が，ケアの実践において，原初的なものを用材化し，その意味を浮上させ，他者を有意味な人として構成するメカニズムを，社会的レベルで説明できる理論的フレームが不可欠となる。

4. 臨床論としてのケア論の体系化の可能性

「私」は自らの人的世界を社会的に構成された重層的構造「として」構成する（care for）。同時に，「私」の周囲のものを道具「として」構成する（care about）。このケアは相互的に展開する。問題場面では，care about，および care for のどちらの局面の生成力学も常同化し，均衡状態にあると考えられる。それゆえ，そこでは他者の行為への一義的意味づけや自らの常同的行為選択が生じる。

この変換力を有する知識と変換された人的，もの的材が世界生成の資源である。前者の人やものを自らの財にする力は，これまで内的資源と呼ばれてきた資源であり，後者の「私」によって有用な人，物として変換された人や物は，従来の外的資源である。

クライアントの「私」と，解決可能な世界を立ち上げるには，言い換えると内的資源と外的資源とを相乗的に浮上させるためには，クライアントのcare aboutあるいはcare forのどちらかを軸に，その構成力，実践力を向上させる方法が考案される。それは，人あるいはものへの一義的意味づけや常同的行為が選択される力学の均衡状態に亀裂を入れ，差異化の力学を，どちらかの局面から浮上させ，相互の生成力学を活性化させる手法である。以下では，care aboutを軸にした支援の方向性を述べてみよう。

　たとえば，衛生思想に依拠するならば，クライアントの部屋中に散乱したインスタントラーメンの空き袋や雑誌類は，生活に不要な「ごみ」である。しかし，クライアントのcare aboutに敏感な支援者は，部屋にあるものを，一般的な意味での「ごみ」として意味づけることを放棄する。そしてそこにクライアントなりの生活の工夫を読み込むであろう。散乱しているラーメンの空き袋をよく観察し，クライアントの好みを推測したならば，支援者は，それをクライアントに尋ねることを試みるだろう。好きなラーメンを，自分で買いに行って食べていることに関心を向けたならば，そこでのクライアントなりの工夫を尋ねるかもしれない。そしてそれ以外の部屋に散乱している雑誌類に対しても，クライアントの関与なしには，部屋の中に存在しえないものたちであることを踏まえ，どのような雑誌を選び，それらを生活場面のどこでどのように活用しているのかに着目し，クライアントにそれらへの説明を求める働きかけをすることができるだろう。その過程は，クライアントが，対物的世界についてリフレクションを試みる過程となり，「私」の立ち上げ過程と言い換えられる。

　このように，クライアントのcare aboutに着目するなら，一般的に呼びならわされる「ごみ屋敷」は，クライアントの世界づくりの実践の痕跡，つまりケアの宝庫と言える。ここでは，支援者は一般的には「ごみ」と見なされる物を，クライアントが或る人物になるための道具である「或る物」として，読み替えを行っている。このcare aboutを軸とした，新たにクライアントの「私」と世界との関係性を生起させる作業が，care forの変容も作りだし，彼/彼女の世界内の物的，人的要素の相互変容が開始される。そしてクライアントの「私」は，新たな役割遂行法を獲得する。言い換えると彼/彼女は新たな能識者となる。このcare forに注目するならば，care forに続くcare aboutという方向で世界変容が展開する。

IV．新たなファミリー・ソーシャルワーク論の基本的枠組み

1．「私」と世界生起の臨床論

(1)　「私」の宣言としての訴え

　「私」は対自，対他，そして対物との関係を反省的に構成し，他者に何々として説明する作業の中で，さまざまな行為選択規則や意味構成法を生みだす主体と見なされる。むろん，「私」がそれらの規則を作るために必要なもう一人の「私」である他者も同様の構成を試みる主体である。

　ここでの「私」による超越論的世界構成は，「私」の固有な文脈（むろんこれはトランズアクション過程において共生起したものであるが）を背景として，「私」なりに行為選択と説明の筋を通すという意味での，理にかなった世界構成である。

　それは，自らのコミュニケーション場面においては，共同主観的に生成するがゆえ，公共化された枠内の論理構成から離反することはないが，個々の局面では，「私」自らが，他者のメッセー

ジを手掛かりに，固有に現実を構成する。それは様々な私的規則に従う実践場面でもある。

この「私」の論理構成としての訴えの真偽の判断を，支援者も含み第三者は彼/彼女らの視点から形式論理的に下すことは不可能である。たとえクライアントの論理構成が不透明な説明であっても，「私」の説明だと宣言されるならば，たとえ支援者がどれほど優れた実践知を持ちあわせていたとしても，クライアントの説明が奇妙であると判断することは，原理的に不可能である。その変容を目ざし，支援者が説得力を有するクライアントへの論理的メッセージを投げかけたとしても，それはクライアントの新しい世界構成に取り込まれるがゆえ，単独では解決の資源にならない。

それゆえ，単純に外部より，問題解決の理路を示したり，クライアントに資源を導入し適応の処方を提示したりする方法は，「私」の言明としての訴えへの解決力を持たない。クライアントの訴えの解決法は，「私」の宣言であるクライアントの問題定義を，彼/彼女自らが，差異化する作業に取り組むことである。

(2) 「私」のケア実践と世界生成

自らの問題定義への差異化作業は，クライアントの「私」のケア実践であり，新たな世界構成の作業である。

人の場面ごとの行為選択とその実践の意味構成抜きに，その作業は展開することはない。世界構成の均衡あるいは変容には，行為や意味構成の共同主観的な規則に従いつつも，主体による局面ごとの差異を作り出す実践行為が不可欠と言える。言い換えると，「役割遂行者（私自身，他者）と道具（「私」の或る物，他者の或る物）」は，実は公共化された規範を文脈としつつも，特権的「私」の実践作業によって再生産される構成体である。この実践論は，クライアントの世界生成論の基礎となる。

「私」間での原初的な行為の繰り返しにおいて，意味的世界の規則は，役割行動の規則として共有され物象化されるであろう。つまり，家族成員のそれぞれの地位に付与されている行為選択規則や認識規則は，それぞれがその規則に従った実践を行うことで，自明性を帯び，実在化する。しかしながら，ある行動が主体である「私」によって選択される時，それがどの規則に従っているのかをあらかじめ確定することは不可能で，行為者が自他の行為を振り返り，認識対象として，説明を加えた時，初めて主体の規則は，「私」の規則として顕在化する。人は生き抜くために，行為の局面ごとに，意味構成し行為を選択し，それを説明することで手持ちの硬化した世界構成法を変容させ，新たな世界を再生産し続けなければならない。

人は硬化した論理に何かを付加し，原初的な私的確実性を再度賦活しているのだと言えるだろう（鬼界 2003：401）。

このような社会的トランズアクションの実践を担う，超越論的な主体を本章では，「私」と名づけた。問題が持続する事態は，解決主体が解決策であると見なす，それゆえ硬化した，対自，対他，対物的な行為選択規則や意味構成規則が問題を維持し続け，私的確実性が低下する逆説的な事態である。そこでは新たな解決規則の浮上が妨げられている。

この私的確実性の賦活行為，つまりケアが衰退した力学を，「私」の実践により復活させることが支援の原則であることを再度強調しておこう。

2. 支援の原則

クライアントの衰退したケアの実践力を復活させるには，「私」たちの間で，この「私」の反省知を，もう一人の「私」，他者に宣言し，伝達する実践が必要となる。このような「私」の反省的な知識論とその他者への伝達論を基にするならば，「私」による，「私」たちの間での日常世界の

対象化とそれの記述，そして記述へのリフレクションを軸に支援が展開できる。

(1) 「私」のケア実践と差異生成

共同主観的な意味構成法や行為選択法は，常に「私」を構成根拠とする「私」的な実践，つまりケアにより変質され続ける。この視点からの支援活動は，「私」の行為選択による存在様式の差異化，その認識あるいは意味構成という，世界生成の企投に重きを置く支援活動論である。実践の局面ごとに所与である原初の「自」，「他」が役割遂行者として，原初の「もの」が「私」の適応の物財として，つまり道具として現れるが，この実践を構造化し，実践の産物を一貫した方法で認識するためには，その背景に世界の首尾一貫した構成を導く，超越論的作業を試みる「私」の存在が前提とされなければならない。「私」という認識や実践を束ねる主体，構成の根源的な基軸が不在のままでは，世界も消滅する。

(2) 規則と差異化

規範には「かくかくの行動を遂行するべき（してはいけない）」から，「した方が良い（しない方が良い）」までの強制力の差が存する。またその規則は公的規則から，或る家族特有の，さらに私自身の私的規則と言うように，公共性から私性までの幅を有する。人はそれらの規則を選択し，加工して行為実践を試みる。

差異のパターン化として世界の構造とその力学を描き出し，家族療法や家族中心のソーシャルワーク論のシステムズ理論の土台となったのはベイトソンの差異論であった。この名高い差異の形式化の理論は，「私」の私的確実性論から，再吟味が求められる。「私」は世界内の出来事が示す無数の差異のある部分を切り取り，情報とし，その生成パターンを形式化しようと試みる（Bateson, Jackson, Haley and Weakland 1956）。ところがこの情報の形式化は，「私」が有する構成文脈抜きにしては，成り立たない。差異の形式化は「私」の経験的な眼差し抜きには不可能である（西垣 1997）。どの情報を，いかなる情報として受け入れるのかは，「私」が有する眼差しとしての構成文脈に依拠する。しかも，この構成文脈は，謎であるもう一人の「私」である他者との間で展開する，「私」たちの世界生成作業の過程において発生するものであり，それは常に揺らぐ。そして，この揺らぎは「私」の安定した行動や認識を否定し，そこでは「私」が所有する私も「私」の世界も消滅するがゆえ，「私」はある世界構成を試みる際には，それへの疑いを排除する。むろんこの疑いは常に「私」の世界構成に付きまとう。時間経過と共に，旧い文脈は疑われ，次の疑われない文脈によって新たに世界は意味づけられ，形式化される。世界を生成する力は，「私」の世界構成つまりケア文脈の不安定さと形式化された世界の不安定さという二重の不安定さである。言い換えるならば，「四肢構造」は常に揺らぐ。訴えが持続する事態は，世界を見つめる「私」の眼差し方が過剰にパターン化した事態である。

(3) 「私」のケア実践の活性化と四肢的諸相

次に「私」のケア実践の活性化を，四肢構造論を用いて論じてみたい。自他の社会的構成（care for）とものの人的な意味構成（care about）の相互生成的な力学の活性化は，クライアントの「私」のケア実践により実現される。

ある主体は，ある構成員を問題と見なし，公的説明法を用い，人物と物を軸にその問題状況を説明するであろう。そして同じく公的な説明法に準拠し，それが指し示す解決の行動として，自らの行動を選択するであろう。そこでは，「私」のケア実践力は，活性化していない。

たとえば，子どもがある朝「学校へ行きたくない」と母親に訴え，母親がその理由を子どもに尋ねると，子どもは「△△君に，靴を隠された……」と答えたと仮定しよう。母親は，公的な定義に従

い，これを「わが子が△△君にいじめられた出来事」と見なし，学校へ抗議の電話を入れたとしよう。その結果，子どもは，特有の社会的に定義された「或る者」であると類型化され，物化される。つまり，子どもは「いじめられた子」であり△△君は「いじめた子」として類型化される。そしてこの定義法を文脈とし，いじめられたと見なされた（類型化された）わが子への対処行為の選択法や，わが子の精神的状態についての捉え方が生起する。子どもの周囲のものについても，いじめを証拠づけるよう道具化され，「或る物」として構成される。さらに母親は次に生じる事態を，いじめの再現としてのみ予測し，それへの対処法を試みる。この母親の予測は，子どもに対して，次の日に起こる出来事の予言的な力となる。

　ここで展開するのは，相互に結びついている以下の力学である。子どもは「靴を隠された」と泣いて訴えた。ここでの物（靴）は，いじめられたことを裏付ける「或る物」として道具的役割を担う。そしてそれを実行したのは△△君であると訴える。ここでは△△君が，靴を隠す人として類型化され物化される。そして自分はどうすることもできないと，自らの定義を硬化させ，物化する。他方，母親の子どもとその世界の構成は，これらのメカニズムを強化する。

　ここでの世界の説明法は，例えば，いじめの法的定義などの公共化された定義法に従っているため，常識的には妥当である。しかし，そこでは，その内容は，未だ子どもの「私」自らの言明としては，十分には語られていない。例えば，支援者が「靴を隠された」場面を，子ども自身に再度説明するよう求めたとしよう。子どもは，その場面を説明するポジションに置かれ，ゆっくり記述する過程で，子ども自身が，問題を，「靴を隠された」ことよりも，△△君に対する反撃作戦が不十分であったことが悔しいと，その場面を再定義するかもしれない。そこで，子どもに対し，この「いじめ」「として」類型化された場面を解決するために必要なことは何かと問うならば，子どもは，△△君に対し反撃力を高める自分づくりであると，「私」のケア実践の宣言を解決志向的に行うことができるかもしれない。その時ものは，「△△君に反撃する道具」という対人関係を有利に進める「或る物」の意味へ用材化され，変容される。そこでは，子どもは，解決策の能動的立案者と化す。

　計画の実行により，新たな役割行動と自他の関係性定義が生まれだすであろう。このように，道具である「或る物」への構成と社会的な「或る人」への構成は，連動して展開するのである。

　クライアントは問題解決のためには自らと他者を，社会的行為者「として」再構成し（care for），ものを道具「として」新たに構成しなければならない（care about）。この力学を精緻に説明したのが廣松によって理論化された先の四肢構造論であった。しかし，この四肢の構造化の規則は，構造化の説明に重きがおかれているため，自他の意味を社会的に構成し，ものの意味を「或る」道具として生成する，「私」固有の実践（care）への考察が弱かった。そこで，固有に問題を構成し，訴え，また持続させるクライアントに対し，クライアントの「私」のケア実践の生成力学を，廣松の四肢構造論を軸に評定し，その活性化を図ることが，本章での枠組みとなる。「私」相互間における，「私」の行為選択とそれらの意味構成と，他方の「私」の care about と care for の４つの相を軸に差異の生成力学の活性化が推し進められる（Kamo, Oshita and Okamoto 2014）。

3．世界の変容手法

（1）変容手順と技法選択の概略
①　変容過程の概略

　変容はクライアントの訴えから始まる。訴えは次の新たな世界構成が不可能であるという，クライアントのケアの実践力が衰退した事態である。「私」は自らの適応のために，世界内の原初的な

私，他者，ものを，多彩な社会化された私，他者，もの「として」差異的に構成する，潜在的な志向性とその手法を有する。問題が訴えられる時点においては，この志向性が弱まり，またその手法が硬化している。その潜在的志向性を活性化し，その手法を具現化するため，以下の手順が取られる。「私」を立ち上げ，その世界を生成させるべく，「私」による世界についての記述や記述のリフレクション，そしてリフレクションした内容の他者への伝達が励まされる。この目的のため採用される技法は，「私」による世界の差異化を支援する技法である。主たる変容技法は，トランズアクションの時系列やその対人空間において，それらの要素の生成を試みる循環的質問法である[4]。

② 支援の前提としての根源的ポジティブ・リフレーミング

逆説的心理療法において語られるポジティブ・リフレーミングは，クライアントによって語られたある出来事シークエンスの枠組み全体を認識レベルで肯定的枠組みに変換する技法として定義される（Watzlawick, Weakland and Fisch 1974 = 1992, Weeks, and L'Abate 1982 = 1986）。もちろん，そのように，実際の出来事シークエンスの肯定的読み替えは可能である。

しかし，報告される「私」の世界構成実践は，そもそも肯定的であると主張することもできる。本章では，根源的ポジティブ・リフレーミングを一般的価値判断の概念から，存在の様式とその力学を説明する存在論的な概念へと読み替えたうえで，クライアントの一連の差異化の実践（ケア）に対してその正当性を認めるという新たな主体論を提示する。訴えられる問題は，「私」によって差異化されるべきであるが，これまでの「私」なりの解決行動の持続は，問題が持続する事態，言い換えると差異化が停滞した事態である。しかしながら，それ以外は考えられなかったという，確実性を伴う実践を批判する論理的な力を支援者は有してはいない。ましてや肯定される，否定されるという単純な価値判断を，その実践に加えることは論外である。なぜなら「私」たちのそれぞれの世界構成は，疑いを排除することを根拠にして，成り立っているからである。この根拠の正当性を突き詰めていけば，すべての構成法はその正当性の根拠を失う。クライアントの「私」のケアの正当性の根拠を問いただし，その根拠を根こそぎ否定することは，「私」と「私」の世界の無化となる。

それゆえ，この「私」のケアへのポジティブ・リフレーミングを，通常の肯定的意味づけとしてのポジティブ・リフレーミングとは区分して，根源的ポジティブ・リフレーミングと名付けたい。この根源的ポジティブ・リフレーミングを受け入れたとしよう。すると，具体的な支援技法は，未だ新たな意味を獲得していない「私」の原初的出来事全体，あるいはその要素のいずれかに対して，現実変容力を強化する働きかけになる。

例えば，「もう絶望です。朝言い合いの後，娘が，私を殴りました。私はすぐに娘の部屋を飛び出しました」という母親の訴えに対して，「もう少し説明してもらえませんか」と，母親に対してこの朝の出来事を説明することが重要であることを伝える質問を投げかけ，母親の語る，娘との朝の言い合いの場面を再浮上させることもできるだろう。この根源的なポジティブ・リフレーミングによって，クライアントが，自らの現実構成，ケア実践をより詳細に記述していく文脈，つまり「私」とその世界の生成が開始される。

むしろこの根源的ポジティブ・リフレーミングを，差異化の作業の土台として読み替えた方が，変容作業の説明は一貫するであろう。クライアントが苦痛を訴えるその言語行為を，根源的に肯定的に捉えるという作業は，肯定対否定というクライアントの世界構成法への価値判断から離れ，生活場面でのクライアントのあらゆる行動とその背景とを多義的に生成させる文脈作りである。それ

ゆえ両ポジティブ・リフレーミングを，単にリフレーミングと命名する方が，説明はすっきりするかもしれない。つまり，ここでのリフレーミングは，常識的道徳判断として否定的に見なされている行動を，良いように見直し，その枠組みを伝達するという価値判断の意味でのリフレーミングではなく，それは，ケアが常同化し，差異化が衰退した事態に対して，再構成，差異化を試みるという意味でのリフレーミングである。「私は子どもから殴られました」という説明は，クライアントにとって否定的に表出されていると判断することは，あまりにも短絡的である。それは複合的な意味を有する構成体である。

(2) 具体的変容手順

根源的ポジティブ・リフレーミングの後に，支援の前面に出てくるのは，世界構成の内に潜在化する差異の活性化の作業である。この世界構成の差異化は，「私」の特有の歴史的背景と，現に繰り広げられているトランズアクションの構造までの，行為のレベルから関係性定義のレベルという重層的レベルの各レベルへの差異化である。この社会構成主義的な社会理論を，クロネン（Cronen, V. E.）たちは CMM（Coordinated Management of Meaning）と名づけた（Cronen and Pearce 1985, Cronen, Pearce and Tomm 1985）。この理論枠で実践を体系化したのはトム（Tomm, K.）である。ただし，この社会理論は意味構成論，言い換えると認識論に軸を置いた世界生成論であり，行為実践論が十分には論じきれてはいないという難点を有する。

また，言語行為は，例えば，「あなたはものの扱い方を知らない」というような，潜在的にはものの道具化の問題に関する定義と，あなたあるいは私を問題であると定義する，人とものの両面の定義づけに関わる行為である。コミュニケーションの過程においてものの扱い方，あるいは人の定義のいずれかが表面化するが，そこには両側面の相互生成力学を想定する必要がある。このものの社会的意味構成や人の社会的構成の片方の側面が変化するならば，それは世界構成過程全体へ波及するがゆえ，この構成論より，それらのいずれかの変容から開始すればよいという柔軟な支援論の原則が引き出される。トムの臨床論には，この点についての考察も見られない。本章においては，行為実践論と意味づけ論とを組み合わせ，さらに，人とものとの両面の関連性にも言及し，論理体系を構成したうえで，変容の手法が論じられる。

彼の差異作りの技法，つまり循環的質問法を用い，変化の行為論と意味構成論を結び付け，さらに，ものと人との共変化論も加味し，支援の実際例を示して見よう。

人は手持ちの構成規範を文脈として，世界を構成し，その構成を，支援者も含み，他者に伝達し説明することで，「私」となり，そして世界を生成させる。むろん他者はもう一人の「私」である。これら「私」間での循環的コミュニケーション過程の変容論が，支援活動の基礎理論である。通常この変容論は，以下の段階で実行される。

① 記述段階（description）

訴えがポジティブに組み替えられたのち，クライアントは訴えを焦点化，つまり差異化するよう支援される。「私」の「として」世界を構成する既存の硬直した規則に亀裂を入れるために，出来事に対して，「私」の行為選択と，行為の意味づけと，他者のそれらとを要素として，そこでの循環的過程を細かく記述するように，クライアントは励まされる。その記述により，訴えの意味を変換させる枠組みが作り出される。ここでは記述を意図した質問技法が選択される。上記の母娘の事例から，母親に焦点化された出来事の記述を励ます方法を，以下に例示してみよう。なお逐語のSWはソーシャルワーカーを，CLはクライアント（ここでは母親）を，CLの記号のあとのmは，対立場面で母親が娘の行動に対し付与した意味づ

けを，aは母親自身の行動および娘の行為選択を示す。ここで例示されているソーシャルワーカーの質問法は，トムの区分を用いるならば，記述的循環的質問法の「時間的文脈の質問法」(Tomm 1985) が用いられている。

母親より，問題として焦点化された場面は登校時の母子間の対立である。この出来事は以下のように循環的時系列として，記述が促される。

1 SW：最初に何があったのでしょうか。
2 CLa：登校時間が迫っていたので，「何をしているの。早く準備しないと遅れるよ」と言いました。
3 SW：時間がないので「何をしているの。早く準備を……」とおっしゃった。するとどうなりました。
4 CLa：娘は「わかっている」と言いました。
5 SW：娘さんは「わかっている」と言われた……。
6 CLm：いつものことなのですが，制服に着替える素振りもなく，「わかっている」と言われても，こちらは信用できませんから，すごくイライラしてくるんです。
7 SW：なるほど。制服に着替える素振りが見えたら違っていたけど，それがないのでイライラされて……。そしてそのあと，どうされましたか？
8 CLa：着替えてくれたら，少しは娘が出かける気になると思って，「早く着替えなさいよ」と思わず大声を出しました。
9 SW：思わず大声を出された……。すると……。
10 CLa：娘は，「自分で決めるんだから，いつも口うるさい。ほっといて。もう学校なんか行かない」と大声で叫びました。
11 SW：その時どう思われました……。
12 CLm：なんて身勝手なことを言うのかと，ますます腹が立ちました。
13 SW：そのあと何が起きましたか。
14 CLa：「なんてことを言うの」と言い返しました。そしたら娘が，私の顔を殴ったのです。何をどうしたらよいかわからず，娘の部屋から出ました。
15 SW：どんな気持ちでした。
16 CLm：娘のことを思って言ってるのに，何で伝わらないのか，どこで育て方を間違えたのか……どうしてこんなことに……。

母娘間で生じた上記の嵐のような出来事は，母親 (CL) の反応 (a) と娘の行動 (a) およびそれへの母親の意味構成 (m) の連鎖に分解され，記述されるならば，これらの母親の行為選択や意味構成，あるいは出来事全体の意味づけのいずれもが，差異化の対象となる。

たとえば 6 CLm を取り上げて，母のケアの実践について考察してみよう。娘が制服に着替える素振りが見られないことは，登校を拒否していることを意味すると見なす，母親の制服への意味づけ (care about) が文脈となり，娘の「わかっている」は「今日も学校に行く気がない」メッセージ「として」(care for)，母親から構成されていたのである。ここでは，放置された制服というものの道具的な意味づけが文脈となり，娘の行動全体，そして出来事定義が学校へ行く意志のなさとして否定的に物化されている。

そこで，母親の，娘の制服の着方（道具化）への意味構成に焦点化し，娘のそれへの記述をさらに求め，母親の意味づけとの比較を行うことは，制服の着方あるいは娘の行為への意味づけ方の変容につながるであろう。この方法は，服（もの）の着方，つまり道具化の構成の揺らぎを，人の定義の変容に持ち込む変容手法である。あるいは，逆に娘のメッセージの意味を変容させるならば，

娘の制服への使用法については，異なる意味が与えられる。

② 評定について

上記のように，mとaのついたクライアントによって記述された対立過程を構成する要素に対しては，その生成力学の評定が試みられる。このメカニズムの評定は，「私」の具体的な行為選択や人およびものについての意味構成法（出来事定義法，関係性定義法の諸レベルの力学分析）について試みられる。また，サブシステム内でのクライアントと他者との間のトランスアクション分析や，クライアントと他のサブシステムの構成員とのトランスアクションの考察も含めた，システム全体の力学の評定という，水平的地平においても試みられる。

この評定作業によって現れる，差異の生成力学の衰退過程や，潜在的な差異生成の可能性という評定図は，一つの地図にしか過ぎない。言い換えるならば，支援者は自らの評定に対して，客観性を主張することはできない。それはあくまでも，システムの差異化を促すべく，差異を投入する道筋を描く地図にしか過ぎない。地図の上を歩くことはできない。つまり，地図上では，クライアントの構成法における差異の生成は不可能である。クライアントが，トランスアクション過程を推し進める過程で，差異は生成する。しかし，地図なくして険しい山谷は移動できないように，多様で重層的なトランスアクションの世界には，この実践の見取り図は不可欠である。

③ リフレクション（reflection）段階の力学

母親の娘のメッセージへの意味づけ（①記述段階での母親の6 CLm）に差異化が生じるならば，母親は，そこで生起した新たな意味構成法をもとに，差異化された行為選択を実施（新たなcare for）し，この母娘間の対立増幅過程は変容し始める。あるいは，娘のものの使用法への差異的な意味構成が生起した場合も，母親の行為選択には変化が生じる。このものや人を変容の基軸とする支援論では，トランスアクション場面を浮上させ，そこでの娘のものの使用法への意味づけ，娘のメッセージ伝達行為への意味づけについて，リフレクションし，それらの意味の差異化を促す支援が可能である。この試みにより，母親は娘の行為を，あるいはそこで現れた，娘が使用するもの，自分が使用するものを，新たな「或る物」「として」生成させるであろう。

以下では，母親が旧い現実構成の文脈を廃棄し，娘のものの使用法の意味づけ，および，娘のメッセージ伝達行為への意味構成を差異化し，問題解決が進展するリフレクション過程を例示してみる。

循環的な対立場面を振り返り，そこでの自らの行為選択の意味合いが，首尾よく差異化されたならば，それは出来事全体の意味構成の再定義の文脈となる。

17 SW：先ほど，「娘さんの部屋から出た」とおっしゃったと思うのですが，娘さんの部屋を出られたことで，娘さんとの言い争いをそこで終わりにされたということでしょうかね？（直接的ポジティブ・リフレーミング）

18 CL：そうですかね。

19 SW：その場で娘さんと言い争いを持続させるのではなく，部屋を出られた時のこと，もう少し教えていただくことはできますか？（状況記述による差異化）

20 CL：娘の表情から，思い余って私を殴った感じでしたし，あのまま対峙していたら，私の方がその辺にあるものを，あの子に投げつけてしまっていたかもしれません。まあ，そう考えたら，その場を離れた方がお互いのためだったのかもしれませんが……。

21 SW：言い争いを終わらせただけではなく，家の中のものをご自分が娘さんに向けて投げてしまって後悔しないようにということも考え，部屋を出ることを選ばれたのですね。今回のような大変な場面で，そのような選択をされた，ご自身のことを，どのように思っておられますか？

22 CL：今思えば，あのとき娘にさらに言い返したり，周りにあるものを投げたりして，事件にならなくてよかったとは思います。

このリフレクション段階において，20 CL で，母親は娘の部屋を出た自らの行為を問題解決の試みと意味づけ，それを文脈として，出来事全体の意味合いを差異化することに成功した（22 CL）。

この母親の出来事の再定義は，言い換えると care for 定義の変化は，娘の行動選択や，意味構成を差異化させる強い文脈として作用する。以下では，その差異化の力学の活性化過程を例示してみる。

23 SW：大変きつい状況でも，冷静になる力を持ち合わせておられ，その時にできるよい方法を選択する力も持っておられて……，それらの力は，普段どのくらい意識して活用されておられますか？

24 CL：どうでしょうか。これまでそんな風に意識したことはなかったですね。

25 SW：そうですか……。では，今日家に帰られて，活用してみるとしたら，どんな方法が考えられますかね？　せっかくお持ちの力は，今の事態をよりよく変化させるために，使わない手はないと思うのですが，どうですかね？

26 CL：そうですね……今から家に帰って，気になるのは，娘が飽きもせず，櫛やピンを使って髪を器用に束ねたり，化粧の練習をしていたりする姿を見たときですね。

27 SW：娘さんは，器用に櫛やピンを使って髪を束ねたり，化粧の練習をしたりされている……。

28 CL：そうなんです。飽きもせず，同じようなことを，何回も試しています。

29 SW：そういう娘さんの行動を，冷静なあなたとして，今日帰宅されて，観察されたとしたら，どんなことを思いつかれますかね？

30 CL：そうですね……器用なことが目につくかもしれないですね。昔から，細かい作業は得意な子でしたし，それを言われるのは嫌じゃないみたいですし。

31 SW：娘さんには，器用なところがおありで……そんな娘さんの器用さについてだったら，娘さんと話ができそうだと？

32 CL：そうですね。たぶん，帰ったときは，気に入ったヘアースタイルでリビングにいると思うので，「本当に髪をセットするの上手よね。私はとても不器用で自分の髪をうまくセットできないので，今度手伝ってもらえたら嬉しいけどな……」とか話しかけてみますかね……。

上記の過程の 26 CL で，母親は，娘が櫛やピンを上手に道具として使用して，髪を束ねている娘の行動を取り上げ，娘のものの使用法（care about）への差異化された定義を浮上させた。母親による娘の道具の使い方の意味構成の肯定的変化は，「昔から，細かい作業が得意」（30 CL）として，娘定義の肯定的変化（care for）の過程を生みだす力として作用した。つまり母親は，娘の物の使用の意味を構成する規則を，制服を着ようともしないというものへの関与の薄さに焦点化し

た構成法から，娘が櫛などを使いこなして，自分の髪を整える「器用さ」を見出す構成規則へと切り替えた。この娘の care about への意味構成法の変化が文脈となり，母親は娘への新たな行為選択（care for）を想起することができた（32 CL）。

母親が想起した新たな行為選択を具現化させるために，ソーシャルワーカーは，続けてリフレクシブな循環的質問法を用い，娘の行動を「器用」として構成する場面を，より明確にする介入を試みた。

33 SW：もう一つお伺いしたいのですが，娘さんは，ずいぶんと器用なところがおありだというお話でしたが，毎朝の場面での娘さんの様子をもう1回振り返ってみると，娘さんのされている行動の中で，娘さんが得意なこと，それなりに頑張って毎朝，やっているなとお母さんから見て思えることは，どんなところですかね？

34 CL：年頃でもあると思いますが，学校に行く前も，きっとその日どんな髪型にするかが，すごく気になっているのではないかと思うのです。私から見たら，どっちでもいいようなものなのですが……。そう思うから，髪ばかりいじって，制服も着ようとしないと思うし，それをぐずぐずしていると私が考えて，「早くしなさい」と，つい言ってしまうんだと思います。なので，娘が毎朝，関心を持って，考えている髪型について，「今日はどんな髪型にするの？」とか「その髪型にするなら，これ使ってみたら」と私が以前使っていて，娘が使いたがっていた道具を貸してあげてもいいかなとか思っています。

帰宅後の場面をもとに生成した，娘の道具使用の差異化された意味づけに続いて，対立場面での母親の新たな行為選択が考案された。母親は「今日はどんな髪型にするの？」と娘の道具使用を励ますメッセージを伝え，さらに母親が大切に使っていた道具への使用許可を付け加えることで，対立を避け，登校を促す，解決行動を構成した（34 CL）。この過程では，母親が所有している道具を，娘の（髪を整える）活動に役立てるという，母親のものに対しての意味づけの変化は，母親のものへの関与法の変化，つまり care about の変化と呼ぶことができるであろう。また，それは母親の娘に対しての構成，つまり，care for の変遷として見ることもできるであろう。ここでは care の両面が相関して変化し，問題の解決力を作り出している。

④　実践段階

リフレクション段階で見出された，新たな行為選択法や，意味構成法は，実際の生活場面で実行できるように，具体的な計画作りが試みられ，その実践をクライアントは支援される。上記のクライアントで言えば，学校に行く準備が遅い娘に対し，対立増幅にならないよう，髪型作りの道具の使用を許可する行為の実践が課題として設定され，実行が励まされる。

⑤　再度の実践の記述

クライアントは，実践で現れたシークエンスについて再び記述することを，次の面接で求められる。記述されたシークエンスの要素は，クライアントによってリフレクションされ，その成果がクライアント自身によって評価される。そして残されている課題が明らかになるならば，再び③→④→⑤のステップを踏む支援が継続する。

⑥　評価

上記の手順を繰り返す過程で，訴えられた問題が解消されたとクライアントにより評価が下されるならば，それを対象化し，再吟味する機会を持

ち，具体的な解決の方法が記述されるならば，事例は終結となる。

⑦　効果測定

本書第 7 章，第 8 章において論じられるように，効果測定法は，インテンシブな介入面接の前後において実施される。問題場面と介入後の解決の実践の場面は，各々意味構成と行為選択を要素として記述される。それらは，類型化され，オリジナルな三次限のグラフに変換され，介入前後の質的相違が説明される。さらに，類型化された要素の出現頻度は数量化され，比較される（Oshita and Kamo 2014）[5]。

ま と め

本章において，まず，人の実践を明晰に語る哲学的議論を基に「私」論を整理した。そして，この「私」の実践が社会的役割規則の遂行による，社会的人やものの構成であることを廣松の四肢構造論を基に定式化した。「私」の実践は，ハイデガーのケア論，つまり現存在である「私」の対他者へのケア（care for）及びものへのケア（care about）でより具体化され，このケアの過程が，「私」の存在を前提として，私たちが社会的私「として」相互に，人とものを社会的な人と道具「として」生成する過程であると理論化された。つまり，クライアントの「私」と，「私」である他者たちとの間で，ケアが循環し，相互生成する場として，支援の対象を循環的，かつ生成的に説明した。これを理論的土台として，その上部に北米ミラノ学派の臨床的知見を取り入れた，新しいファミリー・ソーシャルワークの臨床理論の構築が試みられた。

クライアントはそれまでの自らの世界構成法を文脈として，トランズアクション過程において，問題解決のため常同的に人あるいはものからなる世界構成法の変容を試みる。しかしそれは，トランズアクション過程において，人とものの構成をめぐる問題維持あるいは，それらの増幅の反応を生起させる。この矛盾増幅的なトランズアクションの文脈下で，クライアントの「私」の有効な解決活動として宣言できるケア活動の生成力も低下する。言い換えるならば，問題解決力は浮上しない。そして，そこでは経験的な私と「私」の世界が混沌と化す。

支援者は，支援にあたって，この悪循環生成システムを変質させるため，明確に定められた変容手順に従い，定義づけられた変容技法群を用いて，質問の形を取るノイズを投入する。正当性を有するクライアントの世界構成の変容は，質問によりクライアントが「私」の解決策として，内部生成する作業によってのみ可能である。彼/彼女は，それまでの重層的な世界構成法に亀裂を入れ，新たな行為選択や意味構成を試み，コミュニケーション場面においてその構成法を他者に説明し，人とものとの世界を，「私」の世界として新たに構成するであろう。そして，その規則を構成するであろう。むろん，この規則はもう一人の「私」の規則と相互生成しなければならない。それゆえ，支援はシステム的な関与法を採用する。これは「私」論と，人およびものへのケア論を入れ込んだ，新たな SRM モデルの評定と介入の枠組みである。つまり，本章では，「私」論を世界構成の正当性の根拠，世界構成の基軸であると定義し，さらにケア論に含まれる道具化という社会的生成論を廣松の人とものの，「として」の四肢構造的生成論で再構成し，形而上学的レベルと経験的レベルの両レベルから，支援の基礎理論の定式化を試みた。その上で，「私」による四肢構造

の変容を実現する技法として循環的質問法を挙げ，支援論としての体系化が図られた。

　介入の効果測定についても論じるべきであったが，その説明を試みるならば，詳細な測定手法に言及しなければならず，本章では割愛した。詳細な議論は，本書第7章，第8章を参照してほしい。

［注］
1）ソーシャルワークにおける体系だった私論は，Yamagishi, F.（2011）をみよ。
2）他者と，物の存在可能性の開示を目指す「私」の実践，つまり実存的ケアの思想は，後期において謎めいた存在論へと転回する。そこでは人間中心的思想が否定される。それゆえそこからは「私」論は引き出すことはできない。
3）国内での制度化された支援論においては，ケアの意味合いが変質する。例えば，ケアマネジメントは通常ニーズ充足と社会資源とを結びつける手続きとして定義され，ケアが有する人の世界構成という意味合いは捨て去られる（白澤 1996）。そこでのケア概念とはマネジメントという，相反する概念が無批判に結び付けられている。「私」論と廣松の四肢構造論を整合的に論じることで，新たな支援論を提示することが可能である。新自由主義的利益計算の文脈でケアを定義し，そのケア実践を自明とするソーシャルワーク実践の問題点を提示するべく，ハイデガーのケア論を議論の柱に置き，廣松理論との統合化を試みた。他方，介護の領域や，看護，ソーシャルワークの領域において，ハイデガーのケア概念から，専門職のケアを引き出す方法も議論されているが，その恣意性が，問題とされている。池辺（2007）を見よ。本章でのケアの論理は，これまでのハイデガーの思想に言及して展開する従来の一連の支援論とは，ケア概念の読み込み方，そしてその実践の手法の厳密度において異なる。
4）実際にはいくつかの技法選択の派生形があるが，ここでは省略した。詳しくは，Oshita and Kamo eds.,（2011）をみよ。
5）これまでの支援モデルの効果測定法は，シングル・ケース・デザインのような，介入前後での孤立化させた行動の比較であった。ソーシャルワークにおいては，体系だった変容過程の測定方法が提示されなかった。これまで提示されることがなかった変容過程の力学の測定は，大下・加茂（2013），Oshita and Kamo（2014）の論文で示されている。また本書第7章，第8章においても詳しく論じられる。

［文献］

Bateson, G., Jackson, D. D., Haley, J. and Weakland, J.（1956）. Towards a Theory of Schizophrenia. *Behavioral Science*. 1, 251–264.

Benner, P. and Wrubel, J.（1989）. *The Primacy of caring: Stress and Coping in Health and Illness*. Menlo Park. California: Addison-Wesley Publishing Company.（難波卓志訳（1999）『現象学的人間論と看護』医学書院）

Cronen, V. E. and Pearce, W. B.（1985）. Toward an Explanation of How the Milan Method Works: An Invitation to a Systemic Epistemology and the Evolution of Family Systems, In D. Campbell and R. Draper eds., *Applications of Systemic Family Therapy: The Milan Approach*. New York: Grune and Stratton, 69-84.

Cronen, V. E., Pearce, W. B. and Tomm. K.（1985）. Dialectical view of personal change. In K. J. Gergen and J. Davis eds., *The Social Construction of the Person*. New York: Springer-Verlag, 203-224.

Gelven, M.（1989）. *A Commentary on Heidegger's Being and Time*. Northern Illinois University Press.

Heidegger, M.（1967）. *Sein und Zeit.* Tübingen: Max Niemeyer.（細谷貞雄・亀井裕・船橋弘訳（1963）『存在と時間（上）』理想社，細谷貞雄・亀井裕・船橋弘訳（1964）『存在と時間（下）』理想社）

廣松渉（1972）『世界の共同主観構造』勁草書房。

廣松渉（1982）『存在と意味 —— 事的世界観の定礎　第1巻　認識的世界の存在構造』岩波書店。

廣松渉（1988）『新哲学入門』岩波書店。

廣松渉（1992）『存在と意味 —— 事的世界観の定礎　第2巻　実践的世界の存在構造』岩波書店。

廣松渉（1996）『廣松渉著作集　第10巻　マルクス主義の哲学』岩波書店。

池辺寧（2007）「ハイデガーにおける気づかいの概念 —— ケア論への応用をめぐって —— 」『介護福祉学』14（1），

17-26.

加茂陽・大下由美（2001）「エンパワーメント論：ナラティブ・モデルの批判的吟味」『社会福祉学』42（1），12-22.

Kamo, K., Oshita, Y and Okamoto, H. (2014). Multiple-reflection Model of Social Work Practice. *Japanese Journal of Social Welfare*. 54 (5), 1-10.

鬼界彰夫（2003）『ウィトゲンシュタインはこう考えた』講談社現代新書。

小林敏明（2007）『廣松渉──近代の超克』講談社。

西垣通（1997）『デジタルナルシス：情報科学パイオニアたちの欲望』岩波書店。

Oshita, Y. and Kamo, K. (2011). *Reconstructing Meaningful Life Worlds: A New Approach to Social Work Practice*. Bloomington: iUniverse.

大下由美・加茂陽（2013）「短期の現実再構成モデルの効果測定法」『家族心理学研究』27（1），1-15.

Oshita, Y. and Kamo, K. (2014). A New Intervention Skills and Measurement Method for Clinical Social Work Practice. *Japanese Journal of Social Welfare*. 54 (5), 11-22.

白澤政和（1996）「ケアマネイジメント総論」『リハビリティション研究』日本障害者リハビリテーション協会編 88, 2-8.

Tomm, K. (1985). Circular Interviewing: A Multifaceted Clinical Tool. In D. Campbell and R. Draper eds., *Applications of Systemic Family Therapy: The Milan Approach*. New York: Grune and Stratton, 33-45.

宇波彰（1994）「『存在と意味』論」『情況』11, 17.

Watzlawick, P., Weakland, J. H. and Fisch, R. (1974). *Change: Principles of Problem Formation and Problem Resolution*. New York: W. W. Norton.（長谷川啓三訳（1992）『変化の原理──問題の形成と解決──』法政大学出版局）

Weeks, G. R. and L'Abate, L. (1982). *Paradoxical Psychotherapy: Theory and Practice with Individuals, Couples, and Families*. New York: Brunner/Mazel.（篠木満・内田江里訳（1986）『逆説心理療法』星和書店）

White, M., and Epston, D. (1989). *Narrative Means to Therapeutic Ends*. New York: W. W. Norton.（小森康永訳（1990）『物語としての家族』金剛出版）

Wittgenstein, L. (1972). *On Certainty*. In G. E. M. Anscombe and G. H. von Wright eds., (D. Paul and G. E. M. Anscombe, Trans.). New York: Harper and Raw.

Yamagishi, F. (2011). A New Perspective on Helping Principles. In Oshita, Y. and Kamo, K. eds., *Reconstructing Meaningful Life Worlds: A New Approach to Social Work Practice*. Bloomington: iUniverse. 20-40.

第2章
「私」によるソーシャルワーク論考

山岸文惠

はじめに

　関係性の中に'もの'や'こと'の在り様を見出そうとしたベイトソンの循環的認識論が1980年代の家族療法において，多大な影響を与えたことはよく知られている（亀口 1985）。一方で，ベイトソンの循環的認識論を援用しながらも，ベイトソンの差異が循環するシステムという発想をどのように具体的な実践に結び付けるのかということについては，論考が進められなかった。家族療法はその後，変遷を重ね，社会構成主義，ナラティブ・アプローチも取り入れ，対話のプロセスにより意味を産出する，システムの言語的展開ともいうべき事態を迎えている（檜林・近藤 2005）。そのなかで，クライアントに対して治療的な介入や指示を行うことに専門職としての役割を見出すのではなく，クライアントとの対話を通して，協働的に現実を再構成するという過程に焦点が当てられるようになってきた。

　柏木は，ソーシャルワーカーとクライアントがそれぞれに主体者として，交流する「かかわり」のあるところに「はたらき」が生きると述べ，クライアントを協働者として，生活モデルに位置付けた（柏木 2002）。生活問題を接点としてクライアントと向き合うソーシャルワーカーには，この「かかわり」と，そこで生じる「はたらき」を理論化する作業が求められる。この「かかわり」に関して言えば，互いに，一人称の私としてコミュニケーションを行うことと言い換えられる（Yamagishi 2011）。「かかわり」を通して，クライアントが新たな行為選択や柔軟な意味構成をつくり出す「はたらき」が生まれるようにするには，相談過程を進める前提として，コミュニケーションの世界で，主語として機能する「私」としてのコミュニケーションの理論化が求められることになる。

　では，これまで一人称の私としてのコミュニケーションの理論化に関連する先行研究についてみてみよう。小澤は，「ひとはそれぞれが独自性を有している。つまり"わたし"という装置ができあがっていて，ある共通する状況のなかに置かれても，その装置を通してしか行為や反応をつくりだすことができないから，ひとそれぞれという結果を生む。それが人間の自由度を大きくしていると考えられるが，それだけに困難な課題を抱えてしまっている，ということもできる」（小澤 2003: 177）と説明している。ここでは，"わたし"は一つの固定した装置として捉えられている。そ

れゆえ，支援者が関与するクライアントの"わたし"は，固定した装置であるため，一定の枠内での関与となり，クライアントと支援者の関係性は膠着し，互いの世界は閉ざされるだろう。クライアントの多様な世界構成を活性化させるソーシャルワーク実践を考えるならば，小澤の述べたできあがった装置としての"わたし"とは異なる，私の定義が求められる。

そこで本章では，再度ベイトソンの循環的認識論に立ち返り，ベイトソンの論じたパターン化された世界を，他者とのメッセージの交換の世界において，再構成していく過程で主語として機能する「私」を設定する。そして，この私という主語を使用するがゆえに，一貫したその人にとっての世界が構成されることを論じる。その上で潜在的な可変性をもつ私を定義し，他者とのコミュニケーションの過程で取り出された差異を核として，新たな「私」を立ち上げ，それとともに自らの経験的世界を再構成するという，「私」の語りを中心としたソーシャルワーク実践モデルについて論考する。以下で用いる「私」という表記は，第1章の「私」と同様，世界構成の根拠としての「私」を意味する。

これまで，ソーシャルワークは科学であるという立場から，様々な理論モデルが論じられてきた。一方で，モデルを準拠枠とした実践は，クライアントを対象化することにより，あたかも物在するかのように規定していると批判されることもある（田嶋 2012: 52）。確かに，ソーシャルワーカーがクライアントを導くことを正当化するための理論的基盤としてモデルを用いれば，問題解決の主体はソーシャルワーカーであり，クライアント自身の問題解決力が賦活化されることはない。しかし，自らの実践を他者に開示し省みようとするのならば，あらかじめ理論的基盤が提示されていなければならない。

Ⅰ．私について

ベイトソンの論考をもとに，私という概念を，存在論的，認識論的，実践論的という3つの側面から論じる。

1．存在論的側面からの私──不在の私

言葉の世界で，話し手の主体を描くとされる私は，ヒトが言葉に馴染み始めたときから，その存在の体験方法が，日常生活の中で繰り返し教えられる。その結果，私とは何なのか，ということは棚上げにされたまま，様々な行為選択や状況に対する意味づけの背後に，超越的に私が存在することについて，誰も疑いを抱くことはない。ヒトは，私が文の構造上，主語として使用される単語であるという知識を教えられる以前に，私の使用を体得し，習熟しているのである。だからこそ，日常会話の中で，「これから，行ってきます」のように，主語を省いて，意味を伝えることはよくあることであり，そう伝えた相手から，通常，「誰が行くの？」とさらに質問を向けられることはない。話し手本人が行くことは，自明のことだからである。会話の背後に，私という主語があることは，当然の了解ごとであり，敢えて，「これから，私が，行ってきます」と述べた時には，それは，主語＋述語という文章構造の単なる枠組みを超え，行為の主体が，その時々の文脈を踏まえた特定の意味を付帯させたと意味づけられることさえある。つまり，日常生活において私は，対象化され物化され，経験的世界では出現しないように，その存在様式が巧妙に構成されている，形而上の存在なのである。

現代では，超越的な神の存在を前提とした語り

そのものは，消失しているが，それでもなお，何らかの求めるべき価値や目的がまず存在し，それに向かうことに私の生きる意義を見出そうとする思考法は，我々の生活の中で見えない網を張りめぐらし，精神と行動に対して，縛りをかけている。そして，見ることも，触れることもできない，しかし，それゆえに超越的な私が，精神と行動の拠りどころとされ，混迷は深まる。

　ベイトソンは，「暗闇で電燈のスイッチをつける。手が頭上に（現実には真っすぐ前にあるのに），スイッチが肩の高さにあると私が"知って"いるとする。この場合いくら探しても，スイッチに触れることはあるまい。"知って"いなければランダムな試行錯誤の末，触れることもあろう」と述べ，「正しい方向」があるという思い込みへの警鐘を鳴らしている（Bateson 1979 = 2006: 185）。さらに，「仏教では，自己なるものが一種のフィクションだと教える。もしそうだとすれば，それがどんな作りものなのか明らかにする必要があるだろう。だが，それには，自己という概念をとりあえず一種の梯子のようなものとして，うけいれておくと便利である。理解に達してしまえば，もはや捨てようが置き去りにしようがかまわない，単なる補助の概念として」と述べている（Bateson 1979 = 2006: 184）。

　私が何かを"知って"いる時，その知が自らを縛り，結果的に現実世界への柔軟な対応力が削がれる。例えば，ソーシャルワーカーが二元論的思考に陥り，クライアントへ"正しさ"を押し付けたり，あるいはまた，クライアント自身が"知って"いることに縛られ，一義的な意味づけや行為選択から抜け出せず，悪循環に陥る場合がそうである。けれども，私が仮想の概念であれ，日常生活で機能している以上，それをどのように用いるのかについての論議を進めなければならないだろう。その点について，ベイトソンは，「言語は，主語と述語というその構造によって，"もの"がある"属性"を"持っている"のだと言い張ってしまう。もっと精密な表現手段であれば，"もの"がその内的な諸関係，およびほかの"もの"や語り手との関係の中でのふるまいから産み出され，ほかの"もの"と区別して見られ"実在"させられるのだという点をきちんと表現することもできるはずだ」（Bateson 1979 = 2006: 80）と提言している。人や場所や物の名前を示す名詞は，それ自体，実体を示してはいないし，その属性も主観的なものとならざるを得ない。ならば，動作を示す動詞はどうだろうか。彼は，きこりが木を切るという行為を例にとり，斧の一打ちは，なによりもまず，前回斧が木につけた切れ目によって制御されており，斧と木の間で展開されるプロセス自体に備わる循環的な自己制御性の結果として，木が切られているのだとした。しかし，通常，言葉の世界では，そのようなプロセスについて省みられることもなく，ただ，「自分が木を切った」と宣言される。人称代名詞を動詞と組み合わせて用いることにより，意志のままに私が何事かを成し遂げたという精神までもが持ち込まれると指摘した（Bateson 1972 = 2000）。

　このような言葉の特性をふまえたとき，クライアントが関係性の中に私の在り様を見出す多様な語りを取り戻す，つまり私を実在化させる契機をどのようにして得るのかということが，ソーシャルワーク相談における課題となる。

2．認識論的側面からの私

　私は，いかにして私を知り，私を語り，私を定義するのだろうか。ベイトソンは定義することは，物がそれ自体で何であるかを言うことではなく，「あるものを他のものとの関係においてみること」であると述べている（Bateson 1979 = 2006: 22）。ベイトソンにならい，私を定義しようと試みれば，経験的世界でのかかわりをとおして生成する私と他のものとの関係は多様であり，それゆえ，私についても無限の定義が存在しうることと

なる。実際，誰しも，今，現在の日常生活で私が決めた私の定義に厳密に従い，私の行動を統制することなどできはしない。だからこそ，他者から問われることを契機として，その都度，私の行動の中からごく限定的な部分を切り出し，過去の経緯を振り返り，他のものやこととの関係にことよせて，後付けで私を定義する。まず私の定義があるのではない。

　例えば，「仕事へ行きたくても行けない」と言うクライアントに対して，「何かあったのですか？」と問えば，「私は，嫌なことがあると，クヨクヨと考えてしまうのです」，「私にだけ厳しく接する上司がいるのです」，「3日ぶりに出勤したら，仕事のやり方に戸惑い，ミスをしてしまった」，「上司から，突然，『今日は，仕事を止めて早く帰ったら』と言われた」など，さらに状況を説明する語りが得られることだろう。各々の説明は束ねられ，「仕事へ行けない」というクライアントの行動を支える文脈として機能し，クライアントの語りの論理性を担保する。ここで，クロネン（Cronen, V. E.）らが提唱したCMM理論（Coordinated Management of Meaning「意味の調整的処理」理論）（Cronen and Pearce 1985）の現実の重層レベル論にならい，私の語りの下敷きとなる文脈を，抽象的レベルの高い順に，自己定義（社会活動における自己概念・人生の台本），関係性定義（二者あるいは，それ以上の対人間の関係性），出来事定義（行動様式の概念化），言語行為（対人関係性から生じるメッセージの意味）という4つのレベルに整理する。たとえば，「仕事へ行きたくても行けない」という語りは，あるクライアントでは，「クヨクヨして行動できない自分」という自己定義を文脈として構成し，語られているのかもしれない。あるいは，別のクライアントは，具体的に困っている場面（出来事レベル）の解決行為を探して，訴えているのかもしれない。どのレベルを文脈とするかで，この語りの意味は異なる。

　また，あるレベルの定義がなされると，そこでは，他の定義づけの可能性は衰退する。つまり，定義されたと同時に私は狭い世界に閉じこめられ，現実への柔軟な対応力を削がれることとなる。例えば，分類されたそれぞれの要素についても，見方を変えれば，次のようにも解釈できる。「クヨクヨ考える人」という自己定義は，集中して熟考できる人，「私にだけ厳しい上司」という関係性定義は，上司から注目されている，「3日ぶりに職場へ出勤し，ミスをした」という出来事は，仕事への熱意の表われとしての意味が浮上可能となる。ベイトソンは，「意識にすくい上げられるものが，自己や外界のシステムの全マトリックスからではなく，出来事の循環回路の一部だけを切り取った『弧』からのデータに限られてしまう。……（中略）……目的意識が陥りやすい偏狭な見解を矯正することに智（wisdom）と呼ばれるものの本質がある」（Bateson 1972 = 2000: 592）と述べ，本来の循環回路への気づきを取り戻す働きかけの重要性を指摘した。

　もちろん，循環性を基盤に据えた時，ベイトソンが言うように，「個々の発話や行為は，コンテクスト（＝文脈）と呼ばれる生態学的システムをつくる部分なのであり，そのコンテクストの全体から，それを取り去った残りの部分のものが『作ったり』，『生みだしたり』したものではない」（Bateson 1972 = 2000: 456）ことは，自明であり，クライアントの語りをどのようなコンテクストの中で読み込んでいくかは，恣意的なものである。しかし，経験的世界における私による私の変容を目指すソーシャルワーク実践においては，クライアント自身が組み立てた論理構成による語りが資源となる。クライアントの語りに対し，CMM理論の4つのレベルを用いてクライアントの私を立ち上げる過程を力動的に説明することができる。例えば，「クヨクヨ考えてしまう」というクライアントの語りを支援者が，クライアントの自己定義を文脈として語られたと捉える場合と，具体的

な出来事を文脈としていると考えた場合とでは，支援者の質問やその後のクライアントの回答はまったく異なった展開となるだろう。つまりクライアントは異なる私を認識することになる。どちらの捉えかたが妥当であるのかということではない。支援者がクライアントの論理性を尊重するからこそ，クライアントが論理的に結び付けているその要素のうちのどれか一つを変えることにより，語りそのものの意味づけを変容する契機が得られる。相談の過程で，クライアント自身が，まず私の定義を整えることは，次の新たな私の生成に向かう動的過程を導くために必要な作業である。

3. 実践論的側面からの私 ── 私の自由と応答能力（response ability）

実践論から私を考えるとき，主語としての「私」が帯びる自由と責任が，実践を支える柱となる。この主語としての「私」はそれに続く述語が示す解釈や行為と自由に組み合わせられ，その自由ゆえの責任を担い，経験的世界で機能している。例えば，「私は介護サービスを受けません」と宣言し，その言明を論理的に裏打ちする自己定義，関係性定義，出来事定義，言語行為にかかわる私の語りが重ねられた時，クライアントの私に対して，他の私や社会制度は介入できなくなる。従来のソーシャルワーク実践では，客観的に必要と判断された支援でも，クライアント自身が拒否した場合，「自己決定＝自己責任」という合理的判断の下，支援を停止する根拠とされ，ソーシャルワーカーを思考停止に至らせていた。しかし，主語としての「私」を立てるソーシャルワークを実践する者にとって，「責任」という言葉とは，responsibility，つまり，response ＋ ability から成り立つものである。私が何を思い，その考えに基づきどのように行為したのか（response），そしてそのことを自ら相手に説明しうること（ability），つまり，英語の字義通り，他者とのコミュニケーションにおける応答能力と定義されるものであり，個人の行為に対して，他者が何らかの責め（blame）を付与するという文脈で用いられるものではない。トムは，responsibility を，「人が自分の行為の結果を，好ましいと考えるのか，嫌悪するのか，に対して自分なりの一貫性をもって生きること」と定義している（Tomm 1999: 131）。自らが，行為を振り返り，自分なりの一貫性を保つための文脈を探索し，他者との間で相互に応答可能性を分かち合うのが，相談支援の目標である。

相談過程とは，まずクライアントの思いのままに私の構成を語っていただき，その自由な語りを基にして，クライアントの主語としての私の応答能力を新たに，さらにより自由な方向性に向けて解放させようという試みである。クライアントの自由を尊重するソーシャルワーカーという他者とのかかわりが有効に機能し，クライアント独特なこだわりや一貫性についての気付きが，クライアントによって発見されるとき，両者の間に協働的な responsibility が生成する。私の世界構成を変えるには，自分自身でその規則を変えるしか方法はない。問題を解決できたのか否かは，クライアントにしか決められないのである。そして，このように責任をコミュニケーションの視点から捉えたとき，「クライアントの能力に応じて自己決定が制限される」，というバイスティックの自己決定原則を自己矛盾に陥れていた発想そのものが消滅することも指摘したい。つまり，第三者の客観的な視点を前提とするのではなく，誰もが自分の行為について何らかの意見を持ち，それを表出することを認め合うのが responsibility の在り処だから，そこにクライアントの能力を忖度する余地はまったくないのだ。クライアントが，本来，知りえないものを知っているとし，主語の私として，状況へ関わろうとする言明を行う。あえて，私としての状況判断を表出し，応答可能性の土台を生成できるようになるのは，自由な私を拠り所とし

てはじめて成り立つ過程である。クライアントのそのような現実構成過程の証人となるだけでなく，さらにクライアントの自由を賦活し，新たな私の言明を再構成できるようかかわることが，対人支援職のresponsibilityである。論拠を与えられた私へ他者が問いかけ，それを端緒として，省みられることのなかった自己定義，関係性定義，出来事，および言語行為に光があてられ，「私」が立ち上がる。

4. 世界構成主体としての私＝なぜ「私」を立てなければならないのか

これまでは，存在論，認識論，及び実践論から個別に私について論じた。これらをまとめクライアントが問題解決の主体となる相談過程を進行させるため，世界構成主体としての「私」を立ち上げる動的過程についてのモデルを以下に提示する（図1参照）。

一人称の私は，通常は，コミュニケーションの場に現れることもなく，形而上の世界に，自由と応答可能性を帯び超越的に存在していると思われている。しかし，存在論的には不在である（図1：形而上の世界，私・点線囲み）。なぜなら，日常生活においては，様々な先行的な出来事が文脈として機能し，あえて，互いの意思を確認するまでもなく，円滑に進行しているからである。ところが，日常生活に新しい状況が出現した場合，それに対して，自分の行動や意味づけを提示する必要に迫られることがある。経験的世界において，「私はこう思い，私はこのように行動する」と述べた時，意味構成規則と行為選択規則をつかさどる世界構成主体としての「私」は，他者の介入を寄せ付けない。（図1：矢印A下向き）。だからこそ，コミュニケーションにおける主語として機能する「私」を立ち上げなければならないのだ。そして，その言明の理由を他者に問われた時，これまでの思いや行為を手掛かりにして，始原的世界を探索し，

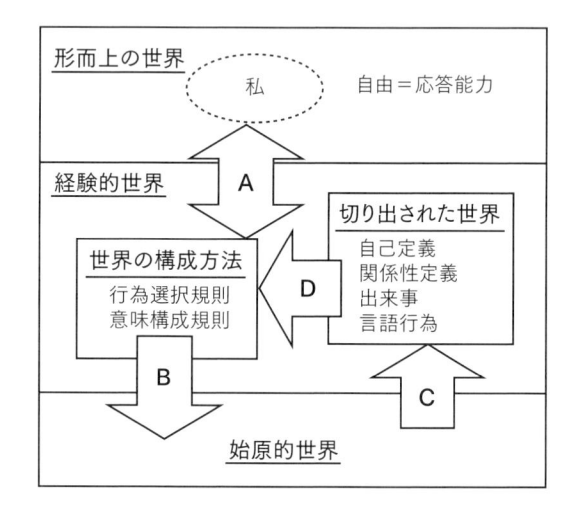

図1 世界構成主体としての私の生成構造

自身の語りを論理的に構成しうる素材を切り出そうとする（図1：矢印B）。始原的世界には，本来，未だ言葉にされていない，つまり認識からこぼれ落ちた，語り尽くせるはずもない無限の資材が潜在している。この混沌とした始原的世界を探索し，経験的世界での私の語りを支えるテキストとして語り出そうとする（図1：矢印C）。そして他者にしてみれば，一見，関連性も不確かなそれらのテキストはクライアント特有の結び目で束ねられ，私の論理を補強する文脈となり私の世界構成を下支えする（図1：矢印D）。この繰り返しを経て，自己定義，関係性定義，出来事，あるいは言語行為というテキストを文脈として，私の意味構成規則と行為選択規則が，補強される。その結果，論拠を与えられ，独自の世界構成規則に基づく私が生成する。これらの規則に沿い，さらに始原的世界からの自己定義，関係性定義，出来事，あるいは言語行為が繰り返し切り出され（図1：矢印B→矢印C→矢印D），その結果，私の世界の構成方法と，経験的世界での私の定義が他者に対して論理的に示され，立ち上げられた「私」が，他者との関係性のうちに世界との関係を取り結ぶ軸として機能する（図1：矢印A上向き）。

このように，経験的世界の私は，他者からの承

認を得て，経験的世界で効力を発揮するうちに，あえて私を提示する必要性もない日常性に埋没する。しかし，「私」を立ち上げるという一連の動きを通して，経験的世界において，私固有の文脈が耕され，それに基づいて新たに立ち上げられた「私」を軸として，世界との関係を結ぶことが可能になるのだ。

図1の矢印A，B，C，及びDのそれぞれに，注目してみよう。矢印A（下向き）は，小さな手がかりを契機として，私自身の自由と責任において状況に関わろうという兆しである。矢印Bは，既存の規則を拠り所にして，世界への関与を試みようとする動きである。矢印Cは，始原的世界から矢印Bの働きにより切り出した素材を自己定義，関係性定義，出来事，あるいは言語行為というテキストへまとめようとする動きである。矢印Dは，引き出されたテキストを束ね，それらを新たな文脈として，行為選択と意味構成の既存の規則の補強，再編へと向かう動きである。この一連の過程を主語としての「私」を用いて語るとき，私と世界の関係性が体験される。

これらの過程に共通しているのは，質的な転換が生起していること，他者の予断を許さない私的な限定が許されていること，及び偶然に支配されているということである。そもそも，始原的世界に源を持つ私の定義は，無限に可能であるのだが，その現れ方は，時々の他者との関係性に依拠した唯一無二のものである。このようにして，局面に応じて，新たな意味構成規則と行為選択規則に支えられた世界構成主体としての「私」を立ち上げることにより，クライアントは再び世界との関係性を展開することが可能となる。

しかし，問題状況を訴える，あるいは問題状況にあるとされるクライアントは，これまで述べた私を巡る循環が停止し，それゆえ，他者との接点も差異生成力が失われた状態にある。私の体験は記憶の中にしかなく，その私の世界構成規則は硬直化し，変化した状況に対して，柔軟に意味構成と行為選択を展開できない。既存の自己定義，関係性定義，出来事，あるいは言語行為が常同的に反復され，さらにそれらを文脈として，世界構成規則が一義的に強化される（図1：矢印D）。世界から新たな要素が切り出されることもないまま，循環から切り離されてしまう。その結果，主体としての「私」は立ち上がることもなく，日常性に埋没する。そこでは私の自由と応答可能性を展開する場も限定されたまま，世界との関係性は希薄になり，私が実在化する過程（図1：矢印A，B，C及びD）の体験も希薄になる。世界を構成する規則をメタな位置から見直すためには，「私」を立ち上げなければならない。もう一度，世界との関係性を展開させるためには，主語としての「私」という看板を立てなければならない。「私」が立ち上がっていない状態にあるとき，私の世界構成方法の基本となる行為選択規則や意味構成規則を自ら変容させることは容易ではない。私が世界との関係を再構成し，私なりに世界との関係性を取り戻すためには，他者としてのソーシャルワーカーの関与が求められる。そこでは，クライアントの生きる私が実在化しうる過程（図1：矢印A，B，C及びD）のどこかで差異として機能する質問を行うことしかない。ソーシャルワーカーという他者との間で展開されるクライアントの「私」を立ち上げるための，問いかけに焦点化した支援過程については，次節で論じる。

Ⅱ．「私」が立ち上がる過程と支援者の質問技法

1．質問法

　理性はしばしば，直線的因果律の様式で語られる。しかし，本来，直線的因果律で説明しうるのは，ある限定条件が成り立つ範囲という狭い領域内での，特殊な関係性を切り出したものにすぎない。それに対して，精神は循環的な過程であるとベイトソンは看破した。これまで，専門職としての理性に照らしたソーシャルワーク実践モデルを批判し，加茂はソーシャルワーク理論の前提として，「理性を最高位に置く近代的人間観を疑うことから」始めなければならないと述べ，クライアントが本来もつ環境への対応力を柔軟にとりもどすために「クライアントが自らの存在様式に差異を構成することを容易にする質問者」（加茂 2000：258）として立ち現れるソーシャルワーカーのあり方を提案してきた。では，ソーシャルワーカーが，どのように質問すれば，その語りの中からクライアントの「私」としての言明を引き出し，伏せられていた文脈の流れを整え，クライアント自身が，世界との新たな関係性を切り開くことが可能になるのだろうか。関係性に働きかけるのがソーシャルワークの本質であるとすれば，まず，循環的認識論を尊重することによって，ソーシャルワークはその独自性を保持しうると考えられるだろう。ベイトソンの循環的認識論の系譜を実践面で引き継ぎ，パターン化された認識に差異を生じさせる専門家の関与法を，クライアントとの家族療法の面接技法として体系化したのがトムである。トムは，家族療法における質問法を，①直線的質問法，②循環的質問法，③戦略的質問法，④リフレクシブ質問法の4類型に分け，①と③が直線的因果律，②と④が循環的認識論に基づくとし，それぞれの特徴を論じた（Tomm 1988）。彼自身は，あくまで，直線的因果律と循環的認識論を相補的なものとして捉えていた。また質問の機能はその会話の前後の文脈に依存するため，同じ文言が常に同じ効果をもたらすとは限らないので，その意図と効果を検証することは，セラピストの責務であるとしている。トムはそれぞれの質問法の特徴について，以下のようにまとめている。①直線的質問法と②循環的質問法は，ともに，セラピストがまずクライアントの状況に向き合おうとする時に発せられるが，①は直線的因果律に立ち，②は循環的認識論に立つという基本的な認識の枠組みが異なるため，その一連の過程は，例えば，①では，「今日ここに来られた問題は何なのですか」，②では，「私たちが今日ここに一緒にいるのは，何が関係しているとお考えですか？」という，対照的な設問から始められる。その後，①では，問題の説明や原因を求める質問がなされ，家族の問題定義は保持されたまま，セラピストが専門的な判断を行うための情報が収集される。②では，セラピストはクライアントなりのそこでの説明を受け入れ，クライアントが囚われている問題維持システムからクライアントを解放するために差異の質問を継続し，クライアントによる世界構成の記述が促される。

　③戦略的質問法と④リフレクシブ質問法は，ともにクライアントに影響を及ぼし，変化を促すことを意図している質問法である。③は直線的因果律から，④は循環的認識論から発せられている。③は，一応，質問の形式はとりながら，クライアント（＝妻）に対して「子供たちに心配事を話すかわりに，夫に直接話したらどうですか？」と指示的に教示する。一方，④では，「もし，あなたが，夫へ自分の心配事と憂鬱を話していたとしたら，夫はどうしていたと想像しますか？」と，問いかける。このような質問を繰り出すことにより，クライアントは，これまでの行為選択とその結果に

対する意味づけの循環をリフレクションし，新しい行為選択と意味づけの循環の生成が可能になる。

2.「私」が立ち上がる過程

経験的世界を再構成する「私」が立ち上がる過程を，記述過程→リフレクション過程→実践課題の設定過程→（実践）→実践の再記述過程，という4段階に分けて整理した。それぞれの段階で，支援者の質問法により，どのように「私」が立ち上がるのかについて述べてみたい。

（1）訴えの記述過程：記述的循環的質問法

訴えの記述過程では，記述的循環的質問法を用い，問題場面がトラッキングされる。大下は，トラッキングについて，「主要な問題と認識される具体的場面のコミュニケーション過程を取り上げ，それをクライアントとともに，一つ一つの行為と認識に分解して分析し，それをパターン化して統合する技法がトラッキングである。これは，クライアントが乱暴に折りたたんでしまっている現実を，一つ一つ聞いて多様な現実作りの可能性をひらく技法である。これまで顕在化しなかったいくつもの資源（意味づけの可能性，行為選択の可能性）をクライアント自身も発見できる技法である。また人は何かを語ると，語った人はその言葉にその後の行為を拘束される事態が生じる。つまり，クライアント自身がもう一度，問題を語り直せるようにトラッキングすることで，語り直したように現実を構成していくことを可能にする技法でもある」と述べている（大下 2003: 90-91）。

クライアントが出来事を時系列で語り，それを具体的なシークエンスのかたちに再構成することをソーシャルワーカーは支援する。このとき，始原的世界からクライアントの規則に従い，一つの出来事として取り出された語りは，循環的認識論に依拠するソーシャルワーカーとの間で構成された極めて主観的な現実であることを了解事項としている。本来的に言葉は，物事を分けることはできるが，その実態を説明することはできない虚構である。ベイトソンは，言葉に込められた精神を既定の了解事項として看過し，言葉をやりとりすることで，目的を追及する効率は高められたが，本来，人間のシステムにある関係性や循環性という「智」が意識から排除されてしまったと述べている（Bateson 1972 = 2000）。通常の生活場面，即ちソーシャルワークの現場では，言葉がそのように機能しがちであることについて常に注意がなされなければならない。言葉は，何も説明していないのだと捉え，言葉を関係性の中に取り戻そうという「智」こそ，「私」によるソーシャルワークで求められる姿勢である。そのためにも，まずこの記述過程で，クライアントが弧として取り出したシークエンスとしての語りを，充分に話していただくというアプローチが必要になる。通常の会話では，出来事を語る場合，まず全体像が要約された形で提示される。しかし，実際に存在したのは，個々の言葉のやりとりや行為である。また，出来事のふりかえりは，幾通りにも行いうるものである。なぜなら，本来，ある一定の時間のうちに起こった出来事と，範囲を限定したとしても，だれもそれを語り尽くせはしない。だからこそ，クライアントが私の出来事として語ることに対し，ソーシャルワーカーは，応答しなければならない。なぜなら，日常生活における私の一期一会の言明に対して誰も真偽判定をする権利は持ち合わせないからだ。

直線的因果律に縛られた単調な論理構成からクライアントを解放するために，循環的認識論に立つソーシャルワーカーによる循環的質問法が用いられる。出来事の原因を特定しようとするのではなく，私独特な出来事のつながりのパターンに目を向ける質問が繰り出され，時系列の流れに沿い論理的に整理されていく。その過程は，どのようなクライアントであれ（認知症であろうと子ども

であろうと）体験可能である。

　ソーシャルワーカーは，「まず，何があったのですか」とあいまいに問いかけ，クライアント自身の現実構成の起点を明らかにする。ソーシャルワーカーの質問に促されて語られる出来事は，新たな現実となる第一歩である。すべての出来事は，循環的な関係性の中にあるという認識に立つならば，一連の行為選択と意味構成の流れのどこに句読点を打ち，どのような出来事として語り始めるのかを決定することができるのは，クライアントである。クライアントがそれを決定できる限りにおいて，語りの主体となるための力を得ることができる（Keeney 1983）。

　クライアントが，先のソーシャルワーカーの質問に対し，「××さんが，突然，殴ってきたのです」と話を始めたなら，そこから構成される出来事についての語りが，取り上げられる。××さんが殴る行動をとる前に，何があったかは，ここではクライアントによって棚上げされている。私的な意味の関連性は真偽判定とはまったく無縁で，誰もその構成に異議を差し挟めないがゆえ，まずはクライアントが起点とした時点から，その後の展開が時系列の流れで整理される。以下，CL はクライアント，SW はソーシャルワーカーを示す。続いて，SW「××さんが，突然，殴ってこられたとき，あなたはその行為をどう思われましたか？」と問いかけ，××さんの行動に対し，どのような意味づけが生じたのかを尋ねる。すると，CL「なぜ殴るのかと本当に腹が立った」と答えたとしよう。さらに，SW「なぜ殴るのかと疑問に思われて……腹も立って……その後，どうされましたか？」と，次の行為選択を具体的に聞いていく。このようなソーシャルワーカーの質問に答える過程で，クライアントは，殴られたという出来事を語りながらも，腹を立てた自分，その自分が他者の行為をどう意味づけたのか，そして次にどんな行動を自ら選択したのかを，私の言明として説明するポジションに立っていくのである。この質問法は，一般的な傾聴技法とは異なる。

（2）リフレクション過程；リフレクシブ循環的質問法

　リフレクション過程では，まずクライアントによって記述された具体的な出来事を構成する要素（意味構成や行為選択）に対し，クライアントの新たな意味づけや新たな行為選択の発案を促す。ここでは，現実を構成する推論と行為選択のルール作りの主体としての私が体験され，クライアントの自由と責任が賦活されるよう，たとえば，ソーシャルワーカーは，「××さんが殴ってきて，それに対しなぜ？と疑問を持ちつつ，冷静に，自分の行動を選ばれたということですが……その場面でのご自分の行動を今振り返ってみて，どのように思っておられますか？」と，問いかけるのである。そこでは，殴られた行為に冷静に対処できた出来事を文脈として，自らの行為選択のリフレクションが促されている。この過程は，個人による内省とは異なる。リフレクションの字義である「折り返す，写し鏡」から想起されるように，ソーシャルワーカーという対面者の言葉を介して，自ら記述したことへのリフレクションである。クライアントの言葉に対するソーシャルワーカーの応答が，引き金となり，クライアントの各要素へのリフレクションは活性化される。クライアントは，他者としてのソーシャルワーカーを利用し，これまでの世界の構成方法を差異化し，新たな私へと折り返し（リフレクトし），「私は□□な人」と自ら言明するのだ。この「私」は，問題に苦しめられていたそれまでの受け身的な私とは異なる次元から，主体的世界を構成できる「私」としての語りを生成し，解決策を考え出す。こういうといかにも大きな変化のようだが，どんな問題状況にあるクライアントでも，ソーシャルワーカーとの対話を経て，これまで私なりに解決しようと試みた行為選択が差異化され取り出された時，さらにそれを推し進めるにはどうすればよい

のかという視点からであれば，実行可能な解決策を自ら提案できる。問題状況にあると訴えるクライアントが，その渦中で発揮できている力を見出せるよう支援する他者こそソーシャルワーカーなのだ。

　一連のリフレクション過程で，もし，CL「今思えば，殴り返すことはなかったかなと思います」と答えたとするならば，引き続き，SW「そんな風に，ご自分のされたことを，厳しく振り返られる方は，そうはおられません。そこまできちんとご自分自身を振り返ることができることを，どう思われますか？」とクライアントに問いかけ，これまで，クライアントが，問題を説明してきた用語を用いて，クライアント自身の自己定義の再構成を試みることも可能である。私と他者がそれぞれの構成規則をリフレクトし，それを確認する過程を経て，始原的世界を探索する。その結果，新たな自己定義，関係性定義，出来事，言語行為を組み合わせた様々な文脈が取り出され，それらがクライアントとソーシャルワーカーの間で共有され，差異が確かにクライアントの主語としての「私」へと引き寄せられていく。だが，この段階で止まっていては不十分である。この私は，さらに生活場面での実践を体験し，さらにその実践過程がリフレクションされなければならない。

(3) 実践課題の設定過程：私の解決方法の探索と可視化された課題設定

　上記の記述過程とリフレクション過程を通して，新たな意味構成と行為選択を語る主体としての「私」が立ち上がる。しかし，この状態では，まだその差異化された言明は，私の周囲にゆるやかに寄り添っているにすぎない。その新たな言明が，「私」の言明として現実味を帯びるには，経験的世界で具体的な体験と結びつかなければならない。トムの面接技法では，循環的質問法を用い，意味の再構成を行うことに主眼が置かれ，それと連動する行為選択についての具体的記述には乏しい。加茂，大下，前田らは一連の事例研究において，意味構成のみならず，さらに行為選択の具体的差異化にまで踏み込んだ実践過程について報告している（加茂・大下・前田 2005；大下 2008）。このとき，ソーシャルワーカーは，新たな現実構成の要素を語り始めたクライアントが，その実践を私の実践として語れるように，具体的な実行プランを綿密に立てるための質問を行う。次の展開でクライアントがどのような解決方法をソーシャルワーカーに提案するのかは，まったく予測不可能である。クライアントは，必ずしも実現可能性の高い方法を提案するとは限らない。しかし，ソーシャルワーカーではなく，クライアント自身が述べる解決策だからこそ，その試行へ向かう動機は強い。新たに組み立てられた自らの意味構成の世界の中から，それまで出口も見えず苦しんでいたクライアントが，独自に提案した解決行為であるという点において，それは発見なのである。他者であるソーシャルワーカーの存在が効果的に機能し，クライアント自身が新たな意味構成規則に基づき始原的世界を探索し，解決行為が切り出される。

　ソーシャルワーカーは，解決に向けたクライアントの提案に対して，さらに具体的なプランを作成するために，SW「殴られても殴り返さない自分になれているとしたら，具体的にはどんなことをそこでしていると思う？」などと問いかけて，解決行為の実践力を高めようと試みる。あるいは，その解決行為を，より一層クライアントの私の事情に添わせるべく，SW「たった一つのことを実行できれば，これだけの苦しい状況を改善できると予測しておられる？」，SW「その解決方法を，最も実行しやすくなるのは，どんな条件が整っている時でしょうか？」と質問を重ね，クライアントの考えをさらに私的事情に添わせる展開を促すことも可能であろう。クライアントなりの解決策だからと，安易に同意し実行を勧めることは，得策ではない。あえて再度の説明を求め，ク

ライアントなりの構成の独自性を際立たせ，文脈を整え，解決行為を空想に留まらせないよう，クライアントを励ますのである．

　例えば，CL「相手に腹を立てない自分になれれば」と答えたとしよう．SW「相手に腹を立てない自分になるとは？」と尋ね，クライアントに，説明を求める．「自分を律することだ」などと言い換えられたならば，さらにそれを実現する具体的な場面での方法は何であるのかと問い，さらに具体的なプランをクライアントに求め，「私」としての解決ストーリを語ってもらう．クライアントが，「同じような悩みを抱えた人の集まりに出て，自分を見つめ直す」と仮に言ったとしよう．そのとき，SW「それはいいですね．ピア・サポート活動があるので，○日，△△時に□□へ行ってみてください．私から連絡をしておきます」などと，サービス資源の情報を提案する，ソーシャルワーカーもいるだろう．しかしここで必要なのは，「ピア・サポート活動に行く」ということそれ自体より，むしろ，「同じような悩みを抱えた人の集まりに出ると，今の自分とどんな所が変わりそうですか？」とさらにリフレクションの問いかけを試みることであろう．「ピア・サポート活動に参加する」という行動をクライアントの日常生活の出来事に降ろし，クライアントとソーシャルワーカーとの間で可視化できるよう，たとえば，SW「これまでピア・サポート活動について，どこかで目にしたとか，生活場面の中で気づかれたことはありますかね？」と尋ね，クライアントがすでにその情報にたどりついているかもしれないことを，問いかける．クライアントからは，CL「そう言えば，○○でみたような……」あるいは，CL「ネットで探したらでてきますかね？」などの応答が引き出されるであろう．そこから，一緒にインターネットで探すことも，又は，それぞれが探してきて，次回，情報を持ち寄ろうという展開も可能であろう．そこでは，インターネットが，解決の資源として，クライアント自身により引き寄せられたと言える．

　クライアントが，まず最初に思いついた解決方法とは，看板のようなものである．それを具体的に実践レベルにまで降ろし，予想される解決過程をシュミレーションし，そのシークエンスをさらにトラッキングすることで，クライアントの思いつきで終わったかもしれなかった解決方法が，ソーシャルワーカーとの間で現実に実行可能な解決行動として多様な選択肢をも含みつつ豊かに可視化される．そして，行為選択と意味構成の一本の細い糸が，クライアント特有の私の事情として，他の行動とも関連性を帯び連鎖させられながら太いロープとなるように組み込まれたとき，「ピア・サポート活動に行く」という言葉から想起される構成体の塊がクライアント独自の資源となるのだ．大事なことは，その解決方法は，紛れもなくクライアントが考えたこととして自ら意味構成できるようにすることなのである．自分で考えたことを，自分で試してみるというのが，「私」の決定であり，他者が並べた既存の選択肢から自分の希望に合うものを取り出すというこれまでの「自己決定」とは，そもそも発想が異なる．また，クライアントの解決策は，クライアント独自の構成による発明である．この段階で，ソーシャルワーカーが戦略的質問法を用いて，ある特定の解決策へクライアントを誘導しようとするのは，厳に慎まれなければならない．クライアントが自分で解決策を語ることにこそ価値があり，ソーシャルワーカーがその機会を奪ってはならない．

　このようにして，特定の行為をクライアントが実践するということは，クライアントが現実世界での解決行動において，メタな位置を得ているということでもある．つまり，自分の実践を説明する相手としてソーシャルワーカーという他者がいることを意識し，特定の行動にとりかかるということは，相談というプロセスを経ずに，偶発的に類似の行為をすることとは質的に異なる．さらに，行動の結果を確認することを前提として，解

決方法を言明するという限りにおいて，少なくともその時のクライアントにとってそれは実行可能な提案であろう。たとえ，それが些細な行動であっても，問題状況に苦しめられていたクライアントが，その行動から想起される私の解決を構成する独自の文脈を開拓できたことが変容の資源となる。

（4）実践の再記述過程

この過程は，クライアント自身が考えた実践プランが実行されたのち，その実践が，詳細に記述される過程であり，クライアントの「私」の立ち上がりが強化される過程でもある。この再記述過程では，記述的循環的質問法を用いて実践過程がシークエンス化される。そして，それらの要素に対してリフレクシブな循環的質問法が用いられる。新たなルールの生成主体としての私が解決行動を体験し，その過程を，ソーシャルワーカーは，重要な他者との間のトランズアクションにおける行為選択と意味構成の要素の連鎖過程として記述させる。この記述は，「私」の考えた実践プランを，このように実践したという，まぎれもない「私」の実践として語られる。この語りを通して，クライアントが実践を自己評価し，終了となるか，あるいはさらに課題を設定して，実践が繰り返されることもある。このような「私」の強化過程の繰り返しを経て，「私」なりの行為選択と意味構成法が立ち上がり，「私」に引き寄せられた経験的世界が，構成されるのである。

これまでの記述過程→リフレクション過程→実践課題の設定過程を経て，自己定義の変化を文脈とし意味構成と行為選択の規則が再編されるよう支援がなされているので，単に，当初クライアントが問題として考えていた事柄を自分で解決できたという実感を得ることのみに，再記述過程の目的は限定されるものではない。加茂は，「クライアントの訴える問題は，支配的言説の拘束下で，現実の定義，そして解決法という具体的な形で表現される。それゆえ，それとは異質な地平からクライアントが自らの訴えを語り直すことが，解決の不可欠な条件となる」（加茂 2006: 36）として，循環的認識論に依拠する場合の解決のあり方と，訴えの語り直しとしての再記述過程の必要性について注意を喚起している。つまり，再記述過程においては，新たに立ち上げられた「私」を核として，クライアントがどのような経験的世界を開いたのかという聞き取りができるかどうかが，ソーシャルワーカーにとっての関心事となる。なぜなら，クライアントの問題そのものを構成されたものと定義している以上，問題の解決もまた構成されたものにしかすぎないことは，自明であり，問題と解決を直線的因果律の枠組みでとらえ，客観的資源の導入の成功や問題行為の消失のみに焦点化した支援を目標としないからだ。

個々のシークエンスの要素が選択される局面での私と，それらをまとめる形而上の「私」との間を果てしなく行きつ戻りつするこの私生成の過程は，無限の循環性から成り立ち，決して同じ繰り返しがなされることはなく，つながりの結び方の可能性は無尽蔵である。そしてそのような無限の動きの中に，手探りのうちに偶然探し当てた意味構成や行為選択の規則を「私」として引き受けられたと実感できたときこそ，よく生きているということが感得されうる瞬間なのではないだろうか。そして，それは，ベイトソンが「智」とよぶ境地なのである。クライアントがこのような循環性のなかに柔軟に私を取り戻し，その結果として，どのような波及効果が及ぼされているのか，それが再記述過程に臨むソーシャルワーカーにとって最大の関心事であり，その確認をもってケースが終了することとなる。

3. 実践事例の考察

さて，これまで論じた支援者の質問法とクライアントの「私」が立ち上がる支援過程について，

2事例の特定の局面を取り出し，考察を試みる。各事例は，個人情報の保護に配慮し，個人が特定できないようにまとめられている。事例1は，複数の事例から再構成したもので，事実とは異なる。事例2は，クライアントから掲載の承諾をいただいている。

(1) 事例1
① 概要

80代の認知症のAさんは，数年前に夫が他界し，一人暮らしをしているのだが，夫が姿を見せないことが気がかりで，食事を摂れなくなっていた。栄養状態の悪化から，一時的に入院していた病室での会話を以下に示す。

② 面接過程

1 CL：（夫が）家へ帰って来ないのよ。
2 SW：旦那さんがですか？
3 CL：旅行が好きで，一旦出かけたら，わけがわからなくなる。旅先で，誰かに騙されているのかもしれない，怖いわ……。
4 SW：誰かに騙されて？
5 CL：そうよ。私は（夫のために）葬式までしてあげたのに。
6 SW：ご主人のために，そこまでされたのですか……。
7 CL：さあて……，何もかも盗られたら家に戻って来るのかね。
8 SW：戻って来られる？
9 CL：そうよ。そうなれば，私の所しか戻る所はないからね。
10 SW：今も名字はAさんのままですね……（ベッドに吊るされた名札の字を示す）。
11 CL：そうよ。あっ，そういえばこの名札は，私が眠っているときにあの人（夫）が書いたのよ。こっそり書きに来てくれたのね。
12 SW：確かに，Aと書かれていますね……。奥さんですものね。
13 CL：最後は，私のところへ帰ってくるしかないのよね。

③ 考察

Aさんの語りを「私」の言明であるとみなすならば，夫の葬式を自分が行った過去の出来事と，夫が現在姿を現さないということを結びつけて，「夫は亡くなったのだから今来られるはずがない」という構成をしなかったAさんの言明を，他者は否定することはできない。それゆえ，このような場合，ソーシャルワーカーが公的論理によりクライアントへ説明すればするほど，現実世界におけるAさんと他者との接点が失われ，Aさんの「私」は立ち上がらない。生きた世界の構成はそもそも私的論理による構成であり，形式合理性に依拠した公的説明法は，流動する世界の動きを停止させ，化石化させることで成立する世界の構成法でしかない（鬼界 2003＝2007）。

2，4，6および8 SWは，記述的循環的質問法で，Aさんの言明の具体的な記述を引き出している。葬式の意味を理解できないAさんであるとステレオタイプの解釈を説示するのではなく，クライアントの説明規則にソーシャルワーカーが従うことで，「私」による世界構成の語りが可能となる。9 CLでAさんは，Aさんと夫との肯定的関係性定義を語っている。この関係性定義を文脈にAさん自身のリフレクションが，10 SWのメッセージにより「名札」というものを媒介として試みられた。Aさん自身が，名字が同じである＝夫を支え続けている自分（私）という関係性を軸に現状をリフレクションした局面での「名札」は，自分の夫によって書かれたものとしてAさんにより構成された。このAさんなりの「名札」というものと夫との関係性を再構成した言明は，名

字が書かれた名札を見る＝夫が側にいてくれることの確認となり，Ａさんの病室の世界は，Ａさん自身によって再構成されたのである。つまり，夫が姿を見せない不安を，「名札」を見ることで解決できると，Ａさんが断言したのである。ここでは，「名札」がＡさんにとっての解決資源になったのである。これは，Ａさんの「私」が，現実世界の中に立ち上がった局面である。

　ベイトソンは，「地図は土地ではない」と述べている（Bateson 1979 = 2006: 149, 172）。地図は差異をある特殊な関係性を手掛かりに表現したものであり，物理的な実体を提示しているわけではない。精神にも，地図のように関係性を含んだ様式として情報が持ち込まれなければ，目の前の情景そのものから，何らかのまとまりのある認識が得られることはない。面接前の「名札」は物にしかすぎなかったが，「名札」の字を書いたのが夫であるという関係性をＡさん自身が名札と関連あることとして構成したことにより，クライアントの精神の迷路から抜け出す地図として機能し，生活問題を解決する用材へと変化した。

　この会話の後，Ａさんは，病院食を食べられるようになった。そして，数週間後に，「名札」実践についてうかがうと，Ａ「あの時はいらいらして本当に苦しかった」と言われた。数か月後に，SW「近頃，ご主人はどうされていますか」と聞いたところ，Ａ「仕事に行っておるよ。弁当は自分で作って。だから，何も心配は要らないのよ」と笑顔を返され現実を「私」として構成しているＡさんが確認された。

(2) 事例2
① 概要
　Ｂさんは，施設に入所している90代の女性である。Ｂ「男性が夜中に来るので，安心して眠れない」と，夜間に緊急ベルを押し，職員へ頻繁に訴えていた。本人の不安を軽減するために，モニターカメラの映像を職員がＢさんと一緒に確認したが，映像には男の姿は映っていない。精神科医からＢさんへ安定剤が処方される一方で，緊急通報用にポケベルを契約するなど，施設側は，防犯対策をした。しかしＢさんの訴えは軽減しなかった。本人の訴えは，「妄想」と診断され，訴えは顧みられなくなり，訴えは繰り返され，双方の無力感が増幅するという悪循環へ陥り，ソーシャルワーカーの初回面接が実施されることとなった。

　これまでＢさんから聞き取られた訴えは，Ｂさんが男の理不尽な行為の被害者であり，職員に訴えても自分の思いは通じないし，男がいつ侵入するか気がかりで安心して眠られないというものだった。つまり，投げ出されている世界に対する受け身的な語りのみで，Ｂさんが主体的に構成している現実についての語りが不足していると考えられた。ソーシャルワーカーは，Ｂさんの「私」による解決できる現実が構成できない状況に陥っていた，という仮説を立てた。

　それゆえ，初回面接では，Ｂさんの語る「男が来る」ことを，まず十分に「男」の行動とＢさんの意味構成と行為選択という要素のレベルで記述してもらった。そして「男が入ってくる」場面で，どのような対処法をとっているのかを聞くと，Ｂさんから，「大声を出す」などの解決行動が語られた。ここでは，施設職員では対処が困難な事態に対し，Ｂさん自らが，「馬鹿野郎」と一喝することで，男を退治していたという出来事が語られたのであった。この解決行動を語ることでＢさんは，それまでの，男の迷惑行為の被害者としての私から，対処できる私になることができた。

　以下の面接過程は，2回目の記録である。ここでは，初回面接での対処できる私を浮上させた文脈を強化するため，Ｂさんにさらに記述とリフレクションを試みた。

② 面接過程

1 CL：夜になったら男がやって来る。男は，私のことが好きだから部屋に入れてくれ，と戸を叩いて騒ぐのよ。何を呆けてるのか……。嫌だわ。
2 SW：その時どうされるのですか？
3 CL：夜はヘルパーさんも1人で忙しいのよ。緊急ベルを押しても，すぐ来てくれないから，役に立たない。やっと来たときには，もう男がいなくなっていたりする。それで，ベルはやめて，棒をドアの所に置いたのよ。棒があれば，男が入ってきた時，身を守れる。
4 SW：前は，男に「馬鹿野郎」と，言われたのですよね。今回は棒で身を守る。どちらも夜に急に実行するのは，難しいと思うのですが？
5 CL：そりゃ，声なんか出せるものではないよ。
6 SW：そうですよね。夜，急に声は出せないのに……。
7 CL：そう。声は出せるものではないよ！
8 SW：寝ているのを，起こされて，びっくりして……。身もすくみますよね。それなのによくできますね。どうやったらそんな難しいことができるようになるのですか？
9 CL：でもね，私は違うの。ほら，そこに折鶴があるでしょう。
10 SW：ああ，時計の横にある折鶴ですか？
11 CL：そうよ。それは，夏に，孫の○○がここに来て折ってくれたの。それに向かって，毎日，「○○ちゃん，休みになったら早く会いに来て」って言うのよ。
12 SW：そうだったのですか。そうやって，毎日発声をして……。
13 CL：そうよ。そうでなければ，いざという時に声が出せるものではないよ。
14 SW：心のなかで，○○ちゃん早く会いに来て，と思うだけではなく，実際にいつも声に出して，呼びかけているのですね。
15 CL：○○ちゃーん，早く帰ってきてー（突然，大声で叫ぶ）。
16 SW：まあ，本当にしっかりと声を出して，呼びかけておられるのですね。
17 CL：そうよ。私はいつもそうやって声を出しているから，内臓も丈夫になる。
18 SW：内臓？
19 CL：今までは，内臓が悪いから，歌を歌うのが嫌だったけど，ヘルパーさんに，声を出す練習をすれば，内臓も良くなるよと，教えられてね。
20 SW：声には，そんな効果もあるのですか。お孫さんの名前なら，自然に声が出せる。
21 CL：○○ちゃんは，学校の帰りに，ここによく会いに来てくれていた。本当にやさしい子でね。
22 SW：鍵も掛けるし，棒もあるし，いざとなったら声も出せるし，いつ男が来てもよいように対策ができているのですか？
23 CL：声が一番効くね。
24 SW：と，言われますと？
25 CL：私が声を出せば，男も静かになる。自分の部屋に帰るのよ。

③ 考察

2回目の面接では，Bさんの解決行為が多様化した。2 SWで，Bさんの対処法を聞くことで，ヘルパーの対応の不十分さに対しても，不快感を述べるのではなく，むしろ自分で棒を備えるという別の対策を実行していることが語られ（3 CL），

なお一層，この現実に対処する「私」が強化された。さらにソーシャルワーカーは，前回の面接で解決行為として表出された「声を出す」という行動と，今回浮上した棒を立てるという2つのBさんの対処法のリフレクションを促した（4，6，および8 SW）。その過程で，Bさんとお孫さんとの肯定的な関係性定義がBさんによって結びつけられた。そこでは，お孫さんの作った折鶴という物材に対するBさんなりの行為選択が，Bさんの解決力の向上に貢献していることが語られた。Bさんの「男が来る」という訴えは，お孫さんとの関係性，お孫さんのために頑張る自分，そして自らの世界づくりを「私」として試みるために，必要な訴えであったのかもしれない。

この面接のあと，Bさんは男について訴えることはなくなった。しばらくして，Bさんから，「男は施設を退所したので，もう来る心配はなくなったようだ」とBさんの「私」としての報告を受けた。

（3）結　果

ここで取り上げた2つの事例のように，クライアントから繰り返し言い募られる訴えは，例えば，「痛い！」という，叫びにもなぞらえることができる。日常会話において，その「痛い！」という言葉を知らない人はいないが，その「痛い！」という言葉自体は，一つのことだけを説明してはいない。当の本人も，その痛み自体を正確には認識できないし，もちろん他人とその感覚は共有できない。ただ，本人と，その言葉を聞く他者とのそれぞれの関係性の中で，その訴えは，さまざまに解釈されうる。それゆえに，「痛い！」という訴えに対する解決の在り処は，その関係性の中にしか見出されない。Aさんは病室の中の「名札」を，Bさんは，お孫さんの折った折鶴をコミュニケーションの中で「私」を立ち上げる契機として，問題解決過程において，始原的世界から新たな関係性を切り出し，関係性という次元において，解決を生成させたと言える。

まとめ

本章では，「私」の決定による支援原則が展開され，差異の持続的構成過程が世界内での適応戦略であり，自明性，超越性を帯びた一人称の私は，この生成現場での動的過程である私の物象化であると定義された。私の動的過程の展開は，超越論的私による自由な決定及び構成過程として了解される。この超越論的私は虚構であるが，差異化が拡散することなく時間，空間的に構造化され，世界が構成されるためには，不可欠である。形式論理に裏付けられた公共的規範から自由な私なりの行為選択と意味構成を立ち上げ，そして，超越論的私をも立ち上げ，現実構成の差異化を試みる力を強化させる支援方法が提示された。その支援過程は，記述過程→リフレクション過程→実践課題の設定過程→実践の再記述過程，という4段階にまとめられ，この繰り返しを経て，経験的世界における意味構成と行為選択の応答可能性を拓く「私」が生成する。

このようなクライアントの自由と責任が賦活化される実践は即自的にはなされていたが，対自的に論じられてはいなかった。つまり，その過程が理論的に記述されてきたことは稀であった（Yamagishi, 2011）。本章においては，「私」論を軸に，生活問題解決を目指す支援について，理論及び技法レベルでの体系化を試みたが，本論で提示した「私」のソーシャルワークモデルの有効性は，実践の積み重ねから判断されなければならないであろう。

［文献］

Bateson, G.（1972）. *Steps to an Ecology of Mind*. New York: Ballantine.（佐藤良明訳（2000）『精神の生態学』新思索社）
Bateson, G.（1979）. *Mind and Nature: A Necessary Unity*. New York: Dutton.（佐藤良明訳（2006）『精神と自然──生きた世界の認識論』新思索社）
Cronen, V. E. and Pearce W. B.（1985）. Toward an Explanation of How the Milan Method Works: An Invitation to a Systemic Epistemology and the Evolution of Family System. In D. Campbell and R. Draper eds., *Applications of Systemic Family Therapy: The Milan Approach*. New York: Grune and Stratton. 69-84.
亀口憲治（1985）「家族療法における認識論」岡堂哲雄編『現代のエスプリ 215　家族療法と親教育』至文堂，26-34。
加茂陽（2006）「被虐待児童への支援の基礎理論」，加茂陽編著『被虐待児童への支援論を学ぶ人のために』世界思想社，3-37。
加茂陽・木原活信・三原博光・村上雅彦（2000）「現在の課題と将来の方向」，加茂陽編著『ソーシャルワーク理論を学ぶ人のために』世界思想社，241-264。
加茂陽・大下由美・前田佳代（2005）「児童養護施設で暮らす虐待された子どもへの効果的な処遇法『ソーシャルワーク研究』Vol. 31, No.2, 47-53。
柏木昭（2002）「ソーシャルワーカーに求められる『かかわり』の意義」江幡玲子・深澤道子編『現代のエスプリ 422　カウンセリングとソーシャルワーク』至文堂，36-45。
Keeney, B. P.（1983）. *Aesthetics of Change*. New York: The Guilford Press.
鬼界彰夫（2003）『ウィトゲンシュタインはこう考えた』講談社現代新書。
檜林理一郎，近藤強（2005）「ナラティヴ・セラピーと家族療法」亀口憲治編著『現代のエスプリ 451　家族療法の現在』至文堂，26-38。
大下由美（2003）「日常性のなかでの資源」加茂陽編著『日常性とソーシャルワーク』世界思想社，83-112。
大下由美（2008）『支援論の現在──保健福祉領域の視座から──』世界思想社。
小澤勲（2003）『痴呆を生きるということ』岩波新書。
田嶋英行（2012）「クライエントの存在を基盤にしたソーシャルワークの構築に向けて──実存的分析論の立場から──」一般社団法人日本社会福祉学会編　『対論　社会福祉学 4　ソーシャルワークの思想』中央法規，32-55。
Tomm, K.（1988）. Interventive Interviewing: Part Ⅲ. Intending to Ask Lineal, Circular, Strategic, or Reflexive Questions? *Family Process*. Vol. 27, 1-15.
Tomm, K.（1999）. Co-Constructing Responsibility. In S. McNamee and K. J. Gergen eds., *Relational Responsibility: Resources for Sustainable Dialogue*. Thousand Oaks: Sage Publications, Inc.
Yamagishi, F.（2011）. A New Perspective on Helping Principles. In Y. Oshita and K. Kamo eds., *Reconstructing Meaningful Life Worlds: A New Approach to Social Work Practice*. Bloomington: iUniverse, Inc. 20-40.

第3章
社会の構造と力学

岡本晴美・加茂　陽

はじめに

　"ソーシャルワーク"という実践を定義するためには，"ソーシャル"，つまり社会概念と，"ワーク"すなわち変容方法とを明確に定義することが不可欠である。なぜなら，ソーシャルワークが社会内での支援である以上，実践を裏づける社会理論の構築が前提条件となるからである。しかしながら，国内の支援機関においては，さらに一層深刻であるのは，高等教育機関においてさえも，その理論化への関心はますます衰退している。これらの諸機関においては，法で示す手続きに従った，社会生活の支援がソーシャルワークであるかのような理解が主流である。そこでは，ソーシャルの定義が不鮮明であり，それゆえ，社会生活を変化，向上させるワークの概念も曖昧となっている。

　本家，本元である北米においては，生活場面での支援，つまりソーシャルワークを試みるために，社会の構造と力学の理論化を重視し，それゆえ問題解決力を有する社会理論を求めてきた歴史がある。1970年代から80年代にかけて，洗練された社会理論として導入されたのが，システムズ理論であった。しかしながら，この心理還元主義を乗り越えることを目的として提唱されたシステムズ理論に依拠した支援モデルは，その論証が困難なシステムの正常対異常の二元論に陥ったがゆえに，日常の生活場面である社会（生活世界）生成の説明力を失い，支援理論としての影響力を低下させた。他方，90年代には言説の社会生成力学を強調するナラティブ・アプローチが登場する。しかし，このアプローチは社会の実在を仮定する言説還元主義の色合いが強く，トランスアクション過程での多彩な社会生成力学の説明力に欠けていた。本章においては，あたかも理論が客観的な現実を説明するかのように論じる社会の実在論的定義を放棄する。また，ナラティブ・アプローチについても，その言説実在論のゆえに否定される。

　実在するのは，未だ論理的に加工されてはいないトランスアクション群である。以下では，このトランスアクション群，言い換えると社会を差異の束として捉える理論枠として社会理論が定義される。この理論は，トランスアクションの群内に内部生成的に，新たな差異を産出させ，それを増幅させるための見取り図として用いられる。

　まずは，ソーシャルワークにおけるシステムズ理論の導入の意義と課題を整理し，その上で，新

たな差異の発想に依拠した，ソーシャルワークのための社会理論の概略を描き出す。この理論体系は，差異の内部生成を説明する社会構成主義的社会理論である。

Ⅰ．ソーシャルワークにおけるシステムズ理論

1．ソーシャルワークにおける実践モデルの歴史的変遷

ソーシャルワークにおける実践モデルの歴史的発展過程をたどると，おおむね，4期に分けられる（久保・副田 2005）。

第1期は，1910年代から20年代の時期であり，ソーシャルワークの体系化・科学化を目指したリッチモンド（Richmond, M. E.）は，ソーシャル・ケースワークを「人間と社会環境との間を個別的に，意識的に調整することをとおしてパーソナリティを発達させる諸過程から成り立っている」（Richmond 1922 = 1991: 57）と定義した。リッチモンドが提唱したケースワークは，パーソナリティの発達や適応への着目，フロイトの精神分析学の影響を強く受け，その後，診断主義アプローチと呼ばれるモデルが出現した。診断主義とは，医学モデルとも呼ばれるように，クライアントの問題を診断によって特定し，治療するといった直線的な因果連関でとらえるものである。この理論的なエッセンスは，後の心理社会的アプローチに引き継がれた。1940年代には，診断派への批判として，クライアントが相談機関の機能を十分に活用できるように支援することを重視した機能派が登場し，1950年代には，診断派と機能派の両者の視点を折衷する試みがなされた。

その後，第2期である1960年代になり，心理社会的アプローチ（Hollis, F.），問題解決アプローチ（Perlman, H. H.），機能派アプローチ（Smalley, R.），行動修正アプローチ（Thomas, E. D.），家族療法（Scherz, B. K.），危機介入（Rapoport, L.），成人の社会化（Simon, B. K.）が代表的なケースワークの実践モデルとして登場する。

第3期である1970年代以降に，さまざまな福祉権運動を背景に，"社会"問題としての生活問題を個人のパーソナリティに還元するといった，心理還元主義に疑義が呈され，ソーシャルワークの対象は，個人なのか，社会（環境）なのか，といった二元論を乗り越える試みが始まる。ここで，登場してくるのが，一般システム理論やサイバネティックス，生態学の視点である。一般システム理論（GST：General Systems Theory）は，生物学者のベルタランフィ（Bertalanffy, L.V.）が述べるように，システムを「相互に作用しあう要素の集合」（Bertalanffy 1968 =1973: 35）と定義しており，その理論に依拠するならば，問題は直線的な因果連関ではなく，諸要素間の関係性の問題として，循環的な因果連関による分析の視点をそれは強調する。つまり，Aの行動がBの行動を引き起こすといった，Aの行為を「原因」，Bの行為を「結果」とする原因－結果という直線的な因果連関による視点を排し，Aの行動によってBの行動が引き起こされるかもしれないが，Bの行動がAの行動を引き起こしているともいえる，といった循環的な因果連関による視点を強調する。人が生活するとは，何かの影響を受けることであり，そして，みずからも何かに影響を与えることである。

第4期である1990年代になると，エコロジー（生態学）とシステムズ理論とを結合した，エコ・システム論に基づく，ジェネラリスト・アプローチやケースマネジメント論に抗する，新しいソーシャルワークの実践モデルが登場する。一連の新たな実践モデルは，科学的知識の社会的世界生成論に基づき，それらのアプローチが前提とするシステムの維持，あるいはシステムの正常対病理の

二元論，そしてそれに依拠した正常への回帰論に関して批判的な吟味を加えた。さらにこのような知を有することを理由として主張される，専門職のクライアントに対する理論的，かつ実践的優位性を論破した。新しく登場した実践モデルとしては，フェミニズム・アプローチ，ストレングス・アプローチ，解決志向モデル，エンパワーメント・アプローチ，ナラティブ・アプローチなどのモデルが代表的である。

2．ソーシャルワークにおけるシステムズ理論導入の意義

　システムズ理論の重要な視点は，問題の原因を個人に帰するのではなく，人と環境とのトランズアクションの特性，すなわち，その関係性のいかんによるといった循環的な因果分析法を示すところにある。システムは要素と要素の結びつきによって構成されるが，システムは個々の要素の寄せ集めではない。システムズ理論は，それら要素の間の力動性と，力動性の過程において作り出される結びつき方の特性，つまり構造として，システムを定義する。

　家族をシステムとしてとらえた場合，家族を構成する要素は，役割行動を担う家族メンバーである。父と母と息子という３人家族であれば，夫，妻，父，母，息子という，社会的役割遂行者が要素となり，社会的役割に依拠する行動の交換が家族システム内で展開する。そこでは，特有の構造が生起する。つまり，システムは，それを構成するいくつかの要素の組み合わせであるサブシステム群として構造化される。上述の核家族システムにおいては，夫－妻，父－母，母－息子，父－息子の４つがサブシステムとなる。さらに，家族は，地域や組織といった，家族の関係性の外にあるさまざまな社会資源とも相互に関係しながら存続する。つまり，家族の外部にある家族よりも大きな単位であるマクロレベルの観点からみれば，家族は，サブシステムということになる。

　通常，家族システムは，以下のような軸によって描写される（Andoreae 1996=1999: 396）。

i 　全体はそれの部分の合計よりも大きい。
ii 　システムの一部分を変化させることは，そのシステムのほかの部分の変化につながる。
iii 　家族は時の経過とともに組織され発展する。家族はいつも変化し，そしてライフスパンの経過とともに家族の構成員は異なった役割を引き受ける。
iv 　家族は情報を受け，互いに，そして家族外の人たちとも情報を交換する一般的に開かれたシステムである。家族は開放性と閉鎖性の程度においてさまざまであり，時の経過とともにそして環境に応じてもさまざまでありうる。
v 　個人の機能不全はしばしば能動的な感情システムを反映している。家族成員の一人が示す症状は，しばしばシステムの別の部分から緊張をそらす方法であり，それゆえ関係の問題を示すのである。

　ここでは，家族メンバーが相互に影響を及ぼし合い，また，家族外の環境との相互作用を通して変化していく様が示されている。この理論枠に依拠するならば，心理主義的な支援とは異なる新たな支援論が可能となる。たとえば，問題を抱えているとされる家族メンバーを直接のクライアントとすることなく，他の家族メンバーの力動性を活用して，間接的にクライアントに変化をもたらすことができる。また，クライアントの変容を関係する他のシステムの変容へと拡大することにより促進する実践も考案されるであろう。人も社会環境も，一人（単独）で変化するのではなく，他者（環境）とのトランズアクションを通して変化するため，関係する人（社会環境）の変化は必然的に当該クライアントへも波及する。この視点の獲得は，ソーシャルワーク実践に大きな転換をもた

表1　家族とその背景システム

レベル	システム	定　　義
マクロレベル	家族＋背景システム	家族と家族をとりまく人的，物理的システム
メゾレベル	家族システム	夫－妻，母－父，母－子などの，成員の役割行動が明示されているサブシステム群から構成されるシステム
ミクロレベル	家族内のトランズアクション群	行為選択と意味構成を要素とするトランズアクションの群

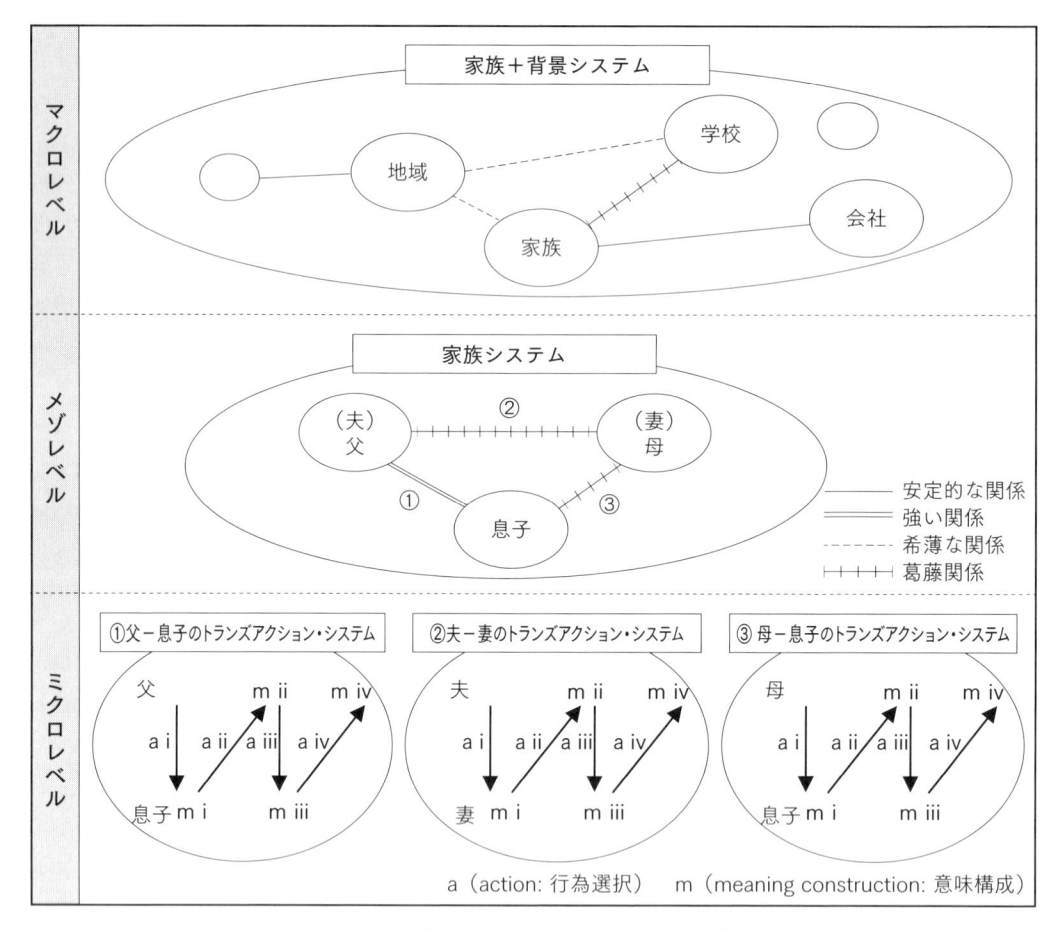

図1　マクロ・メゾ・ミクロレベルでとらえた家族の関係性

らしたと言えよう。

システムズ理論の立場から，家族とその背景から構成されるエコ・システムは，システムのサイズを基準に表1のように記述することができる。それを図示すると，図1のようになる。

3. システムズ理論に依拠した既存の実践モデル

システムズ理論と生態学的視点，つまり，エコ・システムの視点をソーシャルワークに導入したアン・ハートマン（Hartman, A.）らによる家族中心のソーシャルワークは，優れた社会的視点からの

支援モデルである。彼女たちのシステム論的な支援モデルであるエコ・マップの考案・開発は，着目に値する（Hartman and Laird 1983）。エコ・マップとは，図1のマクロレベルの構造と力学を記述したものである。家族と環境との状態把握を視覚的に可能にする道具であるエコ・マップは，線の形状（直線・点線・ジグザグ線）を用いて，役割遂行関係の力動性を示す。ハートマンの家族中心のシステム論的ソーシャルワークは，心理還元主義的な理論を乗り越える支援理論として，また，その実践の体系化を試みた点で評価できる。

しかし，このモデルのシステム病理論とシステムを正常へと回帰させる実践論は，根源的な問題を内包していた。さらに，エコ・マップは，システムをきわめて単純化してとらえているがゆえに，システムの変容力学の説明力が弱く，一貫したシステムの変容手法を提示することができなかった。とりわけ上記，表1のミクロレベルの理論化に難点を有していたため，いかなる手法で変容を試みるのかという実践的な議論になると，一連のシステム病理論を前提とする家族療法で用いられる変容法の羅列にとどまり，急激に折衷主義に落ち込んでしまう。

4. システム的社会理論による支援理論構築の必要性：クライアントの世界構成法の解明

問題の場面は，正常対異常という固定的な区分が容易ではない，常に動き続ける場面である。そこでは，クライアントが（のみならず誰もが），何らかの規則に従い行為の選択を行うという冷静な判断を実践することはまれであり，彼/彼女は局面ごとに，盲目的に問題解決の対他的，対物的な行為選択を試みる。文脈を逐一確かめてから行為選択を試みるならば，その選択は場面の展開に追いつかず停止してしまうであろう。従来のシステムズ理論の分析では，このような流動的で，予測不能な自らの行為選択や他者の行為選択を意味づける作業を射程に入れることができず，有効な変容手法の提示に欠けていると言わざるを得ない。流動的な日常生活の支援において必要とされるのは，これまでの理論が十分にそのメカニズムを説明することができなかった図1のミクロレベルで展開される対人的なトランズアクションを説明しうる支援理論である。

クライアントは，行為により局面ごとに事態を構成し続ける。そしてこの構成は次の行為選択の文脈として作動する。日常生活は，この行為選択と，その文脈との循環的な生成過程である。そのなかで，ある事態は，彼/彼女にとって受け入れることができない事態となって構成される。ここで事態が問題として構成され，訴えられるならば，彼/彼女はクライアントとなる。システム論者が説明するシステムの力学と構造は，強い，弱い，対立，あるいは迂回連合などサブシステムの結びつきの特性を示すにとどまっている。クライアントは，他者の問題は何々で，みずからは解決のため他者に何々を試みたと雄弁に語るであろう。その語りは，語りを構成する要素の無意識的な取捨選択によって一義的に苦難として構成されている。すなわち，問題を問題として成立させるべく，問題場面の要素がクライアントによって選択されて語られるのである。ミクロレベルであるクライアントの語りの動態的な要素群とそれらの生成文脈を正確に説明できるならば，支援者は変化をつくり出す意図的な働きかけを行うことができるであろう。

Ⅱ．システム的社会理論による支援理論の構築

1．臨床的社会理論としての枠組み

(1) 世界生成の構造と力学のレベル

社会的世界は，成員間での行為選択と行為の意味構成を要素とするトランズアクションの集まり（群・構造）である。さらにそれは，行為選択や意味構成作業のなかで生じる，相互に結びつく行為選択規則，意味構成規則を要素とする規則の結合体として定義される（Cronen, Pearce and Tomm 1985）。そこには，一連の重層的レベルを有する特有の生成力学が働く（表2）。

【0レベル】は，未分化で未だパターン化されていない，無数の差異生成の可能性を有する始原的世界のレベルである。世界の分節化レベルである【1レベル】は，原初的なトランズアクションのなかで，ある特有のトランズアクションが繰り返され，そのパターン化が開始するレベルである。言い換えるとそれは，差異が出現するレベル

表2 「世界」の構造化のレベル

「世界」の構造化のレベル	「世界」の構造化の力学
【0レベル】始原的レベル	規則化が成立していない対人的トランズアクション群の浮遊状態
【1レベル】世界の分節化の開始レベル	対人的トランズアクションの要素群の力動性のパターン化の開始
【2レベル】世界の構造化レベル	意味構成規則及び行為選択規則群の構造化

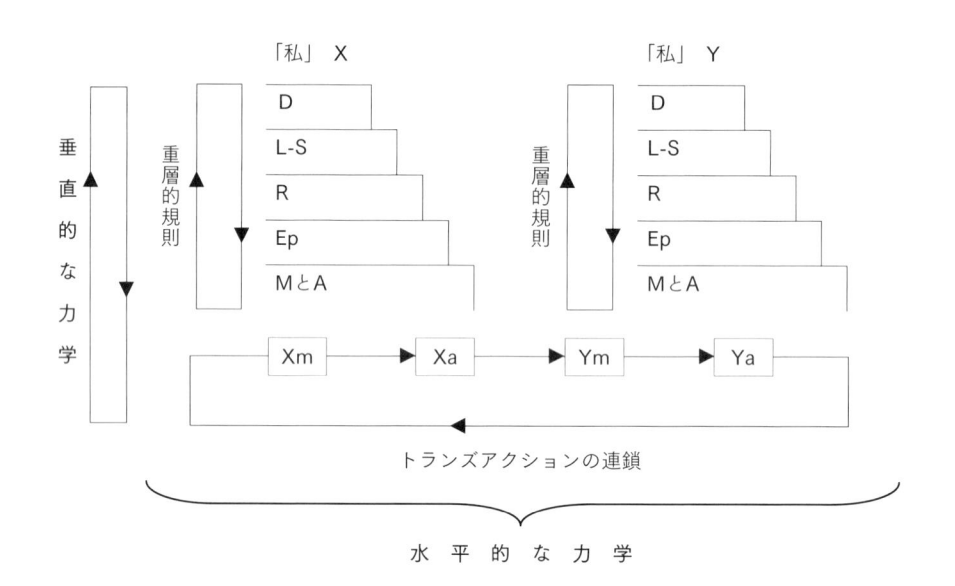

* D(Discourse: 制度的言説), L-S(Life Script: 世界内での自己定義), R(Relationship: 関係性定義規則), Ep(Episode: 出来事の構成規則), M(Rules of meaning constructions: 意味構成規則), A(Rules of actions: 行為選択規則), m(meaning construction: 意味構成), a(action: 行為選択)

図2 社会構造の垂直的な力学と水平的な力学
（加茂 2014: 259）一部修正

である。これは，あるトランズアクションが排除される過程でもある。パターン化の過程で行為選択や意味構成の規則が生じる。【2レベル】では，私たちのトランズアクションのなかから，これらの規則が構造化し，構造化された規則が行為選択や意味構成の文脈として作用するレベルである。

「世界」の始原的レベルから構造化に至るレベルは，固有の重層的で垂直的な力学と水平的な力学によって生成する（加茂 2014）。水平的な力学とは，成員相互間でのトランズアクションの過程である。垂直的な力学は，このトランズアクション過程において生じる，それぞれのレベルが他のレベルの構成文脈として働く，重層的な意味構成規則の力学である。それは，図2のように表すことができる。

(2) 世界生成の垂直的な構造と力学

「私」の世界生成を規定する垂直的な規則の重層構造とその力学（図2）は，以下のように説明することができる。制度化された言説（D：Discourse）とは，学問体系や法制度，あるいは，社会通念など，私たちの思考に影響を与える公共的な言説である。そして，世界内での自己定義（L-S：Life Script）は，「私」と社会的な世界との総体的な関係性定義法であり，関係性定義規則（R：Relationship）は「私」と他者（他の物）との関係性の定義法，出来事の構成規則（Ep：Episode）は「私」が主観的に体験する出来事の定義法，そして意味構成規則（M：Rules of Meaning Construction）は，その出来事を「私」が意味づける規則であり，行為選択規則（A：Rules of Action）は「私」が行う行為の遂行規則を意味している。

それぞれのレベルが固有の規則に従いみずからを構造化しつつ，さらに，それら各々は他のレベルの規則生成の文脈として機能するなかで，構造全体の力学が展開する（Cronen, Pearce and Tomm 1985）。どのレベルが構造化の起点になるかは，その時々のトランズアクションによって変わり，循環的なトランズアクション力学の過程で進行する。つまり，重層構造は，たとえば，制度化された言説（D）の変容が世界内での自己定義法（L-S）の変容を導き，L-Sの変容がなければ，関係性定義規則（R）の変容は生じないといった直線的力学を示しているのではない。

クライアントが訴える場面は，重層的構造における差異化の停止，すなわち，解決方法が常同化し，一義的で硬直化した力学が展開し，変容が停止する事態として定義される。したがって，これらのレベルのいずれかが差異化され，それまでの力学を維持する力が削がれることで変容が始まる。通常，変容は，訴えにまつわる出来事やそれらの要素（【2レベル】）の差異化から開始する。この垂直的な重層構造の変容は，他者への差異化された行為選択の先行的力として作用する。そして，対人的なトランズアクションにおける変容である水平的な力学の差異化が生じる。

(3) 世界生成の水平的な構造と力学

世界の水平的な構造は，以下のように説明することができる。構造を構成している要素は，出来事の最も基本的な構成要素である行為選択（a）と意味構成（m）である。訴えとして語られた出来事は，一連の行為選択（a）と意味構成（m）に細分化される。行為者であるXは行動を選択し（a i），行為の相手であるYはその行動を意味づけ（m i），さらに行動を選択する（a ii）という

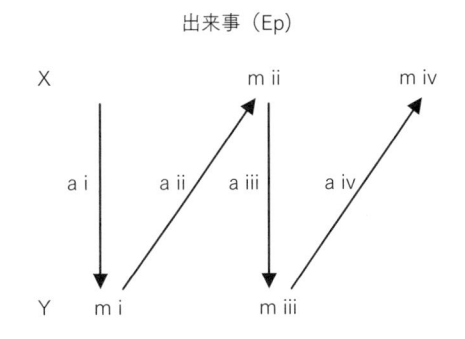

出来事（Ep）

X　　　　　m ii　　　　m iv

　　a i　a ii　a iii　a iv

Y　m i　　　　m iii

図3　世界生成の水平的な力学と構造

ように，XY間における行為選択と意味構成の水平的な連鎖，つまりトランズアクションが水平的な力学を説明する枠組みである（図3）。

　問題が訴えられる場面において，この時系列をクライアントが対自化し，語るならば，クライアントは特有の行為選択と他者の行為選択への意味構成の時系列として，問題を構成し，さらにそれらの規則を意識化し，問題を再定義することになる。この連鎖の構成要素と構造の力学は実在するものではない。それらは，差異生成を活性化し，問題解決を図るという特殊な目的実現のために試みられる，支援者の特殊な，クライアントの語りを促す質問法[1]によって加工され浮上したものである。

　ここで，Xが行為選択を変容したと仮定するならば，それはYの意味構成，そして行為選択に波及する。この過程は，常同的な事態を構成する文脈であった，XとYそれぞれの行為選択や意味構成規則を差異化する力として作用する。同時にこの水平的な差異増幅の力学は，垂直的な意味構成規則の構造の差異化の力ともなり，両力学が連動して，システム全体の変容が生じる。

2. システム的社会理論の臨床化における基本的視座

（1）地図としてのシステム的社会理論

　支援者の差異化の質問によって，問題場面で浮上するみずからの現実構成法をクライアントが振り返り，その構成法の行為選択や意味構成などの要素，あるいは要素の時系列システムである出来事群を意識的に吟味し，それまでの行為選択や意味構成法とは異なる新たな要素を発見し，さらに，それらを意識的な行為実践に入れ込んだとしよう。訴えられた問題は，クライアントみずからは意識していない，特有の文脈下で生じた特有の行為選択や意味構成を要素として構成した問題であるため，その発見内容が何であれ，この作業は，旧い現実構成体に差異を投入することになる。この時点で問題生成力学の変容が開始するであろう。それでは，クライアント特有の問題解決行動に差異を投入するために有効な理論枠とはいかなるものであろうか。社会生活の背後に正常と異常が明確に区分されたシステムの実在を想定し，正常への回帰を試みる支援理論は，ここでは否定される。有効な支援理論は，クライアントの新たな社会的現実の生成を試みる作業への貢献を目的として使用される道具であり，地図である。この道具は，対人的，それに伴う対物的トランズアクション過程へ差異を投入し，その増幅を目指す支援において有用である。

（2）排除されて生成する現実

　トランズアクションの相手が「私」にとっては謎めいた他者である以上，送られる情報は常に，水平的あるいは垂直的な力学に対して差異となる情報である。ある事態のとらえ方（意味構成）と，それに基づく行為選択法が一義的に固定されているならば，そこでは差異の力学が衰弱し，強い排除の力が作動する。人が問題を訴え，それが持続する場合，解決したいと願うクライアントやその周囲の他者である個人の行為選択や意味構成のレベルを超えて，システム全体には，それを持続させる力が働く。また，システム内で問題を持続させる行為選択や意味構成が存続する事態においては，それと矛盾する行為選択や意味構成を排除する力学が伴う。成員個人に焦点を合わせるならば，意味の重層構造の垂直的な力学と構造によって，トランズアクションレベルでは水平的な力学である行為選択や意味構成作業によって，差異化を排除するメカニズムが作動する。繰り返すならば，クライアントは問題として自他関係を訴えるにもかかわらず，そこでの解決行為は問題を持続させる疑似的な解決であり，それは規則化し，問題維持の文脈が一層強化される。他者も問題を解決しようと試みるが，クライアントである「私」

の疑似解決法と相関する疑似解決を構成し，問題は持続する。つまり，双方が問題を維持する形で常同的に世界構成を繰り返してしまうのである。

図2で示したその重層的構造の構成要素，さらに，図3で示した水平的な力学と構造で示した要素のいずれかについて，差異を生成させることができるならば，この相補的問題維持のメカニズムは変容する。なぜなら，このシステムにおいて，それらの要素群は，相互的に結びついているからでる。

(3) 規則の公共性と「私」性

規則が変われば，行為も変化する。行為が変化するならば，規則も変わる。規則と実際の行為は，それぞれ他を構成文脈として生成し合う。しかしながら，「こうしなければならない」，「こう見なければならない」などの既存の公的な行為選択や意味構成の規則は，あたかも不動であるかのように見なされ，先行的な現実構成力として作用する。その行使が硬直化するならば，それは持ち合わせている既存の構成規則とは異質な規則生成を排除し，阻む力となる[2]。

社会は，役割規則とそれを文脈とする行為選択や意味構成実践のネットワークとして定義できるだろう。この役割規則は公的規則と私的規則に区分することができる。公的規則は，法で明示され，違反が処罰と結びつく行為規範である。たとえば，児童虐待の防止等に関する法律がそれに該当する。この公的規則の超越的な不動性は，社会生活において強調される。しかし，それは許容される人の世界構成の外縁を形式的に定めたものに過ぎず，実際の生活場面においては，行為規範は様々な形で多義的に生成され続ける。したがって，「私」と他者は世界生成規則を変容させる力を有することになる。

問題場面は，私的で疑似的な問題解決過程が常同化し，公的な行為選択や意味構成の規範がその動きに親和的に作用する場面である。公的な規範はいわば化石化しており自己生成力を有していないがゆえに，それ自体の変容は困難である。他方，「私」が構成主体者である世界には，このような公的規則を体現する，揺るがし難い一般化された他者が現れることはない。現れるのは，流動的で，混在化した公的あるいは私的規則群を有するがゆえに，差異化の契機として現れる特定の他者である。この差異生成の引き金を引く他者たちとのトランスアクション過程において，行為選択に対する意味構成，行為群で構成される出来事の意味構成，それらの繰り返しのなかで構成される重層的な意味の構造や行為選択の規則群が形づくられる。他方では主体が構成する諸レベルに対して，在るべき社会像である社会を提示し，家族を語り，人を語る公的な言説が存在する。しかしながら，「私」の世界構成は，公的言説の構成力に対抗し，その規則を常に流動化させる。

繰り返しになるが，問題場面は，問題解決が意図されつつも，解決規則（D, L-S, R, Ep, M と A）が硬直しており，一義的世界構成が進行し，流動化が衰退した事態である。言い換えるならば，それは排除の力学が肥大化した事態である。規則を動かせば，具体的な世界づくりの実践が変化する。あるいは世界づくりの具体的な実践が変化するならば，規則が変わる。そして，支援場面において，意図された効果的な差異の投入により，出来事の構成規則などミクロな意味の集合や行為選択規則を動かし，問題維持の文脈であった旧い規則を変えることができる。

(4) 語られることで生起するトランスアクションの要素とその規則

あらゆる現実は，特定の文脈下で事後的に語られることで現実となる。実際のトランスアクションの場面において，自分がいかなる行為を選択しているのかは自覚的ではなく，ましてや，規則に従って行動しているのかを当事者が十分自覚していることは，ほとんどない。問題を誰かに訴える

ことで，トランズアクション過程とその規則が浮上する。支援者は，意図された手法で，この語りを浮上させる[3]。支援者は，訴えられた問題の解消という特殊な実践のために，意図的に語りを促し，問題過程とその文脈をクライアントとともに構成する。ある過去の出来事をクライアントが語ることで，クライアントは解決力を有する差異を産出する。

クライアントが，事後的にトランズアクションを語り，再吟味することは，訴えに支配された文脈ではなく，みずからの行為を対象化する観察者の立場からの作業であるがゆえに，公的な規則の外縁に，多様で私的な差異化された規則群を浮上させることが可能となる。クライアントがそれらの規則に依拠する新たな実践を考案するならば，次の世界構成規則の生成が開始する。

それゆえ，苦悩の解決のためには，まず，新たに「私」の「出来事」として，クライアントにその記述が励まされなければならない。その際，クライアントの語りは，記述的な循環的質問法によって試みられる。ここで浮上した現実は，クライアントにとって，時系列化され，構造化された現実である。それゆえそれは，再吟味可能な構図としての現実である。その後，クライアントはリフレクシブな循環的質問法によって，浮上した現実を再吟味すること，つまりその語り直しを励まされ，差異化された具体的な行為選択や意味構成を獲得する（Cronen, Pearce and Tomm 1985）。

Ⅲ．規則と世界構成実践の生成メカニズムの分析

クライアントの訴えをどのレベルに軸を置いてとらえるのかは事例ごとに異なるが，通常それはマクロ，メゾ，ミクロ，そしてそのサブシステムレベルまで多岐に及ぶ。そして，実際に問題が発生している場面は，流動的，生成的な対人間でのトランズアクションの場面である。それゆえ，特定の家族類型を正常モデルと見なし，類型から外れた家族システムの規則群の異常性を治療するという発想は成り立たない。システムの成員が流動的な世界生成の過程に，みずからが作り出した新たな差異を投入すること，これが訴えの解決の原則である。

クライアントの訴えは，「出来事」として語られる。「出来事」は，トランズアクションであり，それは行為選択と意味構成，およびそれらの規則群を要素として語られる。訴えである「出来事」の変容は，要素である行為選択と意味構成，さらにそれらの規則群の変容によってもたらされる。それゆえ，問題を維持する行為選択と意味構成やそれらの規則変容のためには，特殊な質問技法によりクライアントの問題維持の行為選択や意味構成のパターン（規則）を浮上させ，その規則を支援者が把握し，さらに，クライアントがそれを確認することが要請される。この規則は，あくまでもクライアントが構成した規則であり，実在物ではないが，その規則の吟味は，新たな行為そして規則生成の引き金を引く。

以下，問題維持の規則を浮上させ，具体的なトランズアクションやその規則を変容させる支援の手順について仮想的な事例をもとに説明してみたい。

1．クライアントの生活世界における規則の変容手順

クライアントの生活世界における規則の変容は，以下の手順で試みられる。

ⅰ 支援の開始：クライアントの訴えの表明に対する肯定的な受け止め

　クライアントの訴えの内容，それに対する

問題解決の試みを，クライアントの主体的な世界構成の現れとして，肯定的に受け止める作業から支援は開始する。

ii 訴えの出来事群への分解：記述的な循環的質問法による訴えの出来事群への分解

　訴えを一連の出来事群として，クライアントに再記述をうながす作業がこの段階で試みられる。ここで，クライアントは問題の地平を明確に描き出すことになる。

iii 問題の焦点化と評定：クライアントによる出来事の選択とパターンの抽出

　支援者は，クライアントに，最も変容を必要とする出来事の選択とその出来事の記述を励ます。さらに，その出来事を行為選択と意味構成という一連の要素に分解し，記述することを励ます。そのことによって，解決課題は最小化され，焦点化される。同時に，その作業において，支援者は，クライアントの規則生成の力学的パターンを読み取ることが可能となる。

iv 変容を意図する支援：リフレクシブな循環的質問法による行為選択，意味構成の変容

　分解された要素をターゲットとして，リフレクシブな循環的質問法を用いて，行為選択や意味構成の差異化，変容が試みられる。

2. 事 例

二重拘束（ダブル・バインド）（Bateson, Jackson and Haley et al. 1956）と見なされる出来事を想定した事例として，規則と世界構成の力学に基づく意図された支援について論じてみよう。

小学校の授業参観日，参観が終わり，母親が「おいで」と子どもを呼んだ場面を想定する。「おいで」という母親の声かけに，子どもが応えるという場面は，一般的にありふれた日常の風景であろう。

母親の「おいで」という声かけに，子どもは当惑した表情を浮かべ，その場に立ちつくした。その様子を見た母親は，怪訝な顔をして，「どうしたの，こっちにいらっしゃい。」と子どもに声をかけた。子どもは硬直したまま微動だにしない。母親は，たまりかねたように，再び，「何やっているの。早く，こっちに来なさい」と語気を荒げた。子どもは，当惑した表情のまま，無言で母親のもとに歩み寄った。

その後，しばらくして，母親が担任の先生に子どもとの関係で悩んでいることを告げ，話し合いの結果，担任の先生からスクール・ソーシャルワーカーに橋渡しをすることになった。数日後，スクール・ソーシャルワーカーと母親との面談が実現した。家族中心のソーシャルワーカーであれば，この家族とその背景のエコ・マップを描くであろう。しかし，支援において求められる課題は，そのマップが素描したエコ・システムにおいて展開する，問題維持行為や意味構成，およびそれらの規則の生成力学を詳細に説明することである。

以下，意図された質問を試みるスクール・ソーシャルワーカー（SWと表記）と母親（Xと表記）とのやりとりで出現する行為選択，意味構成，およびそれらの規則を見ていこう。母親の訴えにコンプリメントを加えたのち，出来事の記述を求める循環的質問法が開始する。つまり，表2の【2レベル】の記述を求め，具体的な行為選択群やそれらの規則の浮上を試みた。＜　＞内は，支援者が選択した支援技法の分類である。

1 SW：担任の先生から，お母さんがお子さんとの関係で悩んでいらっしゃるとお聞きしました。少しお伺いしてもよろしいでしょうか。　　　　　＜出来事の記述＞

2 X：はい，そうなんです。何というか，小学3年生になる息子なんですが，こちらの思いが伝わらないというか……，息子が何を考えているのかわからないというか……，息子にどう接してよいのかわからなくて困っています。

3 SW：息子さんとのやりとりで，当惑された具体的な場面についてお話しいただけますか？
　　　　　＜出来事群への分解・問題の焦点化＞
4 X：はい，たとえば，先日，授業参観があり，私が参観に行きました。授業が終わったので，息子に「おいで」と声をかけたのですが，変な顔をして，こっちに来ないのです。それで，何度かこっちに来るように声をかけたら，3回目に，やっと，走ってやって来ました。どうして，すぐに来ないのか……。何を考えているのか，まったくわかりません。
5 SW：授業参観後，「おいで」と息子さんに声をかけたけれども，お母さんの方に来なかった。お母さんとしては，その理由がわからなくて困っている，ということですね。　　　　　　＜意味構成の記述＞
6 X：そうなんです。どうして，一度ですぐに来ないのかと思って。
7 SW：呼んだら，一度ですぐに来てほしいと思われた？　　　　　＜意味構成の記述＞
8 X：そうです。だって，親が呼んでいるんですよ。
9 SW：というのは？　　　＜意味構成の記述＞
10 X：そうじゃありませんか？　親が呼んで子どもが来なかったら，何だか，周りから変に思われません？
11 SW：なるほど，たとえば？
　　　　　　　　　　　＜意味構成の記述＞
12 X：たとえば……，あの親子，仲悪いのかしら？とか。あのお母さん，怖い人なんじゃないの？とか。
13 SW：親子の仲が悪い，怖い人と思われる。……。　　　　　　　＜意味構成の記述＞
14 X：いや，普通だったら，みんな，そう思うんじゃないかな，と。
15 SW：なるほど……。お母さんが「おいで」と声をかけられたとき，お子さんは？
　　　　　　　　　　　＜行為選択の記述＞
16 X：「おいで」と言ったのですが，驚いたように私の顔を見て，……それで「どうしたの」と聞きました。
17 SW：お子さんが驚いたような顔をされて，どうしたのと聞かれた。
18 X：何というか，バツが悪いというか……。恥をかかされるというか。それでイライラしてきました。
19 SW：なるほど……。
20 X：うちの子どもは，私に恥ずかしい思いをさせることが多いのです。
21 SW：恥ずかしい思いをさせることが多い……。
　　　　　　　　　　　＜意味構成の記述＞
22 X：ええ，参観日だけでなく，近所に買い物に連れて行った時にも，私から離れてお菓子のコーナーにずっといるので，近づいていって，「どれが欲しいの？」って尋ねると，急に動きが止まって，驚いたように私の顔を見ているんです。「どうしたの？　そんな顔して」と言うと，返事もしないので……イライラして，何て，可愛げのない子だろうと思ってしまうんです。……それではいけないのでしょうけど。

3．事例の評定

　この場面は，一般的には親が子どもに行う，公的規則に従う行為選択と意味構成であると受け取られる。公的規則に従う形で，母親は，「おいで」（4 X）と呼びかけ，自分の呼びかけを子どもが評価の言葉（たとえば，「授業中，よくがんばったね」）として理解し，自分のところに来ることを期待していた（6 X）。これも，受け入れられる一般的な親の子どもに対する期待の仕方である。ここでの母親の行為は選択と意味構成規則遵守的で

表3　母子間の問題を増幅させる母親の同型的なトランスアクションの構成

学校における母子のトランスアクションの母親による構成			外出先における母子のトランスアクションの母親による構成		
4 X	a i	「おいで」	22 X	a i	「どれが欲しいの？」
	m i	（子ども）来ない		m i	（子ども）動きが止まって，驚いたように顔を見ている
	a ii	「こっちに来なさい」		a ii	「どうしたの？　そんな顔して」
	m ii	（子ども）来ない		m ii	（子ども）返事をしない
18 X	m i	バツが悪い，恥をかかされる		a iii	イライラする
	a i	イライラする		m iii	何て可愛げのない子だろう

X：母親，　a：action，m：meaning construction

あり，何ら問題を指摘することはできないであろう。しかし，彼女は，母親として行うべき役割行為が，子どものふさわしい役割行為を引き出さない（6 X）ことに，悩んでいる。

母親によって語られた2つの場面における矛盾増幅の水平的な力学は，以下のように，特有の「a－m（行為選択―意味構成）」パターンとして同型的に説明することができる。また，そこでは，母親の関係性定義規則（R）や出来事の構成規則（Ep），そして行為選択規則（A）や意味構成規則（M）が，それぞれ，他のレベル生成の文脈になるという垂直的な力学で相互に生起する。母親（X）と子どものやりとりは，表3のように示される。

上記の4 Xの展開は，母親の公的な役割規則の遂行方法が現れている局面であり，非があるのは子どもの側と見なされるかもしれないが，18 Xでは，この親子間で問題増幅をつくり出す母親の特殊な行為選択，意味構成やそれらの規則が存在していることを予測させる。それゆえ，問題増幅過程の説明のためには，4 X・a iの母親のメッセージの伝達方法の分析にまで戻ることが必要になる。メッセージの言語レベルでは「子どもを受け入れる」という公的規則に従ってはいても，非言語的にはそれと反する「来てはならない」という「私」のメッセージが伝達されているのかもしれない。そうであるならば提示された相矛盾する意味情報に混乱し，子どもの次の行為選択が阻止される。しかし，子どもは，その場から離れることもできない。すなわち，二重拘束と名づけられたコミュニケーション場面が，そこでは展開しているのである。

このような出来事が繰り返されると，図2で示した関係性定義規則や出来事の構成規則の新たな生成力は衰弱し，垂直的な力学は差異生成力を失う。同時に水平的な力学も弱化し，トランスアクションも衰退する。両メカニズムにおける差異生成力の衰退，つまり力学の常同化は，次の新たな出来事の生成を阻止する文脈として作用し，そのことで，新たな行為選択や関係性定義などの規則群の生成が阻まれる。

それでは，これらの問題を維持する規則群の常同的生成をいかなる手法で変容することができるのだろうか。

4. 規則とそれに従う行為の変容方法

変容の手順は，以下の通りである。表2で説明するならば，【2レベル】の硬化した規則を変容させるために，記述的な循環的質問法を用いて，問題場面を時系列化する語りを励まし，さらに，リフレクシブな質問法によりその吟味を支援する。そこで差異化された行為選択や意味構成が，対人間のトランスアクションにおいて実践されるならば，そこでは，問題解決の規則群の生成が始まる。

時系列におけるこれらの要素のなかで，母親の「おいで」（4 X・a i）のメッセージを彼女にリフ

レクションしてもらったとしよう。言うまでもなく，時系列を構成する一連の要素は相互に結びついているので，いずれの要素をクライアントが選択したとしても，それは時系列全体の変化につながる。それゆえ選択はクライアントの自由に任される。事例では，「おいで」に応えない子に対する不満が問題点として母親によって選択された。「おいで」に含まれるメッセージとして，「子どもを評価したかった（褒めたかった）」と母親は説明するかもしれない。これは公的規則に従う行為であることを述べており，母親にしてみれば，みずからの行為の正当性を疑う余地はない。

次に，母親の自明の規則にノイズを投入するために，子どもに，立ちつくした場面を説明してもらったとしよう。すると，子どもは「（母親の）顔が怖かった」（子の意味構成）と説明したと仮定しよう。ここでは，顔（表情）は接近することを禁止するメッセージとして受け取らなければならない，という要求（理解方法の提示）として子どもに理解されている。子どもの母親への状況説明は，学校で繰り広げられた出来事について母親の意味構成規則や行為選択規則を差異化する力を有する。母親が，「そう言われて見れば，あの時は来てほしくない気持ちがあったのかもしれない」などと，出来事の生成現場に立ち返り，それを新たに意味づけ，行為選択を考案するならば【1レベル】の差異化，つまり，母子間のトランズアクションの差異化とそのパターン化が展開する。

この問題を維持する既存のトランズアクションの記述を促すのが記述的な循環的質問法であり，その内部に差異化の力をつくり出すのがリフレクシブな循環的質問法である。【1レベル】のこの差異化された行為選択や意味構成は，具体的な実践へと立案され，そして新たな規則の安定化が目指される（【2レベル】）。

まとめ

現在，わが国の制度化された生活支援においては，ケアマネジメントと呼ばれる，法律で定める手順をふんだマネジメント実践が主軸である。支援者は社会生活上の問題解決を支援する根拠として，ケアマネジメントの言説が示す手順に従う。本来，社会生活とは，人と人との間で相互生成する過程である。特定の人と社会に関する言説であるマネジメント論は，この生成的なトランズアクションの力学の説明力に欠け，過度に静態的な社会理論である。その言説に従う実践は，トランズアクション過程における変容の力としての差異を浮上させることはできない。

社会システムは，相互に結びついた社会的役割の構造と役割行為の力学から説明することが可能である。実際のトランズアクションにおいては，役割行為は規則化されるが，そこにはその規則を差異化する潜在的な力が存在する。言い換えるならば，規則を差異化する力を排除することによって，一義的な行為選択や意味構成の規則が生起することになる。問題場面においては，苦難の解決を試みるにもかかわらず，そこでは，一義的な問題維持の規則が強化される。また，そこにおいては，この疑似解決規則と矛盾する行為選択規則や意味構成規則は主体により排除されてしまう。つまり，差異の生成力学が停止する。支援においては，トランズアクション過程，すなわち社会過程において，解決力を有する行為選択や意味構成，そしてそれらの規則について差異を浮上させ，強化することを試みる。つまりソーシャルとワークの概念化によって組み立てられる実践を，本論ではソーシャルワークとして定義し，その概略を描き出した。すなわち，差異化の概念を基に考案さ

れた垂直的な力学である重層的意味構成の規則化とその変容論、および水平的な力学であるトランズアクションの規則化とその変動論を軸に、社会システムの生成と排除のメカニズムを説明する理論の枠組みを提示した。これは、社会構成主義的社会理論である。そして、この社会理論を土台にして、差異生成の手法である、ワークにも言及し、将来のモデルづくりへの展望を示した。

付記：本研究は、JSPS 科研費 24530758 の助成の成果の一部である。

[注]

1）特殊な質問法とは、ここでは、記述的な循環的質問法（Descriptive Circular Question）およびリフレクシブな循環的質問法（Reflective Circular Question）を指している。詳しくは、Cronen, V. E., Pearce, W. B. and Tomm, K.（1985）参照。
2）この点を強調するのが、ナラティヴ・アプローチの支援モデルである。
3）この文脈は、決して、支援者が誘導的にクライアントの現実をつくり出していることを意味しているのではない。支援者は、あくまでもクライアントが「語るための文脈」を構成しているに過ぎず、「語られる内容の文脈」をつくり出しているのではない点に注意が必要である。すなわち、支援者は新たな現実をクライアントが生成するための契機を、支援のなかで意図的につくり出すに過ぎない。

[文献]

Andreae, D. (1996). System Theory and Social Work Treatment. In F. J.Turner ed., *Social Work Treatment 4th ed.: Interlocking Theoretical Approaches*. Oxford University Press.（米本秀仁監訳（1999）『ソーシャルワーク・トリートメント 下──相互連結理論アプローチ』中央法規出版）

Bateson, G., Jackson, D. D., Haley, J. and Weakland, J. (1956). Towards a Theory of Schizophrenia. *Behavioral Science*. 1 (4). 251-264.

Bertalanffy, L. V. (1968). *General System Theory: Foundations, Development, Application*. George: Braziller, Inc.（長野敬・太田邦昌訳（1973）『一般システム理論──その基礎・発展・応用』みすず書房）

Cronen, V. E., Pearce, W. B. and Tomm, K. (1985). A Dialectical View of Personal Change. In K. J. Gergen and K. E. Davis eds., *The Social Construction of the Person*. Springer-Verlag. 203–224.

Hartman, A. and Laird, J. (1983). *Family-Centered Social Work*, Free Press.

加茂陽（2014）「児童虐待問題へのもう１つのアプローチ」清水新二編著『臨床家族社会学』NHK 出版，241–262。

久保紘章・副田あけみ編著（2005）『ソーシャルワークの実践モデル──心理社会的アプローチからナラティブまで』川島書店。

Richmond, M. E. (1922). *What is social case work?: An introductory description*. Russell Sage Foundation.（小松源助訳（1991）『ソーシャル・ケース・ワークとは何か』中央法規出版）

第4章
差異生成論とソーシャルワーク

田高寛士

はじめに

　近年，従来型の素朴なソーシャルワークの立場を乗り越えるものとして，社会構成主義の思想に根ざした生成論的なソーシャルワークのモデルが登場している（加茂 2003, 大下 2008, 大下・加茂 2008）。その生成論的な実践モデルは，ポストモダニズムの文脈で語られた「差異」概念を中核概念として存在論，認識論，実践論を理論編成し，その地平でクライアントの訴えの生成からその消失までの過程を体系的に説明している。その変容過程でとられる主な戦略は「差異化」である。そこではクライアントの提起する問題を被文脈的に構成された特有の現実として翻訳し，その一義的な現実構成に対してノイズとして作用する「差異」を投入することによって解決の生成の引き金を引くことが目指される。つまり，「差異」を生み出すことこそ次世代型のソーシャルワーク実践の指標である。しかし，この「差異」の生成について，先鋭的なソーシャルワークの理論家たちはこれまで十分な議論を行っていない。たとえば，MRI（Mental Research Institution）グループの戦略的アプローチ（Watzlawick, Weakland, and Fisch 1974）や北米ミラノ学派の CMM（Coordinated Management of Meaning）理論にしても，そこで理論の基礎とされているのはベイトソンを経由させた情報処理のモデルであり，そこから「なぜ差異を生成しなければいけないのか？」という実践の根拠を提示するのは容易ではない。彼らの差異化の戦略は臨床場面のプラグマティックな動機から実践理論を構築しているため，その基礎理論が曖昧なままなのである。

　一方，差異についての研究は，京都学派と言われる西田幾多郎（1870-1945），和辻哲郎（1889-1960），九鬼周造（1888-1941），三木清（1897-1945）らの否定性を軸とした原初的な次元での差異生成に関する論考が注目される。特に自己が生成する仕組みについての西田の鋭い論考と，動態構造として社会が生成し続ける仕組みについての和辻の論考は，ソーシャルワークの基礎理論として差異論を再考する上で，貴重な示唆を与えてくれる。つまり，京都学派の哲学原理をソーシャルワーク実践論のメタ概念に位置付けることで，本邦で理論的発展の隘路に陥っている静態的な従来型の支援パラダイムを動態的なパラダイムに切り替えることが可能になると考える。

　そこで，本章では，京都学派の哲学に通底している否定の思想を概説しつつ，西田の自己生成論

および，和辻の社会の生成論について論じる。そこでは，自己と社会の生成論の非連続性の問題と，社会の重層的な生成構造の説明力の低さ，各々の主体の世界構成法の，つまり「私」についての議論が不足している。これらの課題を克服した支援モデルの構築が試みられる。

Ⅰ．自己生成論と差異

1．自己を生成する「場所」

西田は「生成」について徹底的に考え抜いた哲学者の一人だと言える。「絶対無」「永遠の今」「絶対矛盾的自己同一」など，彼の提示したどのジャーゴンも，先入見を排したとき立ち現れるはずの「生成」の瞬間を捉えるための道具なのである。それを踏まえて西田のテクストを読み込むならば，そのテクストの語ろうとしていることは，私たちの生きる現実の生成的側面を鋭く捉えた具体的な議論を可能にする。

まず，次のような問いかけをしてみよう。私がいようといまいと人や物は依然としてそのまま「ある」だろうか？[1] 私の身体が消滅しても，他者（人）や物は依然として存在し続ける。それはおよそ常識的に考えて正しい。しかし，その常識を支えている知の枠組みを考えるならば，その問いに単純に「ある」と答えることはできない。その常識を支えているのは，主観と客観の対立，あるいは意識と外部世界との対立を前提とする近代の実体主義的な思考モデルだからだ。そこでは第一次的に存在するのは公共的な外部世界（客観）であるとして，後からやってきたわれわれは意識（主観）の外にある対象をそれぞれ私的なやり方で眺めているに過ぎないと考えられる。だから私がいなくなっても，外部世界は厳として存在する。個人の意識（主観）は能動的で独立しているため，私と外部世界とは無関係だとされるのだ。

西田はこのような主客二分法の説明を真っ向から否定する。第一次的なのは，あらかじめ出来上がった外部世界（客観）でも，統一された自己の意識（主観）でもない，それらを成立させている「場所」のはたらきであると彼は主張している。西田は主客の成立以前，つまり自己と世界，あるいは自己と他者の成立以前に，それらが渾然一体として未だ差別を持たず，そこを触媒として経験的世界の諸相が生成されるような根源的な相を「絶対無の場所」として設定する。まずそのような「場所」に生じた事態そのものがあり，それが事後的に分節化されることで初めて世界は立ち現れるのである[2]。つまり，主観や客観，精神と物質，時間と空間などおよそ素朴に実在すると考えられている諸存在は，その唯一の実在とされる「絶対無の場所」から析出された現れとして説明されるのである。だから意識（主観）が外部世界（客観）を眺めるのではない。自己と世界が別々に存在するのでもない。それらはいずれも「場所」の効果としてのみ存在するのだ。つまり，素朴な世界観にあって確かに存在していると信じて疑われることのない目の前の現実は，徹底して無根拠な，そして不確実な，それゆえ無限に自由な構成可能性をもった生成の局面を内在していると言えるのである。

「絶対無の場所」というとき，私たちは無を単純にモノが「ない」状態と考えがちだ。つまり，無を有の不在として考えてしまう。しかし，西田が述語論理の徹底化によって導出した無は，そのようなモノではない[3]。「絶対無の場所」は，一切のモノやヒトが消滅したような世界を意味しない。それは決して空虚な場所ではなく，不断に動き続けるような純粋作用の謂いであり，すべての現れがその作用から生起するという意味ではむし

ろ充溢した場所でさえあると言える[4]。それはすべての臆見を排したときに顕れるはずの絶対的な生成の現場であり，私たちが生きている現実の最も直接的な場面のことである。「絶対無の場所」とは，そのように極限まで思考された「生成」のはたらきそのものであり，無限にヒトやモノが創出される場のことである。

2. 実体論から生成論へ

　ソーシャルワークがクライエントの訴えに始まり，訴えの生成力学の評定からその変容に至る動的プロセスに関わる実践であるならば，その支援を基礎づけるためには西田の「絶対無の場所」のように「生成」についての徹底した思考が不可欠となる。ここでは現行のソーシャルワーク論における認識論・存在論を西田の「絶対無の場所」（以下，場所論）の立場から批判的に検討しておこう。

　従来型のソーシャルワークは，多くのソーシャルワーカーが実体論的な世界観に根ざして支援実践を行っていることから考えると，あらゆる事物があらかじめ即自的な価値を持つ実体であり，意味充実体であり，そして自己同一性を保証されていることを前提とした理論である。もっと俗っぽい言い方をすれば，それはリアルな世界を自明とすることだ。そこでの認識および存在を考えるなら，認識とは「意識対象―意識内容―意識作用」という三項関係を前提として，客観（外部世界）を主観（意識）に反映させることであり，存在とはその認識作用によって現前するところの実体である。まず実体を想定し，それを実体－属性，あるいは主観－客観という図式によって把握し，それを事実として見なすこの態度は，哲学の理論のなかだけでなく，私たちの日常生活のなかでも広く受け入れられている考え方である。場所論を踏まえていえば，それは主語論理的・名詞的な相を最基底とすることで可能になる見方であると言えるだろう。

　実体論に根ざすソーシャルワークには次のような問題点がある。まず，それは著しく現象の説明力を欠く。大森が二元論の構造的欠陥として指摘するように「『物』をただ幾何学的・運動学的にのみ死物化的に描写し，その死物世界を『客観的』とした」（大森 1994: 152）見方に従うならば，現実場面は「ただ幾何学的な形状変化と運動変化があるだけ」（大森 1994: 152）の貧困な世界描写にしかならないからだ。そこで「生成」や「変化」を語るならば，それは既に出来上がった世界のモノ的な組み合わせの有限回の変更でしかないだろう。つまり，実体論はクライエントの自己や人間関係（ソーシャル）が新しく創られる過程にアプローチすることができない。

　のみならず，ソーシャルワーク実践が洗練された実体論として科学的・実証的であることを目指すならば，客観的な世界を背景とした価値の一元化・絶対化という問題も避けられない[5]。そこでソーシャルワーカーは理性的な判断の担い手として，クライエントを啓蒙する主体となる。たとえば，クライエントの生活問題にニーズの不足を読み込み，その充足に向けてサービス資源をコーディネートするケアマネジメントの手法は，否応なくソーシャルワーカーをクライエントより高次の理性的な主体として位置付けるだろう。しかし，そこでサービス調整が規範に則った適切な支援であるにもかかわらず，クライエントが訴えを続けるとすれば，そして啓蒙（説得）が失敗し続けるならば，そこで支援は行き詰まることになるだろう[6]。

　そこで西田の場所論を援用するならば，ソーシャルワークを実体論から生成論へと切り替える。生成論では理性的な主体が依拠する客観的な世界それ自体が，場所の派生態として，そのつど述語論理的・動詞的に構成されたモノと見なされる。そこではモノとコトとが否定性を媒介にして相互に生起し続けるという流動性が説明される。

3. 自己の重層的生成構造

(1) 重層的な「自覚」の構造

次に西田の「自覚」の概念に基づき，自己の生成構造についての考察を深めていこう。「自覚」という装置は，自己生成に関わる三相を動的に連関させる装置として説明される。

西田は「自覚」の装置について「自己が自己において自己を限定する」（西田 1989）という自己言及的な機制で語った。いまその機制を「xがyにおいてzを限定する」と定式化して，限定するものとしてのx，場所としてのy，限定されるものとしてのz，とそれぞれ契機を分けて考えてみよう。簡単にまとめておけば，xは限定する行為的な自己（ノエシス的自己）を，zは限定される表現的な自己（ノエマ的自己）を，そしてyはそのノエシス―ノエマ相関をそこにおいて成立させる「場所」として，限定されることなく限定するはたらき（純粋なノエシス）を指している（図1を参照）。

ここで「自覚」の機制について，「xがzを限定する」というノエシス―ノエマの関係に「yにおいて」という契機が組み込まれていることに注目したい。西田は「自己が自己において自己を見ると考えられる時，自己が自己において絶対の他を見ると考えられると共に，その絶対の他は即ち自己であるということを意味していなければならない」（西田 1987c）と言い，この三層の関係性を説明した。ここでyが「絶対の他」，つまりxとzの未分化な「絶対無の場所」であるが，xとyは互いに「絶対の他」の関係として端的に他方の否定でありながら，「zを限定する」というノエシス的はたらきの帰属性によって結びつけられている。これは「自己は自己である」とトートロジカルに言い表されるような事態が，実際には否定性（純粋ノエシス相）を介して成立していることを示している[7]。図式的に説明すれば，「絶対の他」として，自己が個別的に成立する以前の相であるyから，xとzが限定のはたらきによって分節化され

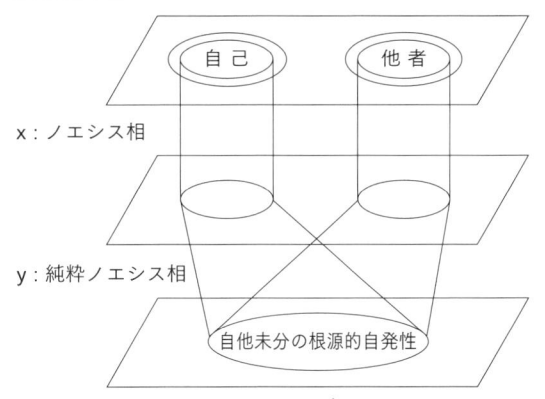

図1 「自覚」の三相構造[8]（木村 1974）

るプロセスが「自覚」となる。

これはすぐれて差異論的・関係主義的な自己論の発想である。そこで自己はもはや単純に同一的な存在者ではありえない。つまり，単一的なモノであることができない。西田が「我とは主語的統一ではなくして，述語的統一でなければならぬ」（西田 1987a: 141），「物ではなく場所でなければならぬ」（西田 1987a: 141）というのはそのことを示している。西田の自己生成論は，述語論理的な構制から，自己を「絶対無の場所＝他者」を介して生起するコトとして，差異性に根拠付けられた出来事と捉えるのである。

従来型のソーシャルワークにおいては，概して自己をモノとして，同一性のもと，実在的に捉えてきたが，場所論を基盤とすることで，自己は「ある」という存在論的な記述でなく，自己に「なる」という生成論的な記述によって力動的に定義しなおされる。

(2) 原初的な差異生成のはたらき

「自覚」の立場にあって，自己の同一性はそれが恒常的な実体もしくは持続的な状態ではなく，差異化に基づく絶えざる変化と展開の内で反復されている事態となる。そこでは，「絶対無の場所＝他者」を根拠として，原初的な差異生成について説明することができる。以下，自己生成論につ

いて，木村敏の概念を援用しつつ①自己と自己自身の差異化，②自己と他者の差異化，という側面から考察してみよう。

① 自己と自己自身の差異化

「自己は自己である」という端的な事態（「自己の自己性」）は，自己が絶えず自己自身と一致しないという差異性を根拠として説明される[9]。「自己の自己性」を根拠付けるような「差異」について，木村は「あいだをはさむ両項の差異ではなくて，あいだであるものとあいだではないものとの差異，差異それ自身であるものとそうではないものとの差異である」（木村 2006: 245）といっている。この「差異」はモノとモノのあいだにモノ化されてあるような差異とは全く性格が異なる。ここで「差異」とは，一方だけにのみに内在する動性が自らを差異化し続ける運動としてまさに「絶対無の場所」である。その内在的な動性に担われた差異化の運動にあって，「差異」は「差異を生み出す側」と「差異に生み出される側」との位相的な界面で生じる。そこでモノ的な差異を相対的な差異と呼ぶとすれば，木村のいう「差異」（つまり「あいだ」）はまさに絶対的な差異概念でなければならない。こうして「差異」のはたらき，つまり「自覚」に基礎づけられる差異論的・関係主義的な「自己」は次のようなプロセスとして定義される。

　　自己とはノエシス的な差異化のいとなみが，それ自身との差異の相関者としてのノエマ的客体を産出し，逆にこのノエマ的客体を媒介としてそれ自身をノエシス的自己として自己限定するという，差異の動的構造のことである（木村 2006: 248）。

木村の自己論は，自己差異の側が他方を絶対的に差別することで生起する「差異」の差異化の運動として，相対的な差異に求められるような平面的で対称性を備えた差異ではなく，垂直的で不平等な非対称性によって語られている。この非対称的な差異構造にあって，木村は自己を「差異構造を全面的に独占し，その存在がそのまま差異化のはたらきであるような自己と，この差異構造からそのつど差異化されて，差別される側として生み出される自己とのあいだ」（木村 2006: 245）の「差異」においてそのつど成立するコトとして理解した。それは根源的な「差異」を根拠として自己と自己自身が相関しつつ，同時に生成されていくプロセスである。言い換えれば，「自己は自己である」という経験はそのつど「無」から生成する。そこではきわめて不安的でありながら決定的で，かつ解決不可能な「差異」生成の構造として「自覚」の装置が説明されている。

② 自己と他者の差異化

「自覚」の装置は，自己と自己自身を差異化するはたらきであると同時に，自己と他者を差異化するはたらきでもある。つまり，「自覚」における「差異」の生成構造は，この個別的主体の内在的な差異化と間主体的な差異化を同じ働きの二様態とするような独特の仕掛けをもっている。たとえば，西田は次のように言っている。

　　自己が自己自身の底に自己の根底として絶対の他を見るということによって自己が他の内に没しさる，即ち私が他において私自身を失う，これとともに汝もまたこの他において汝自身を失わなければならない，私はこの他において汝の呼声を，汝はこの他において私の呼声を聞くということができる（西田 1987c: 325）。

自己と他者ははじめから個人として出会うのではない。各々にとって「絶対の他」である「絶対無の場所」から，差異化のはたらきを通してはじめて自他の区別が生じるのである。木村の用語法を借りれば，そこで自他生成が純粋なノエシス相において「一方の自己がノエシス的に自己自身を限定することが同時にもう一方の自己がノエシス的に自己自身を限定する」（木村 2006: 277）事態

として示されている。それはわれわれのノエシス的自己と他者のノエシス的自己とが，同じ一つの高次のノエシスによって同時的かつ等根源的に構成されることとして，自己生成がいつも他者生成と不分離な仕方で成立しているということに他ならない。そこで「ここ」における「自己の自己性」と「そこ」における他者の自己性とが共通の「あいだ」，つまり「絶対無の場所」から生成されることになるが，いつも自己の側が「そこ」ではなく「ここ」であるという自他の非対称的な差異構造が考えられている。そして，木村はこの非対称性を「自己」の特権的な唯一性の成立根拠とした[10]。

「自覚」においては，そのつど新たに開かれる自他未分化の相を前提とし，自己が他者を差異化することで，そのつど自己自身として成立するという自己生成のメカニズムが考えられている。「自覚」において平等な差異化はありえず，差異化の作業はいつも他者を必要としつつも自己に偏った仕方で遂行されるのである。

(3) 支援論における自己生成過程

この「自覚」という装置からソーシャルワーク実践における自己生成を捉え直すとき，静態的な従来型の支援パラダイムは動態的なパラダイムへと転回される。ここで静態的なパラダイムの典型として病理モデル，つまり問題状況ないし行動の背景に病理を想定する評定・介入のモデルを批判的に吟味し，またそれとの比較を通して「自覚」の装置の動態性と支援論における有効性を説明しておこう。

病理モデルの難点は病理を素朴にモノとして扱う説明法にある。もちろん，生理学的あるいは神経学的な理論の枠組みであれば，その前提においてクライアントの訴えを症状として捉え，その背後に当の症状を惹き起こす原因になっているモノを病理として設定することもできるだろう。そこで病理モデルはモノの領域であるノエマ相のみを対象とすることで，原因─結果という直線的な因果論に依拠して病理原因を取り除くというアプローチをとりうる。しかし，ソーシャルワークの実践場面でそのような還元主義的なアプローチがどれほど通用するかは疑わしい。

病理モデルはノエマ相に自らの適用範囲を限定することで成立する主語論理的な立場であり，それが特殊な説明法である限り，クライアントの訴えという日常性から切り離し得ないコトを評定・介入の領域とするソーシャルワークには不向きであろう[11]。つまり，それは複雑多岐な生成過程としての現実場面を極端に抽象化することで可能になるモデルなのである。ソーシャルワーカーが日常性に立脚した評定・介入の専門家であるならば，われわれは具体的な場面，すなわちノエシス的・行為的な場面を無視してはならない。西田の「自覚」という装置は，クライアントの訴えをモノのレベルでしか捉えられない静態的なパラダイムを，実在性の根拠をノエシス的・行為的な場面，すなわちコトのレベルから考えることで動態的パラダイムへの切り換えを可能にする。

「自覚」の装置はあらゆるノエマ的なものがノエシス的はたらき，つまり差異化の力学を離れてはありえないことを示していた。この「自覚」の装置を基礎とするなら，病理や症状を単純なモノとして捉えることはできない。モノとコトの連関，つまりノエマ相とノエシス相との動的連関のうちで，クライアントの訴えが「差異」が差異化する運動性によって物象化論的に成立する力学から説明されなければならない。ここで「自覚」の場所論的な構制について，レヴィナスの思想を参照することは的外れではないだろう。レヴィナスはハイデガーの存在論的差異の発想を引き継ぎながら，実詞化（イポスターゼ）という概念によって匿名の「ある」から「私」が生成する道筋を示した。いわく「〈私〉は──最終的にはそうであるとしても──はじめから実存者なのではない。それらは，〈存在する〉という名づけえぬ動詞が実詞に変容するその出来事」（レヴィナス 2005:

175）であり，そこでの実詞化とは「無名の〈ある〉の中断を，私的な領域の出現を，名詞の出現を意味している」（レヴィナス 2005: 174）。つまり，実詞化によって，レヴィナスが「イリヤ」と呼んだ存在者なき存在，その匿名的な動詞としての存在から，主語と述語，主観と客観という区別，また「私」という主体が名詞化された存在者として成立するのである。この動詞から名詞へという位相変換の仕組みは，「差異」が差異化することでノエシス的自発性からノエマが物象化されるという「自覚」のメカニズムと類比的に語ることができるだろう。

「自覚」という装置が支援の基礎理論として有効といえるのはまさにこの点にある。先述した自己と自己自身の差異化，そして自己と他者の差異化で示した「差異」の生成構造に顕著だったように，それは徹底した生成論の立場をとる。そこでは問題を訴えるクライアントの自己定義や自他の関係性定義が，いつもそれらがノエマとして膠着化する以前の始原的な相，つまり西田が「形なきものの形」，「声なきものの声」（西田 1987b）というような本体なき様相である純粋な述語性としての「絶対無の場所」から生起していると考える。実在性の根拠をノエシスの側とする場所論にあってクライアントの訴え，つまりノエマ的に構造化された問題定義は，ノエシス的はたらきから派生的に構成されて成立している。そこで「私には問題がある」というクライアントの語りは，ある特有の物象化の力学についての表明に他ならない。クライアントの苦悩や葛藤は実体的な問題の所有に由来するのではなく，ある事柄を問題として仕立て上げる力学に由来しているのだ。この力動論への転回によって，支援は抽象的・特殊的なレベルのモノを原因として排除ないし修正するのではなく，いまだ問題として分節化されていない，具体的なノエシス的・行為的なレベルから新しい分節化の仕方を探るという方法へと変更されるだろう。ノエマ的に構造化される以前の原初的な差異相を前提とする「自覚」という装置にあっては，常に新しい現実の切り出し方が可能であるはずだ。そこで「自覚」の装置が作動する場面，つまり自己が生成される原初的な「差異」の差異化のメカニズムを根拠として，クライアントが差異化の作業を遂行することで自己と自己自身，そして他者を未分化な場所から新たに生成するコトを支援論の柱とできる。

4．自己と世界の生成
（1）「行為的直観」と世界形成

自己と世界の生成は，「絶対無の場所」という存在論的な地平に開かれた個物としての自己の「行為的直観」という存在様式によって捉えられる。それによって，上述した「自覚」という装置が，世界形成的な行為の問題系に接続される。

一般的に行為は働くこととして能動的に，直観は見ることとして受動的に考えられる。行為と直観を主語論理の立場から，つまり主客の二項対立を前提とする立場から捉えるならば，「行為的直観」という西田の用語法は相反する概念の結合として破綻しているように思える。しかし，西田の出発点が述語論理として場所論の立場であることを考えるならば，行為と直観とは「自覚」という装置のうちで結合されることがわかる。そこで直観は「自覚」の運動のうちで自己が自己において世界を映し出すことであり，行為することは見る（映し出す）こととして，見る（映し出す）ことは行為することとして，それぞれ相互に矛盾的でありながら差異化のプロセスを担っている。

この「行為的直観」という存在様式は「自覚」という装置の形成的な性格を強調する。たとえば，西田は「真の行為はポイエシスであり，我々の行為というのは外界を変ずることである，物を作るということである」（西田 1988: 183）といい，「しかも作られた物は独立的なものであり，それはまた物として我々を限定するものである」（西

田 1988: 183）という。これは「自覚」という装置における差異化のプロセスのうちで「行為的直観」的に自己が世界を形成し，同時に自らの形成した世界によって自己生成が遂行されるということに他ならない。そこで「行為的直観」とは「作るもの」と「作られるもの」が可逆的に相互転換する事態として循環的に差異を生成するという自己と世界との原初的な関係である。もちろん，この「作られたものから作るものへ」という形成作用に先立つ自律的な自己（主観）やあらかじめ措定される外部世界（客観）は存在しえない。むしろ，それらは「行為的直観」という直接的な経験のあとで，反省的な抽象化を俟って獲得されるのである。

（2）重層的に形成される世界

西田の「行為的直観」の発想を鋭く現実的な場面を捉えた議論としてソーシャルワークの基礎理論に導入しよう。

「行為的直観」は働くこと（行為）と見ること（直観）が互いに差異化の契機として作動しあうことで「形なきもの」（ノエシス）が「形」（ノエマ）になるという形成的なプロセスを描いていた。それは言い換えれば，働くことだけでは「形」が生まれず，何が起こったか見ることを通してはじめて「形」が生まれるということだと言えるだろう。そこで働くこととはまだ規則化されていない「形なきもの」（ノエシス）のレベルとして，また見ることとはノエシス的・行為的な働きを規則化して「形」（ノエマ）を産出するレベルとして区別できる。ここで先にみた「自覚」の三相構造図の諸相をソーシャルワーク理論に応用すべく次のように再定義し，「行為的直観」を支援論の文脈から理解してみよう。

① 純粋ノエシス相

純粋ノエシス相はもっとも始原的な言語行為のレベルとして，臨床においては新しい自己生成のための素材と定義できる。もちろん，素材といってもそれはモノ的ではありえない。それは構造化される以前の差異そのものとして，未だどのような意味としても分節化されていない相である。

② ノエシス相

ノエシス相は未だ規則化されていない行為群として定義できる。それは始原としての純粋ノエシス相から，途絶えることのない自他の行為群を，あるまとまりとして他との区切りをつけること（パンクチュエイト punctuate）で生み出される相である。しかし切り出された要素群は，規則化しておらず，「形」として定まっていない。

③ ノエマ相

ノエマ相は行為が規則化されたモノのレベルであり，ノエシス的・行為的な働きが構造化されて産出された「形」として定義できる。そこでノエシス的な行為が振り返られる（限定される）ことではじめてその行為がノエマとして構造化され，それがどのような意味として構成されたのかが明らかになる。

世界形成は，上記の三相による重層的，循環的な過程として捉えられる。そこで自己生成，つまり自己と自己自身，また自己と他者の差異化は，「行為的直観」において「自覚」の装置の三相が力動的に展開することで，始原的な純粋ノエシス相から切り出されるようにしてノエシスとノエマとを分裂的に生起させる事態として説明できる。そこで純粋ノエシス相によってそれらの切り出しのバリエーションは無際限に与えられていると考えることができる。経験的世界の諸相がそのつど「無」から生成されるというのは，そのように世界を無限に創造的な過程として捉えることだ。そこでは「形」にならなかった差異が無数に準備されており，生成論的なソーシャルワークはここに実践の根拠を見出すであろう。場所論はメタ概念を「差異」，つまりノエシス的なはたらきとすることで，新しい世界構成の仕方を原理的に保障するのである。

(3) 自己生成論における課題

ところで，「自覚」の装置はいつもスムーズに作動しているわけではない。換言すれば，ノエシス的な差異化はいつも「形」になるわけではないのだ。「行為的直観」の起こらないケースでは，ノエシス相の行為群は改めて規範に照らされることなく「形」としてノエマ相に組み込まれることがないからである。自己に固有の世界構成方法の埒内で行為するとき，つまりあらかじめできあがっている「形」と齟齬の起こらないやり方で行為するときには，行為がポイエシスとして新たな「形」の形成に向かわないと考えなければならない。これは支援論の文脈においては，クライエントがある「形」を問題として構成し，現行のノエシス的な行為群がその「形」を組み替えるような力として作動しない場面と読み込むことができる。

しかし，「形」が問題として構成され，維持される場面の力学が，上記の議論では不足している。つまり，中村が指摘しているように，西田の場所論には，制度論の観点が欠けているのである（中村 2001a）。場所論による自己生成の議論では，「差異」の創発については説明力をもつが，自他の相互作用から表象としてのノエマ的現実が，どのように構造化されるのか，その構造化のメカニズムを説明することができない。それは西田が「絶対無の場所」として垂直方向の絶対的な他者によって自己を解体・再構築する過程の議論に終始し，水平方向の相対的な他者を議論の対象としなかったことからの帰結であろう。

クライエントの訴えが持続する事態を説明するためには，問題として構成された「形」がそのままの「形」として維持される制度が必要である。日常性をノエシス的・行為的な場面と捉える以上は，不断に新しい「形」が形成される可能性が想定されるわけだが，その可能性を排除し続けるような仕組みが考えられなければならない。他方で，ある「形」が問題として制度化される力学だけでなく，ソーシャルワーク理論はその解決を生成し，新しく「形」を生成し続ける規則の定着方法も備えていなければならない。問題解決がモノの変容ではなく，コトの変容として行われる以上，そのような制度論へと踏み込んだ議論は不可欠である。この課題について，次節では和辻倫理学をとりあげ，人間関係（つまり，社会）の制度化について検討したい。

II. 社会の生成論

1. 社会の重層的生成構造

ここでは和辻（2007a, 2007b）の否定性の原理を基に，ソーシャルワーク理論における社会論，つまり関係性の生成構造とその過程について吟味する。和辻は人間存在の思索から独自の体系的な倫理学を構築した京都学派の哲学者である。和辻は人間関係を「間柄」という動的な概念装置によって捉え，独立自存する人間存在の概念を仮構として斥け，近代の認識論・存在論を克服しようとした。西田と同様に，和辻も絶対的な否定性（ここでは，「空」）から理論構築をしているが，そこには西田が展開しきれなかった制度論的な観点が含まれる[12]。

(1) 重層的な「間柄」の構造

はじめに和辻に独特の人間存在論をみておこう。

和辻によれば「人間」という言葉はもともと「よのなか」「世間」を意味し，それが誤って個人としての「人」の意味へ転用されたものだ。その「人」にしても，たとえば「人に構うな」「人の物を盗る」「人聞きが悪い」などの用法をみればそ

こに自己，他者，世間の意味が含まれている。和辻はそこで部分でありながらかつ全体であるという「人間」の存在様式に着目し，「人間」を「『世の中』であるとともにその世の中における『人』である」（和辻 2007b: 28）という二重構造によって捉える。さらに「存在」概念は，その語義分析によって，「間柄としての主体の自己把持，すなわち『人間』が己れ自身を有つこと」（和辻 2007b: 38）とされ，明快に「人間の行為的連関」のことであると定義される。

　ここで「人間存在」が「人」（個人）でありかつ「世の中」（社会）であることについて考えてみよう。「間柄」が人と人との「間」において形成されることは疑いない。そう考えるなら「間柄」に先立ってそれを形成する個々の成員が前提となる筈である（個人性）。しかし，他方で成員は「間柄」によって規定されてはじめて生起するとも言える。そう考えれば，個々の成員に先立って，それを規定する「間柄」がまずなければならないことになる（社会性）。「間柄」とその構成員である「人」とが，互いに他方の先行を許している点でこの論法は矛盾をきたしているが，「間柄」の装置はこの矛盾を統一する弁証法的な過程として提示されている。それは自己と他者が「間柄」の制限を受けながら生成されると同時に，その基盤としての「間柄」に制限を与え生成する過程である。そこで自己と他者は絶えず更新され，同時にまた「間柄」も更新されるという絶え間ない共変動が説明されるのだ。和辻倫理学の「倫理」の主体（つまり，「人間存在」）は，この個人性と社会性の動的な構造としての「間柄」のことである。

　この間柄論は前節の西田とは別の仕方で，意識（主観）と外部世界（客観）を前提とする近代の個人主義的な人間観を強く批判している。そこでは，端的にいって，「間柄」を離れて人間は存在しない。間柄論によれば「人間」の第一次的な場面は個々人の意識ではなく，実践的な行為の連関としての「間柄」であるからだ。個人が何かを考え，また考える自分を意識する以前に，その個人は既に他者との「間柄」の内にいる。そこで「人間」を「間柄」から切り離し，「人間存在」の一契機に過ぎない「人」（個人性）を考察の出発点とするならば，その人間概念はまったく抽象化された仮構物に過ぎないと和辻は主張する。ワツラウィックの言葉を借りるなら，近代の個人主義はコミュニケーションしないことの不可能性を全く看過しているのだ（Watzlawick, Weakland and Fisch 1974: 48）。

（2）否定性に媒介される個人と社会

　和辻はこの「人間存在」の個人性と全体性の二重構造を可能にしているのは「空」の否定性であるという。ここで言う「空」の否定性とは，あらゆる実在態を悉く相対化し，刷新するという創出のはたらきそのものであり，絶対的な差異化の運動を説明するための原理である。

　「人間」の最も日常的な場面を人と人との「間柄」とする和辻にとって，「人」は他者との関係から切り離しえず，そこには本質的に独立であるといい得るものは何もない[13]。そこで個人としての「人」を取り出そうとすれば，それはあらゆる「間柄」を捨て去ったものとして，社会性の否定という形式でしか可能でない。では，そのように個人性が社会性の否定態と定義されるとき，その前提となる社会性とは何か？　和辻は社会性について，それを差別の止揚であり，また無差別の実現であるという。そこでは止揚される差別としての個々の「人」が前提となっており，ここでも社会性は自存しない。

　つまり，「人間存在」の契機としての個々の「人」（個別的契機）も「間柄」（全体的契機）のどちらもそれ自体では成立しない。両契機は他方の否定態としてのみ可能となっている。和辻の提示する「人間存在」はそのような相対的な否定のはたらきによって二重性を構成するプロセスなのである。そこにおいては，いずれの契機も先であ

ることができない。ここから，先行するのはただ否定するはたらきのみであるという否定性の一元論が導かれ，「人間存在」の根底が否定そのものとして「空」に他ならないという徹底した差異の思想が展開される。つまり，「間柄」に内在する個別的契機と全体的契機の相互否定を根拠付ける原理として，実体的な根拠を持たない根源的な差異化の運動から現実の場面が考えられるのである。

この絶対的な否定性としての「空」の概念が導入されることで，和辻の「人間存在」はその真相である「空」の否定性と，その否定的展開としての個別的契機と全体的契機との二契機からなる動的な構造態として把握される。この間柄論に依拠するなら，支援論は個人を対象とするのではなく関係性を扱わなければならない。上述のように，個人は自存せず，差異化を俟ってそのつど関係性を文脈として生成される一契機であるため，そこに病理や問題を内在させるような発想も成り立たない。もちろん，関係性といっても，それは環境との関係から個人を見るというような世俗化されたエコロジカルなモデルとは異なる[14]。主語論理的に組み上げられたモノとモノとの関係を扱う理論では，全体性と個人性とが相互に否定しあう動的な場面の埒外でしか支援を考えることができない。西田や和辻らの鋭い洞察は，現実の場面を「無が無化する」あるいは「空が空化する」という根源的な差異化を根拠として自己生成や社会生成を説明するものだ。述語論理的な構制からモノ的にではなく，モノとコトとを生み出す先行的な力学，つまり「差異」を基礎にした支援論の構築が目指されなければならない。でなければ，関係性を標榜する理論はいずれ実体論的なパラダイムに逢着してしまうだろう[15]。

2.「間柄」の制度論
（1）間主観的構造

「空」の否定運動によって展開する「人間存在」（つまり，「間柄」）は「本来一である主体が，多なる主体に分裂することを通じて一に還ろうとする」（和辻 2007b: 249）プロセスとして説明される。和辻によれば人と人との間に実践的な「行為的連関」が成立しているときには，そこには否定を媒介して間柄的主体が分裂し（個人性），また統一する（社会性）という動きが起きている。否定性を一次的と見なす和辻の論にあって，あらかじめの実体として自他があるのではなく，また定まった自他の関係があるのでもない。ただ「空」の実現として，そのつど自他が分裂的に生起し，またその否定的な統一として間柄を形成するという連綿とした運動だけがあるのだ。

この「空」の展開は「人間存在」の根本構造として，主体的なひろがり（空間性）と呼ばれる。和辻は「空間は主体的な人間存在の場面において見いだされてくるのであって，逆に人間存在が空間において構成されるのではない」（和辻 2007b: 250）と言い切っている。それは客体的な物のひろがりがまずあるのではなく，実践的な「行為的連関」を通してはじめて世界が形づくられるということだ。より強調して言えば，「行為的連関」によって形づくられる人間的な言語と行為の世界がすべてであり，和辻の倫理学体系にその外部はない。いわば，一切が言語ゲームであり，その背後に真実の世界があるわけではない[16]。

間柄論において，「人間存在」としての「行為的連関」は間主観的構造を持つものとして説明される。「空」の否定のプロセスに組み込まれている各個人は，認識論的・存在論的に「間柄」の拘束下にある。和辻の間柄論にあって，意識のあり方や行為の仕方は，常に「間柄」によって一定の仕方に限定されている。言い換えれば，個別的な主観性はすべて間主観的な規定を避けられない。ここで間主観性が個人によって意識的に参照される規範ではないことに注意しよう。和辻が「個人の間の共同化的融合的な結合の事実が，同時に個人に対して強制を意味する」（和辻 2007b: 174）と

書いているように，間主観性は「間柄」の形成に向かう個々の行為がその干渉を免れない限定作用であって，個人は先行する「間柄」からまったく自由であることができない。

(2)「行為的連関」の制度化

間主観的な拘束下で「行為的連関」が，一定の仕方に限定されていくことを，和辻は「かた」という概念で説明している。この「かた」は，「行為的連関」の過程（トランズアクション）で，規則として作動する制度であるといえる。

もちろん，ここでの「かた」は，超越的な価値規範を指してはいない。もとより，「人間存在」の個人性も社会性も否定態としてのみ成立するという和辻の「空」の思想にあっては，どのような場面にも普遍的に通用する規範は設定できない。そのような仕方で「かた」を実在化させてしまう規範論にあっては，いずれ「間柄」に依存的な仕方で展開しているはずの「行為的連関」について，当の「間柄」から切り離された抽象的な規範から説明することしかできない。

メタ概念が「空」である以上，和辻の「かた」は実践的な「行為的連関」において自他のそのつどの間主観的なやりとりが関わる具体的な規範でなければならない。間柄論においては，あらかじめ本質的ないし実体的なモノは何もなかった。根拠があるとすればただ「空」の否定運動という現実が差異化される場面だけである。しかし，「人間存在」が間主観的構造として示されていたように，そこで差異化は脈絡なく行われるわけではない。「行為的連関」の過程は，意識的にせよ没意識的にせよ，既に形成された「間柄」によって被文脈的に成立するのである。その動的な関係性のなかで行為が繰り返し一定の仕方で実現されるとき，そこに「かた」が形成され，行為規則（行為選択と意味構成を含む）としてトランズアクション過程に関与する。

ここで「かた」の形成過程を，図2から説明し

AとBの「行為的連関」過程　　　Bの関係性定義の過程

$A_1 \longrightarrow B_1$　　　β_1　β_2　β_3　β_4

$A_2 \longleftarrow\longrightarrow B_2$　　　β_1　β_2　β_3

$A_3 \longleftarrow\longrightarrow B_3$　　　β_1　β_2

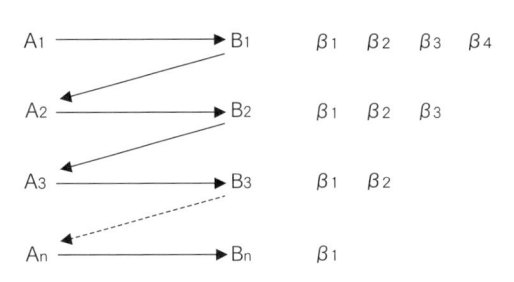

$A_n \longrightarrow B_n$　　　β_1

図2　「行為的連関」による「かた」の形成過程[17]
　　（加茂 2003:14）

てみよう。

相互作用の主体であるAとBの「行為的連関」を，ここでは，コミュニケーションを成立させる基本要素である行為選択と意味構成の連関として示す。たとえば，$A_1 \to B_1$ という「行為的連関」では，Aは，A_1 の局面で，あるメッセージをBに伝える（Aの行為選択）。Bは，そのメッセージを B_1 の局面で，意味づけを試みる（Bの意味構成）。ここでは，Aのメッセージに対する意味づけの可能性 β_1，β_2，β_3，β_4 が想定されている。この意味づけの可能性は，本来多様であるが，ここでは，関係性定義に限定して，話を進めてみよう。いまだ B_1 の局面では，Aのメッセージを構成する規則が，制度化されていない段階と言える。それゆえ，Bがその後Aに向けて選択したメッセージは，A_1 のAのメッセージによって何らかの拘束を受けつつ，多様な意味づけの可能性を有し，Aに伝達される。A_2 の局面で，Aは，Bのメッセージに規定されつつも，それに対する意味構成と行為選択による応答を試み，Bは，B_2 でそのメッセージの意味構成を再び試みる。そこでは，B_1 の局面で浮上していた関係性定義 β_4 の潜在化が生じている。このように，行為的連関が続く過程で，次第に，BがAのメッセージを意味づけ，行為を選択する可能性が制限され，規則が制度化される。もちろん，この制度化の力学はAの側にも同様に生じている。AとBとは「行為的連関」過程を通して互いに行為規則を硬直化

させてゆく。それによって，図 2 の $β_1$ のように，意味づけが常道化することになる。そのように関係性定義法が限定されるに従って，「かた」は物象化されてゆき，現実を構成する強い統御力としてＡとＢそれぞれの意味構成構成法や行為選択法を拘束するだろう。「かた」とは主体相互の選択過程によって共同で作られ，かつ多義的な「間柄」の持ち方を限定してゆき，行為選択と意味構成の仕方を限定する力学であり，制度化された間主観性のことである。

前節の「自覚」の議論と結びつけるなら，それは「自覚」の装置における自己生成のパターン化であると言えるだろう。「自覚」の装置は多様な「形」の切り出し方を可能にしていたが，間主観的な「行為的連関」過程で特定の「形」の切り出し方が優位となると，新しい「形」の形成に向かう力学が抑止される。そこで一義的な「形」の切り出し方，つまり行為を一定の仕方に限定する力学こそ「かた」と呼ばれるものであると考えられる。クライエントの訴えを実体的なモノではなく，モノとコトとの交錯するプロセスのパターン化というフレームで捉えるならば，問題とはまさに「かた」に嵌った状況，もっと正確に言えば，常套的にある特定の「かた」を作り続けてしまう「行為的連関」として定義できるだろう。であれば，そこでの支援とは既存の「かた」から脱却し，新たな「かた」の形成力を増大する関わりとなる。

3.「空」の倫理思想

（1）「倫理」としての差異化

次に生成論的なソーシャルワークの道徳理論を和辻の根本倫理の思想から導出する。

和辻によれば，「倫理」と「人倫」とは同義であって，それは人間共同態を意味しつつ，その共同態の秩序を同時に意味している。その意味からして「単に個人的主観的道徳意識を倫理という言葉によって現すのははなはだ不適当」（和辻 2007a: 17）なのであって，「倫理とは人間共同態の存在根底として，種々の共同態に実現せられるもの」（和辻 2007a: 17）であると和辻はいう。さて，このように「倫理」を共同態の存在根底，すなわち人と人との「間柄」の成立根拠と措定するとき，「倫理」とは絶対否定性の否定の運動として「空」に他ならない。「空」こそ「人間存在」を「人間存在」として不断に形成し可能にするところの原理であるからだ。そこで根本倫理は「空」の絶対的否定性，すなわち根源的な差異化のはたらきであると規定される。この和辻の規定に俟てば，「倫理」，「間柄」の個人的契機と全体的契機とが循環的に差異化しあい，「人間存在」が新たに生起し続ける過程で絶えず実現されることになる。これはきわめて力動的な倫理思想である。この「倫理」からソーシャルワークの対象である社会的関係性を考えるならば，そこでは常に「間柄」の動的過程を前提とし，「差異」を根拠にした支援原則が考えられなければならない。

さて，「空」を根本倫理とするとき，通俗的な倫理や道徳が説くような善悪とは異なる新たな善悪の概念が提起されることになる。「空」が「人間存在」の真相であるならば，絶対的な価値基準なるものの定立は不可能であるからだ。そこで和辻は「それ自身空であることを明らかにするのは，行為の最も深き根底において善悪の彼岸を認めることである」（和辻 1950: 341）として従来的な意味での善悪を超えた地平を提示しつつ，「実相は空でありつつも空を遠ざける方向づけが煩悩であり，空に帰る方向づけが善法である」（和辻 1950: 346）として「空」を根底にした善悪判断を説く。それは人間の行為が己れの本源への回帰として「空」に向かってなされ，社会性が実現される場合を「善」とし，反対に行為が「空」の実現である社会性の破壊として個人性を成立させる場合が「悪」とする力動的な倫理の発想である。図式的に謂いえば，回帰的方向は「善」であり，背反的方向が「悪」であるということになるだろ

う。しかし，これを個人の立場に立つことが「悪」であり，社会性を実現することが「善」であると単純化して捉えるべきではない。

　和辻は「否定の運動が動的に進展して停滞しない限り，善に転化しない悪はない」（和辻 2007b: 205）と提言している。それは，「空」の回帰として「善」が語られるにしても，「間柄」という装置の動的統一の仕組みを前提とする以上，「善」は背反の契機なしには成立しえず，そこにおいて個人的契機は「善」を可能にする契機として不可欠であるということだ。ゆえに，和辻の「空」論からすれば，個人的契機であれ全体的契機であれ，共同生成過程で，いずれかの極において「空」の生成力学が停滞することこそ倫理的に「悪」であり，逆に「空」の生成が滞りなく続くことこそ倫理的に「善」となる。つまり，「間柄」という装置の循環的な差異化の力学こそが「倫理」の準拠となる。それをソーシャルワーク実践の倫理とするならば，ソーシャルワークはあらかじめ設定された価値規範への適応と逸脱という観点からではなく，間主観的な「間柄」がそのつど作りだす規則，すなわち先述した「かた」という観点から，その差異化の力学過程に関与することになる。具体的には，「行為的連関」が常に「かた」を刷新する力学過程を保持していることこそ「倫理」的な状況であり，反対に「かた」に嵌まり続けてしまう状況は「空」の生成力学が停滞した悪循環の過程として未だ「倫理」の実現されていない「間柄」であると考えられるだろう。このように，根本倫理を「空」とするならば，ソーシャルワークは徹底して生成論的に構築されなければならない。

（2）社会生成論の課題

　しかし，和辻は倫理を体系化するなかで「かた」を具体的な「行為的連関」の場面から切り離し，それを規範化してしまう。そこでは「家族」「親族」「地縁共同体」「経済的組織」「文化共同体」「国家」という「間柄」の階層構造から，それぞれに適用される倫理規範としての「かた」の範疇が列挙されていく[18]。個々人の振る舞いがその「かた」に合致しているか否かという規範論はきわめて静態的な「倫理」の発想であるだろう。そこでは根本倫理として語られた「空」の否定の力学が著しく弱められている。「空」の思想を前景化するならば，それは「空」の否定運動に根ざす「行為的連関」の現場で「かた」がそのつど刷新されていくという流動的な発想とならなければならなかったはずだ。

　和辻が「空」の倫理思想を展開し切れなかったのは，実践的な「行為的連関」の場面の力学を捉え損ねたからであると思われる。たとえば，宇都宮が指摘するように，和辻は「個と個の間を『多』のカテゴリーで捉え，個―多―全」の図式で人倫組織の構造を解明しようとした」（宇都宮 1970: 143）。しかし，「個と個の間を形成するのは，『多』ではなくどこまでも『二』」（宇都宮 1970: 143）であり，「『二』から『多』への移行には，つまり個と個の関わりから多の人倫的組織への移行には，一つの飛躍なり断絶なりがある」（宇都宮 1970: 143）。「人間存在」を個人性と社会性の二重構造として捉えるとき，自己と他者の間の具体的な「行為的連関」，つまり個と個の問題が，個と全の問題に置き換えられてしまっているのだ。その置き換えによって，相対的な他者との具体的なトランズアクション過程のメカニズムは間柄論の俎上に乗らなくなる。

　それでも，「間柄」と「行為的連関」とを同義と見做す和辻にあって個と個，つまり自己と他者という「二」の問題は避けられないはずだ。むしろ，和辻の間柄論が提示した「かた」の制度論と力動的な「倫理」の思想は，具体的なトランズアクション過程を踏まえて考察することでより活かされると考える。先に「かた」の形成過程を説明する箇所で少し触れておいたが，二者間の具体的な「行為的連関」の仕組みを更に精緻に検討する必要がある。

III. 生成論的ソーシャルワークの基礎理論

以上のことから，差異生成を軸としたソーシャルワーク理論を①社会理論，②道徳理論，③実践論の3つの局面からまとめてみよう。

1. 社会理論

ここではまず西田の「自覚」という装置と和辻の「間柄」の装置の理論的統合を目指し，間柄論の間主観的構造を私的に構成される間主観性として定義し直してみたい。それによってメタ概念を「空」とする社会理論の構築が目指される。まず社会生成を相互「自覚」的に非対称的な差異化を行う自他の「間柄」として図式化したのが図3である。

(1) コミュニカティブな「私」の導入

ここで西田の「自覚」や和辻の「間柄」という装置のうちには登場しなかった「私」という主体を書き込む必要がある（図3の「私」A,「私」B）。この「私」は「自己」（つまり，「自己の自己性」を成立させる差異化のプロセス）とは異なる。「私」はコミュニケーション過程において主語として機能する「私」であり，実在しない。それはいわば「自覚」という装置が可能にしている経験的世界をそのつど引き受ける主体としての「私」だ。この「私」は「自覚」の装置のうちには存在しえない空虚な主体であり，決して語りえないが，それなくしては「自己の自己性」も誰にとっての「自己」であるか特定できない事態となってしまう。この「誰」という不定代名詞はいつも一人称的「私」へと帰属しなければならない。図3には，二組の自己と他者が描かれている。それは，コミュニケーション過程において，図の左側の自己と他者が「私」Aの社会として，また，右側の自己と他者が「私」Bの社会として生成されることを示している。主語としての「私」を用いることで，「私」Aと「私」Bは「絶対の他」の関係となるのである。

ここで導入したのは，大庭が次のように語ったコミュニカティブな「私」である。

> 私が私でありえているとき，私は，すでに，あなたとの呼応可能性＝責任の間柄にあり，そのときにはすでに，あなたも私も，ともに彼・彼女との呼応可能性＝責任の間柄にあり，そうした間柄において，あなたはあなたであり，私

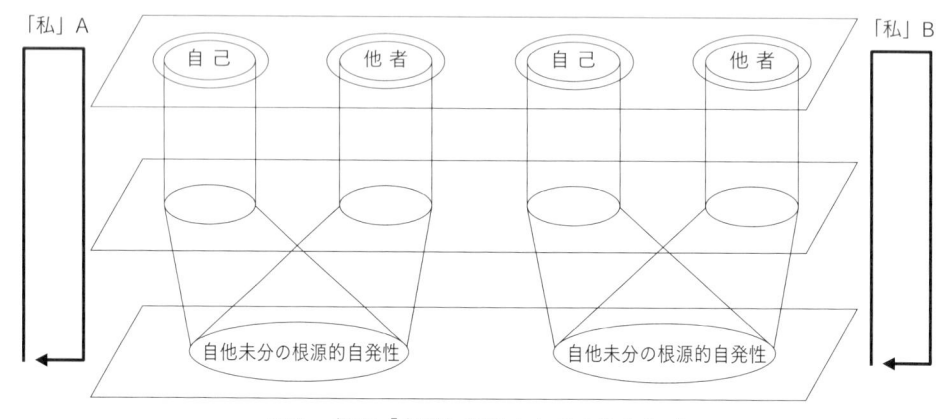

図3 相互「自覚」過程としての社会生成

は私でありえている（大庭 2009: 211）。

「自己」とはあくまで「私」の「自己」でなければならない。「私」とは他者とのコミュニケーションにおいて「自己」を引き受けるパフォーマティブな主体である。和辻の「間柄」が人と人との間として，その最小単位が「多」ではなく「二」のカテゴリーにおいて捉えられるならば，「行為的連関」には他者に面した「私」の呼応可能性＝責任ということが考えられなければならない。木村の「自己の自己性」とは，すなわち自己と自己自身，そして自己と他者との「あいだ」（つまり，「差異」）によってそのつど成立する同一性の謂いであったが，この同一性を引き受ける「私」を欠いては，そこで自己生成が展開しない[19]。相対的な他者との具体的なトランスアクション過程において「自覚」という装置の展開を考えるならば，それは「私」が「絶対無の場所」における自らの不在と関わりつつ，自己と自己自身，そして自己と他者を差異化する作業となる。

（2）自己と社会の相互生成

自己と他者が，「絶対の他」の関係として，非対称的に差異化しあうならば，間柄論の間主観的構造は私的な間主観性とでも言うべきメカニズムから再構築されなければならない。つまり，そこでは共通の「間柄」から自他が分裂的に生起するのではなく，自他の分裂的な生起が「私」Aあるいは「私」Bの「自覚」による自他構成として私的に構成される。それが他者の絶対的な他性によって，つまり「絶対に他なるがゆえに内的に結合する」（西田 1987c）という西田の言葉の意味であると強気に解釈するならば，そこでは「もはや規則を正しく理解しているから一致した行動がうまれるのではなく，逆に一致した行動が為されるから規則が正しく理解できる」（永井 1995: 161）として，差異によってコミュニケーションが成立すると考えなければならない。他者は私にとって絶えず未知であり，私の先行的な理解から常に逸脱する存在者である。つまり，「私」Bの自他構成を「私」Aが客観的に理解することは原理的に不可能である。「自覚」の概念から定義し直された間主観性は，「絶対の他」である自他が互いに差異化のプロセスを継続させるために，コミュニケーション過程で新たな取り決めとその合意をそのつど暫定的に形成していくようなメタレベルの力学となる。そこで自他は自らの「自覚」によって私的に構成した間主観性に従って，つまり絶対的に他者とは隔てられた「私」の現実構成法に拠りながら常に差異を生成するが，その原初的な差異生成の次元である純粋ノエシス相においては他者と一致すると考えられる。

（3）重層的社会生成論

ここで提示される社会理論は，廣松渉が自らの哲学において展開した，生成論的な社会理論の発想に近づけられるだろう。廣松は「用材的財態の二肢的二重性（実在的所与—意義的価値）と能動的主体の二肢的二重性（能為的誰某—役柄的或物）」（宇波 1994: 18）という対象の側と主体の側との相互連関が構築する四肢的構造から，社会が何々「として」構築されるメカニズムを提示した。そこでの社会生成は，間主観的な構制のうちで「〈与件〉が〈或るもの〉として〈或る者〉としての〈誰か〉に現前する」（宇波 1994: 14）ことで遂行される。それは「与件」，つまり分節化される以前の自他未分化な相から，「自覚」による「差異」の差異化の作業を通して，新たに何々「として」現実が生成されることを社会生成の現場として捉えていく立場である。

「真理体系・価値体系・規範体系などを含む共同主観性の内実が間共同体的・隔時代的に相違すること，そればかりか内共同体的にも相違性を孕む」（廣松 1988: 214）という廣松の主張は，相互に「自覚」的な社会生成過程を捉えている。そこでは「絶対の他」の関係にありながら，互いにコ

ミュニケーションにおいて差異によって一致していくという私的に構成された間主観性の立場が採られる[20]。図3でいえば，「私」Aと「私」Bのそれぞれが「私」の「自覚」において原初的な差異化の作業を遂行し，そこで独自に形成している「かた」，つまり一連の現実構成規則が，「絶対の他」の関係にある他者と「揺動・軋轢・拮抗」（廣松 1988: 214）を含みながら一致するのである。社会生成はそのように自己と他者が絶対に隔てられながら，それぞれの「私」の「自覚」によって自他未分化の場所から何々「として」現実を差異化する力学の絡みあうプロセスと考えられなければならない。そこでは「間柄」というそれ自体が生成論的に裏付けられた装置の作動因として，自己と他者が私的な間主観性のうちでそのつど差異化の作業を介して「誰々として」あるいは「何々として」生起している。これは生成論的な社会理論であり，ラディカルな社会構成主義の立場である。

2. 道徳理論

ここでは根本倫理である「空」の思想から支援の道徳理論を整理する。

和辻の力動的な「倫理」の思想によるならば，支援における道徳原理は「空」の絶対的否定性を媒介とした個人と社会の共生起過程における生成と停滞の力学に関わる。そこでソーシャルワークにおいて扱われるクライアントの問題状況は，「空」の否定性の力学が停滞した，つまり差異の生成力が停滞した状況として評定される。それは当事者の「行為的連関」，において「間柄」の装置が「空」の生成として作動していない状況である。「行為的連関」が間主観的に「かた」を構築するという発想で言えば，それはクライアントが旧い「かた」を脱し，新たな「かた」を構築する否定性の力学を活性化することができない場面と定義できるだろう。そこではクライアントの「私」による行為と意味づけの仕方が，それらの膠着した「かた」を革新するだけの否定として作用していない。

以上のように問題状況を定義しうるならば，ソーシャルワークにおいて目指されるのは「空」の否定性の実現であり，停滞した否定性の力学の再賦活化こそが支援方途としての「倫理」であると言える。

3. 実践論

相互「自覚」的な生成過程としての社会にあって，クライアントの訴える問題状況は「空」の否定性の力学の停止した場面として定義された。つまり，それは「かた」が硬直化し，自他に関する一義的な行為選択や意味構成の方法が常態化してしまった状況として社会生成の停まった事態である。そこでソーシャルワーク実践では，和辻の根本倫理の思想に従い「空」の否定性の力学を再賦活化すること，つまり差異化の力学を活性化することが戦略となる。以下では，「空」の生成力学の停止として，クライアントの訴える問題状況を評定するモデルを提示し，また「空」の否定性の力学の再賦活化として社会を新たに生成するための差異化の戦略方途を示す。

(1) クライエントの訴え

上記の生成論的な社会理論にあって，クライアントが訴える問題は，誰々「として」クライアントと誰々「として」の他者との特有の「間柄」において，何々「として」構成されたひとつの現実説明法である。そこでは，たとえば家族内で母親「として」，あるいは妻「として」という役柄遂行者と，他方は子「として」，あるいは夫「として」の役柄遂行者とのトランズアクションを介して，間主観的に生成される自己定義，関係性定義，出来事定義から，ある事柄ないし状況が問題「として」構成され訴えられる。そこで訴えられる問題

は，物象化されてモノ的に現れるわけだが，ソーシャルワーカーが評定すべきは，クライアントが何かを問題「として」しか構成できないような，差異の生成力学の衰退したトランズアクション過程を抜け出せない悪循環の状況である。言い換えれば，そこで繰り返して問題を物象化し続ける「かた」がクライアントと他者によって共同で維持されているコトを評定しなければならない。その「かた」に嵌り続ける限り，クライアントは一義的な現実構成法にとどまり，状況は問題「として」構成され続けるだろう。それは新たに社会生成の展開しない場面として「空」の否定性の力学が停滞した状況である。

このような「空」の停滞状況の説明は，「偽解決」（pseud-solution）をその模範とすることができる（Watzlawick, Weakland and Fisch 1974=1992）。「偽解決」の基本的な発想は，先に見た根本倫理の思想と同じく，「差異」の生成と停滞に準拠した問題状況を説明する概念である。「偽解決」は，その名前の通り行為主体の問題解決に向けた実践が，実際にはその解決を導かないという意味で偽となる状況を指す。ワツラウィックらは「変化」を「第一次変化」と「第二次変化」に区分して説明する（Watzlawick, Weakland and Fisch 1974=1992）。簡単に言えば，前者はあらかじめ設定された範囲内における漸次的かつ小規模な変化を指し，後者は，システムそれ自体の変化を指している。この2通りの「変化」概念によれば，偽解決は，葛藤に対峙したクライアントの解決行為の試みが，システム変化を起こさない，つまり，従来の「かた」から抜け出せない事態を指す。クライアントは「かた」に嵌り続ける行為を繰り返すことで，新しいノエシス的状況を展開できないでいるのである。

（2）差異化の支援原則

この「かた」から抜け出せない事態から，新しいノエシス的状況へと展開し，第二次変化，つまりシステム変化を生じさせるには，「差異」の生成が求められる。先に示したとおり，「差異」は「自覚」という装置の作動によって，自己と自己自身との，また自己と他者との「あいだ」において生起すると言える。このことはさしあたって2つの支援原則を導くであろう。

そのひとつは，差異化の作業がいつもクライアント自身による遂行でなければならないことである。私的に構成される間主観性の議論が示していたように，社会生成はクライアントが「私」を主語として立ち，自らの「自覚」によって何々「として」独自の仕方で現実を切り出すプロセスである。ソーシャルワークにおいて差異化の作業はいつもクライアントの「私」が遂行する。解決に向けた社会生成を考えるとき，差異化の戦略はいつもクライアントの「自覚」の力学を扱わなければならないのである。

もうひとつの支援原則は，差異化の実践は未だ「形」になっていない，あるいは形成された「かた」の拘束を逃れる潜在的なノエシス的はたらきを変容の素材として用いるということである。述語論理的に支援論を考えるとき，クライアントの提起する問題はあらかじめ同一的なモノではなく，何かを問題「として」一義的に構成し続けるコトであった。ということは，真に解かれるべき問題は，述語論理からして多義的な構成たりうる現実の生成力学が，それを悉く限定して一義的に構成し続けるような偽解決の生じる力学過程でなければならない。こう考えるとき，変容は一義的なクライアントの「私」の現実構成法から排除された素材を，限定されることなくして限定する未規定の相，すなわち「絶対無の場所」から引き揚げることで遂行される。これまで限定に際して排除されてきた素材をもとに，新しい「形」を作るのである。「偽解決」のもたらす葛藤状況は，原初的な言語行為のレベルを素材としつつも，「かた」に嵌ったノエシス的状況から抜け出せない悪循環の過程であったが，支援においてはそこで潜

勢化した力学を賦活化することによる新たな「形」の形成とそれによる「かた」の再構築が果たされなければならない。それが「空」の実現として，生成論的ソーシャルワークの目指す社会生成である。

（3）差異化の技法

そこで生成論的なソーシャルワークの実践ではクライアントの「自覚」の装置における差異を作動させるような関与法が求められる。それは，北米ミラノ学派の循環的質問法（Tomm 1985）などの差異の生成技法となるであろう。循環的質問法は，クライアントが一義的に定義した世界，つまりクライアントが「かた」に嵌っていく過程で排除した要素を，種々のタイプの差異を生成する質問法を通して浮上させる技法と，浮上した差異についてクライアントにリフレクションの機会をつくる質問技法に分けられる。クライアントの新たな自己生成は，この差異の記述とそのリフレクションを通して，実現される。言い換えるならば，クライアントへのリフレクシブな関与法を通して，潜勢的なノエシスの相から新たな自己定義，自他関係性定義を現勢化させることでノエマ相を変容していく技法が，差異生成論における技法の役割となるであろう[21]。

まとめ

本章では京都学派の哲学に通底する否定の思想から，ソーシャルワークの変容論の基礎概念である差異生成論を論じ，自己生成と社会生成という2つのレベルの生成メカニズムを明らかにし，「差異」の概念を軸とする基礎理論を構築した。そこで自己生成は「自覚」という原初的な「差異」生成の構造によってそのつど「絶対無の場所＝他者」を媒介にして生起する事態として説明された。またそのように生成される自己が集まり，相互作用が展開する社会は，「間柄」として「空」が個人性と全体性を絶えず差異化する場面として明らかにされた。そして，自己と社会とが相依的に差異化し合い，いつも何かが別の何か「として」構成されるという生成論的な廣松の社会理論を基礎とし，問題状況を根源的否定性の立場から社会生成の力学の停止として定義すると共に，そこで有効な支援方略を差異化の実践として示した。自己と社会の生成について整合的な理論形成に至っていない従来のソーシャルワーク理論は，京都学派の思想をもとに再考することで，その統合的な理論化の方途が示されたと考える。

京都学派の思想を基礎においたソーシャルワークの実践モデルはまだ十分な体系化には至っていないが，根源的否定性つまり「差異」の概念を軸に構築することで，現在の国内で行われている静態的なソーシャルワーク理論を動的な理論へと切り換えられる可能性が提示された。

[注]
1) この問いに登場する私は，主客の対立を前提にしてモノ的に語られている点で，後述する形而上学的な「私」の用法とは異なる。本章では鍵括弧を用いて，意識（主観）と同一視される私を，形而上学的な「私」と用法上区別する。ちなみに，問いに対して，独我論の立場から私と世界の消滅とを重ねあわせて「ない」と答えることもできるが，その答えも実体主義的な思考モデルを脱していない点で「ある」という答えと同じ土俵にいる。

2）この「場所」は，とりあえず，意識のことと考えてよい。しかし，ここでいう意識とは認識主体ではありえず，西田が「意識の野」（西田 1987a: 69）と呼ぶような，ただ現象がそのまま映し出されるだけの原的な経験場面である。初期の西田哲学は，それを判断・思慮分別の以前として「何らの意味もない，事実其儘の現在意識あるのみ」（西田 1950: 14）の純粋経験として論じた。

3）西田の場所論は，伝統的な主語論理の立場を離れて，述語論理によって展開されている。ここで主語論理とは，あらかじめ判断の中心となる同一的・実在的な主体を前提とする論理的な立場であるが，場所論はこれを否定する。西田によれば判断とは，もともと形式論理学上，主語（特殊）が述語（一般）のうちに包摂されること，つまり特殊としての個物が一般としての場所においてあることである（西田 1987a）。そこでは主語を予め定まったものとは設定せず，何かがそこに「おいてある」ことではじめて意味を獲得するような，述語としての「場所」の側に実在の根拠が考えられている。

4）言語が差異によって対象を弁別的に規定するシステムである以上，生成の途上にある「何か」は，が未だ「何か」に成り切っていないゆえに対象化できない。そのため，厳密に言えば，「絶対無」はその効果からしか語ることができない。ところで，この絶対否定の考え方はデリダの「差延」（differance）概念に近い（斎藤 2006: 15-30）。「絶対無」は，それが概念として記号的に表象化される以上，直接経験としての否定のはたらきから必ず疎外される。それが通常の論理形式を離れ，もはや主語でも述語でもなくなった超越的述語面である。

5）この実体論批判の整理は丸山（1987: 21-58）を参考にした。

6）理性的なソーシャルワークの限界については，たとえば加茂（1995: 19-45）を参照のこと。

7）西田の語るノエシス―ノエマ相関は否定性を媒介させることで，たとえば，フッサールの超越論的現象学のそれとはまったく異なる。フッサールは認識の明証性を確保するため自然的態度をエポケー（括弧入れ）し，その現象学的還元の残余として純粋自我という超越論的主観性を取り出すが，西田の場所論はその超越論的主観性さえも更にエポケーし，徹底的に還元することで否定性としての無に行き着く。

8）作図にあたっては木村（1974: 373）を参考にした。

9）この論脈において自己は行為的・ノエシス的な自己に，自己自身は表現的・ノエマ的な自己に対応している。

10）たとえば，木村（1998: 73-84）を参照のこと。ところで，木村はこの「あいだ」概念から独自の精神病理論を展開している。それはきわめて差異理論的な構制であるが，臨床において木村は「あいだ」の原因的障碍として病理を存在論化している。それは精神病理学という領域の性格上の帰結でもあるが，ソーシャルワークが日常性に立脚する専門家であるならば，「あいだ」の理論を生成論の方向へと展開する必要がある。

11）ここで日常性という概念の用法は加茂（2003: 4-26）に従っている。そこで日常性とは「先行的条件下に投げ込まれそれを再構築し，この事態が再度現実構成の先行条件となる，被投性と企投とのリカーシブな進行過程」（加茂 2003: 6）として対人間トランザクションに他ならない。

12）西田も和辻も絶対的否定性をそれぞれの理論根拠とするが，以下でみていくように「無」と「空」はいずれも根源的な否定作用でありながら，その根拠としての取り出し方と，現実場面における否定のはたらき方が異なる。第3節では，この「無」と「空」を重ね描くようにしてソーシャルワークの差異生成論について論じる。

13）そこでは，徹底した懐疑の果てに導出されるデカルトのコギトでさえ独立することはできない。和辻は「『我れのみが確実である』と書くのはそれ自身矛盾」（和辻 2007b: 76）であり，「文章が書かれまた読まれるということは，互いに文字による自他の連関を確実な事実として認め合っている」（和辻 2007b: 76）という。「間柄」を最も日常的でかつ確実な事実とする和辻の論にあっては，いかなる個人の独立性も否定態という仕方でしか成立できないのである。

14）和辻の間柄論が説く関係＝差異論は，ベイトソンのサイバネティックな生態学的モデルとも異なる。たとえば，自己について，後者は認識論レベルでの情報として「差異を生む差異」（Batson 1972: 459）が循環することを認識論的・存在論的な土台とし，その差異化の動きのなかで浮上する観念を「自己」と呼ぶ。対して，前者は「空」という根源的否定性を土台にして，「自己」（個人）を否定の一契機として捉える。

15）丸山（1987: 51-58）は実体論批判として関係論を持ち出すとき，関係論それ自体が実体論／関係論という二元論的な構図のなかで実体論化されうることを説明している。そのように実体論化された関係論は，実体論とは別種の価値の一元化・絶対化を引き起こし（たとえば，無根拠であることを根拠として実在化するなど），生成の力学を止めてしまうだろう。

16）和辻の間柄論と後期ウィトゲンシュタインの言語ゲーム論の類似性については黒崎（2012: 81-102）を参照のこと。

17）作図にあたっては加茂（2003: 14）を参考にした。

18）和辻倫理学における規範化された「間柄」ごとの具体的な倫理については和辻（2007c）を参考のこと。また，ここで和辻の「空」の根本倫理の観点から，体系化された倫理規範に差異化・相対化の力学が弱まっていることを指摘するアイデアについては田中（2000: 69-116）を参考にした。
19）木村の「あいだ」の病理論は「自己の自己性」の病変，つまり「あいだ」における原初的な差異化の失敗によって他性化した「自己」が成立する事態をもって統合失調症圏の妄想的な事態を説明していたが，そこで病理は他性化した「自己」を他者とのコミュニケーションにおいて自らのものとして引き受ける「私」を欠いては成立しない。
20）「絶対の他」でありながらコミュニケーションにおいて一致するとするこの立場は，たとえば，野矢（2010: 222-227）が示した言語ゲーム間コミュニケーションの発想や，柄谷（1992: 47-69）の他者＝外部の思考において示した発想に近い。そこでコミュニケーションは均衡を前提とせず，徹底して差異を根拠に成立すると考えられている。
21）差異理論的な技法群については大下（2008）の第3章を見よ。

[文献]

Batson, G. (1972). *Steps to an Ecology of Mind*. Chicago: The University of Chicago Press.（佐伯泰樹・佐藤良明・高橋和久 訳（1986）『精神の生態学（上）』思索社，佐伯泰樹・佐藤良明・高橋和久 訳（1987）『精神の生態学（下）』思索社）
エマニュエル・レヴィナス著，西谷修訳（2005）『実存から実存者へ』ちくま学芸文庫。
檜垣立哉（2005）『西田幾多郎の生命哲学』講談社現代新書。
廣松渉（1988）『新哲学入門』岩波新書。
加茂陽（1995）『ソーシャルワークの社会学』世界思想社。
加茂陽（2003）『日常性とソーシャルワーク』世界思想社。
柄谷行人（1992）『探求Ⅰ』講談社学術文庫。
木村敏（1974）『木村敏著作集　第1巻』弘文堂。
木村敏（1998）『分裂病の詩と真実』河合文化教育研究所。
木村敏（2006）『自己・あいだ・時間──現象学的精神病理学』ちくま学芸文庫。
黒崎宏（2012）『啓蒙思想としての仏教』春秋社。
小坂国継（2002）『西田幾多郎の思想』講談社学術文庫。
丸山圭三郎（1987）『生命と過剰』河出書房新社。
中村雄二郎（2001a）『西田幾多郎Ⅰ』岩波現代文庫。
中村雄二郎（2001b）『西田幾多郎Ⅱ』岩波現代文庫。
野矢茂樹（2010）『哲学・航海日誌Ⅱ』中公文庫。
永井均（1995）『ウィトゲンシュタイン入門』ちくま新書。
西田幾多郎（1950）『善の研究』岩波文庫。
西田幾多郎（1987a）「場所」上田閑照『西田幾多郎哲学論文集Ⅰ』岩波文庫，67-152。
西田幾多郎（1987b）「働くものから見るものへ」上田閑照『西田幾多郎哲学論文集Ⅰ』岩波文庫，33-36。
西田幾多郎（1987c）「私と汝」上田閑照『西田幾多郎哲学論文集Ⅰ』岩波文庫，265-356。
西田幾多郎（1988）「論理と生命」上田閑照『西田幾多郎哲学論文集Ⅱ』岩波文庫，177-300。
西田幾多郎（1989）「自覚について」上田閑照『西田幾多郎哲学論文集Ⅲ』岩波文庫，177-268。
大庭健（2009）『私はどうして私なのか──分析哲学による自我論入門』岩波現代文庫。
大森荘蔵（1994）『知の構築とその呪縛』ちくま学芸文庫。
大下由美（2008）『支援論の現在──保健福祉領域の視座から』世界思想社。
大下由美・加茂陽（2008）「社会構成主義的効果測定論」加茂陽・中谷隆編著『ヒューマンサービス調査法を学ぶ人のために』世界思想社，67-99。
斎藤慶典（2006）『デリダ』NHK出版。
田中久文（2000）『日本の「哲学」を読み解く』ちくま新書。
Tomm, K. (1985). Circular Interviewing: Multifaceted Clinical Tool. In D. Campbell and R. Draper eds., *Applications of Systemic Family Therapy: The Milan Approach*. New York: Grune and Stratton.

宇波彰（1994）「存在と意味論」『情況　特集＝廣松渉　未完のプロジェクト』情況出版, Vol. 5-10。
宇都宮芳明（1970）「人間の『間』と倫理」佐藤俊夫編著『倫理学のすすめ』筑摩書房。
和辻哲郎（1950）「仏教倫理思想史」所収『和辻哲郎全集　第十九巻』岩波書店。
和辻哲郎（2007a）『人間の学としての倫理学』岩波文庫。
和辻哲郎（2007b）『倫理学（一）』岩波文庫。
和辻哲郎（2007c）『倫理学（二）』岩波文庫。
Watzlawick, P., Weakland, J., and Fisch, R.（1974）. *Change: Principles of Problem Formation and Problem Resolution*. New York : W. W. Norton and Company, Inc.（長谷川啓三訳（1992）『変化の原理──問題の形成と解決』りぶらりあ選書，法政大学出版局）

第5章
日本における地域福祉の脱構築と再構築

小川全夫

はじめに

　本章では，コミュニティ理論にもとづいて住民の地域組織化を再考している。今日，コミュニティ・ソーシャルワークあるいはコミュニティワークの概念が実践場面で多用される時期を迎えているが，そこで語られる地域や福祉の概念は，必ずしも自明のものではないことを指摘しておこう。

　「地域」福祉研究法を，従来の制度化された視点から地域を研究するモデルを「伝送モデル」とし，「CMM（Coordinated Management of Meaning）モデル」と対比することで，そこに暮らす人々の視点から，地域を循環的に捉え，組織化していく研究の必要性を説く。

　次に，日本でのこれまでの地域福祉研究の成果と課題を議論する。その上で，海外での効果的な地域福祉実践としてのNORC - SSP（Naturally Occurring Retirement Communitiesの略）を紹介し，その効果を詳細に考察する。そして，日本での注目される活動を報告する。

　これらの議論を通し，従来の地域組織化活動の利点，欠点を整理したうえで，新たな地域で暮らす住民のエンパワーメントを実現する，ソーシャルワークを提起する。

Ⅰ．従来の「地域」福祉研究法の吟味

1．ソーシャルワークの「地域」

　日本の社会福祉学における「地域」の概念は，アメリカ経由のコミュニティの概念の翻訳と紹介から始まるものが多い。社会学における「地域性」と「共同性」の議論や，都市社会学における「地域共同体」，「伝統型アノミー」，「個我」などと対比させられる「コミュニティ」モデルも，アメリカ社会学の構造機能主義におけるパターン変数の組み合わせを意識して構築されたエティック（etic）な概念である。地域福祉論でよく引用される岡村重夫の「コミュニティ・オーガニゼーション」論も，アメリカにおける概念を援用したエティックな概念である（岡村 1973）。

エティックという概念は，イーミック（emic）という概念との対概念である。言語学で音声学 Phonetics と音韻学 Phonemics というように，言語音の分析は，ふたつの捉え方に分かれる[1]。前者は観察可能な表層の差異に注目して記述しようとするが，後者はその現象の背後に働いているコードを想定して，違いを超えて同じことが生じていることを記述しようとする。そこでその語尾を使って造語した人類学では，研究者の視点からの解釈を「エティックなアプローチ」といい，研究対象者になっている人々からの視点で解釈することを「イーミックなアプローチ」というようになっている。CMM 理論に裏付けられたソーシャルワークは，後者のアプローチになるだろう。

ピアースらによって確立された CMM 理論は，社会学における象徴的相互作用論，エスノメソドロジー，社会構築主義といわれる一連の理論的系譜に連なっている。CMM 理論に基づくアプローチは，人々の発話に注目し，その発話過程での悪循環的発想の世界を評定し，それを人々に気づかせることで，人々の創発的な社会形成力を引き出そうとする。ピアースは，カリフォルニア州の Cupertino 市におけるコミュニティ対話過程 Community Dialogue Process に関わりながら，CMM 理論の実践的有効性を主張している。この都市はエスニック集団の割合が多くなるにつれ

表 1　伝送モデルと CMM モデル

伝送（Transmission）モデル	CMM モデル
定義： よくある伝送モデルはコミュニケーションを情報交換に用いられる道具として描写する。「よいコミュニケーション」は意味が正確に伝えられて受け止められたときに起きる。このモデルでは，コミュニケーションが世界を描写するためには，無臭，無色，無味で中立的である時に最善に作用する。	定義： CMM モデルは，われわれの世界の事象や客体はコミュニケーションの中で，共同構築されていると主張する。コミュニケーションの形態は，われわれが言っている内容と同じように十分に，われわれの人格，関係，制度を維持ないし破壊する。
どのようにコミュニケーションが働くか： 何が言われたか。どういう意味か。何が理解されたか。 ・その情報はいかに明確か。 ・いかにそれは正確に聞き取られたか。 ・いかに完全にそれは表明されたか。 ・その「回路」は効率的か。	どのようにコミュニケーションが働くか： 言われたことなされたことでわれわれは一緒に何を作るのか。 ・他者にはどういう関係が作られたのか。 ・用いられた言葉で何が予想されたのか。 ・どういう話し方が引き出されたのか。 ・どういう声の調子が引き出されたのか。 ・誰が含まれ，誰が含まれないのか。 ・誰が話しかけられ，誰が話しかけていないのか。
働いたコミュニケーションで得られたものは： ・不確実性が縮減された。 ・疑問が解答された。 ・論点が明確にされた。 ・問題が解決された。	働いたコミュニケーションで作られたものは： ・発話が何に作用したか（侮辱，賛辞）。 ・どういう関係（信頼，尊敬）。 ・どんなエピソード（協働，葛藤）。 ・どんな自己確認（金切声のヒステリー，まっとうな人物，世話人）。 ・どんな文化／世界観（強力な民主主義，弱い民主主義，あるいは民主主義でない）。
ファシリテーターの役割： コミュニケーション過程の欠陥が他者との関係を妨げないようにすることが，意思決定の過程や協力関係の形成や勝負や説得にはもっと重要である。	ファシリテーターの役割： コミュニケーション発生のパターンを形作ることで，複数者の声や見方に敬意を払い，彼らの間にある緊張を維持する。

（Pearce and Kimberly 2000: 413）

て，古くからの住民は，彼らに立ち去ってほしいが，それを公に口に出せないという状況にあった。しかし，ピアースは，住民がお互いに多文化共生政策をめぐる語りを述べるようにしたところ，多文化共生型コミュニティが形成されていったという事実に注目した。

表1は，こうして地域社会の中に潜在する課題を取り扱いながら，共同性のあるコミュニティを形成する実践理論としてのCMM理論におけるコミュニケーションの位置づけ方が，これまでの理論（ここでは伝送モデルとして一般化されている）と対比した特徴を示している。ここでファシリテーターとして位置づけられているのが，ソーシャルワーカーの役回りであると言える。

CMM理論は，基本的には対人関係の場面におけるコミュニケーション過程に注目した実践理論である。そのために，ケースワークの現場においてCMM理論は有効であることが広く認められているが，CMM理論を家族やグループや地域コミュニティといった社会集団に応用する場面では，上に紹介したような実績があるにもかかわらず，地域福祉という場面での成果は蓄積されているとは言えない。

2. コミュニティワークとは

そこで，本章では，ひとまずCMM理論そのものからは少し離れて，「エティック」と「イーミック」という言語学から援用した概念を取り入れながら，地域福祉ないしコミュニティワークについて考察してみよう。

元来communication及びcommunityという英語はcoとmunusの組み合わせからできている言葉である。coは「ともに，互いに，一緒に」という意味を持っており，withと言いかえることもできる。munusはラテン語で「贈り物，奉仕，義務」を意味する。したがって，コミュニケーションとは，ともに贈り物をし合う，互いに奉仕し合う，一緒に義務を負いあえるように意思疎通を図るというような意味になり，コミュニティとは，そういう関係性ができあがっている状態という意味になる。

しかし現実はどうかといえば，お互いに同じような言葉を使って語り合っていても，話がすれ違い，誤解が生じ，利害得失の疑心暗鬼にさいなまれ，不信や無関心の状態にある人々が多いのである。

ソーシャルワークの分野では，コミュニティ・オーガニゼーション，コミュニティ・デベロップメント，コミュニティワークやコミュニティ・ソーシャルワークという言葉が語られ，地域福祉計画や地域福祉活動計画などが，制度的な業務として社会福祉の中に組み込まれる時代になっている。しかし地域を無前提的にコミュニティとして捉えることが妥当なのかどうかの検証が必要である。さらに地域福祉をソーシャルワークの一領域とする考え方が当然とされながらも，一定の住所に住み，隣人同士でつきあいながら，うまくいかないことの悪循環に陥っている人々に対して，地域に対する思いに沿ったイーミックな地域概念の脱構築と再構築を支援する地道なソーシャルワーク活動は置き去りにされたままである。

それどころか，これまで豊かな経済的発展を背景にして，整備されてきた高齢者・障がい者・児童などへの日本の社会福祉制度そのものが，今や存続の危機に瀕している。日本社会は，経済発展のためには，「子どもは少なく産んで大事に育てる」，「できるだけ力の発揮できるところへ移住して，安定的に雇用される就業先を得て，定年まで働いた後は，年金生活をする」，「儲かる分野で金を得て，基礎的な生活必需品は安く買う」などという高度経済成長期に適合的な生活様式を確立した。しかしその一方では，これまでの生活様式の結果として，少子高齢化，過疎地域，人口減少，農産物自給率の低下などといった諸課題をつきつけられる現在を迎えている。それは豊かさを背景にして維持が可能な社会福祉制度の根幹を揺るがす事態になっている。この危機的状況にあって，

あらためて，これまで解体を余儀なくされてきた「地域」という概念が，家族や職場に代わる福祉の担い手となりえるという期待をもって語られる機会が多くなっている。

3. 日本のソーシャルワークと地域

しかし，日本でソーシャルワークの立場から地域をどう捉えていたかを振り返ってみると，決して着実な知識と技法を蓄積してきたわけではないことが分かる。

戦後，ドイツの社会学者マックス・ウェーバー[2]の手法で日本の政治状況を分析しようとした丸山眞男のエティックな学問態度（丸山 1952）と，あくまでも日本民俗固有の解釈に即して日本社会を分析しようとした柳田國男のイーミックな学的態度（柳田 1910, 柳田 1976）を統合して，近代日本の精神構造を分析しようとした神島二郎は，自然村的秩序のムラという地域原理が都市化の過程でも疑似的に再現され，「第二のムラ」という状況が作られたと分析している（神島 1961）。そして「第二のムラ」が日本のファシズムを支えていたという。このような言説の中で，町内会を草の根のファシズムと規定する議論さえ巻き起こり，行政や福祉関係者は地域を語る際には，前近代的な地域は解体しなければならないことを自明視する傾向にあったと言える。

高度経済成長を成し遂げた代わりに，公害問題や，都市に集まった地方からの移住者の住宅団地での生活環境問題が，大きな争点となってきた1970年代には，どうしても地域社会の再組織化を考えざるを得ない状況が生まれた。松原治郎や奥田道大らは，アメリカ構造機能主義社会学の概念構成をエティックに援用し，新興住宅団地で生活環境問題に対する住民運動を指導していたイーミックな言葉に寄り添いながら，巧みに「地域共同体」と「コミュニティ」の概念を切り分け，対比して理想型としての「コミュニティ」を提起した（奥田 1982）。1969年の国民生活審議会コミュニティ問題小委員会の答申「コミュニティ：生活の場における人間性の回復」は，こうして行政が地域に関与することができるようにしたと言える。この後，社会福祉の分野でも，施設ケアから地域ケアへの移行をめざす施策が展開し，その基調は今日の地域福祉や地域包括ケアシステムにつながっていると言える。

しかし1970年代に語られた「コミュニティ」論議以来，現実的には地域や家族は，福祉活動には当てにならない集団であるというような通説が強くなっていた。むしろ，家族の機能がますます弱体化するだけでなく，家族の親権をあまりにも強く保護しすぎたために，児童虐待や高齢者虐待やドメスティック・バイオレンスを予防・介入することが難しい状況を生み出している。同じように近年の地域は，個人情報保護を強く打ち出している法律があるために，災害時における住民相互の安否確認さえしにくい状況がある。ようやくその打開策として災害時要援護者に関わる個人情報保護という取り組みを進めるようになってきたが，問題は要援護者だけに限らないだろう。民生委員でさえ守秘義務に縛られてなにひとつ福祉活動を進められないというのが実態である。

ようやく東日本大震災をきっかけに，絆という言葉と共に「地域」の概念が再び期待を込めて語られるようになってきた。東日本の被災地は農漁村として昔からの伝統的な小さな地域でのつながりを大事にしてきたところであった。避難や避難所での生活や仮設住宅での復興などといった場面で人々が示した行動は，多くの人が予想した災害時に，ほかの国々で生じたパニックや暴徒化ではなかった。

しかしあらためてそうした被災地の住民が語る地域は，基礎的自治体としての市町村でもなければ，行政が力を入れてきた小学校区や中学校区のようなコミュニティでもない。それよりももっと小さな範囲のまとまりである。都市部の自治会の

ような大人数の組織では，とても考えられないような相互扶助活動なのである。

　ソーシャルワークの世界では，昔からケースワーク，グループワーク，コミュニティワーク，社会政策という領域があると考えられてきた。しかしその枠組み自体が欧米流の概念から演繹された領域であり，ソーシャルワークは，日本の風土に根ざして発展してきたということはとてもできない状態にある。コミュニティワークの翻訳版としての地域福祉という概念が社会福祉協議会を中心に模索され，学会が立ち上がり，社会福祉法の中の文言として定着してきた[3]。こうして制度的には完成に近づいたコミュニティワークであるが，多くの政策立案者や業務の担い手は，その曖昧な概念に戸惑い，具体的な活動を展開することができずにいるのが現状ではないだろうか。

　さらに介護保険制度の改正[4]によって，「地域支援事業」という事業が組まれるようになっている。また障がい者自立支援法で「地域移行」などという日本的なジャーゴンを作り出して，ますます「地域」への言及がかまびすしくなっている。本来外国にも通じる普遍的な概念を立てるとすれば，「地域移行」は「脱病院 de-hospitalization」とか「脱施設 de-institution」と言うべきところだろう。それにしても，そこでいう「地域」というのは，いつ，どこのことであり，だれのことなのだろうか。多くの住民が通勤，通学，通院，買い物，旅行などで，自宅の住所から一定期間離れることが普通になっている時代である。共同する目的にしたがって地域は狭くも広くもなる。近所に住民登録されている人でも，実際にはそこに住んでいない人もいるし，逆に近所に多くのよその人が出入りしていることもありえる。退院を迎えた患者が，退院後に身を寄せるところがなくて困っているというケースが増えているが，そこではもともと住んでいた所に戻れるはずだという「地域」の自明性そのものが揺るがされている。

　今の日本の普遍主義的な医療保険制度や介護保険制度の下では，高齢者は基本的にどこの病院に入院しても，入所してもいいことになっている。しかしエティックな定義によれば，病院はあくまで治療の場所であり，治療が終わればできるだけ早く退院させることが当然とされる。長期入院させている場合は，「社会的入院」として批判されることになる。老人保健施設は，元来は病院を退院して，自宅で生活できるようになるまでに，機能回復訓練（リハビリテーション）をする中間組織である。したがって老人保健施設もまた一定の期間が過ぎれば退所することを原則としている。これに対して特別養護老人ホームは生活の場であり，入所者は住民票を入所した施設に移すことを原則にしている。したがって本来ならば，入所していた高齢者が病気で入院し，治療が終われば直ちに住民票の置かれた施設に戻れるはずである。しかし実際には退院できるようになった患者が，もといた特別養護老人ホームに戻るまでには，かなり待機しなければならない。こうして自宅に戻れない，施設に戻れない，転院を繰り返さざるを得ないという高齢者をめぐるコミュニティワークというのはどういうことをすることなのだろうか。

　そこで，ここではまずそうした制度化されたルールから考えるエティックな思考を中止し，ある場所に住んでいる人の生活世界において作用している「地域」というルールをイーミックな観点から解き明かしてみる必要がある。

Ⅱ．農村における「限界集落」論と地域福祉

　たとえば，地理学者の名付けた「限界集落」という論議がある。地理学者の関心から言えば，地理上に人間の可住地（エクメネ Ökumene）と不可住地（アネクメネ Anökumene）の境界線があるという考え方は当然視される。したがって，可住地としての条件の持続が危ぶまれる集落は，限界に立たされているから「限界集落」であるという議論は，特に問題のある議論ではない。しかしこのような見方はエティックな見方であり，「限界集落」と言われる所に住んでいる人々にとってみれば，なんとも失礼極まりないレッテル貼りだということになる。

　さらに「集落」という概念を捉える際，農林水産省が管轄する農林業センサスの農業集落調査でいう集落なのか，市町村行政が末端行政区域として位置づけている自治組織なのか，それとも住んでいる人々が関心事によって慣習的に引き継いできた範域（葬式組，共有林地権者，神社の氏子，水利組合など）なのかは，統一されないままに統計数字が作り上げられている。統計を取る側からすれば，一定の普遍的概念枠組みに従いさえすれば，別に大きな間違いを冒したことにはならない。しかし，住民にとっては自分たちが日常的には考えたこともない枠組みの中に組み入れられたことには，居心地の悪い思いが残る。

　愛媛県の農村調査をしていたときに，新年を迎えるたびに，長老たちが村の青年を山に連れて行って，自分たちの村の境界を実地検分させているという話を聞いたことがある。こういう活動に支えられてできあがっている「集落」の概念は，単なる地図上の境界線で区切られた「集落」とはかなり違っている。

　農村社会学者鈴木榮太郎が「自然村」と「行政村」という概念を立てて説明しようとしたのも，同じように「村」を語る際には，基本的な見方の違いを認識すべきだと考えたからであろう。いわば「自然村」はイーミックな概念であり，住民の暮らしの中からあぶり出されてくる人間関係の累積結果である。これに対して「行政村」というのはエティックな概念であり，行政効率の観点から括られた地域である。行政村はもちろん民主主義の下で住民自治を謳うが，団体自治としての効率を追求するので，市町村合併の時には団体自治の観点がより大きな影響力を発揮することになる。したがって，行政村が合併を繰り返すことで，次第に行政村が設定する「地域」概念は，住民からみると抽象的な概念になっていく。住民から見ると，行政村は，せいぜい住民登録するか，行政相談を持ちかけなければならない事態になって初めて意識する程度の抽象的概念でしかない。しかし自然村的な住民のつながりは，顔の見える近隣関係として実体のある概念である。自然村的なつながりは，地域によって，講，組内，小字，浴(えき)といった具合にその呼び方もまちまちであるが，たとえば葬式の時にはだれだれが出てどういう仕事を分担するのかが具体的に語り合える関係である。したがって，たとえ遠く離れて住んでいても，集落の水利を守るためには，溝掃除の分担金を払ったり，共同清掃に参加することが期待されたりすることもある。このような具体的な関係の中で生じるさまざまな葛藤は，単に自治会の組織を変えただけで解決されるものではない。

　そんな実体を持った集落が，小規模高齢化した状態になっているところがあることは事実である。しかしだからといって，すぐさまその集落が消滅するものではないことも事実である。極端なことを言えば，集落に住む人がいなくなったとしても，集落に残された神社の祭りには必ず村人たちが集まってくるという現象がある場合，集落機能は維持されているということになる。集落に関

わる水利や共有林といった権利が，離ればなれになった村人たちにはなおも受け継がれており，ちょっとしたきっかけでその活性化が始まり，権利を保全するために，再び人が住み始めるといった事例もある。

農林水産省が農村開発企画委員会に委託した「限界集落における集落機能の実態等に関する調査」（2006年［平成18年］3月）によれば，「無住化危惧集落」という概念で整理し，その数を全国で1,403集落と推定している。なお，この調査は農林業センサスに基づく農業集落を対象としている。

国土管理の立場から，国土交通省が過疎法を担当する総務省の協力を得て，全国で限界集落の調査を行った「過疎地域等における集落の状況に関するアンケート調査」（調査基準：2006年［平成18年］4月，2007年［平成19年］1月中間報告，2008年［平成20年］8月17日最終報告）は，775の過疎地域指定市町村に所属する62,273集落の状況を尋ねたものである。それによると，高齢者（65歳以上）が半数以上を占める集落が7,878集落（12.7％）であった。中でも機能維持が困難となっている集落が2,917集落（4.7％）あった。さらに10年以内に消滅の可能性のある集落が423集落，「いずれ消滅」する可能性のある集落が2,220集落，合わせて2,643集落と報告された。これは1999年（平成11年）の調査結果から284増加している。国土交通省の調査でいう「集落」とは，「一定の土地に数戸以上の社会的まとまりが形成された，住民生活の基本的な地域単位であり，市町村行政において扱う行政区の基本単位」とされ，いわゆる行政末端組織であり，農林水産省が使う農林業センサスにおける「農業集落」とは異なる概念で捉えられている。

このように，エティックな捉え方は，立場によって集落の概念そのものの捉え方が違うので，数値もまちまちな結果となる。そして集落が無住化するのか10年以内に消滅するのかなどは，行政職員や自治会長のような他者による評価によって判断されている。そこに実際にそう言われている集落に住んでいる住民や集落に縁があるが集落には今は住んでいない人々の思いは分からない。集落の消滅存続再生の動因は，当該の集落がどのような範域のことを指すにしろ，住民，縁者，支援者などの動機の中にしかない。

そこで，私たちはエティックな視点から言えば小規模高齢化している「限界集落」に，「集落元気づくり寄り合い」という介入を試み，住民のイーミックな視点を交えた集落の存続・再生の可能性を探ってみた。その結果は下記のホームページに紹介されている。

http://www.qsr.mlit.go.jp/chiiki/koiki/pdf/23/01/syokai.pdf（2014年7月6日現在）

要は，集落は，現在そこに住んでいる人だけに意味があるのではなく，そこに縁を持っている人々にも意味があるということである。しかし，さまざまな遠慮気兼ねがあって，なかなか人々の心をつなぐ機会が得られずに，次第に元気を失っていく実態があった。そこで，まずはみんなが気づいたことを確かめ合い，できることから取り組むことで，新たな集落の活動が可視化されうることが明らかになった。このような可視化された集落活動の中から，当面の集落は持続し，その過程で新たなメンバーを得ることで，次の集落活動の展開が可能になるといったよい循環が動き出せば，集落の存続再生が実現するのである。

離島に残った住民が，気になっていたが，だれにも相談できずにいた島の清掃のことを，島を離れた人とのざっくばらんな話し合いの場で，思い切って言ってみたところ，島を離れた人が「時間があるときには帰って手伝おう」というので，ほっとしてあらためて島に住み続ける気になったというようなエピソードがある。このエピソードが物語るのは，島の人には「島の清掃」が負担な状況で，島を離れた人は気兼ねして言い出せなかった状況だったのが，話し合いによって「島の

清掃」が，島を離れた人とのつながりを作り出す活動の場となる希望に転じたということである。それは同時に島を離れた人にとっても，島に残った人に「島の清掃」を任せっぱなしにしている気兼ねを，話し合いで「島の清掃」を共有する話題，共同できる行動に転換できたという意味を持っている。このような活動の過程で，「島の掃除」の場としての地域が意味のある場所となったのである。

集落支援員という名で小規模高齢化した集落に入って，人々の思いを綴りながら集落の存続再生を図る手伝いをする動きが広がっている。それは決して社会福祉士が業務独占を主張できるような仕事ではないかもしれないが，むしろ本来のコミュニティワークとは，集落支援員に期待されているような行動なのである。つまり当該集落に住む人および縁がある人が気兼ねしている事柄を発見し，お互いにその事柄にまつわる気兼ねや思惑を意味転換することを仲立ちする仕事なのである。

III. 地域支援論の再考

1. 自然発生的退職者コミュニティの支援サービス事業（NORC-SSP）の意味

アメリカでも，「地域」を舞台にしたソーシャルワークの新しい動きが注目されている。日本に紹介された後，「地域包括ケアシステム」という構想につながったPACE事業（Program of All Inclusive Care for the Elderly）などもそのひとつである。これはサンフランシスコのチャイナタウンをフィールドとして高齢者に対する医療保健福祉サービスを提供しようとした医者が，多くの住民が入院・入所を嫌うという事実に接したことから始まる。そこで，医者はむしろ在宅生活を持続しながら通所施設でのサービスを利用するシステムを整備したところ，保険の経営にとっても，クライアントの満足度にとってもいい結果が出たのである。これを「オンロック（安楽）事業」という[5]。その後，この地域保険制度が全米に広がって，PACEと呼ばれている。今では，PACEは医療保健福祉だけでなく，住宅や多文化共生事業や世代間交流事業まで多様な取り組みを展開している。このプログラムも，利用者のイーミックな観点から，老後の生活をどこで過ごすのかという問いに対する自らの答えに基づいてサービスシステムを構築したことで成功したといえる。

同じように，NORC-SSPという事業も注目される[6]。まずNORCの概念は，Naturally Occurring Retirement Communitiesの頭文字をとった略称であり，直訳すれば自然発生的退職者コミュニティとなり，高齢者だけを意図的に集めたわけでもないのに，時が経って，住民の大半が自然発生的に高齢者になってしまった地域を意味している。SSPはSupportive Services Programs，つまり支援サービス事業計画の略である。ハントたち（Hunt, M. E., Hunt, G.）が1985年にこの概念を使ってから広まった概念である（Hunt and Hunt 1985）。このような地域に対するソーシャルワークの必要性が認識されるようになり，NORC-SSPという事業が立ち上がったのは1986年である。立ち上げに力を発揮したのは，ニューヨーク市マンハッタン地区チェルシーにあるペン・サウスという集合住宅の住民であり，ソーシャルワーカーを退職していたブラデック（Vladeck, F）が，住民委員会で調査した結果，自分たちの住む集合住宅が，当時，10階建ての2,820戸6,200人のうち75％以上が60歳以上であり，まさにNORC状態にあることに気づき，「高齢者のためのペン・サウス事業Penn South Program for the Elderly」の特別委員会

を立ち上げた（Vladeck 2004）。ブラデック氏とお会いした時に言われたのは，「退職してしまうと，職場からの支援はなくなり，地域生活を続ける上で不安があっても，行政は介護が必要になってしまってからのサービスしかなく，まだ元気な高齢住民のニーズに応える所はどこにもなかったのです」という言葉であった。当時のニューヨーク市もニューヨーク州も，地域で「住み慣れた地域で歳をとる Aging in Place」の可能性を探ろうとする自主的な支援サービス事業計画 Supportive Services Programs を支援する仕組みがなかったので，ブラデックらは United Jewish Appeal Federation という財団に助成を申請して採択され，活動が始まった。保健福祉サービスを展開する民間事業者もこれに協力し，特別委員会は民間非営利組織 Penn South Social Services, Inc. という法人化を果たしている。

この活動がきわめて有効な高齢者支援事業になっているという評価を踏まえて，1995年前後にニューヨーク市もニューヨーク州もともに NORC-SSP 事業を支援する体制を整えている。ニューヨーク州では，住まいの場所を中心にして，NORC が規定されるが，住んでいる高齢者の割合が50%以上あるいは2,500人以上の高齢者が住んでいる所というようにきわめてルーズな規定である。ニューヨーク市の場合は半径1/4マイルの中にある戸建てまたは集合住宅に住む60歳以上の世帯主が45%以上で，最低250戸以上または60歳以上の世帯主が500戸以上の地域と規定している。最近ではニューヨーク州では，郊外の低層住宅地域にもこの概念を広げ，60歳以上の世帯主が40%以上でかつ2,000人以上いるという地域を Neighborhood NORC と呼ぶようになっている。

NORC に住んでいる高齢者は，「どういう事業があればそこに長く住み続けることができるのか」という問いに対して，自分たちの手で回答を引き出し，それに基づいて支援サービス事業計画を立てて，助成金を申請するという仕組みで SSP の事業は始まる。事務所兼デイケアセンターとして使う空間は，同じビル内の空きスペース（住居部分のこともありえる）を使い，その空間を提供したビル管理会社は，その空間分を免税される。医療・保健・福祉サービスは高齢住民が希望すれば，専門サービス事業者から保健福祉のサテライト・サービスを受けることができる。高齢者自身も自分たちで参加する会員を募り，学校にボランティアを募って雪かきなどの作業に従事させるという具合に，自主事業も展開している。カウンセリング，ケアマネジメント，疾病管理，保健福祉サービス，有償雑用支援，運転補助，買い物補助，友愛訪問，電話による安否確認，配食サービス，介護，心の病相談，無償の付き添い，学習，レクリエーション，グループ活動，会食サービス，広報活動などさまざまな事業が自主的に事業化されている。

2005年アメリカ政府は第5回高齢化に関するホワイトハウス会議を開催したが，その際にも NORC-SSP は高く評価された。2006年ブラデックは上院の保健・教育・労働・年金委員会の下位組織である退職・保障・エイジング委員会で次のような証言をしている。

　NORC-SSP の究極の目標は，コミュニティを老後にとってよい場所に作り替えることです。つまり健康でプロダクティブで，上手なエイジングを支援し，個々のニーズの変化に対応した支援で応じるコミュニティにすることです。これは下からプログラムを構築することを意味しており，サービスは遠くのオフィスから届けられるよりも，むしろコミュニティの中でまとめられ，住民の絶えず進化するニーズに応えるだけでなく，住民の熱意に応じるものとなります。成功した NORC-SSP は旧来の範囲のサービスを結びつけますが，コミュニティと住民の変化に応じるために，ほかの支援やサービスもまた開発しなければなりません。

多くの現行プログラムやサービスとは違いまして，NORC - SSP の中で高齢者が関与できるかどうかの資格は，機能障がいや経済的地位によるのではなく，住民であるという状態に基づいています。私たちはいかに特別の問題がある誰かを目標にして特別のサービスを届けるかについて知っていますが，コミュニティの中で自然な支援でもっとも支援してくれると考えるコミュニティを形成するために積極的な役割を果たすように力づけることについてはあまりうまくいっておりません。この国のほとんどのコミュニティでは，高齢住民といっても比較的若い人から老いた人まで40歳も違った集団です。そして慢性的に健康状態がいったりきたり変化しているのを経験する個々人は，急性状態になってから制御下に持ち込まれるのです。これらの現実はコミュニティの中にいる高齢者の異質性に柔軟に対応する広範なサービスやプログラムを必要としています。

これらふたつの原理が所与だとすれば，成功するプログラムは，社会関係資本，ビジネス，およびサービスをコミュニティの中で一緒にして，効果的にそれらの資源を結びつけ，都市と共にコミュニティにとって物理的，社会的，情緒的，健康，環境的／構造的な挑戦をしむけていく連携をしなければなりません。

ここには，客観的に NORC と規定される地域があったとしても，そこに住まう高齢者自身が自分たちの生活世界で必要と考えることを隣人たちと共有し，それがどのように変化しようとも柔軟に対応できる力をはぐくみ，自分たちの意向に沿った形で専門サービスを受け入れ，新しい事業を開発する SSP という創意工夫を発揮できるのだという強い信念が示されている。

2. 日本の高齢者サービスのパラダイム転換

日本では，普遍主義的福祉が進んでいると言われる。古い社会福祉は残余主義的福祉といわれ，貧困で，身寄りがなく，働くこともできない人を選び出して保護するという発想に立っていたので，老人福祉という場合にも，鰥寡孤独（かんかどく），死別高齢者，一人暮らし高齢者を対象として，養老院（後に養護老人ホーム）に保護することと理解されていた。しかし普遍主義的福祉は，「いつでも，どこでも，だれでも」使える社会サービスを整備するという発想に基づく。人は老後生活を迎えた時，身寄りの有無，金銭・資産の有無にかかわらず，要介護度によって保健福祉サービスが受けられる仕組みとして考えられた介護保険制度は，まさに普遍主義的福祉のモデルとされる。

もちろん，日本の介護保険制度はあくまでも高齢者介護に限定されているので，普遍主義を標榜するなら，障がい者にも介護保険を適用すべきだという主張もある。しかしこのような批判を別にしても，そもそも介護保険制度で，ほんとうに高齢者が，「いつでも，どこでも，だれでも」が遭遇する生活上の困難に対応できる普遍主義的福祉といえるかという根本的な疑問は解かれていないというのである。

たしかに残余主義的高齢者福祉の際に，行われた資力調査（ミーンズテスト）は，介護保険サービス利用の際には必要ではなくなっている。しかし要介護度を認定するための調査や認定会議という過程が組み込まれている。さらに日本的なケアマネジメントという名で，要介護度が認定された高齢者にさらなる調査が実施されて，ケアプラン・介護計画が提示される。そこでは，選択の自由は保障されているが，しかし選択の幅はきわめて狭い。現物給付型のサービス提供であるために，個々人の事情に即した柔軟な対応が難しい。

いまだに福祉資源の分配論という枠組みの中でしか介護保険制度が運営できない状態にあるとい

表2 エイジングサービスの新旧パラダイム

	古いパラダイム	新しいパラダイム
クライアントの状態を決定する要因	急性のニーズ，機能障害，及びカテゴリーに対する適格性	年齢と居住地
クライアント観	障がいを強調	強さを強調
クライアントの役割	受動的な患者	多面的な役割を持った能動的な参加者（有権者，指導者，ボランティア，消費者，及びクライアント）
システムへの登録	危機や機能障害への対応	危機に先立つ従事，クライアントになるよりも他の役割への参加
クライアントとサービス事業者との関係	問題に焦点を当てた場当たり的な，及び断続的な介入	継続的な従事，持続的な存在感
事業者の立地	コミュニティから遠く離れたオフィス	居住の現場
コミュニティとサービス事業者との関係	判明した限りの対象者を事業者が把握する	サービス事業者はコミュニティに説明責任を果たせるように継続的に連携
提供されたサービス	公的なプログラム（メニュー）	広範なコミュニティに特定的に定義されたサービス＋給付
住宅との関係	なし	立地，ガバナンス，及び資金を通じて統合的関係
ガバナンス	官僚的で距離がある	コミュニティ提携
資金	政府による給付とサービス利用料	政府の交付金，住宅供給者の貢献，フィランソロピー，及びユーザーの利用料

(Vladeck 2004: 3)

うことは，たとえケアマネジメントという業務が作り出されたとして，社会福祉士が従事することができるようになったとしても，CMM理論に裏付けられたソーシャルワークには届かない。日本版ケアマネージャーと言われる介護支援専門員は，単に認定された要介護度に基づく介護報酬限度額に合わせて，既存のサービスを組み合わせるだけに終わってしまう。

だが，NORC‐SSPが提起しているのは，地域における高齢者ケアのパラダイム転換である。ブラデックは，NORC‐SSPのエイジングサービスについて，新旧パラダイムを表2のように整理している。日本の介護保険制度はここでは旧パラダイムに属するエイジングサービスとして理解されるだろう。

介護保険制度では，サービスを受けようとする高齢者は，要介護度というIADL，ADL，認知症による自立度などの指標でニーズや機能障がいの程度をランク付け（カテゴリー化）される。高齢者は，要介護状態の深刻さを強調し，その要介護状態によって受けるサービス量が定められ，提示されたケアプランに基づいて，サービス事業者と契約して，いろいろな限定付きでサービス提供を受ける。サービス事業者は，自宅から離れた所に事務所を置いており，当該のコミュニティの中にいる要介護高齢者を把握するだけ取り込もうとする。高齢者に提供されるサービスは，基本的に介護保険制度の中で定められたものであり，公的な統制下に置かれており，自由裁量の余地はあまりない。日本の介護保険制度の場合は，当初から少しばかり住宅リフォームとの関係があり，健康保険と年金と税とサービス利用料でまかなわれている。

これに対してNORC‐SSPは，高齢者を一定の

年齢で捉え，その居住地での人口密度や人数規模に基づいて申請できる地域が定められる。そのコミュニティに住む高齢者がなお維持している力の強さを強調し，そのアクティブな行動可能な存在を動員して，自分たちのコミュニティをいつまでも住み続けられるように，その活動を組織する。そこでは，高齢者は有権者であり，指導者であり，ボランティアであり，消費者であり，同時にサービスの受け手でもあり得る存在と捉えられる。そして将来自分たちの老いが進んだときに生じるだろう事態に備えて，今そうした危機に瀕している高齢者にできることから始めて，いずれ我が身の問題になったときの対応策も学ぶ。NORC‐SSPでサービス事業者も事業には関わってくるが，健康な状態の時からの関係を持続するので，高齢者との関係は継続的，持続的であるから，個人的事情がよく分かった対応が可能となる。NORC‐SSPの運営組織は，自分たちがNPOとして立ち上げているので，住居の近所に立地することになる。サービス事業者はそこにサテライト型のサービスを提供する。したがって，サービス事業者は絶えずコミュニティに対して提供するサービスについての説明責任を果たさなければならず，コミュニティの個別の事情に即した総合的なサービスプログラムを開発することができる。そのサービスはコミュニティ独自のものとして供給する自由裁量が認められる。NORC‐SSPでは，とりわけ住宅部門との連携が特徴的であり，高齢化に伴って生じた空き家や空き部屋を住宅開発業者から無償で提供してもらい，そこを事務所やデイサービス施設として利活用している。その住居空間を提供した住宅開発業者は，その分減免税される。ここでは使い方を細かく定めない包括交付金，さまざまな寄付行為，社会貢献活動やボランティア活動という贈り物経済，そして利用料や会費といった財源でまかなわれ，地方政府は組織されたコミュニティの組織との間の関係でガバナンスを発揮している。

高齢住民が多いNORCでは，まさにサービスの受け手と担い手という分け方自体が地域の実情に合わなくなっているので，高齢住民自身が受け手であり，担い手でもあり得るということの自覚が，NORC‐SSPの発想の根源にあると言えよう。ここでNORC自体はきわめて形式的・人口統計的に定義されるが，その後は，そこに住む住民自身が，自分たちの福祉の場としてのコミュニティを自覚して主体的な活動をメンバーシップ制に基づいて組織化することになる。NORCに住む高齢住民の中には，自分たちが参加して何かができるということを知らない人もいるだろう。知っていても参加することをためらっている人も，拒否する人もいるだろう。しかしNORC‐SSPにメンバーとして加わった高齢住民はほかの住民に対して，いつも参加を呼びかけ，受け入れる用意をしている。コミュニティとか地域というのは，単に所与ではなくて，意識的・無意識的に生成するものと考えるべきなのである。NORC‐SSPの活動を知り，その活動に加わり，サービスを担ったり，使ったりする活動を続けているうちにできあがっていくものなのである。

このようなNORC‐SSPは現在全米に広がりつつあるが，日本でもしポスト介護保険制度を探ろうとするなら必ず参考にしなければならないパラダイム転換であろう。

3. 一般化された他者としての地域

コミュニティワークを展開しようとする場合にも，まず相手にするのは人である。その人が，エティックなアプローチからは要援護者というカテゴリーに入れられる人であったとしても，いったんその人をめぐる人間関係をひもとく作業に入ると，単なる要援護者とその養護者などといった関係に還元できないさまざまな人々との関係を捉え直す必要が出てくる。家族と言っても，親なのか，子どもなのか，きょうだいなのか，配偶者なのか，

子どもの配偶者なのか，孫なのかといった個別の関係性が，要援護者―援護者という関係だけでは捉えきれない現実を垣間見ることになる。そのうちの何人かは同居していたり，近居している地域住民でもあるだろうが，他の何人かは遠く離れているかもしれない。しかし遠く離れていても，今の時代は通信メディアが発達しているので，毎日電話したり，電子メールを打ったり，写真を送っているかもしれない。このように遠く離れていても，コミュニケーション状況が密接であるとき，また経済的支援活動などもお互いによくなされているとき，見た目は「核家族」や一人暮らし高齢者であったとしても，機能的には「修正拡大家族」と言われるような関係が保たれていると評価されるべきだろう。

要援護者をめぐる家族を「養護者」などと法律用語で言ったりする。しかし家族員のそれぞれをそのようなカテゴリーでまとめたからといって，それだけでは何も始まらないし，終わらない。第三者が虐待としてエティックな判断をして関わろうとしても，最初に出会うのは，養護者自身の生活世界に対するイーミックな言説であろう。「しつけているだけだ」，「注意を強く喚起しただけだ」，「うちなりのやり方だ」等々。親権を強く保護してきた日本の社会ではこうした養護者のことばで守られた内輪の世界になかなか踏み込むことができずにいる。だが，本来，このイーミックな行動の意味づけに寄り添いながら，意味転換を図ることがソーシャルワークの出発点であるはずだ。ソーシャルワーカーとの対話によって，養護者自身が別の行動のよりよい結果を導き出せるという展望に気づき，自分がこれまでとっていた行動がよくないことかもしれないと意味転換を果たせたなら，その対話は効果があったと言えるだろう。

ソーシャルワーカーと養護者の二者関係は，要援護者，他の養護者，養護に携わっていない他の家族を交えた場合，ニューカム（Newcomb, T. M.）のA－B－Xモデル（認知的斉合性理論）（Newcomb 1950＝1956），あるいはフリッツ・ハイダー（Heider, F.）のP－O－Xモデル（認知的バランス理論）（Heider 1958＝1978）のような三者関係の力学を想定しなければならない。インテークが順調に進んだとして，虐待をめぐる要援護者と養護者とソーシャルワーカーの三者関係をA－B－Xモデルでみると，A（養護者）とB（ソーシャルワーカー）とX（要援護者）の関係がインバランスの状態にあることから始まる。つまりAとBはXに対する評価が異なっている。この場合，AのXに対する評価を変えるか，BのXに対する評価を変えるかのどちらかの動きにつながる。Bとしては前者の変化を誘導することが最終目標となる。その場合，BはよりいっそうAに好意を示し続けることが必要となる。そうしなければ，AとBは非好意的な関係となり，Xへの評価はますます離れていくアンバランスという結果になる。そうなるとソーシャルワークは失敗となる。こうした三者関係が，組み合わさって家族状況はできあがっているので，時に同じ人間がXになったり，Aになったりするという実態の中でBのとるべき姿勢は一貫してAに対して，好意的関係を維持していなければならないのである。

地域をソーシャルワークの場として考える場合は，このような三者関係がさらに複雑に絡まり合っているだけでなく，俗に「世間」というような，ミード（Mead, G. H.）のいう「一般化された他者」，あるいは暗黙のルールとかコードの存在を想定する必要がある（Mead 1962＝1973）。つまり，二者関係の中でのルールは基本的にインフォーマルであり，三者関係でもその性質は変わらない。しかし「世間」というような準拠枠は，具体的にいつの，どこの，だれであるのかを特定することはできないが，人々の日常生活の感じ方，考え方，行動のしかたを規定している。「世間から見られている私」を意識しながら生活することは，社会人として普通のことであるが，あまりにも強く意識しすぎてしまうと，私なりの感じ

方，考え方，行動のしかたが萎えてしまう。逆に，私なりの感じ方，考え方，行動のしかたを強く押し通すと，周囲の人は「世間」の名を借りて，「世間知らず」という評価をすることになる。

このような「世間」をXとして，これに囚われているAに対してソーシャルワーカーBが，A-B-Xモデルに基づいてインバランス状況を改善しようとすることは可能である。しかし，コミュニティワークや社会政策につなぐソーシャルワークを考える場合は，Aではなく，X自体を改変の対象にしなくてはならない。それが法律や条令や文章化された規則類であるなら，その改正を図るという手立てはある。陳情，政策提言，審議会答申，議会審議等々を通じて法改正や条例改正を実現することも広い意味でのソーシャルワークの仕事ではある。しかしもっとやっかいなのは，「世間」のように暗黙のコードやルールの場合である。それは明文化されていないので，実際にどうすれば改変できるのか，決まった手立てはない。「世間」は，一人一人の心の中に記憶された感じ方，考え方，行動のしかたに関するコードあるいはルールであるから，これを改変するには，もしかすると一人一人の「世間」観を変えるほかないのかもしれない。だがそれでは課題解決が間に合わない。

「世間」はいわば世論 public opinion なので，世論形成に向けて，言論出版 publication を行う方法がある。いわば，書籍，雑誌，新聞，ラジオ，テレビなどのマスコミュニケーションというようなメディアを使った不特定多数を対象にした啓発活動である。しかしこれはとかくオピニオン・リーダーである著者やディレクターや出演者のエティックなアプローチが勝ちすぎるので，「世間」の補強効果はあるかもしれないが，変容効果については限定的である。世論形成に先立って，取材活動や世論調査を行って，得られたデータを分析して，その結果に基づいて所見や番組を構成するのであるが，こうした作業は基本的にエティックな手法で行われるのが常である。このようなエティックな編集を受けた結果，そこに登場する個々人のイーミックな状況規定は捨象され，当人たちにはどことなく腑に落ちない気持ちを残しがちとなる。

そこで，地域のような小さな集団であるなら，ミニコミといわれる機関誌や座談会や集会のような場における住民参加型の討議活動の方が「世間」の意味転換を図るにはむしろ効果的かもしれない。こうして井戸端会議，座談会，ワークショップ，ワールドカフェなど，いろいろな取り組みがなされている。最近では，ICT技術の普及に伴って，ソーシャル・ネットワークと呼ばれるバーチャルな会話空間が広がっているので，このような会話宇宙をも想定しながら，そこに働いている暗黙の「世間」を覚知して，意味変容を図る手法を開発する必要性が増している。そこでは，個人Aと個人Bがどれだけ友好的な対話を繰り広げていても，その話題になっているX＝「世間」は，多数の発話者として突然言論の場に姿を現してAとBの関係を打ち壊しかねないことが生じる。このようなハプニングを想定しながら，個人のイーミックな状況の意味解釈を転換する過程をコントロールすることがソーシャルワークには求められるだろう。

ワークショップやKJ法は，できる限り参加者全員の持っているイーミックな感じ，考え，行動を明文化して，可視化する作業である。そこでいったん可視化された言辞は，参加者全員によって，勝手に組み合わせられ，組み替えられる。こうした過程で，参加者はそれぞれの個人的な思いの世界が，いったん他の人々との相互作用の場面に持ち込まれると，いかに自分の思い込んでいたものとは異なるものへと変貌するのかを目の当たりにする。あまりにも自分の思いと違う組み合わせであるとみたならば，自らの手で新たな組み合わせを試みることにもなるだろう。この繰り返しの中で，できあがったものは，もう既に「私」が

関わったものではあるが,「私」のものではない。この事実に気づいたときには,参加者の多くが,「世間」,「一般化された他者」,ルールやコードのいずれも同じような過程の中から構築されたものであることが理解できるようになる。そこに構築された「世間」は恒久的なものではなく,仮説的なものであることも理解されるだろう。

　個人が自分なりに意味づけしてある行為を行ったことで,ひとつの出来事が生まれ,そこには多くの他者との関係性があったという思いが,その個人の世界像となる。しかしソーシャルワーカーあるいはモデレーターの介入によって,クライアントが思い込んでいた意味と行為の一対一の関係の自明性は崩れる。そして同じような出来事が恒常的・反復的に生じると思っていたことが,見せかけのものであって,出来事はあくまでも一回的なことであると覚知される。そうすると,クライアントは,匿名的な一般化され抽象化された他者,「世間」,ルール,コードなるものが,具体的な個々人との関係として想起できるようになる。このように具体的な「私」と「他者」の関係で成り立っている出来事と世界像を想定できるようになったクライアントは,新たな意味づけと行為選択によって新たな出来事のストーリーを作りあげることができる。こうしてクライアントは,「世間」,ルール,コードといった他者との関係を規制する規範の柔軟性・可変性を知り,自分の世界像の閉塞感から解放されるのである。

IV. 地域の社会問題の脱構築と再構築

1. 社会問題の生成と脱構築

　イワン・イリッチは「脱学校」論 (Illich 1971 = 1977) で,教授されることと学習することを混同して,免状を取得すれば能力があるかのように錯覚し,学歴の長さで劣等感を抱いたりする現象を批判している。そしてついには,想像力さえ「学校化」されて,医者から治療を受けさえすれば健康に注意していると誤解し,社会福祉制度が整備されたらみんな幸せになると思い込み,武力を備えれば国が安全であるかのような錯覚に陥る社会をつくってしまうと警告している。地域福祉もまたそうした逆立ちした論理に陥る可能性が高い。地域福祉関連の事業が予算化され,地域福祉を担う専門職の労働条件が改善され,地域福祉を掲げた組織ができあがれば,地域住民が幸せになるという誤解は,ソーシャルワークにとっては厄介な代物である。

　日常生活を営んでいる人々の中に,不幸せだと思う人がいるという現実から,ソーシャルワークは始まる。本人はその状況から抜け出そうとあがいているのであるが,不幸せの悪循環からはなかなか抜け出せずにいるので,ソーシャルワーカーは不幸の悪循環に介入するのである。それは決して不幸を幸福に変えることではない。不幸が不幸を呼ぶ悪循環を断ち切る機縁を覚知させるだけである。地域の社会問題があって,多くの住民が悩んでいるとしても,社会制度の改革だけで解決できるものではない。法律が制定され,国家予算が組まれ,事業が興され,それを担う人材や団体が配置されたとしても,地域の社会問題はなくなることはない。

　キツセ (Kitsuse, J. I.) とスペクター (Spector, M. B.) らの構築主義によれば (Spector and Kitsuse 1977=1990),そもそも社会問題があるということは,ある事柄を社会問題と捉えて苦情を申し立てする人がいるということであって,ある事柄自体が社会問題というわけではない。すなわち,社会問題は,苦情を申し立てする人々のイーミックな意味づけに基づく行動なのである。したがって,

社会問題の解決というのは，社会問題だとして苦情を申し立てている人のイーミックな意味づけを転換できたということである。それは決してエティックな説明をするだけでは，苦情は解決できないということをも意味している。法律を制定し，予算を組んで，事業を興し，それを担う人材や団体を配置できたとしても，それだけでは，社会問題は解決できないのである。

この議論を踏まえれば，X（たとえば地域住民）として匿名の観衆であった他者たちが，A（たとえば村）とB（たとえば国）の対話の中に割って入り，苦情を申し立てるという場面は，Xとして抽象化されていた存在であったCやDたちが，それぞれのイーミックな言辞を具体的に表現し始めたことになる。そして気づくのは，自分たちが拠り所にしていた「世間」が自分の思い込んでいた意味の世界であり，他の人にとってはそれが虚構に過ぎないということである。この状況確認が覚知できれば，あらためてA，B，C，Dたちの共有可能なXについての模索が始まる。

過疎地域という行政上の地域概念は，市町村の基準年の人口が，当該年次までにどれだけ減少したかという人口減少率，および市町村財政上必要な支出額に対して，どれだけ自前の収入があるのかを指標化した，財政力指数の低さを目安に指定されている。その後いくつかの目安が付け加わっているが，いずれもエティックな視点からの地域指定である。地域指定を受けると過疎債を発効してもその7割は国が補填してくれる財政支援があるので，行政関係者や議会関係者にとってはきわめてありがたい制度である。しかし，枕詞のように「わが町は過疎地域であり，厳しい状況に立たされている」という言辞を絶えず呪文のように聞かされている住民は，自分たちが社会や時代から取り残されつつある存在であるかのように扱われているという感覚を持たされる。過疎地域というレッテルを受け入れると特段の計らいでお金が分配されるという感覚は，ミーンズテストと同じように惨めな気分を作り出す。過疎法は改定されるごとに活性化や自立促進をめざすといってきたが，実際の過疎地域は，国に財政を大きく依存する傾向を強くする一方であった。

それならむしろ言辞の言い換えを図って，過疎地域という規定にまつわる感情や思考や行動の様式を脱構築し，再構築する行動を起こした方が，より効果的な解放を得られるかもしれない。中国山地で起こった「過疎を逆手にとる会」という運動は，まさしくそのような行動であったと言える[7]。過疎地域としてエティックな地域指定（この場合は市町村を単位とする指定）を受けた地域に住む者として，過疎地域という概念が住民に強いる屈辱的な思いに異議を申し立て，過疎地域の意味転換をイーミックに図ろうとする行動を共有する人々の中から，住民を元気づける着想が次々に生み出されてきた。過疎を逆手にとる十箇条は次のように掲げられている（指田 1984）[8]。

- 「過疎」は「魅力ある可能性」と信じること。
- 「ない」と言うことは「なんでもやれる」と言う可能性があること。
- 目標は「東京でできないこと」をやること。
- 武器は「アイデア」と「実践」。
- キーワードは「過密」とのジョイント。
- 壁へのチャレンジは「実践」の積み重ね。
- 逆手にとるのは「過疎のマイナスイメージ」──廃校，廃屋，多い高齢者，失いきった活力，etc。
- ほしい「つれ」は「厳しい古里だからあえて古里に生きる」と言う人たち。
- とにかく，他人はどうであれ，己は過疎を相手に楽しく生きること。
- 「群れ」は，そんな「楽しい生き方」を「みせびらかして」つくること。

このような一見パロディといえるような発想の転換によって，「過疎」の含意は変化する。住民（A）が囚われている過疎地域という自分の住む地域に対するマイナスの評価とそれに付随するも

のの感じ方，考え方，行動の仕方を，オピニオン・リーダーである過疎を逆手に取る会（B）が，異なる観点から過疎地域の異化作用 A-B-X モデルで X を変えるというのはこういうことであろう。現在この運動の流れから，住民出資型で生活物資やガソリンを扱う店舗（共同店），薪ストーブを生活に取り入れる「里山資本主義」，福祉施設の搬送サービス車を利用した野菜集荷システムなどユニークな取り組みが生み出されている[8]。

2. 正常人口の正常生活としての地域

　日本の社会福祉界で「地域」といえば，多くの業界関係者は，「地域福祉計画」と「地域包括ケアシステム」という行政用語を想起するだろう。それらは，いずれも法律などに盛り込まれた用語であるが，そこで用いられている「地域」とは，普通の住民が考える「地域」とはかなり様相を異にしている。行政側からのエティックな捉え方からすれば，「地域福祉計画」にしろ「地域包括ケアシステム」にしろ，まずは基礎地方自治体としての市町村を前提にしている。

　社会福祉法で規定された地域福祉計画では，地域住民，社会福祉を目的とする事業を経営する者及び社会福祉に関する活動を行う者は，相互に協力し，福祉サービスを必要とする地域社会を構成する一員として日常生活を営む住民に，社会，経済，文化その他あらゆる分野の活動への参加の機会を与えられるように，地域福祉の推進に努めなければならないと述べられている。そして，その計画策定の責任は市町村にゆだねられ，都道府県はこれを支援する計画を立てるとされた。

　そこで，「市町村地域福祉計画」は，住民参加を基本に据えながら，地域に生じるさまざまな福祉ニーズに対応する行動指針を立てることを目的にして，地域における福祉サービスの適切な利用の推進，社会福祉を目的とする事業の健全な発達，および住民の参加の促進を図ることになった。ここでは，市町村界を隔てて，別の地域に住む住民は，それぞれ別個の約束事の世界に住んでいることが自明視されている。場合によっては，地域福祉計画を持たない市町村に住む住民と，それを持つ市町村の住民がいて，それぞれに期待できるサービスや担わなければならない約束事が全く違うという事態があっても当然ということになる。

　たとえば，市町村地域福祉計画で住民参加を促進しようとした場合，多くの地域住民を悩ますのが，個人情報保護という縛りである。急速に発達する情報コミュニケーション技術の前に人々のプライバシーを守ることが必要になったとして制定された個人情報保護法などの動きによって，行政職員，福祉職，民生委員，自治会長のように個人情報を知りうる立場にある人々は，守秘義務を強く要請され，住民が福祉情報を共有して，住民参加で課題を解決することがかえって困難になってしまうという事態が生じている。そこで，A という町では緊急時の要援護者支援のためには，その個人情報を関係者と共有することができる仕組みを構築したが，隣の B 市ではそれができなかったとすると，A 町に住む要援護者は緊急時に多くの隣人から支援してもらえることが期待できるが，B 市に住む要援護者はそれを期待できない。A 町の住民は要援護者の存在を知り得るし，支援する行動をとることが期待されるのに対して，B 市の住民は要援護者の存在をしるよしもなく，支援行動をとることは明示的に期待されることはない。

3. 地域の再構築に向けて

　理想的には，地域住民としての要援護者自らが個人情報を自己開示して，周囲の人々からの支援を要請し，同時に自らのできることを主張して，その実現を図ることが地域福祉計画でいう住民参加である。したがって，地域を対象とするソーシャルワークというのは，単に住民に対する地域

福祉の啓発のみならず，要援護者の態度変容をも図る介入過程ということになる。そこで課題となる「地域」というのは，行政的な市町村であるとか圏域であるといった客観的な範囲などではなく，過去の経験や思い込みによって構築されているコードあるいはルールとしての「地域」である。その「地域」は，要援護者にとっては，規範（自分をだめな人間とみなしてくる），比較（ことあるごとに他の住民に比べて劣っていると思い知らされる），同一化／異化（あいつらとは違う自分という感覚を持たされる），観衆（いつも外れた存在と見られている）というような準拠すべき集団として意識されている。だが，多くの場合，この準拠のしかたは，周囲の人々からみると共通性の相互理解を自ら諦めた態度 self exclusion となる。このような「地域」に対する思い込みを脱構築して，周囲の人々と共有できるコードやルールを再構築することに挑戦することなくしては，地域におけるソーシャルワークは成功しない。言うなれば，地域でのソーシャルワークは，地域活動や政治活動といった社会運動や，ソーシャルビジネス，コミュニティビジネス，地域通貨，インクルーシブ・デザインといった起業活動への展開を不可欠とするのである。

　だが，日本で初めて日本版ソーシャルワーカーとしての社会福祉士が正式に職位を与えられたとして喧伝されている「地域包括支援センター」は，地域におけるソーシャルワークという考え方から言えば，きわめて局所的な業務でしかない。地域包括支援センターでいう「地域」は，およそ人口2万人から3万人程度，いわば中学校区程度の圏域であるとか，市町村がいろいろな条件を考えながら設定する圏域であるとしている。したがって，通常は市町村の範域よりは狭い圏域と考えられるが，それでもなお，福祉資源分配の効率性という観点から設定されることには変わりない。そのために，住民は，サービス供給圏という発想から考えるので，利用できる圏域の中にサービスを提供してくれる場ないし団体があるか否かにしか関心は及ばない。

　「地域包括支援センター」でいう包括支援という概念は，介護保険法で言う「介護」と「介護予防」，介護保険法以外の法的裏付けによる「権利擁護」や「日常生活支援」などに限定されており，それ以外の高齢者医療や高齢者居住や高齢者生活交通などさまざまな分野を包括するものではない。この職場で社会福祉士に求められている主たる業務は，総合相談支援や権利擁護と他の専門職との連絡調整である。

　政府は「地域包括ケアシステム」の構築にむけて政策は舵を切ったと言われるが，あいかわらず「地域包括支援センター」と関連づけようとしている。この概念では「医療」，「生活支援」，「住居」という領域を付加しているので，明らかに「地域包括支援センター」の概念よりは広い領域を扱うこととなっている。しかし「地域包括支援センター」はこうした広い領域を扱うことはできない。むしろこうしたエティックな概念から現実を変えていこうとすると，既にできあがっている官僚制組織が障壁となって業務がますます複雑になり，クライアントとして登場する高齢住民は，なにがなんだかさっぱりわからない状況に置かれてしまうだろう。

　地域福祉計画で求められるような住民参加を，「地域包括ケアシステム」の中でも求めようと考えるなら，少なくとも「地域包括支援センター」を「地域包括ケアシステム」の拠点施設であるという捉え方を超えた発想の転換が必要である。市町村が設置することになっている地域包括支援センターは，あくまでも困難な要介護高齢者の介護計画，要権利援護状況にある高齢者の相談，介護予防への関心を持つグループ指導などといった訴求対象者への支援や連絡調整が主とならざるを得ないからである。

　「地域包括ケアシステム」は，住民の暮らしの場で生じる曖昧で多様なニーズに持続的，一体

的，包括的な医療・介護・介護予防・生活支援・住居で対応して，「住み慣れた所で年をとる」ことができることを目標にしているという。そのためには，住民が参加して隣人の困った状況を解決するという住民活動，住民が苦境を訴えて隣人の善意による支援を要請するという住民活動がなければなりたたない。それは，会員制組織，結社などといった組織団体（フェライン，Verein）の経営であることが望ましく，地域包括支援センターのような公共施設的組織団体（アンシュタルト，Anstalt）の経営とは，M.ウェーバーが言うように基本的に組織経営原理が異なるのである。

よく日本の「地域包括ケアシステム」のモデルはアメリカの地域保険である PACE であると言われる。PACE は，Medicare や Medicaid と言われる公的な高齢者医療保険や医療扶助の対象になっている住民が被保険者であり，サービス利用者であるという関係にある。高齢者は PACE を展開する団体に所属して，サービスを受ける資格を得るので，フェライン的な経営に基づいていると言える。しかし，日本の介護保険は社会保険制度のひとつであり，高齢者の保険料以外に，40歳から64歳の人たちの保険料や，国・都道府県・市町村から多額の税が投入されているので，自分たち同士が支えているという意識は低い。もちろん，高齢者個人は，健康保険や年金から介護保険料を支払っているのだが，それが目に見えにくい天引き方式で徴収されているために自分たちの裁量で動かしているという意識も低い。

日本の地域包括ケアシステムが，鈴木榮太郎の言うような「正常人口の正常生活」を守る住民相互の納得がいくシステムとなるためには，イーミックな労力交換（手間替え），共同作業（ゆい），会費，地域通貨などの感覚を活性化させ，利用代金や税・社会保険料以上の動きをつけることが不可欠である（鈴木 1957）。

まとめ

日本における地域福祉の課題は，次のように言うことができるだろう。高度経済成長期に解体した農村的地域における住民の共同性に代わる共同性を，都市コミュニティとしていかに構築することができるか。これに対する回答は，CMM 理論によるにしろよらないにしろ，それぞれに都市に住み，都市を語り，都市において行動する人々が，お互いの緊張関係は維持しつつも，できる時，できる場所で，できる人間同士で何らかの協働を試みるということを繰り返すことである。ソーシャルワーカーが地域で取り組むのは，そのファシリテーターとしての役割である。

[注]

1）エティック（etic）とイーミック（emic）に関しては，Pike, K. L. (1966) Language in Relation to an Unified Theory of the Structure of Human Behavior, Hague: Mouton. を参照のこと。
2）ウェーバーについては，Weber, M. 大塚久雄訳（1989）『プロテスタンティズムの倫理と資本主義の精神（改訳版）』，岩波書店が参考になる。
3）地域福祉については，日本地域福祉学会編（1997）『地域福祉事典』，中央法規を参照のこと。
4）介護保険制度については，厚生労働省（2005）「介護保険制度改革の概要」
http://www.mhlw.go.jp/topics/kaigo/topics/0603/dl/data.pdf を参照のこと。
5）PACE の原型である On Lok については，前田信雄（1990）『保健医療福祉の統合』，勁草書房を参照のこと。
6）NORC についての日本での報告は，小川全夫（2007）「高齢化に対する地域社会計画：NORC-SSPs のケー

ス」,『山口県立大学大学院論集』, 8, 83-91 または小川全夫 (2008)「アメリカのNORC‒SSPs：大都市における ソーシャル・キャピタル活性化」『日本都市社会学会年報』, 26, 21-38 を参照。

7) 日本におけるコミュニティの再考についての論文・著作としては，以下のものが参考になる。広井良典 (2009)『コミュニティを問いなおす――つながり・都市・日本社会の未来』, ちくま書房。小川全夫 (1997)『地域の高齢化と福祉：高齢者のコミュニティ状況』, 恒星社厚生閣。小川全夫 (2004)「地域概念再構築の福祉的課題」『福祉社会学研究』1, 98-112. 小川全夫編 (2007)「地域別高齢者福祉施策の立案手法に関する研究」 財団法人福岡アジア都市研究所, NIRA助成研究報告書0755, 九州地方整備局 (2011) http://www.qsr.mlit.go.jp/chiiki/koiki/pdf/23/01/syokai.pdf, 小川全夫 (2008)「ポスト過疎法の論点」『ガバナンス』, 113, 16-18., 小川全夫 (2009)「高齢地域社会論：中山間地域からの視座」『やまぐち地域社会研究』, 7, 27-38. 小川全夫 (2009)「ポスト過疎地域の突破口」『月刊福祉』, 92 (1), 20-23. 小川全夫 (2010)「地域資源を活用する力」『月刊自治フォーラム』, 6060, 12-17. など。

8) 地域づくりのための，ユニークな取り組みについては，以下の文献が参考になる。指田千恵子 (1984)『過疎を逆手に取る』, あけび書房。川喜多二郎 (1967)『発想法――創造性開発のために』, 中央公論社。大野晃 (2005)『山村環境社会学序説：現代山村の限界集落化と流域共同管理』, 農山漁村文化協会。藻谷浩介・NHK広島取材班 (2013)『里山資本主義』, 角川書店など。

[文献]

Heider, F. (1958). *The Psychology of Interpersonal Relation*. New York: John Wiley & Sons.（大橋正夫訳 (1978)『対人関係の心理学』誠信書房）

Hunt, M. E. and Hunt, G. (1985). Naturally Occurring Communities. *Journal of Housing for the Elderly*, 3 (3/4), 3-21.

Illich, I. (1971). *Deschooling society*. New York: Harper & Row（東洋・小澤周三訳 (1977)『脱学校の社会』東京創元社）

神島二郎 (1961)『近代日本の精神構造』岩波書店。

国民生活審議会コミュニティ問題小委員会 (1969)「コミュニティ：生活の場における人間性の回復」
http://www.ipss.go.jp/publication/j/shiryou/no.13/data/shiryou/syakaifukushi/32.pdf

丸山眞男 (1952)『日本政治思想史研究』東京大学出版会。

Mead, G. H. (1962). *Mind, self, and society: from the standpoint of a social behaviorist*. Chicago: University of Chicago Press.（稲葉三千男・滝沢正樹・中野収訳 (1973)『精神・自我・社会』青木書店）

Newcomb, T. M. (1950). *Social Psychology*. New York: Dryden Press.（森東吾・萬成博訳 (1956)『社会心理学』培風館）

岡村重夫 (1973)『地域福祉論』柴田書店。

奥田道大 (1982)『都市コミュニティの理論』東京大学出版会。

Pearce, W. B. and Kimberly, A. P. (2000). Extending the theory of the coordinated management of meaning (CMM) through a community dialogue process. *Communication Theory*, 10 (4), 405-423.

Spector, M. B. and Kitsuse, J. I. (1977). *Constructing Social Problems*. Cummings Publishing.（村上直之・中河伸俊・鮎川潤・森俊太訳 (1990)『社会問題の構築：ラベリング理論を超えて』マルジュ社）

鈴木榮太郎 (1957)『都市社会学原理』有斐閣。

Vladeck, F. (2004). *A Good Place to Grow Old: New York's Model of NORC Supportive Service Programs*. New York: United Hospital Fund.

柳田國男 (1910)『遠野物語』岩波文庫版。

柳田國男 (1976)『遠野物語・山の人生』岩波書店。

第2部
技法・測定論編

第6章
「私」によるケアと技法論

大下由美

はじめに

　国内外，とりわけ国内でのソーシャルワーク実践においては，法によって定められた手続きにより，既存の社会的資源を導入することで，クライアントの生活不全が解消されるという，適応の資源反映論が主流である。唯物論者でも下部構造の意識への直接反映論を主張するが，このような反映論に対し無批判な支援論は，人と世界を説明する根底において，問題があることを指摘しておこう。

　従来のソーシャルワークは，人と物（環境）の両面に関与すると言い続けてきたが，この人と物との両面の関係をいかに説明してきたのかといえば，それはせいぜい，心への物の影響力，あるいは物の世界が反映される心というように，いずれかを主と見なし，その副次的な領域への影響力というように，主領域と，副領域を設定し，直線的に説明を試みる手法に留まるものであった。それゆえ，人と物の両面への関与が，双方向の動きとして，かつ具体的な実践レベルまで降りて議論されることはなく，ましてや，人と物（環境）の相互作用過程に介入する技法論が，論じられることもなかった。

　人は世界の中に投げ入れられているが，その中で自分（私）なりに世界を再構成している。そうでなければ人の生きる実践は，無意味である。この投げ入れられた状況での「私」による世界構成，つまり企投実践について独創的な理論化を試みたのはハイデガーである。本書の第1章では，ハイデガー（Heidegger, M.）のケア論（Besorgen, care about および Fürsorge, care for）（Heidegger 1976 = 1963, Heidegger 1976 = 1964, Gelven 1989）による自己（私）と世界の生成関係を，支援論の基礎概念として位置づけ，また「私」なりの実践（つまりものへのケアと人へのケア）により構成される世界の構造を，廣松渉の四肢構造論を基礎理論として，支援論の新たな枠組みが提示された。本章では，その第1章で論じられた支援論の枠組みに基づく技法論が論じられる。それは，クライアントのものへのケア（care about）と人へのケア（care for）の共生成関係を文脈として，一方のケアの活性化から，硬化した世界についての語りの生成力学の変容を可能にする技法論である。このような哲学的基盤との整合性を有する技法論の先行研究は，皆無に等しい。

　クライアントは，問題の解決を試みるが，まったく解決しないことを，支援者に向けて訴える。

これは，変化しない世界の語り，つまり，クライアントの日々の問題解決を目指して試みられる世界（人やもの）への企投実践が，他者とのトランズアクション過程において，問題状況（＝変化しない世界）の再構成に寄与していることを意味する。この問題生成場面は，共同主観的に構成される。言い換えれば，クライアントの問題状況の構成過程に関与する他者の「私」のケア（人ともの）と，クライアントの「私」なりのケア（人ともの）実践により，問題場面は作られるのである。

この事態から，クライアントが脱却するには，世界に関与する即自的自己から対自的，対他的，対物的自己となる過程が必要となる。言い換えれば，問題場面に巻き込まれている即自的な自己に関係する「私」が，支援者という社会的役割を担う他者との関係性の中で，立ちあがる過程が必要となる。支援者の技法は，クライアントが，即自的な自己に関係する「私」を立ち上げ，自らのケアの実践の変容を可能にするような関与法でなければならない。それは，ものへのケアと人へのケアの両ケアが，共生成関係にあることを前提に，ものへのケアを対人的文脈からいったん切り離し，もの的世界の詳細な記述を促すことで対物的自己を作り出し，それを文脈に，対他的自己を生成し，それらへの対自的自己の生成を試みる関与法か，人へのケア実践の詳細な記述を促し，対他的自己を生成し，それを文脈に，対物的自己および対自的自己の構成を試みる関与法になる。以下では，その詳細が論じられる。

なお本章では，支援者という言葉を使用するが，支援者は，特権的な超越的ポジションをつかさどる社会的役割を意味しない。クライアントの問題解決過程の生成と同時進行で，支援者が支援者になる過程が進行する。つまり，クライアントが問題に対し，「私」の関わりを顕在化させ，問題が解決する過程の生成に関与した場合にのみ，関与した専門家は，後付けで支援者としての社会的役割を与えられることを付言しておく。

I．「私」によるケアの基礎理論

1．人の物化と，ものの道具化の悪循環過程

本章でのケア（Sorge）は，ハイデガーの，Besorgen（care about）およびFürsorge（care for）に区分して用いられる。ただし，以下で述べるようにケア実践は，社会的な過程として理論化される。クライアントの世界構成過程は，他者を物化し，自らも物化する過程である。眼前に出現している，原初的な人（自他）の行動と行動に伴うものは，トランズアクション過程において形成された手持ちの構成規則で加工され，類型化され，社会的な物として出現する。むろん，それは，クライアント自身のケアの実践と他者のケアの実践の両方があって，生成する構成物である。クライアントの訴えも，この過程を離れて作り出されるものではない。それゆえ，クライアントの訴える問題は，クライアントと他者の両者が，人の行為を物化し，そこで使用されるものを道具化する両ケアの相互循環過程で，悪循環過程が生じた時の社会的構成物と言える。

クライアントの訴える社会的構成物としての問題を解決するためには，それが構成される悪循環過程の変容が求められる。この悪循環過程の変容は，クライアントと他者（支援者も含む）各々の人へのケア（care for）やものへのケア（care about）の実践力の向上によってもたらされる。

2. ものや人へのケアの論理構造

クライアントは，問題を現に生じている事実として訴える。たとえば，母親が，「子どもが言うことを聞かなくて困っている」と訴えたとしよう。さらに母親に説明を求めると，「子どもに，『コップを使ったら，元の場所に戻しなさい』と言い聞かせているのに，まったく元の場所に戻すことができない」と具体例を挙げて説明したとしよう。この母親が説明しているのは，客観的な事実ではなく，もの及び人への母親の特有の論理構成，つまり母親の社会的構成規則の文脈に基づき構成された語りであることを押さえておこう。

もう少し具体的に考えてみよう。「子どもがコップを片付けなくて困っている」と訴える母親に，具体的な場面の説明を求めると，たとえば，昨日の夜の「子どもがコップを片付けなかった」場面が語られるだろう。そこで，子どもの「コップ」の扱い方（care about）に焦点化し，説明を求めれば，「物を丁寧に扱わない」子どもとして，子どものコップへの関与法を文脈に，子どもへの一義的な定義が説明されるかもしれない。他方，子どもの行動（care for）に焦点化し，記述を促せば，「この子は，言われなければ自分から行動できない」と，子どもの行動一般への一義的定義が語られるかもしれない。

ここで論じているのは，ものの使用法と対人関係におけるメッセージ伝達法という，行為全体の2つの側面である。この2つの側面を便宜的に区分することで，変容のための問題は明確化される。たとえば，ものを丁寧に扱えないことを問題としたならば，その解決においては，子どものものの扱い方の詳細な記述により，その長所と短所を見出し，長所を強化するという関与法が効果的であるだろう。言わなければ自分から行動できないことを問題としたならば，その行為の意味を差異化することで，子どもの行動群の否定的な類型化や，それに伴う行為選択も変容されるであろ

う。この人とものへの関与は，それぞれが相互的に影響しあって，トランズアクション過程を流れる。この理論枠より，片方の過程の変化は，もう一方の変化を産み出すので，人のものへの関与法（care about）か，人の他者への行為選択法（care for）のどちらかを主軸にして介入を開始することで，問題維持的トランズアクション全体が変容されるという新たな支援論が生起する。

3.「私」の立ち上がり

クライアントの語りを，ものへのケア（対物的関与法），他者の行為へのケア（対他的関与法）という二側面の力学から捉え，支援者がクライアントにそれぞれの説明を促すことで，クライアントは，対他的自己，対物的自己を構成する機会を得る。さらにクライアントに対し，語った対物的関与法や対他的関与法へのリフレクションを促すことは，クライアントが，対他的自己，対物的自己に関係する対自的自己を構成する機会となる。そこでは，「これは，自らの考えだ」と自らの構成法を対自化し，それを他者に伝達する行為が選択される。この一連の過程が，世界の諸構成要素を束ね，それを意味ある構成体として生起させる，クライアントの「私」が立ち上がる過程となる。

この「私」の立ち上がりは，トランズアクション過程の関係者相互に求められる。「私」の行為選択や，メッセージへの意味を構成し，それを他者に伝達するという，「私」たちの間でのメカニズムは，この過程が相互生成過程であるがゆえ，いずれかの「私」に，そしてこの過程の一つの要素に差異が生じるならば，それは過程全体の差異化へと拡大する。人とものとの相互変容論に加え，「私」間の相互変容論が，本章での変容論の枠組みである。この相互に関連する二つのケアの相互変容力学を活性化させるために，以下で述べる特有の技法が用いられる。

4. 二重のリフレクション構造

　クライアントの「私」が立ち上がる過程は，簡単に言えば，クライアントが問題場面全体や，そこでの人やものへの行為群に対し，リフレクション[1]を通して対自的ポジションに立てるようになる過程である。本章では，この過程は，二重のリフレクション構造を枠組みとして，論じられる。つまり，トランズアクション過程における対人間（むろんそこにはものの使用が伴うが）の力学と構造へのリフレクション，そして個々の主体内の重層的現実構成の力学と構造へのリフレクションの二重の構造である（Kamo, Oshita and Okamoto 2014）。

　もう少し詳しく述べてみよう。主体は自らの説明規則を用いて，出来事を，自らの説明は「かくかくしかじか」であるとして構成する（主体内の重層的構成）。それを支援者へ伝達する（対人間の水平的構造）。クライアントが定義した出来事について，支援者がクライアントにリフレクションを試みる過程で，クライアントの「私」は立ち上がる。そして，それと同時に，重層的意味の構造と，対人間の水平的トランズアクションの構造を所与として浮上させる。

　クライアントは，苦難の世界を変容させる「私」の実践法を見出すことができないと訴えている主体である。その世界を変容するには，二重のリフレクションの循環過程において，苦難として浮上する世界の構造と力学が，変容されなければならない。つまり苦難としての構成に対し，クライアントの「私」がそこでの自らの行為，他者の行為，そしてものへの関与法についてリフレクションを試みることができるならば，問題維持メカニズムは変容する。

II．ケアの相互生成過程

　二重のリフレクション構造を基盤として，既存の人とものへのケアを差異化していく「私」が立ち上がる過程を，さらに詳細に論じてみよう。なお「記述」という用語は，文字で書くことを意味しているのではなく，また状況の客観的描写も意味していない。クライアントによって問題として定義づけられた場面で，クライアントが事実と見なしている，ものや人，ものともの，行為と行為，出来事と出来事，人と人との関係性など，一つ一つの要素あるいはその要素と要素の結びつきについて，クライアントなりの構成を，詳細に，時系列で，かつクライアントなりの言語使用法で，語ってもらうことをいう。そこで語られることは，一つ一つがクライアントなりの「私」としての言明となり，ケアの実践の証明となる。

　しかし，この言明が伝達される場は，さらに複雑な要因をはらんでいる。主体Aは，メッセージを，主体Bに伝達する。このメッセージは「何々と」言語化された説明と，そこでの主体Aの非言語的な表情，および背景と組み合わさって主体Bに提示される。主体Aのメッセージは，私の「何々」という言い方を，このように理解して（意味構成：m），さらにこのように反応してほしい（行為：a）という期待として，ある場面において，主体Bに伝達される。この点は，場面論には言及が見られないが，ワツラウィックらが詳細に論じている（Watzlawick, Bavelas and Jackson 1967）。

1. 語りの恣意的因果的構成から記述へ

(1) 第1段階の記述過程

　クライアントはまず，曖昧模糊とした始原的世界から，「QによってRが引き起こされた」とい

う因果的命題の形式を用いて，問題を構成し訴える。この原初的因果構成としてのクライアントの訴えは，問題発生の因果関係を意味していない。クライアントが世界を，「QによってRが引き起こされた」という単純な因果的関係の形式で説明したにすぎないが，それは「私」の世界構成として，正当性が与えられる。支援活動は，この「私」の世界構成として，正当性が与えられた，原初的因果構成としてのクライアントの語りから始められる。なぜなら，この語りから始めることは，クライアントが，問題を自らのこととして語り，その解決を自ら生成する第一歩，つまり「私」が立ち上がる第一歩になるからである。

先の例の母親の訴えは，「子どもが自分の指示に従わないこと（Q）が，私を不快にさせた（R）」という子どもの行動一般への意味づけ（care for）を軸に，因果的命題の形式で構成されていると理解できるであろう。ただしこの母親の子どもへの一義的定義に対し，支援者を含む他者は，論理的に否定する力を所有してはいない。母親によって語られた子どもへの一義的定義法は，それまでの問題解決の歴史的経過を修正しようと願って試みられるが，「私」としての次の構成に踏み出すすべを有していない事態と理解される。それゆえ，支援者が関わるポイントは，変容を願いつつ，変容できないこの不安定な，それゆえ差異が生じやすい，母親の子どもの行為一般への定義法となる。もちろん，子どもの行為一般ではなく子どものものへの関与法を軸に展開することもできる。そしてある効果的なノイズの投入により，母親は「私」として，新たな世界構成法を作動させることができる。このノイズを投入する方法が，一連の質問技法である。

クライアントの原初的因果構成は，それについてさらに説明を求める支援者の記述的循環的質問法（DCQ: Descriptive Circular Questions）により（図1-a; 2 SW），時系列での循環的な因果的な命題として変換される（図1-a; 3 親）。なお，以下の図1-a ～ c内のDCQは，Descriptive Circular Questionsを，RCQはReflexive Circular Questions, SWはSocial Workerを示す。

図1-aに示すように，たとえば母親は，「子どもがコップを片付けなかった（Q-1）ことで，腹が立ち（R-1），叱ると（R-2），子どもに反抗され（R-3），ますます腹が立った（R-4）」というように，時間経過に沿う形式で一連の子どもの行動とものの連関を説明するだろう。このような語りの形式へと変換することが，クライアントの「私」が立ち上がり，さらに新たな与件の構造を作り出す第2ステップである。

変容過程	
訴え→ 出来事の記述 （シークエンス化）	1 親："子どもが指示に従わない（Q-0）ので腹が立って（R-0）仕方がない"（訴え）（原初的因果構成） ↓ 2 SW：もう少し教えてもらえますか？（DCQ） ↓ 3 親："子どもがコップを片付けなかった（Q-1）ので，ひどく腹が立ち（R-1），叱ると（R-2），子どもに反抗され（R-3），ますます腹が立った（R-4）"（因果的命題の時系列化） 「Q-1によってR-1, R-2, R-3, R-4は引き起こされる」

図1-a　因果構成から時系列の因果命題への変換と技法

変容過程	
出来事の記述 →要素の記述	4 SW：子どもさんが「コップ」を片付けていないのを見て，どう思われたとおっしゃいましたかね？（DCQ：「物」に焦点化した，子どもの行為への意味づけ） ↓ 5 親：テーブルの上の「コップ」を見て（Q-1），昨日の私の言動を無視した証だ（r-1）と思いました。「S（Q-1）はP（r-1）である」（命題形式）

図1-b　出来事の記述から要素の因果的記述と技法

（2） 第2段階の記述過程

第1段階で大雑把な時系列の要素（Q-1, R-1, R-2, R-3, R-4）として再構成された母親の訴えは，さらに支援者の記述的循環的質問法により，これらの要素の一つに焦点化される。焦点化されたのち，その要素をそこでの行為（care for）またはものへの関与法（care about）のどちらかを軸に，より具体的で詳細な時系列の要素の再構成を試みる。母親にとってこの詳細な要素の記述過程は，問題場面で起こったことを自分のこととして語るプロセスになる。そこでは，差異を作り出す「私」が立ち上がり，他者と，ものの世界との再構成が開始する（「私」が立ち上がる第3ステップ）。

たとえば，母親が注目した「コップが置かれたまま（Q-1）になっているのを見て腹が立った（R-1）」という因果的構成を取り上げ，そこでの子どもの行為へのケア（care for）とものへの関与法へのケア（care about）を区分しつつ記述をさらに促したとしよう。そこでは「子どもさんが「コップ」を片付けていないのを見て，どう思われたとおっしゃいましたかね？」と，「コップ」に対する子どもの用法（care about）に焦点化しつつ，そこでの子どもの行為への母親の意味づけ（care for）についての記述を促す質問が，投げかけられる。これは，母親の care つまり，子どものものへの道具的な使用行為（care about）を軸とした，子どもの行為への全体的意味づけ（care for）の共生成関係を前提とした記述的循環的質問法である。すると母親は，「コップがそこにあるのを見て（Q-1），昨日の私の言動を無視した行動だ（r-1）と思いました」と説明したとする。そこで顕在化したのは，子どもが使用している「コップ」を自分への反抗を意味する物として道具化し，対人的意味な意味を与え，さらにそれは，母親の子どもの行為への否定的な，物化した意味構成と連動する。

2. リフレクション過程

次に，「（2）第2段階の記述過程」での母親の子どものものの使用法への物化した対人的意味づけをリフレクションする段階へと進む。

通常では，この母（子ども）の言語内容の理解を求める規則は，対立的な関係にない時は，両者にとっては自明のことであり，取り立ててそれを吟味することはない。しかし，両者の関係性において対立が進行し始めると，「私」の言いたいことをなぜ相手は理解できないのかと，メッセージの伝達法と，その理解を巡っての齟齬が問題視され始める。言い換えると，別の「私」である他者の謎性が浮上する。

「私」はこの謎を旧い現実構成法で解読しようと試みるのであるが，一層事態は混迷を深める。この事態の出現は，「私」による既存の世界構成法の差異化の文脈であり，その文脈を「私」がリフレクションするならば，次の世界構成が開始する。この「私」によるリフレクションを支える技法がリフレクシブ循環的質問法（RCQ：Reflexive Circular Questions）である。

図1-b 5 親の「テーブルの上の「コップ」は，昨日の私の言動を無視した証である」という母親の物化した子どもの行動への意味づけと，ものへの道具化した意味づけの記述は，「S は P である」という命題の形式で結び合わされていると理解できる。S に対する定義域である P は，多様な選択肢が本来は考えられる。記述された出来事の構成要素群は，一度分解されることで，新たなものともの，ものと人，行為と行為，出来事と出来事，人と人との，社会的な関係性定義の生成可能性を浮上させることができる（野矢 2006：38）。それゆえ，定義域 P へのリフレクションの機会が母親に与えられるならば，母親の子どもの，ものの使用法への物化した対人的意味合いを差異化させ，子どもへの新たな行為選択を可能にする。

そのリフレクションの方法は，2つの戦略に基

づいて実施される。一つは，ものについての記述を，物理的現象を観察するように詳細な記述になるよう促し，対人的文脈から切り離して，再構成の地平を切り開く戦略である。もう一つは，子どもの行動の詳細な記述を促し，そこでの肯定的な要素を取り上げ，文脈を差異化し，新たな意味構成法を生成していく戦略である。

(1) 要素のリフレクション：もの的

クライアントがリフレクションする対象となる要素づくりが「記述」段階であり，問題解決を意図して，「記述」された要素の差異化と，さらに要素と要素の新たな結びつきを可能にする過程が，リフレクション過程である。

図1-cの過程で，Sの定義域Pの差異化過程を述べてみよう。ここではものへの関与法について記述させる戦略が採用される。ソーシャルワーカーは，子どもの「コップ」への関与法への母親の意味づけである「自分の言動を無視した証（P）」の差異化を図るべく，子どもの「コップ」への関与法についてのリフレクションを試みる。たとえば母親に「昨日のテーブルの上のコップ（S）を見られた時と，以前テーブルの上にコップが置かれていた時のコップとを比べると，何か気がつかれる違いのようなものはございますか？」と，子どもの使用した「コップ」に焦点化した差異化の質問を試みる。すると母親は，「……そう言えば，以前は，コップに汚れが付いたままでしたが，昨日はすすいであったのか，綺麗な状態でした。ああ，そうです。それを見て，洗うところまではしたのだと思ったのを思い出しました」（P2）と説明したとしよう。ここでは，子どもの使用した「コップ」に観察の焦点をあわせ，詳細な記述を求めることで，否定的な対人的文脈では浮上してこなかった，ものの変化（ここではコップの汚れの有無）への着目が可能になった（7親）。そしてそれは，子どものものへの関与法への意味づけの差異化（母親の指示に従っている）を可能にした。

	変容過程
1つの要素のリフレクション	6 SW：昨日のテーブルの上のコップ（S）を見られた時と，以前テーブルの上にコップが置かれていた時とを比べると，何か気がつかれる違いのようなものはございますか？（RCQ：表1 CDa ものの差異化） ↓ 7 親：……そう言えば，以前は，コップに汚れが付いたままでしたが，昨日はすすいであったのか，綺麗な状態でした。ああ，そうです。それを見て，洗うところまではしたのだと思ったのを思い出しました（P2）。 ↓ 8 SW：お母さんは，昨日のコップの状態は，以前のコップの状態とは違って，綺麗な状態だったことに気づいておられて……そのことは，どのようにして起こったと思われますか？（RCQ：表1 CCa1，母親の子どものものへの使用法への新しい意味づけの探索） ↓ 9 親：昨日は，洗って片付けるように言ったので，洗うところまではやってくれたのですね。それまでに比べれば進歩ですね（笑）

図1-c 一つの要素のリフレクションと技法

(2) 要素のリフレクション：対人的

支援者は，この母親の観察力を評価しつつ，「コップ」の状態の差異を対人的文脈に取り入れるべく母親にリフレクションを求める（8 SW）。それは，ものへのケアを軸とした差異化の試みから，人へのケアの差異化の連動を試みるためである。そこでは，「昨日は，洗って片付けるように言ったので，洗うところまではやってくれたのですね。それまでに比べれば進歩ですね（笑）」（9親）と，子どものものの使用法への意味づけの差異化と，子どもの行為選択への意味づけの差異が浮上した。ここでは，子どもとの関係性定義を差異化し（対他的自己），さらに子どもへ働きかけた自らの行為へのリフレクション（対自的自己）

も生じた。ここでは，ものの新たな道具化から人の新たな物化への力学が展開している。

ここで生起した，新たな子どもへの構成をさらに強化するために，「一歩前進できた子どもさんに対し，どのような説明法が有効なのか」(母親の子どもへの care for) と子どもの行動を変容させるメッセージについてリフレクションを励ますことは，母親の問題解決力をさらに向上させる。

差異化を試みる地平について，語用論的立場から，さらに詳しく述べて見よう。抽象的，形式論理的に，「主体たちのメッセージ（S）の意味は，Pである」，つまり「SはP」と構成される。ところが，コミュニケーションの場面においては，「メッセージ（S）の意味はPである」という説明法は，各々の「私」によって構成される説明法である。メッセージ（S）は，一義的にその意味が作られて，「私」にとっての（P）となる。さらにそのメッセージは，別の「私」である受け手による特殊な操作が行われて，次のSとして浮上する。逆に，送り手や受け手に，それぞれのPの構成法を対象化する機会が与えられるならば，次の「私」の一義的構成が生起し出す。これは変容の原則である。

III. 技法体系と変容手順

以下では，クライアントの問題ストーリーを再構成する「私」が立ち上がる過程で，支援者が用いる技法の体系を提示し，変容手順に基づく技法の具体的使用法について論じてみたい。

1. 技法の体系

（1）潜在化したケアの浮上と技法使用の前提：根源的ポジティブ・リフレーミング

第1章でも論じられているが，本章での「私」は，経験的世界のいずこにも存在しない，虚としての「私」である。「私」は，生活世界の中のいくつもの要素（人やものへの行為，および人やものへの意味づけ）を束ね，現実をまとまりのある「〜として」構成するために必要な仮想的主体概念である（廣松 1982，廣松 1992）。

クライアントのケアが浮上するのは，他者（支援者）から人やものをケアする主体としてケアされる過程においてである。それゆえ支援者には，問題場面において，特殊な関与法が求められる。

このケアは真空のなかで遂行されるケアではない。クライアントの人やものへのケアは，硬化した形で，通常支援場面においては，訴えとして，あるいは問題行動や症状としてカテゴライズされる言語行為として顕在化する。言い換えると，訴えや問題行動とみられるクライアントの言語行為は，クライアントが，混沌とした世界の中から，クライアント特有の規則に基づき，世界を「〜として」浮上させる言語行為と言える。それは，他者によって否定することができない試みであるがゆえに，根源的に肯定されなければならない。このように，訴えや問題行動を，「〜として」の世界づくりの試みとして肯定的に捉えなおし，その実践を支える支援者の関与法を，本章では，根源的ポジティブ・リフレーミングという。

たとえば，認知症と診断された人の行動から，潜在化したその方のケアを浮上させていく根源的ポジティブ・リフレーミングについて説明してみよう。通常，認知症の方の日常の行為群は，疾患言説に基づき，認知症の症状として一義的に構成されてしまう。そこでは，認知症の方なりの，ものや人に対するケアには，ほとんど注意が向けられない。具体的に考えてみよう。施設で生活している認知症のAさんがいたとしよう。Aさんには，

洗面台に並べられている他の入所者の歯ブラシを，自分の服の内ポケットに大事にしまいこむ行動が頻繁にみられるとしよう。職員が，Aさんの行動を，認知症による問題行動と捉えたならば，Aさんの「歯ブラシ」への関与法（care about）は，ものへの間違った使用法として，公共的に紋切り型に意味づけられ，さらに「人のものを取らないように」と紋切り型にその行動の禁止を処方されるかもしれない。それでもAさんが，「歯ブラシ」を集め続けたり，集めた「歯ブラシ」を返そうとしなかったりする場合，職員は，「歯ブラシ」への使用法を間違っているという意味づけだけではなく，「歯ブラシ」を使用する他の利用者のことも考えられない人として，Aさんを対人的な側面でも一義的に定義づけるかもしれない。そこでは，複数の職員が同時にAさんの内ポケットから「歯ブラシ」を取り出す行動を試みるかもしれない。

このような事態を避けるために，職員は，Aさんが，他の人の歯ブラシを内ポケットにしまい込まないように，入所者のすべての歯ブラシを施設内のどこかに仕舞い込み，必要な時に職員が出す決まりを作る。つまり，Aさんのcare aboutの実践が阻止される対策が実行されるかもしれない。このような取り組みが，一般的には，支援する側からAさんの症状行動への適切な対処法，つまり「ケア」として説明される。

しかしここでは，「歯ブラシ」という，本来は多義的な道具化の可能性を有するものに対して，硬化した「歯を磨くもの」としての道具化が企てられ（Besorgen, care about），それと連動して，その使用法とは異なる使用法を実行する人には，違反者という物象化された定義が加えられ，違反矯正規則に依拠する硬化した対処が実践される（Fürsorge, care for）。これらの「ケア」は，本章でのケアとは異なる支援者の制度化された「ケア」（関与法）である。これらの「ケア」は，ハイデガーが嫌悪した技術主義的世界の構成法であり，この構成法への批判が，Sorge（care）を中心に試みられたことを忘れてはならないであろう。Sorge（care）は，「私」の世界構成の正当性を説明する基本的概念である。

ここで，「歯ブラシ」についてさらに吟味してみよう。Aさんが熱心に内ポケットにしまい込む「歯ブラシ」は，一般的には「歯を磨く」道具として意味づけられるものである。しかし日常において「歯ブラシ」と名付けられたものは，歯を磨くためにだけ，使われているのであろうか。容器の隅を掃除するブラシ代わりに使われたり，時には壁の補修をするときの刷毛代わりに使用されたりすることもあるだろう。生活場面の物材は，その都度，そこで関わる人が，生活の必要に応じ，あるものとして見立て，使用法を実行し，道具となる（care about）。このことから，Aさんの場合も，熱心に内ポケットに仕舞い込まれた「歯ブラシ」は，Aさんの必要に応じ，何かとして見立てられ，使用法が実行され，ある道具になっているのである。そこで何が生じているのかは，Aさん自身が語り出さない限り，他者は把握することは困難である。それゆえ，そのものへのAさんなりの使用法，そこで構成されたAさんの世界を，Aさんの言葉で語ってもらう地平を，まずは切り開かなければならない。「歯ブラシ」を集める行為は，Aさんのものへのケア（care about, Besorgen）として捉えなおされた上で，その実践がAさんによって記述され，他者に伝えられ，他者理解が深まり（care for, Fürsorge），その過程で，Aさんの「私」とその経験的な，人とものとの世界が生成する。「私」とその世界生成の前提条件は，あくまでもこの本来の意味でのSorgeの実践である。この「私」が語る地平の開拓に関与する支援者の行為も，クライアントのケアに対する特権性を有する「ケア」ではない。

では，Aさんに言葉で語ってもらう地平を切り開く支援者の実践は，いかにして可能になるのかを考えてみよう。Aさんが，「歯ブラシ」と似た

ような形状のものを使っていたエピソードはないか，あるいはAさんが「歯ブラシ」を内ポケットに仕舞い込んで，実現しようとしていることは何か，実際にAさんに問いかけるだけではなく，Aさんの生活史上のエピソードを手がかりに探索し，それらへの支援者からの関心を，Aさんに投げかけることから開始される（care about）。それに対し，Aさんのなんらかの応答が引き出されたならば，そのAさんの行為へのさらなる応答を支援者は試み続けなければならない（care for）。その一連の過程で，Aさんの「私」が立ち上がり，そこでの支援者の行為選択は，支援者のケアになるであろう。

たとえば，Aさんは，昔大工をしていたとしよう。「歯ブラシ」は，大工の道具であり，Aさんが，工具を腰のポーチに入れて現場に行った場面を再現するために必要な物材として，見立てられているのかもしれない。一本一本の歯ブラシが，無造作に内ポケットに入れられているのではなく，几帳面に揃えて入れてあるのは，その当時から，大工道具一つ一つをAさんが大切に使用しておられたことの証と理解することもできるだろう。そこで支援者が，Aさんが揃えている「歯ブラシ」について，「大切に一つ一つを使っておられるのですね！ 一つ一つ色も，形も違うようですが，それぞれどんな性格のものですか？（表1 CDa：ものとものの差異化）よかったら教えてもらえませんかね？」とAさんの「歯ブラシ」の見立てとその使用法について語ることを促したとしよう。Aさんは，内ポケットに並ぶ「歯ブラシ」をしみじみと見て，それがなんであるかを語り始めるかもしれない。あるいはものを大切にする過去の自分自身について関係を持ち始め，いくつかの武勇伝あるいは失敗談を話し始めるかもしれない。つまり，「並べられた歯ブラシ」や「歯ブラシを持ち歩く自分」について，Aさんが何らかの語りを始める時，Aさんは，ものにAさんなりの固有の道具的意味合いを付与し，「歯ブラシ」と関わる自己を対自化するポジションに立てる。つまり，「私」と「私」のものの世界構造が浮上し始める。

もし，Aさんが「歯ブラシ」を，仕事道具として意味づけ，毎朝出勤しているのだと，「歯ブラシ」を内ポケットにしまい込む場面を説明したとしたら，Aさんにとって内ポケットに「歯ブラシ」を仕舞い込む行為は，他者の「歯ブラシ」を盗る行動ではなく，働き者のAさんを表現する行動としての意味が浮上する。そのAさんのものへのケアの実践を対人的世界の文脈と連動させていく支援者のケアには，いくつかの実践方法が考えられる。たとえば，Aさんと一緒に道具をそろえる準備を毎朝することで，Aさんの「私」の立ち上がりを支えつつ，それらのものの用法を洗練させることもできるだろう。むろんこのAさんの「私」による用材化は，対人的な行動の変化とつながる。このような一連のAさんの「私」としての世界構成が実行されている根源的レベルへの支援者の肯定的関与法を，本章では，根源的ポジティブ・リフレーミングと名付けている。

このような支援者のケアの実践により，排除され抑圧されたAさんの「私」としての人やものへのケアを顕在化させる地平が開かれる。ここでは，「歯ブラシ」を大工道具と見立て（care about）たことに着目し，そこでの新たな対人的世界構成（care for）を試みた。そのとき「歯ブラシ」というものは，その道具化を推し進める支援によって，Aさんの「私」を形作り，世界の用材化と人の人物的構成を般化する資源になったのである。ここではAさんの収集癖という認知症の症状行動が，このような1つのものへのケアの変化で解決が始まるという，変容活動の面白みを強調したい。

もちろん，ここで述べていることは，他の利用者の「歯ブラシ」を，Aさんのために本来の使用者のもとに返さなくてもいいと単純に主張しているわけではない。本来の使用者に返すという強制

的な命令からは，Aさんの「私」とその所与は形成されることはない。それゆえAさんが命令によって返したとしても，そこではAさんの「私」の構成文脈が除外されており，その行為は主体とその構成対象が生成しない非現実的な行為である。そのため，他者に歯ブラシを「返す」という行為選択は，Aさんの世界構成に取り込まれないのである。Aさんの「私」が生成させる過程が含まれないがゆえ，「返す」という命令の中身は空虚である。「返す」行為は，「私」が歯ブラシに対する関心を構成し，それを他者に言語化し説明することにより，その意味が充塡される過程において，有意味になる。例えば，「貸りものの道具ではなく，自分の道具を持ちたい（特定の歯ブラシが欲しい）」とAさんから説明されたならば，「一緒に買いに行きましょうか」などと，ものの道具化を，人への社会的意味構成へと転回できるであろう。この過程で，Aさんにとって「返す」行動が，有意味な行動になる。

この「私」の世界構成に解決力を見出す，根源的ポジティブ・リフレーミングにより，Aさんの「私」が立ち上がる地平が切り開かれたのちは，次節で論じる諸技法を用い，Aさんの「私」の立ち上がりの活性化が試みられる。そこでは，大工工具として見立てられている「歯ブラシ」は，大工道具に見立てうる他の物材との連関を，Aさんに語ってもらうこともできるだろう。そのような新たな物材が，Aさんの世界構成に結び付けられたならば，Aさんの人やものへのケアは活性化し，同時に「私」の立ち上がりも活性化される。

また，クライアントの人とものへの根源的レベルでのケアを，支援者は，あらかじめ知ることはできないこともつけ加えておこう。それゆえ，支援者としてのケアの実践形式は，質問法という形式にならざるを得ない。支援者のどのような質問法の選択が，クライアントのその局面でのケアにフィットするのか，そしてそこからどのような新たなクライアントの人やものへのケアの実践が引き出されてくるかは，支援者とクライアントとのその場のトランズアクション過程に依存する。支援者には，クライアントの問題行動を人やものへのケアの実践として読み替え，クライアントに，自らのケアの実践を語るように呼びかけ続けるメッセージ伝達行為を選択していくことが求められる。つまりこのような関与法が，専門家としての役割遂行行為であり，それを選択し続ける過程で，専門家としての「私」は立ち上がる。

（2）ものと人へのケアの活性化技法の体系

根源的ポジティブ・リフレーミングは，クライアントの潜在化した人やものへのケアを浮上させる地平を切り開く支援者の関与法であった。クライアントの人やものへのケアが浮上したならば，そこでのクライアントの人とものへのケア実践の活性化，つまり「私」を立ち上げる過程を強化していくために，支援者は，さまざまな技法を選択する。その体系は表1に示すように，Ⅰ．循環的質問法（Tomm 1985），Ⅱ．解決志向的質問法（De Jong and Berg 2002），Ⅲ．逆説的技法（Weeks and L'Abate 1982）に区分される。表1内の右端の略記号欄は，各質問法の英語表記を用いて作成している。事例の逐語の分析過程で，支援者の技法を類型化する際に用いる。

Ⅰの循環的質問法は，差異の質問法と文脈の質問法に区分される。差異の質問法は，①カテゴリーの差異，②時間的差異，③差異の順序付けに区分される。①カテゴリーの差異は，人と人，ものともの，行為あるいは出来事の差異など，複数のカテゴリーを比較することで差異を生じさせる質問法である。②時間的差異は，過去や現在，未来といった，大きな時間区分による，具体的な行為や関係性定義の差異を生じさせる質問法である。③差異の順序付けは，関係する複数人，あるいは使用する複数の物材に対し，解決に有用な順位を選択してもらう質問法である。文脈の質問法は，①カテゴリーの文脈，②時間的文脈に区分さ

表1　質問法のカテゴリー表

質問類型				略記号
Ⅰ．循環的質問法　Circular Questions				CQ
	差異の質問　Difference Questions			DifQ
		①カテゴリーの差異 Category Differences	a）人と人あるいはものとのもの	CDa
			b）関係と関係	CDb
			c）認識、思考あるいは信念	CDc
			d）行為あるいは出来事	CDd
			e）過去のカテゴリーの差異	CDe
			f）未来のカテゴリーの差異	CDf
		②時間的差異 Temporal Differences	a）過去と過去	TDa
			b）過去と現在	TDb
			c）過去と未来	TDc
			d）現在と未来	TDd
			e）未来と未来	TDe
		③差異の順序付け Ordering a Series of Differences	a）一人の人による行為やものの順序付け	OSDa
			b）複数人の人による行為やものの順序付け	OSDb
	文脈の質問　Contextual Questions			ConQ
		①カテゴリーの文脈 Categorical Contexts	a）-1　意味づけを文脈とした行為選択	CCa1
			-2　行為選択を文脈とした意味づけ	CCa2
			b）-1　言語内容を文脈とする言語行為への意味づけあるいはその逆	CCb1
			-2　言語行為への意味づけを文脈とする出来事定義あるいはその逆	CCb2
			-3　出来事定義を文脈とする関係性定義あるいはその逆	CCb3
			-4　関係性定義を文脈とする家族についての言説／家族神話あるいはその逆	CCb4
			-5　家族神話を文脈とする広汎な分化パターンあるいはその逆	CCb5
		②時間的文脈 Temporal Contexts	a）2者間での行為の結果	TCa
			b）3者間での行為の結果	TCb
			c）それ以上の人間間での行為の結果	TCc
Ⅱ．解決志向的質問法　Solution Focused Techniques				SFT
	①例外事象の探索　Exploring the exception			EE
	②ミラクル・クエスチョン　Miracle question			MQ
	③スケーリング・クエスチョン　Scaling question			SQ
	④ゲッティングバイ・クエスチョン　Getting by question			GQ
	⑤コーピング・クエスチョン　Coping question			CoQ
Ⅲ．逆説的技法　Paradoxical Techniques				PT
	①肯定的意味づけ　Positive reframing			PR
	②逆説的処方　Paradoxical prescription			PP

（大下・加茂，2013　一部改編）

れる。①カテゴリーの文脈は，重層的現実構造のレベルを活用して組み立てられる質問法である。②の時間的文脈は，時系列で，行為連鎖を記述させる質問法である。

　この循環的質問法は，以下のような枠組みに基づき活用される。人の社会的生活においては，「私」ともう一人の「私」である他者（他者たち）との間で，行為と意味構成の循環的な交換が持続する。そして，「私」の内では，重層的な規則群の循環的な相互過程が展開する。これらの両循環的過程を基盤として，トムの循環的質問法は開発されている。ある人がメッセージを伝達し，受け手はそれを構成する。この循環過程において，人は，伝達と意味構成の規則を説明することができる。確かに，この説明の過程においては，支援者の質問法がなくとも，クライアントが自ら気づき，あるいは他者の指摘により，既存の無力化されている解決法が差異化され，その解決力が浮上することがある。ところが，単に「歯ブラシ」の用法に考察を限定し，そこでの社会的意味構成を励ます支援法を試みても，対人的行為や意味構成の変化につなげることができる。むろん逆の力学も展開する。この点は，トム（Tomm, K.）が触れていない，本章で主張している，ものの道具化理論に基づいた変容論の枠組みに連動する，循環的質問法の新しい使用法である。

　たとえば，表1の文脈の質問の①のカテゴリーの文脈を用いた，対自的自己生成過程では，「今までできないと思っておられたことが，今回実行できましたが（出来事），苦手なことが実行できた自分をどう思いますか？（自己定義）」という質問法が考えられる。できなかったことが，できるようになったという出来事レベルの定義の差異を文脈として，できなかった時の否定的自己定義をリフレクションするよう促し，クライアントが，できなかった時の自己定義に対し，新しい自己定義について語り始めることで（対自的関与法），クライアントの「私」が立ち上がるのである。

　さらに上述の循環的質問法は，支援者がどのような意図で，一連の技法を用いるかにより，同じ類型の質問法でも，記述的循環的質問法かリフレクシブ循環的質問法かに分類される。記述的循環的質問法は，主として問題場面のパターンをアセスメントするために用いられた。しかし本章では，クライアントの訴えを根源的ポジティブ・リフレーミングでケアの浮上の地平を作ったのち，具体的な出来事群の記述へと変換を促していく際に使用される。つまりクライアントの「私」のケアが実践された世界を行為選択と意味構成を要素として記述しなおすために用いられる技法群をさす。

　一方リフレクシブ循環的質問法は，クライアントによって記述された出来事の構成要素の差異化，つまりクライアントがものや人へのこれまでのケアをリフレクションする対自的ポジションに立ち，クライアントの「私」なりの人やものへのケアを活性化させることを意図して用いられる技法群である。

　Ⅱは，解決志向的質問法で，①例外事象の探索技法，②ミラクル・クエスチョン，③スケーリング・クエスチョン，④ゲッティングバイ・クエスチョン，⑤コーピング・クエスチョンに区分される。これらの技法は，本章では，人とものへのケアと関連づけて述べられる。①例外事象の探索は，クライアントのケアの実践が，悪循環過程に至らなかった出来事を，クライアント自身に探索させる技法である。②ミラクル・クエスチョンは，クライアントが，問題が解決した時に，どのようなケア実践をする自分になっているかを想定させ，具体的に記述してもらう質問法である。③スケーリング・クエスチョンは，循環的質問法の差異の順序付けの質問と類似しているが，差異の順序づけは，順序づけられるものや人の関係性の記述を意図しているが，スケーリング・クエスチョンは，1～10のスケールのどこかの位置に，

ケアの実践である人の行為やものを位置づけ，他のスケールとの認識の差異をクライアントに尋ね，ランクづけの差異から，クライアントの新たなケアの実践を引き出す質問法である。④ゲッティングバイ・クエスチョンは，初回面接時，あるいは面接と面接の間で，生活場面で生じ始めている今までとは異なる，ものへの関与法や他者に対する働きかけについて，クライアントが対自的に構成するきっかけを作る質問法である。⑤コーピング・クエスチョンは，問題が解決した場面で，クライアントが試みたものへのケア，人へのケアの詳細を，つまりそこでの解決資源を，クライアント自身が発見するのを容易にする質問法である。これら解決志向の技法は，支援過程において循環的質問法と併用される。

Ⅲは，逆説的技法（Weeks, and L'Abate 1982）である。この技法には，2つの点で他の様々な介入技法とは異なる特徴がある。一つは，従来の直線的因果論を放棄している点である。原因（行動）があって結果（問題）が生じると説明する直線的因果論に対し，「A（その原因の除去）は，B（問題解決）にならない」ということも同時に成り立つという前提に立ち，考案された技法である。前者に対し，後者を逆説とした。しかしそれは，限定された条件のもと，成立する順説対逆説の関係であり，技法論としては，再構成が求められる（本書第9章参照）。

もう一つは，処方についての特徴である。通常，直線的因果論の世界では，「A（問題行動を止める指示）が，B（解決に有効）である」が成立する。しかし，語用論的世界では，「A（問題行動を止める指示）が，B（解決に有効）ではない」も同時に成立しうる。一般的な逆説的処方は，以下のとおりである。たとえば，夫のうつ症状が持続し，妻は心労が絶えないと訴えたとしよう。通常，夫のうつ症状の改善のため，投薬がなされる。妻には，夫のうつ症状が出ないように，細心の注意を払うことが指示されるだろう。しかしこのような治療では，夫のうつ症状が改善しないという事態にわれわれはしばしば遭遇する。その場合，夫のうつ症状をもっと顕在化するよう指示し，妻に対しても，うつ症状が出現しやすいように働きかけることが指示される。この後者の処方は，前者の処方に対して，逆説処方と言われる。

しかし本章での逆説処方という用語は，従来からの用語をそのまま使用しているが，その定義は異なる。本章での逆説的技法は，上記のような，因果論の順説対逆説という二分法の世界を前提として用いるものではない。ここでは，クライアントの「A（問題行動）は，B（ケアの試み）である」と肯定的に組み替えられた上で，他者からみた問題行動の実践を促すため，クライアントにとっては，むしろ順説としての行動処方を意味する。もちろん逆説的技法も，支援過程では循環的質問法と併用される。

2．変容手順と技法選択

以下では，訴えをシークエンス化し，クライアントの人やものへのケアが試みられた出来事の要素の差異化から，訴えられた世界を変容する，つまり，クライアントの「私」なりの新たな人とものへのケア実践を相互に活性化させる。本章での変容手順とそこで使用する主要な技法群について論じる。表2は，その全体像をまとめたものである。

（1）記述：訴えから出来事の要素の記述へ

以下では，表2に基づき，変容手順の概略を述べてみよう。クライアントの訴えは，「QによってRが引き起こされた」という因果的命題の形式を用いて，疑いえないストーリーとして語られる。クライアントは，その語りに強い確信を有する。ただし，そこでは，既存の解決法ではもはやどうにもならないという，自らが作り出してきた解決法全体への強い疑いも同時に表出される。訴

表2 変容手順と技法選択

変容手順	目的	技法群
①記述	a）差異生成の文脈作り	根源的ポジティブ・リフレーミング
	b）訴えから出来事定義への変換，そして言語行為の要素へ	DCQ，SFT
②評定	問題パターンの評定と介入計画作り	DCQ
③介入	言語行為のリフレクションから課題選択へ	RCQ，SFT，PT
④実践		
⑤評価	実践場面の記述とリフレクション	DCQ，RCQ
⑥測定	①評定と⑤評価におけるデータの測定	MMIE

表中の技法群の略記号のうち，SFT：Solution Focused Technique，PT：Paradoxical Technique は，表1と同じ。
DCQ：Descriptive circular questions，RCQ：Reflexive circular questions.
MMIE：Measurement Method of Intervention Effectiveness

えには，確信と疑いとが併存する。疑いについての考察を深め，そこから病理的な解決法の洞察を求めるのは伝統的な心理療法の手法である。また伝統的な心理療法は，確信を，洞察にかけるべき一層深刻な病理であると見なすであろう。しかし，その確信を有する語りに対し，根源的ポジティブ・リフレーミングを用いる本章での支援法は，強い問題解決力を有する。

むしろ自信のなさは頑張った証拠を見ない，自らを律する力として肯定的に構成され，クライアントは，一連のこれまでの取り組みの説明とそれの肯定的な読み替えを試みる機会が与えられる（表2① 記述 a）差異生成の文脈作りの根源的ポジティブ・リフレーミング）。支援技法を用いて，いまだ問題解決ストーリーの筋が十分には立っていない，クライアントのそれまでのケアの実践の世界を，「私」が奮闘してきた，それゆえ肯定的な「〜として」の世界作りとして切り出すことが支えられる。ここから，クライアントの問題解決過程が開始される。それは直接的に，クライアントの素晴らしさを賞賛するメッセージによって生成される場合もあれば，クライアントの因果的命題で説明されたことへの強い関心を示し，比喩的に言えば，隠されている宝物（ここでは，クライアントの問題解決法）を一緒に探そうと誘いかける行為により，開始される場合もある。

クライアントの問題の訴えが，肯定的文脈で語られ始めたら，次は具体的な場面の記述を促す（表2① 記述 b）訴えから出来事定義への変換，そして言語行為の要素へ）。そこでは，クライアントなりの具体的な人やものへのケアの実践が浮上するよう，より焦点化された場面の具体的な記述が求められる。支援者側のこの意図的な記述法を促す質問法は，クライアントの問題解決を不能にする，現在の現実構成規則に亀裂を入れ，クライアントの「私」としてのケアを具体的に浮上させる試みとなるであろう。

クライアントの「私」としてのケアが浮上する素材は，他者である支援者の特有の関与法，つまり一連の質問法の選択が引き金となる。記述的循環的質問法（DCQ）は，あくまでも，クライアント自身による現状での構成要素の確定と，差異の生成力学の活性化に貢献することを目指して用いられる質問法である。それは，既存の解決法に対してノイズとして作用する。

たとえば，家族内の言い争いをなんとかしてほしいと訴えるクライアントに対し，「お二人で言い争いになった場面で，どんなことが起こったのか，具体的にお聞きしてもよろしいですか？」（表1 CDd：出来事の差異化）という質問法を用いて，

時系列がばらばらな家族内の言い争いに関する訴えを，クライアントが言い争った一つの場面に焦点化し，具体的に語ることを促す。ここでクライアントが支援者の質問法に促され，問題場面の記述を始めたならば，その過程は，差異の生成文脈になる。そこでは，クライアントが生活場面で試みている，クライアントなりの人やものへのケアが，支援者の，表1のCCa1（意味づけを文脈とした行為），CCa2（行為を文脈とした意味づけ）あるいは，TCa（二者間の行為の結果）などの「文脈の質問」により，意味構成と行為選択を基本要素とするシークエンス・データとして構成しなおされる。例えば，クライアントBが，「Aさんが，○○と言うから，こんなひどい事態になった」と因果的構成を記述したならば，「Aさんが○○と言われたとき，そのAさんの発言をどう思われましたか？（CCa2）」とAさんの行為への構成の質問を試みる。そして，Aさんの行為への何らかの意味づけが記述されたならば，次に，「その時は，Aさんの行為を△△と思われて，その後Bさんはどうされましたか？」（CCa1）と，Aさんの行為への意味づけに基づくBさんの行為選択の記述を促す。クライアントが1名の場合，クライアントの行為に続く，他方の行為選択の記述を促す際は，「あなたが××と言われて，その後はどうなりましたか？」（TCa）と二者間の行為の結果を聞く質問法を用いる。二者以上で面接しているならば，上記と同様のCCa1，CCa2，TCaなどの質問法が繰り返し用いられる。このような手順と質問法で構成されたシークエンス・データは，対立増幅過程の生成力学を評定する基礎データにもなり，変容が試みられる地平でもある。

（2）評定：力動性と構造の評定

訴えが，シークエンスの要素として再構成されたならば，それぞれの要素は，ベールズらの（Bales, R. F.）の相互作用過程のカテゴリー（Parsons and Bales 1955）を用いて類型化され，3次元グラフに変換され，悪循環過程の生成力学が評定される（詳しくは第7章及び第8章参照）。それに基づき，インテンシブな支援計画を立てることもできる。

（3）介入：リフレクションから課題設定

介入は，クライアント自身が記述した現実構成の素材（言語行為）を，クライアント自身がリフレクションすることを励まし，差異を生成させる技法群が用いられる（表1参照）。たとえば，表1のⅢ．逆説的技法を中心に使うと，「コップ」の事例の母親には，「ものを大切にすることを親としてしっかり教えるのは必要なことである。もっとしっかり教え続けなければ，その効果は減少すると思われます。少々反抗されても，今しかものを大切に使うことをきっちり教え込める時はない。そう思って，もっと厳しく言っていかなければならない（care for, Fürsorge）。そうしなければ，親としての役割が果たせない。そう思いませんか？」と，母親が子どもに対し熱心に試みている行為（care for）を，今後も持続すべき重要な行動として肯定的に意味づけ，実行し続けることを指示する。そこでは，これまでの母親の行為群への肯定的意味づけが伝達され，さらに子どものことを真剣に考える母親という肯定的な関係性定義も浮上する。それは母親が「私」としてこれからの子どものもの（コップ）への使用法（care about, Besorgen）に対する，新たなケア実践（care for, Fürsorge）を考察する文脈が生成する。

これとは反対に，子どもの「ものを片づけられない行為」を取り上げ，その過程を具体的に記述させ，それへのリフレクションから，母親が，その新たな意味構成を発見し（care for, Fürsorge），それを文脈に，子どもが扱った「コップ」への一義的定義（＝自分の言ったことを無視した証）の差異化を促すこともできる（care about, Besorgen）。このように，care about, Besorgenとcare for, Fürsorgeとは循環的に展開する。この理論から，解決行為の選択を広げ，またその変容過程を推し進める変

容手法が引き出される。この過程を強化する一連の技法群は，表1に示した通りである。

　問題場面での行為選択あるいは意味構成をリフレクションしたならば，日常生活場面で，差異化の力学を生成するために実践する課題設定が行われる。通常生活場面で実施される課題は，クライアント自身によって選択されたものであることと，その課題は，日常生活場面で実践するのが容易な課題であることが，重要である。なぜなら実践されなければ，差異化の力学は増大しないからである。たとえば，先の「コップ」を巡る親子の例では，課題設定の過程で，子どもに課題を尋ねると，「これから毎回ちゃんと片付けて，手伝いもする」と完璧な課題を提示することがある。このような完璧な課題の提案に対しては，スケーリング・クエスチョンを用いて，さらに課題を具体化させていく必要がある。たとえば，コップを片づける必要性を認識した子どもに，具体的な解決方法を記述してもらう。そしてそれを実行するに当たって，どのような手順で実施するのか，考案することも求める。具体的に言えば，実践の困難さを曜日ごとにスケーリングさせ，それぞれの曜日ごとの対処法を考案してもらう。その上で，その考案したものを実演してみて，実行するに当たって必要な資源を確定する。そして，実行する順番も子どもに計画を立ててもらう。そのような手順を踏むことで，子どもの新たな「コップ」というものへのケアを軸とした，道具的構成（care about, Besorgen）の再構成が開始する。むろんそれに効果的な支援法が，加えられるならば，この再構成の力学は，自らの人的世界の変容へ，そしてもう一人の「私」である他者の世界構成の変化（care about, Besorgen および care for, Fürsorge）へと拡大させていくことができる。

（4）実践

　クライアントによって選択された人やものへの新たなケアの実践プランは，生活場面で実践される。実践されれば，その過程は，問題場面で選択されていた人やものへのケアの行為群とは異なる行為群の実践過程となり，それらを要素として構成される個々の自己と他者の行為に対する意味構成法も，それらを束ねた出来事構成法も差異化され，新たな世界づくりが可能となる。

（5）評価：実践場面の記述とリフレクション

　クライアントが新たな人とものへのケアの実践を試みた場面は，問題場面を具体的なシークエンスの要素として記述したように，シークエンスの要素のレベルでの記述を促し，その成果を具体的なレベルで確定していく。そこでは，CCa1，CCa2 および TCa が主として使用され，クライアントは，時系列でシークエンス・データを記述するよう励まされる。そして記述された課題実践後の要素群と，課題実践前の問題場面として記述された要素群とのリフレクションが，支援者のリフレクシブ循環的質問法によって試みられる。たとえば，「前回話をした時，毎回ちゃんと片付け，手伝いもすると言われて，正直無理だろうと思っていたけど，この1週間，やりきったみたいだね。普通，あんな完璧な目標は，達成されないことが多いのだけど，今回実現するのにどんなことが役に立ったかな？」（CCb3：出来事への意味づけを文脈とした関係性定義）と子どもに問いかけるならば，子どもは，自ら設定した課題に対し，ものと人を活用して実践した世界を，「私」の世界として，対自化させて語るだろう。それは，まぎれもなく「私」の現実として，その実践過程へのケアを詳細に語ることを可能にする。

　もちろん，そこでは，差異化が展開しなかった具体的な場面の記述も生じる。その記述は，失敗の記述ではなく，クライアントの「私」としてのもの，他者，自らへのケアの実践過程の記述として，根源的に肯定されなければならない。

　この手順を繰り返す過程で，クライアントの潜在化させていた人やものへのケアは浮上し，他者

やものへの新たなケアの実践力が強化されていく。そして，クライアントの問題「として」の否定的な世界構成は，次第に，クライアントなりに何とかやっていけるという，クライアントの「私」なりの，肯定的世界「として」再構成されるのである。クライアントの問題の訴えが解消されたならば，クライアントの自己評価を求め，相談支援の終結となる。

(6) 効果測定

クライアントが課題実践を繰り返す過程で，問題場面は，新しい要素によって構成される場面に組み換わる。それらの新しい構成要素は，表2の②評定で使用されたベールズの相互作用過程のカテゴリー表を用いて類型化され，3次元グラフに変換される。そして表2の②評定で得られた問題場面の構成要素とその力動性のグラフと比較し，その差異が測定される。

なお測定に関する詳細な議論は，第7章，第8章に譲る。臨床論において，変容が測定できる方法は，クライアントの問題解決法と結びつかなければならない。第7章，第8章で論じられる測定論は，本章での体系的技法論の上に成り立つものである点は，ここで強調しておきたい。

まとめ

従来のソーシャルワーク実践においては，支援者がクライアントを，社会的な価値観に依拠した支援のプログラムに組み込む方法や，あるいは，逆にクライアント中心を，前提とする「あるがまま」に受け入れ，ひたすら聞き続ける，無制限の「受容」「共感」の態度が，技法と混在化されて語られ，この矛盾は放置されたままで，それは体系というには，ほど遠いものであった。

これに対し本章では，ハイデガーのものへのケア（care about, Besorgen）と人へのケア（care for, Fürsorge）の共生成関係を基礎理論においたことで，硬化した世界の語りは，この両ケアの実践力の相互衰退過程で生成されると説明された。その語りの変容のためには，クライアントの「私」としてのケアの活性化から相互生成的に，全体の変化を試みる技法論の体系化が論じられたと考える。また変容技法の主軸である循環的質問法も，新たにものへのケアの概念を取り入れ，ものへのケアの差異化から，対人的文脈の差異化を実現する技法として，その洗練化が試みられたと考える。

さらにSRM（Short-term Reconstructing Meaningful Life Worlds）モデルで示された中心的変容技法としている循環的質問法の区分法は，SRMモデルの変容手順に基づく実践過程を分析することで，今後も洗練させていく必要があると考える。たとえば，SRMモデルでは，差異は層化された構造の中で生成されて行くが，循環的質問法の類型では，同一平面上に列挙される差異についての類型化であるため，層化された文脈における差異生成の技法の類型化には，トムらの功績をもとに，さらに洗練させていく必要があると考える。

なおこのケアの生成技法の体系化の議論は，次章の効果測定論の議論の基盤となっている。さらに，ケアの生成技法の実践事例での有用性の検証は，本書第3部の実践編の各々の事例分析の中でより詳しく論じられる。

［注］

1) 本章での「私」が立ち上がる過程で必須のリフレクションは，「人と状況との反省的考察」を軸とする心理社会療法（Hollis 1964）のリフレクションとは異質な概念である。心理社会療法のリフレクションは，意識，前意識的過程と見なされる人と状況との関係の反省的考察を主として，内面，つまり，生活史の葛藤や，その過程において構成された防衛機制を従として，試みられる反省的技法であった。なぜならば，それらは洞察と呼ばれる正当的精神分析の守備範囲だったからである。この心理社会療法モデルは，「見る私と見られる私」と「状況の二元論」を特徴とする。それゆえ，健康な自我（私）によって病態的自我を修正するという手続きを重視する。すなわちこのモデルでは，自我機能全体を，自我機能が反省的に考察し，その病理を発見すると論じるのである。そこには，自我機能全体の内に含まれる自我機能が自我機能全体に関わるという全体と要素との混乱，そして分析する主体である自らもその分析対象に含まれるという，考察主体と考察対象が突然入れ替わる主体と対象との混乱を見ることができる。人と状況との関係を主とし，内面の防衛機制を従とする中で，変容技法を議論するがゆえ，資源導入の議論にとどまり，その理論化の水準は低いままになっている。

［文献］

Cronen, V. E., and Pearce, W. B.（1985）. Toward an Explanation of How the Milan Method Works: An Invitation to a Systemic Epistemology and the Evolution of Family Systems. In D. Campbell and R. Draper eds., *Applications of Systemic Family Therapy: The Milan Approach*. New York: Grune and Stratton. 69-84.

De Jong, P. and Berg, I. K.（2002）. *Interviewing for Solutions: 2nd ed*. Canada: Brooks/ Cole.

Gelven, M.（1989）. *A Commentary on Heidegger's Being and Time*. Northern Illinois: University Press.

Heidegger, M.（1976）. *Sein und Zeit*. Tübingen : Max Niemeyer.（細谷貞雄・亀井裕・船橋弘訳（1963）『存在と時間（上）』理想社，細谷貞雄・亀井裕・船橋弘訳（1964）『存在と時間（下）』理想社）

廣松渉（1982）『存在と意味——事的世界観の定礎 第1巻 認識的世界の存在構造』岩波書店。

廣松渉（1992）『存在と意味——事的世界観の定礎 第2巻 実践的世界の存在構造』岩波書店。

Hollis, F.（1964）. *Casework: A Psychosocial Therapy*. New York: Random House.

Kamo, K., Oshita, Y. and Okamoto, H.（2014）. Multiple-reflection Model of Social Work Practice. *Japanese Journal of Social Welfare*. 54（5），1-10.

野矢茂樹（2006）『ウィトゲンシュタイン『論理哲学論考』を読む』ちくま学芸文庫。

大下由美・加茂陽（2013）「短期の現実再構成モデルの効果測定法」『家族心理学研究』27（1）1-15。

Parsons, T. and Bales, R. F.（1955）. *Family: Socialization and Interaction Process*. Glancoe, Ill: Free Press.（橋爪貞雄・溝口謙三・高木正太郎・武藤孝典・山村賢明訳（1981）『家族』（『核家族と子どもの社会化』改題合本）黎明書房）

Tomm, K.（1985）. Circular Interviewing: A Multifaceted Clinical Tool. In D. Campbell and R. Draper eds., *Applications of Systemic Family Therapy: The Milan Approach*. New York: Grune and Stratton.

Watzlawick, P., Bavelas, J. B., and Jackson, D. D.（1967）. *Pragmatics of Human Communication: Study of Interactional Patterns, Pathologies and Paradoxes*. New York: W. W. Norton.（山本和郎監訳，尾川丈一訳（1998）『人間コミュニケーションの語用論——相互作用パターン，病理とパラドックスの研究』二瓶社）

Weeks, G. R. and L'Abate, L.（1982）. *Paradoxical Psychotherapy: Theory and Practice with Individuals, Couples, and Families*. New York: Brunner/Mazel Publisher.（篠木満・内田江里訳（1986）『逆説心理療法』星和書店）

第7章
問題解決過程の効果測定論

大下由美

はじめに

　家族の問題は，理想的な問題のない家族形態からのズレとして評定され，理想型に戻すことが解決とされるのであれば，支援の効果は，理想的な家族形態という一般化された基準で測定することができる。あるいは，正常な家族の発達段階が決まっており，どの段階で躓いているのかを明らかにできるならば，発達課題の克服法を実施し，その課題の達成として効果を説明できるだろう。しかし現代の家族は，その形態においても，発達段階においても多様化しているため（Walsh 2012），理想的家族形態，あるいは一般的発達段階を想定して，逸脱を評定し，介入の効果を測定することはできない。そのため，家族支援の専門家には，家族ごとの特有の現在の課題を明らかにし，各々にとっての，固有の解決法を模索する作業が求められる。つまり，現在の多様な家族への支援の効果を測定するためには，個々の家族への，現段階の構造と機能を把握する方法とそれからの変化の過程を測定する方法が体系化されなければならない。しかし，このような変化の過程を測定するソーシャルワーク実践の効果測定に関する議論は，近年進展しているとは言えない。

　従来のソーシャルワーク実践の中での効果測定法としては，変容対象（問題行動）が規定され，その変容方法も明確である行動療法モデルと，その測定法に位置づけられているシングル・ケース・デザインによる量的測定が有名である。行動療法は，問題行動を特定し，その発生頻度を測定し，新たに実践する行動を処方し，その後の問題行動あるいは望ましい行動の発生を促す。そして介入前後で，統計的な手法を用いて発生頻度の有意差が示され効果の有無が測定される。対処すべき問題行動が1つあるいは少数に限定され，他の刺激の影響が統制された環境において，行動療法の有用性は明示できるが，複雑な要因が絡む日常生活においては，その効果の汎用性に欠ける。行動療法とシングル・ケース・デザインによる効果測定法では，クライアントの日常生活において，複数の成員が相互に循環的に新たな行動や意味構成を産出し続けるその生成力学の説明力や，対人間相互の循環的メカニズムの変容を説明することは難しい。つまり，現在ソーシャルワーク実践の効果測定法として，循環的な問題解決過程を測定する方法は，確率されていない。

　古典的な相互作用過程の研究法としてベールズの相互作用過程分析があげられる（Bales 1950）。

パーソンズの社会化理論へと受け継がれた彼らの研究法は，質的調査法の代表的な手法として現在でも取り上げられている（Denzin 2000=2006）。この研究では，課題達成を目指す小集団における問題解決過程で選択された行動群が詳細に分析され，最終的にそれらは，12のカテゴリーに分類された。しかし，その後この分野の研究法は，進展しているとは言えない。

また，ソーシャルワークの領域で頻用されている質的研究法には，グラウンデッド・セオリー（Glaser and Strauss 1967）がある。ところが，この方法は，クライアントによって語られたメッセージをそのトランスアクショナルな文脈から切り離し，類型化し，抽出した類型に対して，その内容の分析を試みるため，この方法は，メッセージの変容力学の測定力に欠ける。

これらソーシャルワークにおける効果測定が未整備であるという課題に対し，筆者ら研究チームは，新しい効果測定法を提示してきた（加茂・大下 2008，大下 2008，大下・加茂 2013，Oshita and Kamo 2014）。面接過程で，クライアントが語る問題場面は，苦難の出来事として語られるが，クライアントとその関係者が，解決を試みた場面でもある。それゆえ，クライアントが語る問題場面で，各々の主体が解決策として選択した行為群を，時系列の形式で明らかにすることができれば，それら各々をベールズのカテゴリー表を用いて区分し，区分された要素間の力動性を鮮明に描き出すことが可能になる。しかし，ソーシャルワークの測定論研究の中で，彼らの方法を，支援的な面接過程の分析法として応用した研究は，筆者らの研究を除き，見当たらない。

このベールズらの相互作用過程のカテゴリーを用いた効果測定法は，本書で議論の出発点としているSRM（短期の現実再構成モデル；Short-term Reconstructing Meaningful Life Worldsの略）（大下・加茂 2013）の測定法であり，MMIE（Measurement Method of Intervention Effects）としてプログラム化されている。

本章では，SRMの測定法の有する以下の課題について，議論が試みられる。

課題となることは，一つは，変容手順と測定法の体系化である。支援過程の効果を測定するためには，変容対象を抽出する段階で用いられる技法および，変容段階で用いられる技法それぞれの，体系的使用法の研究が進められなければならない。二つ目は，本章での変容手法に，この測定法を適用した実践事例を提示することである。これら2点について論じる。ただし，二つ目についての議論は，第8章「問題解決過程の効果測定法の実際」でその詳細な議論を試みる。

Ⅰ．SRMにおける変容論と技法論の概略

SRMにおける測定論は，変容論および技法論と連動している。変容論，技法論については，第6章でくわしく述べられているので，本章では，その概略を述べる。

1．クライアントの訴えと問題定義

ソーシャルワーク実践は，クライアントの問題を解決する活動である。その実践は，まず解決可能な形で問題が，明確に定義されなければならない。たとえば，従来のモデルでは，クライアントの，「お金がなくて生活に困っています」という訴えに対して，問題の実在と構成が区分されないまま，支援が実行されてきた。すなわち，問題は訴えられた内容通りの「持ち金が不足している」こととして，ものの不在として容易に評定されて

きた。しかし，訴えは，特定の誰かに向けられた言語行為であり，トランズアクション過程において，訴えの意味づけは様々な変遷過程を辿って生成し続ける。例えば，「お金がない」と語る世界は，単にものとしてのお金がないことの客観的記述ではない。あるクライアントが，「お金がないので苦しい。子どもが買い物をねだって癇癪を起こすが，買い物にも行けないので，どうにかしたい」と訴える事態を想定してみよう。このメッセージは潜在的に多義的意味合いを有し，その意味の顕在化は聞き手の構成法とそれに基づく行為選択法次第である。ある支援者は単純にお金の問題として，訴えを定義するかもしれない。別の支援者は，子どもの癇癪に対しての対応が解らないという訴えとして，このメッセージを聞くかもしれない。受け手の構成次第で，そこで訴えたクライアントの問題も，それに対する解決のための行為選択も変わるため，問題解決過程は，まったく異なる過程を辿るであろう。繰り返すと，クライアントは，空に向かって苦痛を訴えているわけではなく，他者に向けて訴えているのであり，他者であるソーシャル・ワーカーが，この苦痛の訴えに対して，解決可能な意味構成を試み，それに基づく応答を試みることで，問題の具体化が開始し，その後の変容作業の実践が可能になる。

　しからば，ソーシャル・ワーカーの構成方法とはいかなるものであるのか。そしてその実践方法とは，クライアントの訴えは，クライアントにとっては現実味のある，確信のあるストーリーであるが，構成された世界についての語りである。たとえば，「子どもの行動をかわいいと思えない。だから自分は母親失格だ」と母親が訴えたとしよう。この訴えられた内容は，日常の複数の出来事群を，母親が恣意的に束ねることで構成された世界である。その束ねられた出来事群について，母親にさらに記述を促すと，そこでは，複数の家族内のトランズアクショナルな出来事群が顕在化してくる。訴え全体に対して，まず複数の出来事群

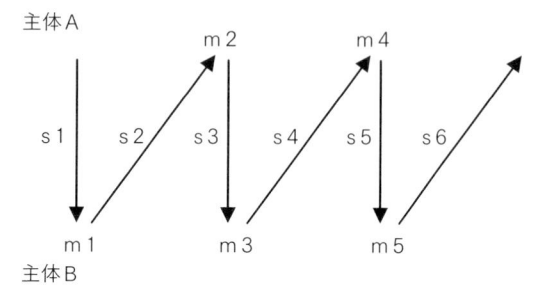

図1　問題の評定および実践結果の評価の
　　　シークエンスデータ

m: meaning construction
s: speech Act

として再構造化が図られなければ，問題解決法は具体化しない。亀裂を入れる作業は，支援者の循環的質問法によって試みられる。

　その上で，それらクライアントによって語られた出来事群は，相互に関連しているため，問題解決は，1つの出来事の変容作業から開始される。つまり，母親が一つの出来事を選択し時系列に変換して説明するよう促すのである。それに母親が応じるならば，選択された一つの出来事を，さらに具体的な時系列での，意味構成と行為選択として出来事を再構成する働きかけがなされる。この時系列で要素を説明することを促す技法は，本書の他の章で繰り返し説明されているように，記述的循環的質問法である（Tomm 1985）。

　ここで示される時系列の要素は，客観的なデータではない。それはあくまでも，クライアントが，面接という現実の変容を意図する特殊な文脈で，支援者の質問法に促され，構成した意味構成と行為選択の連続的関係の記述である。

　図1は，クライアントによって記述された要素（意味構成をm，行為選択をsとする）の表記法を示している。図1の表記法で示される各要素（mとs）は，全て問題場面を変容するポイントとして活用することができる。つまり，図1のように訴えが，要素として再構成されたならば，それが介入の地平であり，かつ問題場面とその変化の生成力学を測定する地平となる。

行為選択（s）と意味構成（m）は，差異化を試みる介入局面では，さらに細分化される。たとえば，トランズアクション場面での「もの」に焦点化したならば，そのものの道具化や，それを使用する他者の物化を区分して介入を試みることができる。具体的に言えば，「部屋が汚い」と母親が娘を叱った場面で考えると，この母親は，娘と部屋という2つの局面への意味づけを同時に伝達している。一つは「部屋」を汚いとして，ものへの一義的構成をしている側面である。そしてそれは同時に，その汚い部屋は，本質的問題を有する娘によって作り出されたとして，人の物化も生じている。それゆえ変容作業は，ものへの意味づけである「汚い」の差異化および，汚い部屋を作り出した娘の一連の行動への否定的意味づけの差異化の両側面に対して試みられることになる。

本章での測定においては，ものと人の両面に関わる母親の「部屋が汚い」という娘へのメッセージを「s」として区分し，ものと人の両面への意味づけを「m」として区分する。

2. 変容手順と変容技法

クライアントの訴えを解決可能な問題として定義し，解決を実現していく SRM の変容手順は，図2に示されている。この変容手順には，Ⅰ. 循環的質問法，Ⅱ. 解決志向的質問法（De Jong and Berg 2002），Ⅲ. 逆説的技法の3つに区分される質問法が体系的に使用される（表1参照）。

順に説明してみよう。図2の「①訴えの記述」とは，記述的循環的質問法によって，束ねられた出来事群が記述される段階である。その中から，主たる問題の出来事を1つ，クライアントに選択してもらい，さらにその要素，つまり行為選択「s」と意味構成「m」に区分して，そのシークエンスの再構成が目指される（図2＜変容手順＞②）。そこでのクライアントは解決を必要とする（ニーズ）出来事を選択することになる。たとえば，ソーシャルワーカーはクライアントの曖昧な，職場での苦痛な世界についての訴えに対し，表1のCDd（出来事の差異を記述する）を用いて，「職場でずいぶん困っておられるようですが，もう少

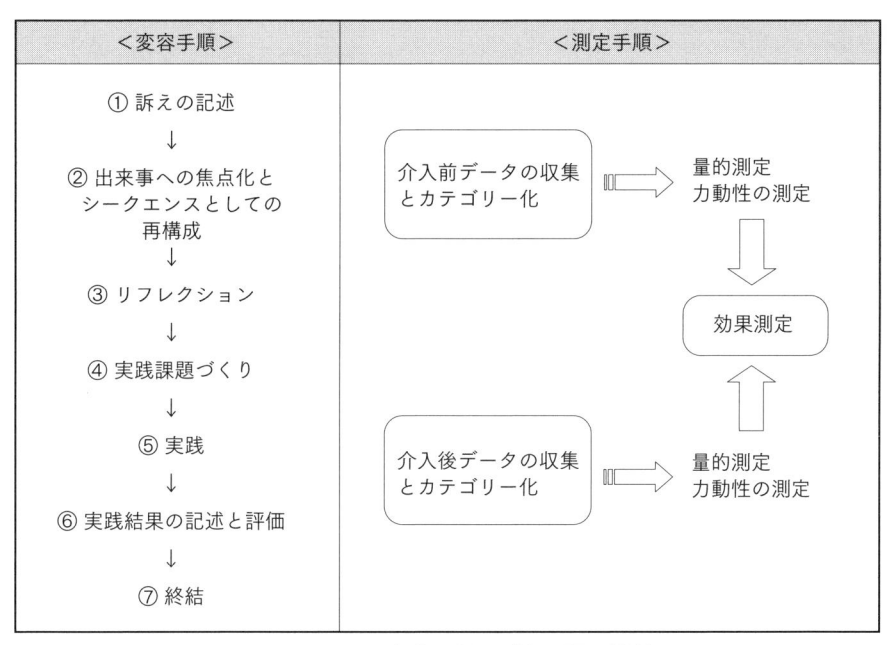

図2 SRM の変容手順と測定手順の関係

表1 質問法のカテゴリー表

質問類型			略記号
Ⅰ．循環的質問法　Circular Questions			CQ
	差異の質問　Difference Questions		DifQ
	①カテゴリーの差異 　Category Differences	a）人と人あるいはものともの	CDa
		b）関係と関係	CDb
		c）認識、思考あるいは信念	CDc
		d）行為あるいは出来事	CDd
		e）過去のカテゴリーの差異	CDe
		f）未来のカテゴリーの差異	CDf
	②時間的差異 　Temporal Differences	a）過去と過去	TDa
		b）過去と現在	TDb
		c）過去と未来	TDc
		d）現在と未来	TDd
		e）未来と未来	TDe
	③差異の順序付け 　Ordering a Series of Differences	a）一人の人による行為や物の順序付け	OSDa
		b）複数人の人による行為や物の順序付け	OSDb
	文脈の質問　Contextual Questions		ConQ
	①カテゴリーの文脈 　Categorical Contexts	a) -1　意味づけを文脈とした行為選択	CCa1
		-2　行為選択を文脈とした意味づけ	CCa2
		b) -1　言語内容を文脈とする言語行為への意味づけあるいはその逆	CCb1
		-2　言語行為への意味づけを文脈とする出来事定義あるいはその逆	CCb2
		-3　出来事定義を文脈とする関係性定義あるいはその逆	CCb3
		-4　関係性定義を文脈とする家族についての言説／家族神話あるいはその逆	CCb4
		-5　家族神話を文脈とする広汎な分化パターンあるいはその逆	CCb5
	②時間的文脈 　Temporal Contexts	a）2者間での行為の結果	TCa
		b）3者間での行為の結果	TCb
		c）それ以上の人間間での行為の結果	TCc
Ⅱ．解決志向的質問法　Solution Focused Techniques			SFT
	①例外事象の探索　Exploring the exception		EE
	②ミラクル・クエスチョン　Miracle question		MQ
	③スケーリング・クエスチョン　Scaling question		SQ
	④ゲッティングバイ・クエスチョン　Getting by question		GQ
	⑤コーピング・クエスチョン　Coping question		CoQ
Ⅲ．逆説的技法　Paradoxical Techniques			PT
	①肯定的意味づけ　Positive reframing		PR
	②逆説的処方　Paradoxical prescription		PP

（Tomm, 1985　大下・加茂, 2013　一部改編：第6章表1再掲）

し職場で困っておられることについて，教えていただけませんか？」と記述的循環的質問法を用いて問いかける。クライアントは，職場での苦痛なこととして構成した出来事群を，より具体的に話すことを励まされる。この質問にクライアントが応答するならば，問題場面がクライアントによって恣意的に結びつけられた，複数の出来事として記述しなおされる。

次は手順②である。ここでは，クライアントの解決の必要性から，1つの出来事が選択される。選択された1つの出来事を意味構成「m」と行為選択「s」の要素として再構造化する。

少し詳しくこの手続きを図1を用いて述べて見よう。クライアントをBとしよう。ある場面について，BはAの行為選択（図1，s1）から説明を開始したとしよう。その場合，「Aさんが○○とBさんに言われて，Bさんはその時Aさんのことをどう思った？（図1，m1）」と，Bに記述的循環的質問法（表1　CCa2：行為選択を文脈とした意味づけ）を用いて問いかける。Aの○○の行為に対する，Bの意味構成の記述が促される。この質問法を受けて，Bが□□としてAの行為への意味づけを記述したとしよう。このBによって記述されたAの行為選択への意味構成は，次のBの行為選択の文脈になる。そこで「そう思われた（図1，m1）あと，Bさんはどうされたのですか（図1，s2）？」とさらに記述的循環的質問法（表1　CCa1：意味づけを文脈とした行為選択）を用いて質問する。それにBが応じるならば，Bは「□□と思ったので△△した（s2）」と行為選択が確定される。

このような質問法の連続的使用により，図1のs1→m1→s2の要素が，クライアントによって記述され，確定される。この段階までが変容手順②である。この変容手順②のクライアントによって記述されたs1→m1→s2の要素が，問題生成力学の評定の基礎データであり，本章での介入前の測定データとされる。

変容手順②の段階で具体的な要素が，クライアントの記述により確定されたならば，次の③リフレクション段階では，クライアントは，それらの要素群の中のどれか1つのリフレクションを促される。そこでのクライアントは，どの要素の差異化を解決に必要と考えるか。選択するよう促される。この段階では，リフレクシブ循環的質問法が中心的に用いられる（実際の使用法は，第8章「問題解決過程の効果測定の実際」および第3部の実践編を参照のこと）。一つの要素の差異化について説明してみよう。たとえば，Aのs1の行為の差異化が，クライアントによって，解決を必要とする要素として選択されたとしよう。そのAのs1は「起きて顔ぐらい自分で洗ってよ」というメッセージだったと仮定しよう。Aはこのメッセージを選択した時のことを，さらに詳しく説明するよう促される。Aは，Bに対し，命令しようとしているだけではなく，Bへの励ましや，尊敬，あるいは期待が含まれているメッセージとして，語りなおすであろう。それらのうち，AがBに最も伝えたいことはどれかをリフレクシブに考察してもらい，Aが「期待を有する」ことを選択したとしよう。するとそこでは，Aが，自分のs1の行為を，「期待」を文脈に伝達し，受け取るBも，期待されていることを文脈に，再構成する機会が生み出される。さらにBに，Aが「期待」していることに対するリフレクションを求めたとする。Aの期待に応えるために，Bが，「ぬるま湯があったら」と答えたとしよう。ここではBの行為選択には，ものの世界が浮上する。そこでは，Bは，水ではなくぬるま湯という財があれば，自分で顔を洗う行為選択ができると，ものの変化が，自分の行動変容に有用であると，説明している。この具体的なBの提案について，Aにリフレクションを求める。Aは，「ぬるま湯」を準備することで，Bの行動が変わるならば，ひと手間かけることを，承諾するかもしれない。ここでは，AとBの対立場面は，AとBが「ぬるま湯」という財を資源とし

て再構成するコミュニケーションが展開する。

　次は④実施計画づくりである。AとBによって，「ぬるま湯」が解決に有用であると見なされたならば，その実施計画が，詳細に立てられなければならない。Aが，気がついたときに「ぬるま湯」を作っても，Bが起きたときに「ぬるま湯」でなければ，意味をなさない。それゆえ，Bが起きる時間，起きてどのような行動をした後に，「ぬるま湯」があれば，Bの洗顔の行為選択が実現するのか，時系列で考案していく必要がある。Aが「ぬるま湯」を準備することを具体的に考える過程では，その家の洗面所の作りによっては，たくさんの手間がかかるので，さらに別の工夫も必要かもしれない。Bにもう少し早起きをしてもらう必要も出てくるかもしれない。それら実施にあたって，両者にとって想定される具体的な困難を話し合い，実行計画は，両者の差異化された行為選択の実行が容易になるように立てられる。

　実行の計画が立てられたならば，次は，⑤実践段階になる。クライアント自身による生活場面での実践が，問題解決には不可欠である。

　生活場面での実践を終えたのちは，⑥実践結果の記述と評価を実施する段階となる。ここでは，②出来事への焦点化とシークエンスとしての再構成の段階で実施したのと同様に，具体的な意味構成「m」と行為選択「s」の連鎖過程として，課題実践場面も記述しなおされる。クライアントは，実践報告を求められると，「実践できませんでした」や「実践しても何も変わりませんでした」と答えることも多い。その場合は，①訴えの記述段階から②出来事への焦点化とシークエンスとしての再構成の段階へ進む過程で用いたように，出来事の差異の記述を促す表1のCDdを用いて，「いざ実施するとなると，それは誰にとってもとても大変なことです。やろうと思われただけでも努力されたと思います。実施が難しいと思われた場面，よかったら教えてもらえませんか？（表1CDd）」と，課題実施場面でのクライアントなり

の取り組みの過程の語りを引き出すよう試みる。それにクライアントが応じる時，実施しようとした場面での具体的な要素の記述が可能となる。それは，意味構成と行為選択の要素のレベルで記述される。変容手順⑥で記述された要素は，介入後の測定データとされる。変容手順②のデータと変容手順⑥のデータは，ベールズの相互作用過程のカテゴリーで類型化され，三次元グラフに変換され，効果の測定のデータとして使用される（図2〈測定手順〉：効果測定）。

　変容手順⑥で記述された要素は，さらにリフレクシブ循環的質問法を用いて，差異化され，新たな実践課題の設定，次の実践計画が試みられる。そして次の実践とその結果の記述と評価の手順を繰り返し，クライアントの訴えが消失した時点で，支援は終了となる（変容手順⑦）。

3. 変容技法のカテゴリー化と実施上の課題

　変容を作りだす活動の効果測定を試みるためには，支援者には表1に示す類型化された諸技法の柔軟な使用力が求められる。それら諸技法の使用なしに，クライアントの訴える世界は細分化されないし，細分化された出来事は，要素として再構成されず，その差異化は困難となる。つまり，クライアントの語る世界が，クライアントによって区分され，変容可能な形で再構成されなければ，クライアントの世界構成の変容は，説明できないのである。

　使用された技法の類型化には，表1に示す略記号欄の記号が用いられる。なおカテゴリー化は，この技法の用法を熟知している2名以上の専門家によって実施される。

　使用技法の類型化の例を示してみよう。「Aさんから△△と言われて，Bさんは，Aさんのメッセージをどう思われましたか？」というAの行為に対するBの意味構成に焦点化して質問をした場合は，CCa2（行為選択を文脈とした意味づ

け）として1つのカテゴリーに分類される。しかし，「数年前からAさんとの言い争いがあり，今もそれが続いていて困っておられるようですが，数年前のAさんとの言い争いの場面と，現在のAさんとの言い争いの場面では，Aさんの言い方に違いがあるような気もするのですが……たとえば，数年前のAさんの一番激しい言い方と，今のAさんの一番激しい言い方を比べたとしたら，何か違いがありますかね？」という質問を投げかけたとする。このメッセージに対しては，TDb（過去と現在という時間的差異），TCa（2者間での行為の結果）と，CDd（行為の差異）という複数の質問法の複合型としてカテゴリー化される。

Ⅱ．変容手順と測定論

1．変容手順と測定法の基本的枠組み

上記のような明確な変容手順と体系づけられた技法群を有するSRMモデルに基づく支援の効果測定は，シークエンスの要素の生成力学の変化として明示される。それを測定するためには，クライアントが焦点化した一つの問題場面を構成する要素とその力動性を把握する方法が必要である。かつ支援者の介入による変化を説明する方法の体系化が求められる。

本章での効果測定法は，図2に示したように，変容手順の「②出来事への焦点化とシークエンスとしての再構成」の段階のデータを「介入前データ」とし，「⑤実践結果の記述と評価」の段階のデータを「介入後データ」とする。それぞれのデータは，ベールズの相互作用過程のカテゴリー表（以下，カテゴリー表とする。表2参照）(Parsons and Bales 1955=1981) を用いてカテゴリー化された上で，3次元グラフに変換され，介入前後でのシークエンスの力動性の差異を考察する方法が採用される。

2．SRMにおける測定法

SRMの測定法は，以下の手続きで実施される。

(1) 記述されたデータとそのカテゴリー化
① カテゴリー化の理論枠

クライアントの特殊な文脈によって構成された訴えは，変容手順に基づく支援者の諸変容技法の使用により，時系列での具体的な要素に変換される。この変換された要素群は，クライアントの生活場面で生じている悪循環過程を生成する要素群である。

ベールズらの問題解決過程の質的研究法は，古典的ではあるが，問題解決を志向する小集団の変容過程を，そこでの行動群を取り上げ，課題遂行を促す手段的役割と関係性維持のための表出的役割の2つの軸から考察する方法であった。その枠組みを示してみよう。彼らは，問題解決過程で選択される行為群を，社会・情緒的領域と課題領域の2つの領域に区分し，さらに社会・情緒的領域をA．肯定的反応とD．否定的反応に区分し，課題領域は，B．試みられた応答とC．質問に区分したカテゴリー表（表2）をまとめ，それぞれの領域で選択される行為の数量的変化の測定法を提示した。

彼らの提示した，問題解決過程で選択された行為群をカテゴリー化する方法は，観察者の視点から，複数人で実施する方法であり，行為のみがカテゴリー化の対象とされた。

本章では，次の2点において，ベールズらの方法と異なる測定方法が採用されている。一つは，

基本的なトランスアクション過程の構成要素として，行為選択のみではなく，それへの意味構成を取り入れ，カテゴリー化の対象としている点である。これは，問題解決過程の力動性を，より詳細に測定することを可能にする。もう一つは，問題場面で選択された要素群のカテゴリー化を，観察者の視点から実施するのではなく，変容過程でクライアント自身に記述させ，それをもとにカテゴリー化を試みる方法を採用している点である。

② カテゴリー化の手法

シークエンスの要素である行為選択や意味構成のカテゴリー化は，クライアント自身による要素群についての説明に基づきカテゴリー化される。より詳細なカテゴリー化を実施するには，支援過程においてクライアントが，各要素をどのような文脈で選択したのかを，クライアント自身に詳細に記述してもらうことが必要となる。そのためには，支援者が各要素の文脈を記述させる質問法の知識を熟知していることが求められる[1]。

シークエンスの要素群をカテゴリー化するためには，それぞれの要素を記述してもらう過程で，以下の焦点化を必要とする。主体Aが自分自身の行為について記述する場合は，具体的な発語とともに非言語的な情報の記述とその行為を選択した意図を含めて記述を促す。これが，Aの行為をカテゴリー化する際の文脈となる。他方の主体Bが，主体Aの行為について説明する場合は，主体Aの行為への意味づけを記述してもらう。それは，メッセージの言語的な解釈にとどまらず，関係性のメッセージとしての記述を促す。たとえば，Bが「Aのs1（図1）は，言い方がひどいと思った」と記述したとしよう。これでは，カテゴリー化は困難である。そこで「いい方がひどいと言うのは，もう少し言うとどんなことですかね？」と記述的循環的質問法の行為の意味の差異化を促す（表1　CDd）質問を試みる。Bは，「その言い方は，私をダメな人間だと強く批判してい

るように感じた」と再記述したとしよう。この記述により，BのAの行為に対する意味づけは，ベールズのカテゴリー表を用いれば，D12としてカテゴリー化することが可能になる（表2参照）。ここで強調しておかなければならないことは，この再記述を求めることは，クライアントに出来事の要素の新たな意味を浮上させる効果と，支援者のトランスアクション過程の類型化作業を容易にするという二重の効用があるということである。また，各要素のカテゴリー化の信頼性を保つために，カテゴリー化は，専門的知識を有する2名以上の構成員で行われる。

本章での測定法は，力動性の変容を示す方法であり，ベールズの12のカテゴリーの中で，どのカテゴリーが望ましいカテゴリーか，あるいはどのカテゴリーが増加したら望ましい結果になるのかという基準はない。これは，ベールズも述べている点であるが，D．社会的・情緒的領域：否定的反応も，問題解決には，必要な反応とみなされる。各局面で選択されるカテゴリーがズレていく過程が，変化として測定される。

また，この測定法で可能なことは，介入前後で，同等とされる場面の力動性の変化である。

(2) 力動性の測定と量的測定

① 力動性の測定

次にSRMの独創的な力動性の測定法について述べる。カテゴリー化されたシークエンスの要素群は，独自の3次元グラフで表示され，その力動性が測定される。この3次元のグラフは，X軸，Y軸に，それぞれベールズらの12のカテゴリーを置き，Z軸に各カテゴリーの出現頻度を取る。介入前データも，介入後データも，同様の手法で実施される。

シークエンスの要素群に対しベールズのカテゴリー表を用いることで，シークエンスの要素群の生成力学はA～Dのカテゴリーの選択力学に置き換えられ，問題増幅過程が明確に描き出され

表2　ベールズの相互作用過程のカテゴリーと略記号対応表

カテゴリー	略記号
A．社会的・情緒的領域：肯定的反応（Social-emotional area: Positive reactions）	
1．連帯性を示す。他者の地位を高める。冗談を言う。援助や報酬を与える。	A1
2．緊張緩和を示す。満足を示す。笑う。	A2
3．同意する。受動的受容を示す。理解する。一致する。従う。	A3
B．課題領域：中立的　試みられた応答（Task area: Neutral, Attempted answers）	
4．他者に対する自律性を示すような示唆，指示を与える。	B4
5．意見，評価，分析を提出する。感情や願望を表現する。	B5
6．方向づけや情報を与える，繰り返す，解明する，確認する。	B6
C．課題領域：中立的　質問（Task area: Neutral, Questions）	
7．方向づけ，情報，繰り返し，確認を求める。	C7
8．意見，評価，分析，感情表現を求める。	C8
9．示唆，指示，可能な行為の方法を求める。	C9
D．社会的・情緒的領域：否定的反応（Social-emotional area: Negative reactions）	
10．反対する。受動的な拒否や堅苦しさを示す，援助を控える。	D10
11．緊張増大を示す。援助を求める。「場外」に引きさがる。	D11
12．敵対を示す。他者の地位を落す，自己を防衛し，主張する。	D12

（Parsons and Bales 1955=1981）

る。さらに，そのことで変容点が明示され，変容力学の説明が具体化する。

　グラフ上の座標（1）は，記述されたシークエンスの要素群の1番目の要素（Aの行為選択：s1）と2番目の要素（Bの意味選択：m1）で構成される。次に，座標（2）は，シークエンスの要素群の2番目の要素（Bの意味選択：m1）と3番目の要素（Bの行為選択：s2）で構成される。同様の方法で順に座標が決定される。このような座標の取り方で，3次元グラフは作成され，それぞれの座標が矢印で結ばれ，シークエンスの要素群の力動性が示される。

　力動性が示された3次元グラフは，問題場面の力動性の結果を示すだけでなく，介入前データのグラフでは，差異化の力学が停滞し始める局面を明示できるため，ピンポイントされた介入点への介入計画づくりの基礎資料にすることが可能である。

② 量的測定

　SRMでは，カテゴリー化されたシークエンスの要素の量的測定も可能である。量的測定は，社会・情緒的領域と課題領域の2領域に区分された12のサブカテゴリーにおける，シークエンスの要素の出現数の数量的分布により実施される。たとえば，「社会的・情緒的領域」と「課題領域」での数量的分布，社会的・情緒的領域内のカテゴリーである「A．肯定的反応」と「D．否定的反応」の数量的分布，課題領域の「B．試みられた応答」と「C．質問」の数量的分布，さらに，A～Dのカテゴリーは，それぞれ3つのサブカテゴリーを有しているので，サブカテゴリー間での数量的分布も測定することができる（第8章図5参照）。

(3) 効果の測定

　問題場面の生成力学と介入により設定された課題実践後の解決場面の力学をそれぞれ，介入前，介入後とし，両者の結果を比較することで，どの

ような変化が生じたのか，つまり力動性の変化が介入による効果として測定される。ここでは，ピンポイントされた出来事のシークエンスの要素群の量的変化，および差異の生成力学の特性が，通常用いられる表現では，質と量が測定される。

(4) 使用した技法と差異生成力学の考察

クライアント特有の語りに対し，支援者は，問題を具体化し，さらにそれらのカテゴリー化が可能になるように，質問法を試みる。その際に使用した質問法は，表1に基づきカテゴリー化される。

たとえば，焦点化された問題場面の要素の差異化に，表1のⅠ．循環的質問法の「差異の質問」に分類されている技法群のうち，一つを用いたとしよう。そこでは，技法が選択されるシークエンスの要素が特定され，その質問法に対する応答として，差異が浮上する。この一つの特定の要素への質問法を試みた場合，カテゴリー化が可能となる。

また，一つの要素への技法選択だけではなく，出来事全体に対する解決志向的質問法や逆説的技法が選択される。この場合も，出来事シークエンスを要素に分解することで，カテゴリー化が可能になる。このシークエンス全体への差異化の場合は，循環的質問法との併用が推奨される。

まとめ

本章では，変容手順と連動した問題解決過程の効果測定法の理論的枠組みとその手続きが洗練されて論じられた。むろんこの測定法は，SRMの効果測定論の洗練化であるが，それは，本書でのファミリー・ソーシャルワークのものや人へのケア実践の過程を測定する方法に位置づけられる。

課題として残されているのは，支援者の使用技法のカテゴリー化およびシークエンスの要素の類型化における信頼性と妥当性の検証作業である。

なお，次の第8章では，本章の理論的枠組みに基づく，実践事例での問題解決過程の効果測定法の実際が示される。

[注]

1）このトランズアクション過程を分析する要素である，行為選択（s）と意味構成の類型化においては，未整備の課題が指摘されるかもしれない。それは，主体の行為選択（s）は，行為選択者の記述をもとに，判定者が類型化し，意味構成（m）は，他方の主体の行為をもう一方の主体が意味づけたものを，判定者が類型化する方法がとられるため，判定方法が一致しないのではないかという課題である。つまり，前者の要素と後者の要素においては，前者が，単純構成であるのに対し，後者は，二重構成であり，類型化の手続きが，両要素では異なるがゆえ，同次元においてそれらを系列化し，その力学を説明する方法は，理論上無理があるという指摘である。例えば判定者により，一方の主体の最初の行動（s）がD10として類型化され，他方の主体にその行動の意味構成（m）を問いかけ，その説明がA3として類型化されたと仮定しよう。前者の類型化は客観性を帯びると見なされ，後者の意味は構成されたと判断され，これらは一連のシークエンスに載せることはできないと批判されるであろう。この問題に対し，以下のような回答が可能である。一方の主体に，自らの行為（D10）についてのコメントを促し，このコメントを判定者が類型化し，さらに他方の主体に，一方の主体の行為（D10）へのコメントを求めるという手続きを踏むことで，これらのトランズアクションの連鎖を，構成された意味の連鎖として類型化するならば，同じ地平に配置することが容認されるであろう。ただし，支援活動においては，変容が最優先されなければならないため，支援活動の文脈で生じた変容力学を削ぐことがない方法で，これらの手続きを踏まえた変容手法とそのシークエンスの類型化の手法が提示されなければならないであろう。

［文献］

Bales, R. F.（1950）．*Interaction Process Analysis*: *A Method for the Study of Small Groups*. Cambridge, Mass: Addison-Wesley Press, Inc.

De Jong, P. and Berg, I. K.（2002）．*Interviewing for Solutions*（2nd ed.）．Canada: Brooks/ Cole.

Denzin, K. and Lincoln, Y. S.（2000）．*Handbook of Qualitative Research*（2nd ed.）．New York: Sage Publications.（平山満義監訳，大谷尚・伊藤勇編訳（2006）『質的研究ハンドブック』北大路書房）

Glaser, B. G. and Strauss, A. L.（1967）．*The Discovery of Grounded Theory: Strategies for Qualitative Research*. Chicago: Aldine.（後藤隆・大出春江・水野節夫訳（1996）『データ対話型理論の発見：調査からいかに理論をうみだすか』新曜社）

大下由美（2008）「社会構成主義的効果測定法の実際」加茂陽・中谷隆編著 『ヒューマンサービス調査法を学ぶ人のために』世界思想社，101-139。

大下由美・加茂陽（2008）「社会構成主義的効果測定論」加茂陽・中谷隆編著 『ヒューマンサービス調査法を学ぶ人のために』世界思想社，67-99。

Oshita, Y. and Kamo, K.（2011）．*Reconstructing Meaningful Life Worlds: A New Approach to Social Work Practice*. Bloomington: iUniverse.

大下由美・加茂陽（2013）「短期の現実再構成モデルの効果測定法」『家族心理学研究』27（1），1-15。

Oshita, Y. and Kamo, K.（2014）．A New Intervention Skills and Measurement Method for Clinical Social Work Practice. *Japanese Journal of Social Welfare*. 54（5），11-22.

Parsons, T. and Bales, R. F.（1955）．*Family: Socialization and Interaction Process*. Glancoe, Ill: Free Press.（橋爪貞雄・溝口謙三・高木正太郎・武藤孝典・山村賢明訳（1981）『家族』（『核家族と子どもの社会化』改題合本）黎明書房）

Walsh, F.（2012）．*Normal Family Processes: growing diversity and complexity*（4th ed.）．New York: Guilford Press.

第8章
問題解決過程の効果測定の実際

大下由美

はじめに

　第7章では，問題解決過程の効果測定の理論的吟味が試みられた。本章では，第7章で示された理論的枠組みに依拠した支援事例を用いて，効果測定法の実際を論じてみたい。

　以下で取り上げる事例のクライアントは，30代のアスペルガーと診断された娘と60代の母親である[1]（大下・加茂　2013）[2]。娘は，リストカット，大量服薬などのさまざまな自殺企図や家出などの衝動的な行動を繰り返し，そのことで娘と母は，頻繁に激しく言い争った。またこの言い争いは，娘の自殺企図などの行動化の引き金となり，外部からの介入（救急車の要請，警察への通報など）なしには止まらないこともしばしばであった。そこでこの家族の悪循環過程の変容が試みられた。本章ではこのケース全体の詳細な変容ではなく，局面での差異の生成過程を明示する。

　なお今回の測定では，このケースへのインテンシブな面接を行った連続した3回の面接場面のデータを用いる。

I．事例の評定と変容計画

1．全体的評定

　母は，娘のリストカットやダイエットなどの行動を，自分の身体を大事にしない行動として物象化し，全く理解できないと訴え，娘は，自分がしていることに対する母の理解が足りないと訴えた。

　そこで，お互いに理解が難しいと思う具体的な場面の説明を求めると，2人に共通した場面が食事場面であった。母は，娘がダイエットと称して実施している食事方法全体を，疾患（アスペルガーによる過度のこだわり行動）として物象化し，治療すべき対象だと説明した。他方娘は，母親の作る食事を，カロリー計算ができない加害的なもの（つまりダイエットを失敗させるもの）として道具化し，母親の行為を，揺らぐことがない拒絶する対象として物化していた。2人にとって食事場面は，両者の人の行為の物化とものの道具化が相まって進行し，歯止めがかからない問題増

幅の力学が展開する場面であった。もう少し正確に説明するならば、この場面においては、摂食というものの世界への関与法に対し、正常異常として社会的に類型化された人的な意味が付与され、それが固定化し、それは逆に、人格障害などと人の世界を物象化する力学を生み出すという、双方向の力学が展開している。さらにそこでは、このものの道具化と人の物化の両面の過程が、対人間で相互に影響しあい、次の世界構成の文脈が形成され、世界が生成され続けていると言える。問題場面は、この力学において、差異の産出力が著しく低下した事態として見なされる。

このような、矛盾増幅過程を、人の物化とものの道具化に区分して説明することは、有効な変容点の焦点化を可能にする。この母娘間においては、母親の娘の行動への定義づけに着目すれば、娘の症状の物象化、物化を見ることができるし、娘の母親の行動への定義にも、同様に加害者という類型化、物化の構成を読み込むことができる。さらにそれぞれが生活場面で使用するものを自他構成の素材として道具化して利用している。このような、トランズアクション過程における問題構成を増幅させ、硬化させる人の物化、ものの道具化の力学に着目することで、多様な変容点が見出され、問題の変容力が増大する。

2. 変容計画

母の娘の行動に対する一義的な定義を変容することが一つの戦略である。それは、母が意味構成した娘の行動全体（母への反抗的行動と食物や食べる時の道具への関与法を含む）を取り上げ、そこでの娘のメッセージ伝達法への意味構成に焦点化するか、あるいは娘のメッセージ伝達に伴う物材、食べ物や食事の道具への意味づけに焦点化し、その差異化を試み、全体的行動の意味構成を変容することである。それを引き金に、娘への定義の変容を試み、ひいては新たな全体的行動を生起させることである。

他方、娘が母の行動全体への意味構成を変容させ、そして次の全体的行動を生成させることが、もう一つの戦略として考えられる。母親のメッセージや母親が扱うものへの意味構成に焦点化し、差異化を試み、母親の行動全体の意味構成の変容、ひいては母親への定義の変容を目指し、次の娘の新たな行動全体を作り出す方法がある。

さらに、母娘間の食事場面の行為選択法全体を肯定的にリフレームし、その行為を意図的に選択するよう指示することで、行為の意味づけを変容する方法がある。本事例ではこの方法から変容が開始された。

Ⅱ．変容過程

以下では、変容手順（第7章　図2　SRMの変容手順と測定手順の関係参照）に従って、上記の事例の変容過程を論じてみたい。なお、変容手順と測定の関係は表1にまとめられている。

1．訴　え（測定1回目）

母は、娘がダイエットと称して行う食事行動を理解できない、それは病気だと訴えた。他方娘は、母が作るものはカロリーがわからないので食べられないと強く訴えた。

2．問題場面の記述と評定

(1) 問題場面の記述過程と介入前データの収集過程（評定：測定1回目）

両者の訴えを具体化するために、母娘に食事場面での具体的なやりとりの記述が求められた。母

表1　変容手順と測定の関係

面接回数	変容手順	表番号	図番号	測定回数
1回目	問題場面の評定	表2	図1	1回目
2回目	1回目の実践の評価	表3	図2	2回目
	次の実践課題作り	表4	図3	3回目
3回目	2回目の実践の評価	表5	図4	4回目

娘の語りは，メッセージ（s）と意味構成（m）の要素のシークエンスとして整理しながら，以下のように面接が実施された。このシークエンス作りは，解決の地平づくりであると同時に，問題場面の力学を評定する測定データの収集過程でもある。

なお逐語文中の（　）内のアルファベットK，Tと数字を組み合わせた記号は，測定および測定に用いられるシークエンスの要素を選択した主体とその発生順序を示している。ローデータは，分析に際し，トラッキングデータへと変換される。また，この記号は，表2の「対象」の欄の記号と一致している。【　】は用いられた技法で，第7章表1の略記号が用いられる。〔　〕は，話者の意図をわかりやすくするために，筆者が加筆した内容である。SWはSocial Workerの略で，筆者を示す。Tは母親，Kは娘を示す。なお技法のカテゴリー化は，専門家2名で実施した。

1 SW：今お話しいただいた食事の場面は，お二人にとってとても大事な場面だと思うので，もう少し具体的に，どんなことが起こるのか，詳しくお聞きしてもいいですか？【CDd：出来事の差異化】
2 T：この子がご飯をこぼす（K1）のを見ると，〔自分が作った料理（物）＝母親自身を粗末に扱ったと感じ〕私がイライラするでしょ（T2），だから「箸を口の前から持ってくるからこぼすのよ。直しなさい」（T3）と言うんです。それなのに聞いているのか聞いてないのかよくわからない感じの「ふ～ん」という返事をするので，直す気はないんでしょうけどね……（ここでは娘の箸の使い方は問題行動であると固定化され，物化されている）
3 SW：最初に，娘さんがご飯をこぼされるのを見てお母さんは，イライラされて，そのあと，こぼさないようにするための方法として，「箸を口の前から持ってくるからこぼすのよ。直しなさい」と娘さんに言われる……【TCa：2者間での行為の結果】。（母うなずく）……娘さんは，その時，お母さんから言われたことをどう思った？【CCa2：母の行為選択を文脈とした娘の意味構成】
4 K：お母さんの価値観を押し付けられた感じがした（K4）。自分はこの食べ方で不自由はないし。だから，「ふ～ん」（K5）としか答えなかった。
5 SW：なるほどね。お母さんの価値観を押し付けられたと感じて「ふ～ん」と言われた【TCa：2者間での行為の結果】。お母さんは，娘さんが「ふ～ん」と言われたのを聞いて，どう思われましたか？【CCa2：娘の行為選択を文脈とする母の意味構成】
6 T：「ふ～ん」という言い方は，聞いてないと思って（娘の行為の物化）イライラしましたよ（T6）。でもそれに対しては言い返さず黙っていましたけど（T7）……。

7 SW：お母さんは，娘さんの「ふ〜ん」に対し，イライラしつつも何も言われなかった……【TCa：2者間での行為の結果】……あえて黙っておられたお母さんの行動を，娘さんは，どう思いますか？【CCa2：母の行為を文脈とした娘の意味構成】

8 K：別に。お母さんは〔私の反応をそもそも〕気にしてない（母の行為の物化）と思った（K8）。

9 SW：その時は，お母さんの反応を見て，あなたの反応を気にかけているとは思わなかった……【TCa：二者間での行為の結果】。そのあとどうなりました？【CCa1：娘の意味づけを文脈とした娘の行為】

10 T：この子は人の気持ちがわからない（娘の類型化）から……この子は，私への嫌がらせのように，こぼしたご飯を拾って食べ始めた（K9）ので，気持ち悪くなりました（T10）。だから，「こぼしたものは食べないの」（T11）と強く言いました。

11 SW：娘さんが，こぼしたご飯を拾って食べるのを見て，お母さんは，「こぼしたものは食べないの」と言われた……【TCa：二者間での行為の結果】，娘さんは，そのことをどう思った？【CCa2：母の行為を文脈とした娘の意味構成】

12 K：落としたご飯は食べないともったいないと思う。少々ほこりがついても自分は関係ないと思っている。だから，やっぱりお母さんは，価値観を押し付けている（母の行為の物化）と思った（K12）。

13 SW：そのあとは何が起こりましたか？【TCa: 二者間での行為の結果】

14 T：この子は今言ったように，ほこりがついていても平気なんでしょうね，「いいの」（K13）と言うんですが，私の方が我慢ならなくなって（T14），「もうあんたは食べなくていい！！（物の

表2　悪循環過程の構成要素とカテゴリー（介入前のデータ）

対象	悪循環のシークエンスの要素	カテゴリー/座標
K1	ご飯をこぼす	D10s (1)
T2	イライラする（Kの自分Tへの否定的反応）	D10m (2)
T3	箸を口の前から持ってくるからこぼすのよ。直しなさい	D12s (3)
K4	価値観を押し付けられた	D12m (4)
K5	ふ〜ん	D10s (5)
T6	（ますます）イライラする（Kの自分Tへの否定的反応）	D11m (6)
T7	何も言わない	D11s (7)
K8	（Tは自分Kのことを）気にしていない	D10m (8)
K9	こぼしたご飯を拾って食べる	D10s (9)
T10	気持ち悪い行為（Kの自分Tへの嫌がらせ）	D12m (10)
T11	こぼしたものは食べないの	D12s (11)
K12	（またTは自分Kに）価値観を押し付けている	D12m (12)
K13	いいんよ	D12s (13)
T14	我慢ならない（Kは全くいうことを聞く気がない）	D12m (14)
T15	もうあんたは食べなくていい！！	D12s

（大下・加茂 2013：9）

道具化，娘の類型化）」（T15）と言って，強制的に片づけます。

（2）問題の評定

上記の食事場面での母と娘のやりとりに関する記述の中から，母娘間で展開したシークエンスの要素のみ（K1～T15）を取り出してみよう（表2参照）。表2のカテゴリーの欄にある記号は，ベールズの相互作用過程のカテゴリー表（第7章表2参照）の略記号に，s（行為選択）とm（意味構成）の区別をつけたものである。これらの要素のカテゴリー化は，2名の専門家により実施された。なお表中の「悪循環のシークエンスの要素」欄の（　）で示した内容は，面接での文脈を理解しやすくするために，筆者が書き加えたものである。また，本章での変容過程の考察は，行動全体の側面であるメッセージ伝達行為とものそれぞれについて，意味構成と行為選択ごとに試みられるが，測定においては，メッセージとものそれぞれの計量的な測定方法の理論化には至っていないため，測定されるのは行動全体の意味構成，あるいは選択された行動全体とする。

この母と娘の食事場面での悪循環の過程では，両者の全ての行為選択と意味構成が，D．社会的・

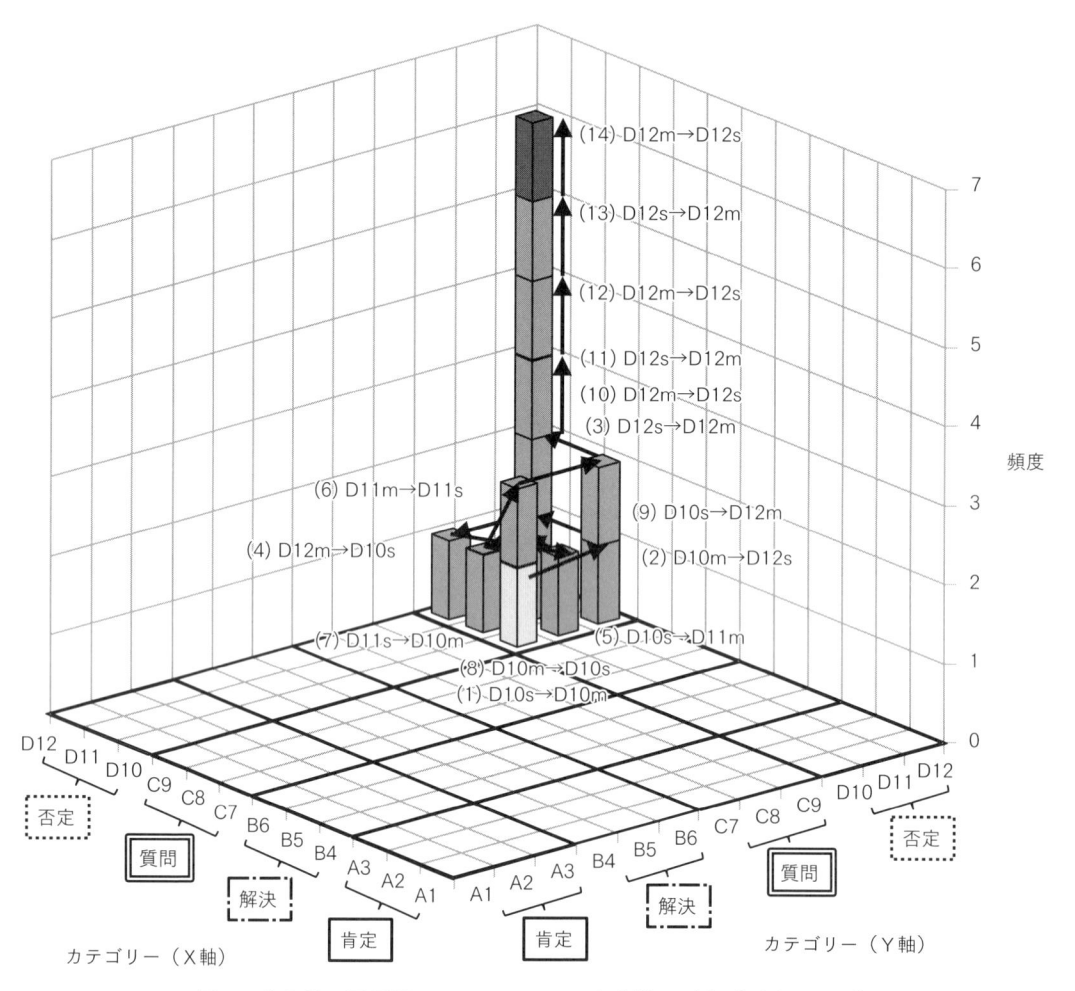

図1　介入前の悪循環のシークエンスの力動性の測定（測定1回目）
（大下・加茂　2013：9）

情緒的領域の否定的反応にカテゴリー化された。この過程においては，両者の行為の意味づけの固定化，物化と，そこで利用されるものに対する道具的な意味づけが進行していた。母は娘の行為をイライラさせる行為として，娘は母の行為を，価値観を押し付ける行為として固定化し，母と娘の両者間では，互いに他者の行為の物化の力学が相乗的に作動していた。それは，それぞれの次の現実づくりの作業の先行的文脈として機能した。また，そこでは，母親は，娘がこぼしたご飯を，自分を粗末に扱う証として意味づけ，娘は箸を母親の価値観の押しつけの道具として意味づけ，ものの道具化のやり取りも同時的に展開していた。それぞれのこの硬化したものへの道具的な意味合いの付与も，次の行為選択や意味構成の文脈として作用していた。

このD領域のみの要素で構成され，人の物化とものの道具化の生成力学が，相乗的に展開する食事場面のシークエンスの変容は，表2のK1〜T15の各要素のどれか1つの要素の差異化から開始される。

（3）問題場面の力動性の測定（測定1回目）

表2のデータをもとに，このシークエンスの力動性を測定してみよう。表2の座標欄の（1）〜（14）は，3次元グラフを作成するときの座標番号を示す（図1参照）。

図中の最も薄い色のブロックが始点で最も濃い色のブロックが終点を示す。

図1で視覚化された，母と娘の悪循環のシークエンスの力動性を考察してみよう。「(1)」の座標〜「(9)」の座標までは，D領域内に限定はされるものの座標移動が見られるが，「(10)」の座標〜「(14)」の座標では，座標移動が見られなくなり，D12にカテゴリー化される要素が連続して生成された。つまり，「(10)」座標から「(14)」座標は，差異の生成力学の衰退が示されている。つまり，母も娘も，このシークエンスの後半では，双方の行為への意味づけと，相手への行為選択は，対立的意味合いが強化され，その変容力が生じなくなっていたと考えられる。

この母と娘のシークエンスの力動性の変容は，原則的には，どの要素の差異化からも可能であるがゆえ，「(1)」の座標〜「(14)」の座標の内，1つの座標値の差異化から，シークエンス全体の差異の生成力学を活性化する変容手法がとられる。

3. 記述した要素のリフレクション過程

次に，変容対象とする座標を絞る具体的な展開例を示す。本事例においては，母娘が，互いに記述した要素をリフレクションしてもらったのち，変容ポイントを母親に選択してもらった，過程を示す。ここでは，ものの道具化に焦点化されて，リフレクションが試みられる。

15 SW：いやあ，少し驚いているのですが……何かわかりますか？【CDd：出来事の差異化】
16 T：いいえ，なんでしょう？？？
17 SW：娘さんがご飯を食べないことに困っておられると思っていたのですが，今のお話を伺って，お母さんはうまいこと娘さんがご飯を食べられるように，既にしておられるんだと思って……【PR：問題場面の枠組み変え】
18 T：食べる時はたまにはあります。上手なことを言えば食べることが多いです。
19 SW：お母さんが上手に言われたら食べる時がある……【TCa：2者間での行為の結果】。では，先ほどの場面は，娘さんに上手に言われて，食べさせていた場面だと……【CDd：出来事の差異化】
20 T：まあ，そう言えばそうですけど……どうせ食べるなら，ちゃんと食べてほしいんです。

21 SW：はあ，なるほど。まったく食べないから，少しでも食べさせることが目標であるというよりも，食べたときの食べ方の方で困っておられると……【OSDa：差異の順序付け】

22 T：まあ，そうですね。

娘の思考や行動全体を否定的に構成する母親の文脈が差異化されるならば，それぞれの現実構成法は揺らぐ。そしてこの揺らぎは，特定の問題場面を取り上げ，さらにそれを要素に分解することで生起する。この戦略のもとで，食事場面が取り上げられ，道具使用の意味合いを価値評価する硬い先行的な文脈の差異化が試みられた。問題場面として記述された要素のリフレクションを開始する前に，まずは，15 SW，17 SW でこの食事場面を語る文脈を肯定的な文脈に差異化する質問を試みている。母は娘が自分の言い方次第で，食事をすると語り，対処できる場面が多くあることを語った（18 T）。つまり，ものの使用法に考察が焦点化されることで，母親自身が実行している，既存のコミュニケーション技術を語り始めた。その語りを強化するため，ソーシャルワーカーは，さらに記述的循環的質問法を用い，その出来事の意味の確認を図った（19 SW，21 SW）。

このものの使用法に考察の焦点を置くことは，そこでの母親の既存のコミュニケーション技術の語りを浮上・強化できると考えられた。そこで，ものの使用法を徹底することを指示する，パラドキシカル処方が，以下のように実行された（23 SW）。

23 SW：先ほどのお話だと，食べ方で言うと，お母さんは，箸の持ち方，落としたものの食べ方にこだわりがあり（母のものの道具化），娘さんにも同様に，お母さんとは違う方法で，食事をする方法にこだわりがあり（娘のものの道具化），それぞれご自身のやり方を大切にしておられるのだと思いました【PR：肯定的意味づけ】。……どうでしょう……これまであれこれやってこられて，お互いに食事の方法を変えることが難しいと感じておられるようであれば，今のやり方を，もっとこだわって，やってみられるのもいいかと思うのですが【PP：パラドキシカル処方】，いかがですか？【CCb2：出来事を文脈とする言語行為への意味づけ】

24 K：え？

25 T：とことんこだわってやるってことですか？……でも自分で言って今気が付いたけど，自分が（箸のことを）そう言われたら（表 2 の T3 の行為），嫌ですね……ほんとうにそう思うわ。嫌よね（娘に向けて）

26 K：うん。

23 SW で，母親と娘それぞれの食べる時のものへの関与法を肯定的に意味づけ【PR：肯定的意味づけ】，そのものへの関与法をこだわり続けることを処方した【PP: パラドキシカル処方】。すると，母は，娘の箸への関与法を批判する自らの行為をリフレクションし始め，娘に「嫌よね」と問い返す行為が，面接場面で選択された（25 T）。それに対し娘は，「うん」と答えた（26 K）。つまり，ここで，母が自らのメッセージ（表 2 の T3）をリフレクションの対象として選択したことになる。

4．実践プランの具体化

母は 25 T で自分の行為選択へのリフレクションを開始した。これまでも，ものの道具化に焦点化されていたが，引き続き，ものの道具化に焦点化して面接は進められた。

27 T：自分も小さいとき，ご飯を食べるとき，同じことを注意されて直したから，この子もそれが必要と思って。自分も，もうあと何年生きているかわからないと思ったし。最近そのことが気になって言い始めたけど，でも，いまさら直らないですよね。自分色に染めようと，一生懸命言ってみたけど，無理ということですかね……。

28 SW：お母さんとしては，この間，せっかく一生懸命娘さんに言ってこられたことを，今後もやり続けるのではなく，やり方を変えてみようと思っておられる？【TDd：過去の行為と未来の行為の差異化】

29 T：はい。自分で今話してみて，そう思いました。自分がやってきたことは無駄に近いと思ったから，もうやめます。

30 SW：今，お母さんは，娘さんに対して，これまで一生懸命言ってきたやり方を変えると潔く言われたのだけれど，実際，これまでのやり方を捨てて，別のやり方に変えるのは簡単なことではないと思う……。それでも，お母さんは，変えようと思われる？【CDd：行為の差異化】

31 T：はい。もうやめます。決めました。

母は自らの過去のエピソードを文脈に，現在の娘の行動への意味づけと行為選択を固定化していた（27 T）。それを，この一連のリフレクション過程から，娘のご飯を食べるときの箸への関与法を，「修正すべき道具への関与法」と意味づけ，同時にその関与法を実施している娘を批判していた，これまでの行為選択法と意味構成法を，それぞれ差異化させたのである。つまり，娘の「箸への関与法」については，修正すべきではない（29 T）と意味づけなおされ（表2 T2の差異化），31 Tにあるように，母は娘を批難する行為選択（表2 T3）をやめると宣言したのである。

32 W：固い決心をされたように感じられますが，たとえば，お母さんが，先ほど話してくださった食事場面の中で，やめると決心されたのは，具体的に言うと，どのようなことになるか教えてもらえますか？【CDd：行為の差異化】

33 T：箸のことを言いません〔母によるT3sへのピンポイント〕

34 SW：えっと……箸のことを言わないというのは……，具体的に，お母さんが，娘さんがご飯をこぼされるのを見て，箸の使い方が気になった時，どうされるということでしょうか？【TCa：二者間での行為の結果】

35 T：「箸を口の前から持ってくるからこぼすのよ。直しなさい」というのを言わないようにします〔母によるT3の行為選択の差異の浮上〕。こぼすこととか，箸の持って行き方とかを，気にしないようにします〔母によるT2の意味構成の差異の浮上〕。

36 SW：娘さんがご飯をこぼしても，お母さんが仮にそこで何も言わずに，黙っておられたとしたら，娘さんは，その時のお母さんの行動を，どう感じていると思いますか？【TCa：二者間での行為の結果】

37 K：う〜ん，よくわかんないけど，少しは違う気がする。

そこで，母の娘の行為選択への意味づけの差異化に連動する母の新しい行為の選択力を向上させるべく，母親に選択する行為を具体化するよう促した（32 SW，34 SW）。すると母は，娘の箸への関与法への批判的行為を「黙る」という行為選択に変容する（T3の差異化）可能性を語った（35

T）。そこで娘に，母親が浮上させた行為選択の差異についてリフレクションを求めた（36 SW）。娘は 37 K では，はっきりとは答えられなかったが，変化の可能性があることは確認された。

この微細な娘のものへの関与法への意味構成への差異化に基づく，母の差異化された行為選択が実行されたならば，これまでの「価値観の押しつけ」という娘の物化した母親の行為への意味構成は，変容する可能性が浮上した。そこで母が提案した新しい意味構成（修正すべき行為ではない）と行為選択（「黙る」）の実践を課題として設定し，娘には，母の新しい実践により，今までの価値観を押しつけられたという意味構成に変化があるかどうかを観察し，次回の面接で，その報告をしてもらうことを課題とした。

5．1回目の実践過程の記述と評価

（1）1回目の課題実践場面の記述（面接2回目）

次の面接では，実践課題の結果の報告を促した。すると母は，「娘にあれこれ言うのはもう諦めたから，そのことは取り上げなくていい。私のことはいいですから」と遠慮がちに発言された。そこで支援者は，「これまで大切に実行されてきたことを，そう簡単に諦めた（娘の箸への関与法を気にせず，批判的行動を取らない）実践を実現することは難しいので，ぜひその場面を詳しく教えてほしいのですが……」と，母親に実践場面の記述を再度促した。その結果は表3に示す。

（2）実践過程のシークエンスの評定

表3では，実践過程で記述された要素群の前半部分（K1～K8）のみを示している。K9以降のやり取りのデータは，表2同様，対立増幅過程が生成しており，ここでは省略した。なお表中の「実践過程のシークエンスの要素」欄の（　）で示した内容は，面接での文脈を理解しやすくするために，筆者が書き加えたものである。

このシークエンスでは，表2に比べ，A領域にカテゴリー化できる母の意味づけ（T2：A3m）と行為選択（T3：A3s）の要素が浮上している。その他の要素は，D領域のカテゴリーとなっているが，D12ではなく，D10やD11など，D12よりも対立的意味合いが軽減した要素群が選択されたと言える。

（3）実践過程の力動性の測定（測定2回目）

次に表3で示された，「(1)」の座標〜「(7)」の座標を，3次元グラフに変換し，母が課題実践を試みた結果，母と娘の間で生じた，新しいシークエンスの力動性を評定してみよう（図2）。

最初の「(1)」の座標（D10s, A3m）は，食事場面での娘の行動（K1）を，不作法な修正すべき行動としてではなく，娘なりの箸への用法とし

表3　1回目の実践過程のシークエンスの要素とカテゴリー

対象	実践過程のシークエンスの要素	カテゴリー／座標
K1	ご飯をこぼす	D10s　　(1)
T2	諦めた（Kの食べ方として評価できる行動）	A3m
T3	何も言わない	A3s　　(2)
K4	気にしていない（Tは自分に関心を向けていない）	D10m　　(3)
K5	またこぼす	D10s　　(4)
T6	気になる（自分への反抗的意味を含んでいる行動）	D10m　　(5)
T7	ほら，落ちた	D11s　　(6)
K8	また言っている（Tは自分への非難を言い始めた）	D10m　　(7)

（大下，加茂 2013：11　一部修正）

て評価するという肯定的な意味構成（A3m）が選択されている。また，それに続く「(2)」の座標（A3m，A3s）では，肯定的な意味合いを有する行為（黙る）が選択されている。しかし，次の「(3)」の座標（A3s，D10m）では，母の新しい行為選択に対する娘の意味構成は，否定的な意味合いで構成され（K4：D10m），それに続く行為選択は，「(4)」の座標（D10m，D10s）のように，D領域の娘の行為選択（K5）が浮上した。それ以後の座標では，D領域内ではあるが，座標移動があり，微細な差異の生成力学が考察されるが，後半では結果的に対立増幅となった。つまり，母のT2での意味構成の差異化は，母親のT3での行為選択の差異化には連動したが，娘の意味構成の差異化（K4）および次の娘の行為選択（K5）の差異化には，微力であったことが明らかになった。そこで，母の行動変容（T3の差異化）が，娘の意味構成（K4）の差異化とも強く連動し，その後のシークエンスの差異の生成力学が活性化するように，母が変容ポイントとして選択したT3の行為選択をさらにリフレクションすることが，次の介入計画となった。

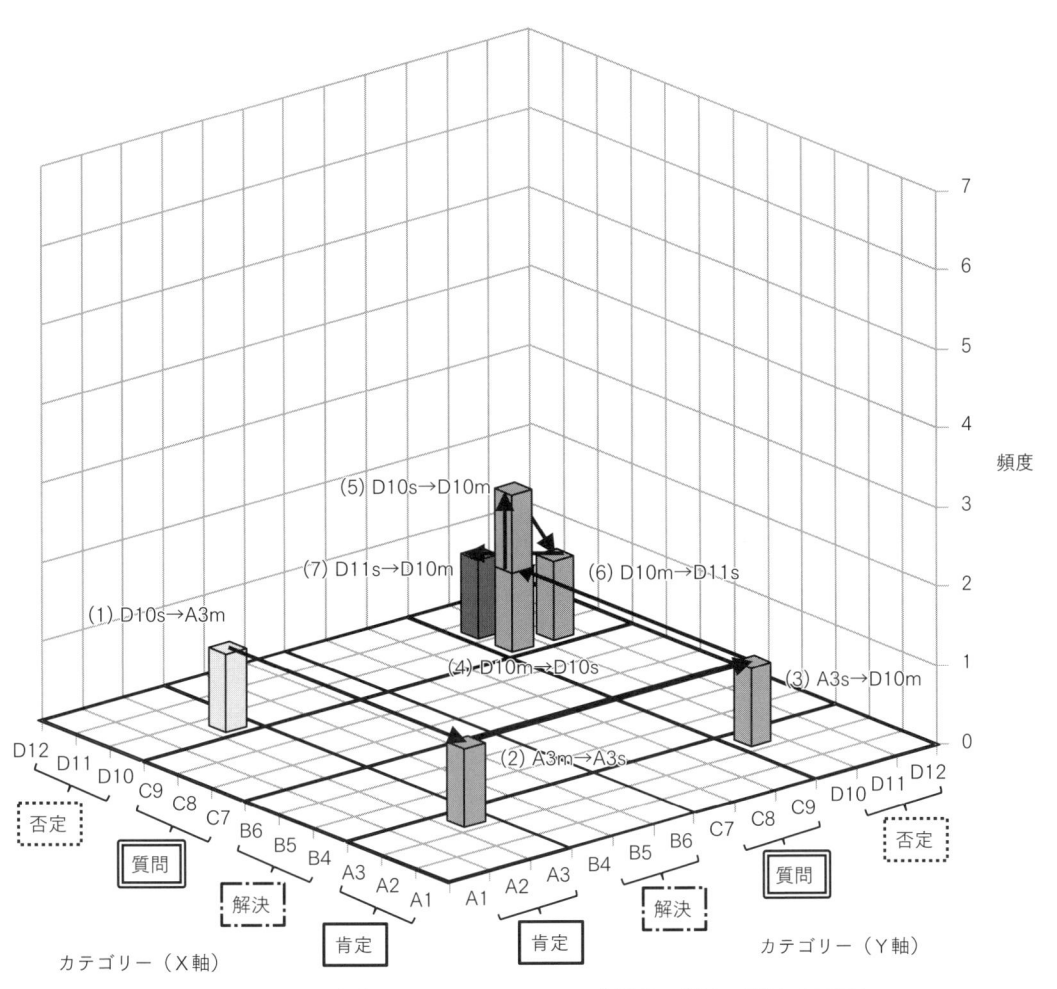

図2 1回目の実践過程のシークエンスの力動性の測定（測定2回目）
（大下・加茂 2013：11 一部修正）

6. 例外事象の活用と新たな実践課題の設定

(1) 既存の解決シークエンスの記述

母から「諦めた」実践が説明された後，今回確認された微細な差異化の力学を，活性化させる具体的な実践課題について話し始めたとき，娘から，自発的に，「母にはもっと諦めた場面があった」と発言があった。そこで「それはどういうことか，もう少し教えて？」と語りかけ，娘の構成した母の「諦めた」場面について記述を促した。

(2) 既存の解決場面のシークエンスの評定

その結果を，表4に示す。図2で測定された力動性を変容する手法としては，表3の要素の1つを取り上げ，リフレクションを試みる方法（T3を再び取り上げる）と，「諦めた」場面として記述された表3のシークエンスよりもよりうまく「諦めた」実践ができた場面（例外事象）の記述を求め，その要素群を再現し，それに基づく次の実践計画を立てることもできる。ここでは，偶発的に，よりうまく「諦めた」母親の実践があったことを，娘が語り始めたため，この例外事象の記述を差異の生成力学を活性化する資源として，活用する計画にした。なお表中の「既存の解決場面のシークエンスの要素」欄の（　）で示した内容は，面接での文脈を理解しやすくするために，筆者が書き加えたものである。

このシークエンスの要素群をカテゴリー化すると，A～D領域のすべての領域の要素を含んでおり，D領域にカテゴリー化される要素が激減している。特に，母親のT3での行為選択は，課題解決領域の要素であるC8sにカテゴリー化される行為であり，T7でも同じカテゴリーの行為が繰り返し選択されている。娘の母親の行為への意味づけも，K4では，A3mが浮上し，K5ではA3の行為も選択され，表3のシークエンスの要素とは異なる新しい要素が選択されたシークエンスと言える。

(3) 既存の解決場面の力動性の測定（測定3回目）

表4の「(1)」～「(12)」を座標として，3次元グラフに変換したのが，図3である。この娘が，「(母が)諦めた」場面として語った既存の解決場面のシークエンスの力動性を考察してみよう。「(1)」の座標（D10s, A3m）では，娘の行為（K1:

表4　既存の解決場面のシークエンスの要素とカテゴリー

対象	既存の解決場面のシークエンスの要素	カテゴリー/座標
K1	（テレビを見ている）	D10s (1)
T2	食べる可能性のある行為だ	A3m (2)
T3	野菜ジュースが2つあるよ。どっち飲むの？	C8s (3)
K4	（Tが自分Kの食事方法を）理解してくれたメッセージだ	A3m (4)
K5	う〜ん	A3s (5)
T6	食べる可能性がある行為だ	A3m (6)
T7	かぼちゃの煮つけがあるから，（野菜ジュースを）小さい方にして一緒に食べる？	C8s (7)
K8	（Tが自分Kにあった食事方法を）理解した上での提案だ	A1m (8)
K9	うん	A3s (9)
T10	Kは自分Tの提案を受け入れた	A3m (10)
T11	箸と自分の食器は，自分で運びなさい	B4s (11)
K12	Tが自分Kを食事に誘う行為だ	A3m (12)
K13	（台所へ取りに行く）	A3s

D10s) に対し，母の肯定的な意味合い（T2: A3m）が付与され，表3と同様の力学の生成が確認される。ところが次の「(2)」の座標（A3m, C8s）では，母のA3mの意味構成ののちの行為選択が，表3の行為選択とは異なっていた。つまり，母の行為選択は，A. 社会的・情緒的領域：肯定的反応から，C. 課題解決領域：質問にカテゴリー化される行為が選択されていた。具体的には，母のこの行為（T3: C8s）は，娘のこだわる飲みもの（特定の野菜ジュース）への肯定的関心を示し，かつ，野菜ジュースへの特有の関与法を実施する娘への肯定的なメッセージでもあった。この母のT3での新しい行為選択（C8s）は，娘にとっては，食べ物にこだわっている自分自身を理解してくれた行為（K4: A3m）として肯定的な意味が，娘によって付与され，「(3)」の座標（C8s, A3m）が生成した。ここでは，母の行為選択の差異化と連動し，娘の意味構成の差異化も生じている。

さらに，娘の，母親の行為への肯定的意味づけ（K4：A3m）の浮上は，娘の新しい行為選択（K5：A3s）の生成力とも連動し，「(4)」の座標（A3m, A3s）が生成し，娘はA. 肯定的反応を選択できた。この娘の肯定的反応に分類される行為選択は，引き続き母親が，娘のものへの関与法を肯定的に意味づける力として作用し（「(5)」の座標（A3s, A3m）），再び娘のもの（野菜ジュースとかぼちゃ

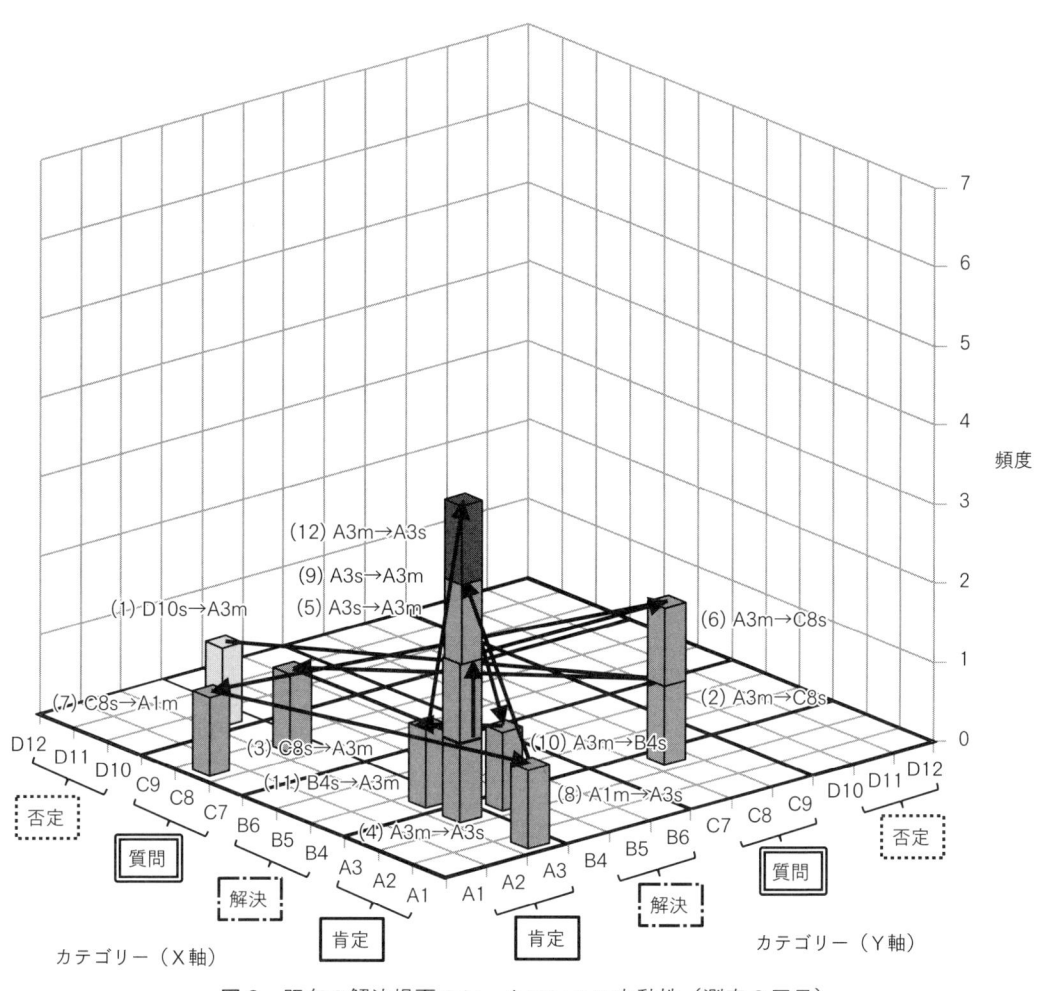

図3 既存の解決場面のシークエンスの力動性（測定3回目）

の煮つけ）への関心を示す行為の選択力と結び付き，「(6)」の座標（A3m, C8s）の生成となった。

この過程で，これまでの娘の食べ物への関与法は，数字で示せる「カロリー計算がきっちりされたもの」に限定されていたが，「カロリー計算ができない母親の料理（かぼちゃの煮つけ）」と「カロリー計算された食べ物（野菜ジュース）」とを組み合わせて，「（カロリー）計算された食べ物（かぼちゃと小さい方のジュース）」を作り出し，それへの新しい娘の関与法，つまり母親の行為T7に対し，K8(A1m)が生み出された。そこでは，「カロリー計算されていない料理」およびそれを作る母親への否定的な意味を含む行為選択力は衰退し，母への肯定的反応（K9：A3s）が再び選択されていた。

7．リフレクションと次の課題設定

この図3のシークエンスの力動性は，図1，図2に比べると，差異の生成力学が活性化しているシークエンスであることがわかる。そこで，図3で考察されたシークエンスの差異の生成力学を，さらに強化していく変容法が採択された。そのために，今度は，娘の方からこのシークエンスの要素群についてのリフレクションを開始した。

1 SW：今のお母さんが「諦めた」という場面の話を聞いてみて，お二人のいくつもの努力が埋まっている場面に感じられてならないのですが……（二人とも笑顔）……そこで，お二人の努力をゆっくりお伺いしたいのですが……，娘さんは，さっき，この場面を「やりやすかった」と言われたけど，どんなところが，今までと違ってやりやすかったのか，教えてもらえますか？【CDd：出来事の差異化】

2 K：お母さんがご飯の支度をしている時から，鮭（夕食のメニューで鮭があることは知っていたが，母はそれを勧める行動をとらなかったので）は食べないと思っていたし，かぼちゃも関係ないしと思っていた。でも野菜ジュースのことをお母さんから聞かれた時，野菜ジュース（それだけを飲む自分の食事行動）を認めてくれていると思った。

3 SW：最初に，野菜ジュースのことを聞かれて，お母さんが，野菜ジュースを飲む自分を，認めてくれていると思った……【TCa：2者間の行為の結果】……それが，まずいつもとは違っていた？【CCb1：行為の内容の言語行為への変換】

4 K：うん。だから，自分の頭の中に，冷蔵庫があって，野菜ジュースの話が飛び込んできたので，イメージしやすかった。

5 SW：今回のお母さんの聞き方は，娘さんの頭の中で，自分の飲んでいるものについてお母さんが質問してくれたので，お母さんの言っていることが，映像化できて，しかもカロリー計算して食べるのに判断しやすかったということ？【CCb1：行為の内容の言語行為への変換】

6 K：すごく判断しやすかった。それに，食事の前に楽しいこともあったし。

7 T：私もそれが大きいと思います。楽しいことがあったから，うまく行ったんだと思う。

1 SWで娘に，母にとって「諦めた」場面は，娘にとって，「やりやすかった」場面として語られていたことを踏まえ，娘には，母親のどの行為が「やりやすかった」のかについてリフレクションを促し，その記述を求めた。娘は，表4のT3：

「野菜ジュースが２つあるよ。どっちを飲むの？」を取り上げた。T3 の母親のメッセージは，その時母親が作っていた鮭やかぼちゃの煮つけについては一切触れず，まず娘がいつも飲んでいる野菜ジュースについてのみ質問する方法が採用されていたことを，娘は肯定的に評価した（2 K）。言い換えれば，母親の行為選択（C8s）は，娘だけが飲むジュースについて質問したことで，結果的に，野菜ジュースを飲み続ける娘を認める行為として，娘によって肯定的な意味を付与されたのである。つまり，母親の野菜ジュースというものへの肯定的関与法の伝達が，娘自身への肯定的関係性定義の浮上と連動したのである。この過程で，母親の行為に対する娘の行為選択は，不快さを示す D 領域のものではなく，A 領域に分類される肯定的な意味合いを伝達する行為選択へと差異化されたのである。

さらに，この食事場面の生成は，その前に，二人にとって「楽しいことがあった」（7T）ことが文脈となっていることが語られた。ここでは，その「楽しいこと」についてさらに記述を促す方法は採用せず，それを文脈として，この食事場面で，娘が評価した母の表 4 の T3 の行為選択を，さらにリフレクションすることを試みた。

8 SW：……う〜ん……一つ思うのですが……食事の場面の前に，楽しいことがあったからというお話ですが，きっとそれもお二人にとって，影響力が大きかったのだと思います。ただ，今回教えていただいた場面は，お二人の話し方次第では，いつものような言い合いになる可能性もあったと思います【TCa：二者間の行為の結果】。でも，今回は，そうはならなかった。どこに秘訣があるのでしょうかね【CoQ：コーピング・クエスチョン】。楽しい出来事が，食事より前にあっただけで，それが実現できたのでしょうかね……？【CDd：出来事の差異化】

9 T：……他に？　なんでしょうかね？　意識してないですからね……

10 SW：意識してなくてできているとしたら，なおさらすごいですよね……ますます感動ですね【PR：肯定的枠組みづけ】

11 T：私の料理は天才的だと前ふりをしておくとか？

12 SW：ほおほお，お母さんの料理は天才的だと話しておくこともやってみられたと。他には？【CDd：行為の差異化】

13 T：え？　他に？　もうないです。そんなに考えてやってないですよ。

14 SW：じゃあ，私からお伺いしてもいいですか？　私が感動したことの一つは，お母さんの娘さんに対する質問の仕方〔表 4 T3 のリフレクションの開始〕です。さっき娘さんが，「お母さんに聞かれて，イメージしやすかった」と言われていたので，娘さんにとってわかりやすい，とっても計算された聞き方ではないかと思ったんです【PR：肯定的意味づけ】。どう思われますか？【CDd：行為の差異化】

15 T：そこまで考えてないですよ（笑）。

16 SW：最初は野菜ジュースでしょ。しかも 2 つを選ぶように言われましたよね（表 4 T3）。この聞き方は，どうですか？【CDd：行為の差異化】

17 K：うん，選びやすかった。

18 T：そうですかね？

19 SW：しかも，どちらを選ぶかの選択権を，娘さんに預けておられたような……【PR：肯定的意味づけ】

20 T：はあ，そうですね。そう言われれば。

21 SW：娘さんにとっては，選択が容易な，聞き方が盛りだくさんなのではと思った

んですが【PR：肯定的意味づけ】
22 K：はい，そうです（笑顔）。

　この過程で，食事前の楽しいエピソードを文脈に，展開した食事場面での母親の表4のT3の行為選択をリフレクションすることが試みられた（8 SW）。娘は「イメージしやすかった」と母親の行為選択を肯定的に説明するが，最初母親は，自らの行為選択が，娘の食行動の変化に強く結びついていることを語ることが難しかった（9 T，11 T，13 T）。そこで，ソーシャルワーカーは，表4のT3の母親の行為の肯定的意味をより具体化させるため，それがイメージしやすい選択肢を有する問いかけであると，ポジティブにリフレームした（14 SW）。そしてこのポジティブ・リフレーミングを母親に吟味させ（14 SW；CDd：行為の差異化），さらにそれを娘がコメントする機会を作り（16 SW），T3の有意味性を「選びやすかった」として差異化し，具体化する働きかけを試みた。また，ソーシャルワーカーは，19 SW，21 SWで，T3のメッセージが，娘を選択可能な立場に置くことを意図した，関係性づくりを熟慮したメッセージであると，ポジティブにリフレームした。すなわち，この過程で，伝えるメッセージを受け入れることが容易な内容に組み立て，受け手を受け入れることが可能な立場に置くというワンダウン・ポジションからの問題解決のスキルを，母親は獲得したのである。そこでは，娘は，選択力を保有する立場から，選択可能な食事をすることになる。実際娘は，その日も自分で食べるものを選んで（＝カロリーコントロールして）食事をすることができた。
　さらに，T7のメッセージについても，リフレクションが続けられた。

23 SW：野菜ジュースについて聞くだけではなく，さらに，野菜ジュースの小さい方とかぼちゃの組み合わせを提案されている（表4 T7のリフレクション）【CDd：行為の差異化】。しかもそれぞれ選ぶ時，カロリーの多い少ないがはっきりわかるように小さい方と大きい方のジュースとかぼちゃの組み合わせで吟味しやすいように，選択肢を出されていて，ダイエットしている娘さんのことを考えて，少ない方を選べるように，うまく質問をされているような……。こんなに計算された聞き方を，連続させて実行するのはそう簡単にはできないことだと思うのですが……【PR：肯定的意味づけ】。お母さんの前準備，これまでの娘さんの観察，それらがあわさって実現できたことではないかと思うのですが……【CDd：各行為の差異化，TCa：二者間での行為の結果】。……私の感動，どっかずれていますかね？
24 T：いいえ，なんか，今，そう言われるまで気がつかなかったけど，こんなふうにやってみれたのも，これまでのことがあるから，自然とやれるようになってきたのでしょうね。きっと〔母の肯定的自己評価の記述，娘への対処方法の明確化〕。

　これら母親の表4のT3およびT7での行為選択への多義的意味合いの浮上は，問題場面での，「価値観の押しつけ」として娘によって物化されていた，母親の行為選択への意味づけ法の多様化の引き金となった。
　そこで，この過程で確認された母娘間のシークエンスを日常生活場面で再現できるように，母に，「食事場面で娘の特有の行動に対し，肯定的意味構成を試み，娘の食べものへの関与法に焦点を合わせ，娘をうまく食事に誘う行動を試みる」という課題を提示した。つまり「食べる気がなさ

そうに感じられる（母にとって娘の行動を否定的に構成しやすい）食事場面での娘さんの行為選択に対し，それへの肯定的意味づけを付与し，母から食事に誘う行動の選択（課題領域の行為選択：食べものへの関与法）をいろいろ実験してみて，娘さんが誘いに乗りやすい（娘の肯定的反応を引き出す）効果的な行為選択法を探索し，次回の面接でその結果を報告することを課題とした。娘には，母の誘いで今回のように食事をする気になったら，その時の母親のどんな行動がよかったかを，次回の面接で報告することを課題とした。

8．2回目の課題実践の記述と評価

（1）課題実践場面の記述（面接3回目）

2回目の課題実践の結果は，表5に示す。なお表中の「新たな解決場面のシークエンスの要素」欄の（ ）で示した内容は，面接での文脈を理解しやすくするために，筆者が書き加えたものである。

（2）新たな解決場面のシークエンスの評定

このシークエンスの要素群は，A，B，C，Dの4つの領域でカテゴリー化された。娘の否定的反応（D10s）は，K1とK5で生じているが，母親は，どちらに対してもT2，T6で肯定的意味づけ（A3m）を選択していた。

その後の母親が娘を食べる気にさせるための行為選択は，T3ではB5，T7，T11ではC8にカテゴリー化される質問が試みられ，課題領域の行為が選択されていた。娘の行為選択は，社会的・情緒的領域内に留まるが（AまたはD），D．否定的反応の領域とA．肯定的反応の領域での行為は，同数の選択となっていた。

さらに，このシークエンスの，課題領域でカテゴリー化された要素数と社会的・情緒的領域でカテゴリー化された要素数をみると，両領域で，ほぼ均等に要素が選択されていた。

表5　新たな解決場面のシークエンスの要素とカテゴリー

対象	新たな解決場面のシークエンスの要素	カテゴリー/座標
K1	（食べるつもりはないから）テレビを見ている	D10s (1)
T2	食べる可能性のある行為だ（Kなりの食事場面での行動として理解できる）	A3m (2)
T3	（お皿に盛った料理をKの側に置いて）ちょっとだけなら，つまんでいいよ（台所へ戻る）	B5s (3)
K4	（Tは自分Kに）食べさせようとする行為だ	B4m (4)
K5	（食べる気にならないので）テレビを見る	D10s (5)
T6	まだ食べる可能性のある行為だ（Kなりの食事行動として理解できる）	A3m (6)
T7	（ご飯を持って台所から戻ってきて）つまんだ？つまんだ？おいしかった？	C8s (7)
K8	自分Kに評価を求める行為だ	C8m (8)
K9	（黙って）つまようじで茄子を食べる	A3s (9)
T10	Kは自分Tの誘いに応じてくれた	A3m (10)
T11	おいしい？	C8s (11)
K12	（Tは自分Kに）料理の肯定的評価を求めている	C8m (12)
K13	うん，おいしいよ	A1s

（大下・加茂 2013：12　一部修正）

(3) 新たな解決場面の力動性の測定（測定4回目）

表5の「(1)」の座標～「(12)」の座標は，図4に3次元グラフとして示されている。座標間の動きは，グラフの座面全体に広がり，差異の生成力学の活性化が確認できる。

図4の「(1)」の座標（D10s, A3m）からは，娘の食事場面での特有の行為選択に対し，母の肯定的な意味づけが浮上していることがわかる。それに続く母親の行為選択は，「(2)」の座標（A3m, B5s）が生じている。ここでの母の行為選択は，課題どおり母親の作った料理へ焦点化された，娘の新たな関わり方（ちょっとつまむ）を提案するメッセージであった（T3）。それに対し娘の意味構成は，「(3)」の座標（B5s, B4m）の生成となった。娘は，ここでの母親のメッセージを，食べ物への関与法に関する提案のみではなく，自分の行為への指示も含まれるという意味合いを浮上させ，娘は，母親の提案に対する行為選択は，「(4)」の座標（B4m, D10s）となった。母親は，その娘の行為（K5）に対しても，娘なりの行動として肯定的に構成した（「(5)」の座標（D10s, A3m）。さらに「(6)」の座標（A3m, C8s）のように，母は，ダイエットをしている娘に対し食べ物への焦

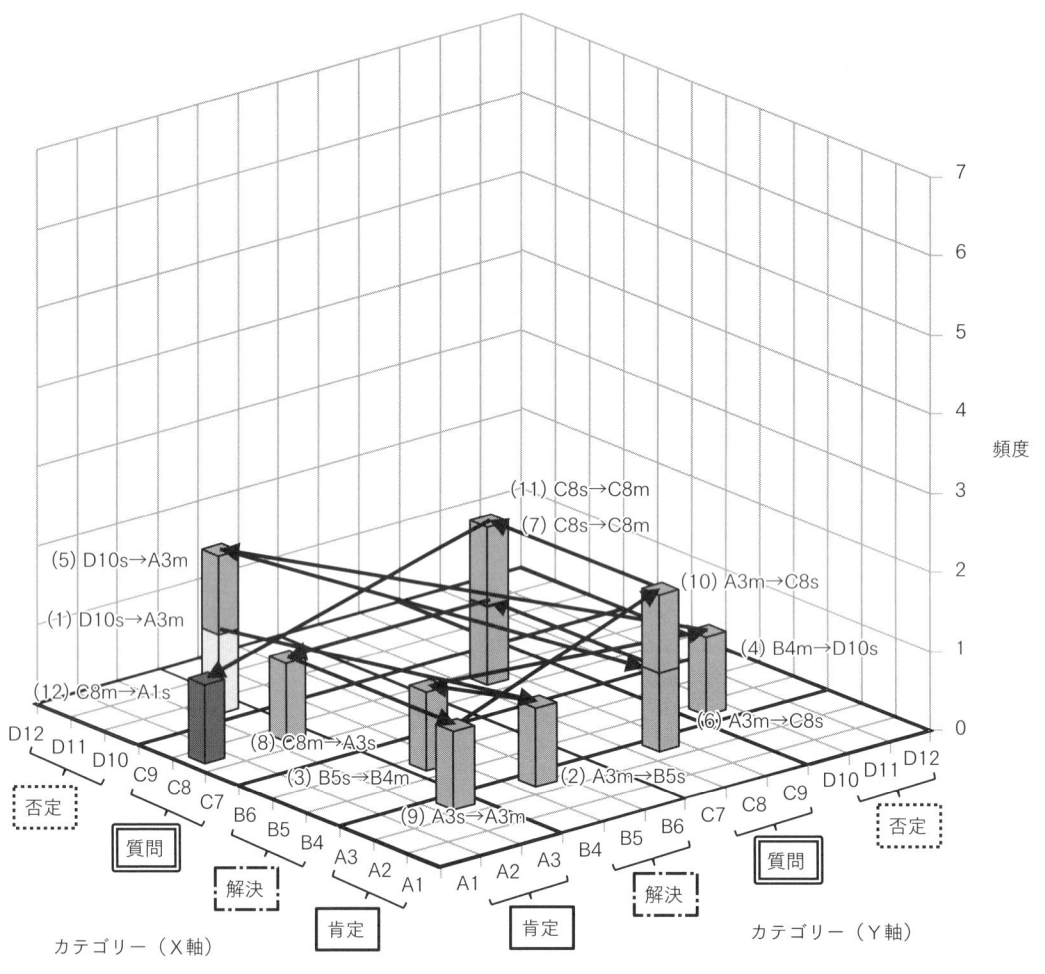

図4 新たな解決場面のシークエンスの力動性の測定（測定4回目）
（大下・加茂 2013：12 一部修正）

点化をしつつも，本格的に「食べる」行為ではなく，食べ物を「つまむ」行為の選択を促した（T7）。それは，母親の料理を食べるためではなく，天才と名乗る母の料理を「評価する」立場に娘を立たせる，つまり母が娘に対しワンダウン・ポジションに立てるように，提案されたメッセージであった。この母親の提案を，娘は，母親の食事に関する価値観を押しつけられたという意味合いではなく，「料理の評価を求められている」（K8：C8m）と意味を浮上させることができた。そしてその意味づけに連動して，娘は，爪楊枝でつまむという料理への新しい関与法を実践した（K9）。この爪楊枝を利用する食べ方は，母親の料理を評価するという文脈において，浮上した方法であったが，一度にたくさん食べなくて済む＝1回の摂取量をコントロールできる摂食方法として，娘が選択したのである。娘の（爪楊枝で）つまんで料理を食べる行為は，「母親の料理を評価する」という関係性において，母親から問題視されることはなく，むしろ母親は，K9の娘の行為選択に対し，そこで娘が使用した，本来食事の時に使う道具ではない爪楊枝に着目し，批判するのではなく，母親の提案に応じて料理を食べたという関係性の文脈を強く作動させ，娘の行為を肯定的に構成することに成功している（T10：A3m）。そしてそれに続き，再度「おいしい？」（T11：C8s）と娘に評価を求め，娘もその母親の行為を，自分の評価を求めている行為と意味づけ（K12：C8m），「うん，おいしいよ」（K13：A1s）と評価への応答を選択する力学が作動した。

III．支援の効果測定

以上，本事例に対する3回のインテンシブな面接過程で，実施した4回の測定データを示し，変容過程とその効果について論じた。以下ではその効果測定のまとめを試みてみよう。

1．力動性の効果測定

測定1回目（図1），測定2回目（図2），そして測定4回目（図4）の力動性の変化を考察してみよう。図1，図2，図4の「(2)」の座標は，母親の意味構成と行為選択を示す座標である。図1の「(2)」の座標（D10m, D12s），図2の「(2)」の座標（A3m, A3s），そして図4の「(2)」の座標（A3m, B5s）をみると，娘の行為への意味づけとそれに基づく行為選択は，D領域での行為選択以外の行為選択が可能になっていることと，同じA3のカテゴリーの意味構成であっても，それに連動する行為選択は，A3やB5が選択されている。つまりこの変容過程において，母は，娘の行為選択を肯定的に意味づけた後の母親の行為選択は多様化していることがわかる。これは，母の意味構成規則および行為選択規則の変容と言える。

次に，母の行為選択の差異化と娘の意味構成の差異化の力学をみてみよう。図1，図2，図4の「(3)」の座標は，母親の行為選択と娘の意味構成の連動を示す座標である。図1の「(3)」の座標（D12s, D12m），図2の「(3)」の座標（A3s, D10m），そして図4の「(3)」の座標（B5s, B4m）をみると，母親の行為選択が，社会的・情緒的領域から，課題領域へと差異化されることと連動して，娘の意味構成も，社会的・情緒的領域から課題領域へと差異化されている。

それに続く娘の行為選択は，図1の「(4)」の座標（D12m, D10s），図2の「(4)」の座標（D10m, D10s），そして図4の「(4)」の座標（B4m, D10s）であり，この段階では，母親の行為への意味づけの差異化と娘の行為選択の差異化の連動は，確認できなかった。しかし，図1の「(8)」

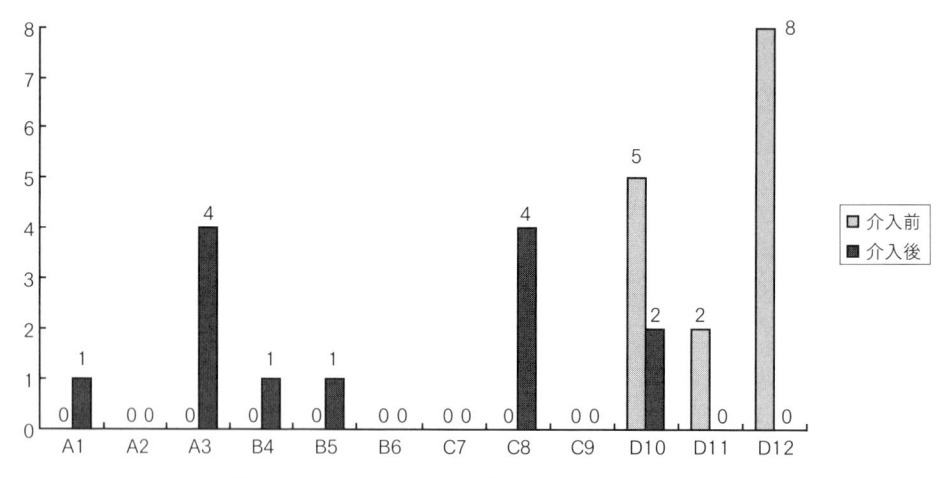

図5 介入前（測定1回目）と介入後（測定4回目）のカテゴリーの数量的変化

の座標（D10m, D10s）と図4の「(8)」の座標（C8m, A3s）をみると，図4で，娘の行為選択が差異化したことが確認された。そしてその後の「(12)」の座標（C8m, A1s）でも，社会的・情緒的領域内ではあるが，母親の行動の意味づけに基づき，肯定的反応の選択力の持続が考察された。よって，娘の行為選択規則の変容も確認された。

2. 量的効果測定

次に，補足的に数量的変化も図示して見よう。図5は，介入前のシークエンス（測定1回目）と，介入後のシークエンス（測定4回目）のカテゴリー別の数量的分布図である。

介入前のシークエンスの要素は，D領域15（D10が5個，D11が2個，D12が8個）に偏っていたが，介入後のシークエンスの要素は，A領域5（A1が1個，A2が0個，A3が4個），B領域2（B4が1個，B5が1個，B6が0個），C領域4（C7が0個，C8が4個，C9が0個），D領域2（D10が2個，D11が0個，D12が0個）と各々の領域に分散していることがわかる。このカテゴリー別の数量的分布からも，介入前と介入後で，この母娘間のシークエンスの質的変化が支持される。

3. 結 果

顕著な問題行動が見られた家族への支援として，一連の変容手順に基づく支援が実施された。止めることが難しい対立増幅過程での，ものへの関与法を取り上げ，そのものへの関与法を逆説的にとり続けるよう指示することで，母親は，自らの行為選択のリフレクションを開始できた。そして，母親の行為選択のリフレクションを中心に，支援過程は展開され，その結果，この母娘によって訴えられた，食事場面での対立パターンは，上記の3回の面接で改善が示された。数量的な変化からも，力動性の変化からもそれらは，示された。

また多問題の困難事例であった本事例は，上記の3回の面接過程で実施した支援法を継続する中で，他の場面で生じていた対立増幅パターンも，徐々に減少し，娘の自殺企図や衝動的な家出などの問題行動も解消された。

4. 考 察

本章では，摂食というものへの関与を取り上げ，母子関係の変容を試みた。母親に食事場面での娘とのトランズアクション群を，記述的循環的質問法によって記述させ，その中で，解決力を有

する出来事を浮上させ，そのシークエンスを同じく，記述的循環的質問法で記述させた上で，そこでの一つの行為選択をポジティブにリフレームし，肯定的な意味を持つ行動として浮上させた。リフレクシブな循環的質問法を用い，母娘に対し，この行動に対しての再吟味を促した。この過程で，母娘は，メッセージの内容の構成力と伝達時に関係性を組み立てる能力を獲得した。

この面接過程の中で行われた4回の問題場面の力動性の測定図を作成することで，それぞれの局面での，要素間の力動性の特性が視覚的に示された。さらに1回目の測定結果と4回目の測定結果の比較により，差異の生成力学の活性化が，視覚的に示されたと考える。むろん，このシークエンスの差異の生成力学の活性化は，面接場面での支援者の介入（質問法）が，直線的にもたらしたことを示してはいない。しかし，これは，支援過程の体系的な手順に基づき実施された測定であるがゆえ，変容活動と無関係に表出されるものではないことを付言しておく。

この測定法は，以下の点で，単なる測定法とは異なる，ユニークな測定法だと考える。一つは，変容技法を体系化し，かつその使用方法を理論化しており，実践と測定とが統合された測定法だということである。もう一つは，変容点をシークエンスの要素のレベルで厳密に定義している点である。最後に，変容手順が問題場面の記述，出来事の記述，記述後のリフレクションによる解決法の浮上，そして，課題実践とその場面の記述として体系化されていることである。これらの特性を有するがゆえ，各段階では，明確に定義された出来事の要素群相互関係の力学と各要素の出現頻度，つまり質と量の両面から，詳細なトランズアクション過程の説明が可能になり，介入前後の詳細な比較が実現したと考える。

まとめ

ソーシャルワーク研究においては，ごく一部の研究を除き，差異生成論的，つまり社会構成主義的視点から変容および測定法の体系化に関する研究は皆無であり，トランズアクショナルな変容過程に焦点を合わせた，その数量的および力動的効果測定はほとんど手付かずの状態であった。本章において，これまで筆者らによって体系化された，明確に定義づけられた変容手順と効果測定手順を有するSRMを洗練させ，具体的な事例を用い，その変容と測定の実際を示したことは，意味があると考える。さらに，変容手順と測定手順が体系化されたSRMのさらなる研究は，今後のソーシャルワークの効果測定論研究の発展に寄与すると考える。

本章での変容過程の考察は，行動全体の側面であるメッセージ伝達行為とものそれぞれについて，意味構成と行為選択ごとに試みられるが，測定におけるシークエンスの要素のカテゴリー化の方法は，メッセージとものそれぞれの計量的な測定方法の理論化には至っていない。変容過程の詳細な力動的考察に見合う測定法の研究開発が求められる。

また，今後，この変容手順と測定手順が体系立ったSRMの効果測定論をさらに洗練させていくためには，変容技法の洗練化の研究を進めると同時に，効果測定法の信頼性と妥当性の検証作業は，必須であると考える。

謝辞：家族心理学会の編集委員会より，本章の執筆に当たり，『家族心理学研究』に掲載された論文の一部転載をご許可いただいた。ここに記して感謝の意を表す。

[注]

1）個人情報保護のため，個人が特定される情報については変更を加えている。なお事例掲載にあたっては，クライアント家族からの了承を得ている。
2）本章の事例の一部は，家族心理学研究第27巻第1号（2013）に記載されている。本章では，同一事例を用いているが，質問法の効果的使用法の考察を加え，さらに変容過程と測定法の区分を明確にし，クライアント家族の問題解決過程の測定法についての議論を加筆している。

[文献]

Bales, R. F.（1950）．*Interaction Process Analysis: A Method for the Study of Small Groups*. Cambridge, Mass: Addison-Wesley Press, Inc.
De Jong, P., and Berg, I. K.（2002）．*Interviewing for Solutions*（2nd ed.）．Canada: Brooks/ Cole.
Oshita, Y. and Kamo, K.（2011）．*Reconstructing Meaningful Life Worlds: A New Approach to Social Work Practice*. Bloomington: iUniverse.
大下由美・加茂陽（2013）「短期の現実再構成モデルの効果測定法」『家族心理学研究』27（1），1-15。
Oshita, Y. and Kamo, K.（2014）．A New Intervention Skills and Measurement Method for Clinical Social Work Practice. *Japanese Journal of Social Welfare*. 54（5），11-22.
Parsons, T. and Bales, R. F.（1955）．*Family: Socialization and Interaction Process*. Glancoe, Ill: Free Press.（橋爪貞雄・溝口謙三・高木正太郎・武藤孝典・山村賢明訳（1981）『家族』（『核家族と子どもの社会化』改題合本）黎明書房）

第9章
支援モデルの展開
―― 逆説的因果論から社会構成主義的生成論へ ――

加茂　陽

はじめに

　支援者たちのなかでは、「何が原因でこうなったのか」、「心の問題だ」、「社会的資源の問題だ」などと、心や資源の問題に原因を求める素朴な因果論的な用語が飛び交う[1]。どう考えても、ある特定の原因によって引き起こされる結果という単純な因果の範疇を対人関係の場に持ち込み、事態を説明することには無理がある。単なる他者に対しての説明ならば、それは問題を引き起こすことはない。しかし支援というクライアントである他者の適応に直接かかわる場面においてその発想を持ち込むならば、そこでは無責任な関与が発生する。例えば、制度化された支援現場においては、「問題は資源の不足なので、資源を導入しよう」、「その導入は何々の法を根拠としている」が通常の発想である。この発想で適応が改善されないならば、「これは心の問題だ。カウンセリングが必要だ」などと、突然問題定義が資源の世界から曖昧な心の世界へと変容され、同じく直線的因果論を前提とした、その場しのぎの処遇が選択される。資源の欠如あるいは心の問題というような、これらいずれの直線的因果論を前提とした処遇の問題解決力は弱く、たびたび問題の解決には至らない事態が発生する。その時第3の処遇が選択される。「ここまでやったのだから、後はクライアントの問題」と、急に支援活動に責任論が持ち込まれ、支援が放棄されることになる。そこでは俗流の直線的因果論と自己決定論がこれらの実践活動の免罪符の機能を持つ。

　この直線的な因果論に対して、洗練された批判を加えたのは逆説的支援論であった。本章においては、問題発生の原因の探索、そしてその除去という、既存の支援論の直線的因果論的な問題解決作業に批判を加え、その前提を覆し、問題行動の実践が問題解決であるという、斬新な問題解決の発想を提起した逆説的支援法を評価する。この逆説的な問題の解決法は、俗流の直線的因果論を痛打した。しかしながら、この療法の解決の枠組みは、問題の実践すなわち問題解決という意味において、直線的な枠組みに終わっている。そこでは、問題行動が、遂行される幕場や、問題行動を遂行する規則という文脈から切断され、論じられている。文脈を考慮するならば、その行為実践を問題行為の実践と一義的に定義することはできない。つまり逆説的支援論では、直線的な因果論批判がなされるが、問題行動の定義が脱文脈化されているがゆえ、原因とされる問題行動の定義に難を有

する。それゆえ従来の直線的な支援モデルに対するその理論的な批判は不徹底である。

そこで本章では，問題行動の実践が問題解決であるがゆえ，それの処法を命じる支援法は逆説的支援法であるという定義に対して吟味を加え，流行を追う立場からは，もはや過去の遺物と化した社会構成主義の立場から，一層徹底した脱直線的な支援モデルの構築を試みる。

I．議論の方向性

1．国内の支援論の閉塞的状況

国内のソーシャルワーク実践においては，漠然とした形ではあるが，因果論的な事態の説明法を採用しつつも，因果論自体を対象化して分析を試みることへの関心は，これまでほとんどなかった。人と社会が変容するメカニズムは何か，そしてその変化を作り出す手法は何かというソーシャルワークを洗練するために不可欠な，因果論の考察作業の重要性が，十分理解されてきたとは言えない。というよりも，考察課題への関心の低さは，このテーマに限らず，社会とは何か，人とは何か，人や社会を変える実践とは，などのソーシャルワークの基本概念を対象化して，吟味するという，支援に不可欠な基礎理論の考察課題全体への反省的考察，つまり「振り返り」への関心は極めて低かった[2]。

法的手続きに従う支援者は，その役割に必要な知識を基に，ソーシャルワークの実践を試みてきた。それほど意識してはいないであろうが，「法に従って，この問題解決にはこの社会的な資源を導入する」などと直線的因果論に依拠し，彼/彼女たちは自らの実践を説明するであろう。彼/彼女たちのソーシャルワークにおいては，法律で定義された制度群が社会（ソーシャル）と見なされ，各法律で定められた資源の合法的な利用方法の提示がワークとされた。この支援法は，それが依拠する法自体が，「この問題解決には，○○の福祉サービスが利用できる」という単純な直線的因果論に依拠した，いわば最大公約数の問題解決の手続きを示すのみであるがゆえ，その個々のクライアントの特有な問題に対する支援活動は，しばしば行き詰まる。なぜなら，彼/彼女たちは，「問題は，△△の欠如だから，それを補う○○が必要」という説明はできても，個々の問題が生起する幕場を評定し，変容する支援法を持ちあわせていないからである。この実践理論と実践技法展開の閉塞状況をいかに打破するのかが，国内におけるソーシャルワークの課題である。

2．逆説的支援法における新たな変容論

このような直線的因果論に基づく支援論に対抗した支援モデルの一つは，問題行動の持続が問題の解決につながることを主張する逆説的支援法であった。このモデルは，従来の支援モデルの直線的因果論という支援活動の前提を根底から揺るがした。これは，新たな問題解決の因果論を提示したという点において，従来から病理と見なされてきた現象の説明を，直線的因果の範疇に単純化し，問題解決を試みる原因の除去モデルより，一歩先に進んだ支援モデルである。逆説的支援法は，問題とその解決過程の説明に関しては，通俗的な直線的因果論を乗り越えており，その実践上の貢献を認められなければならない。それは，「何かの原因を探して，解決しよう」という公共化されている変容論に対し，「いや，まったく逆の変化の力学もある。問題行動の実行で問題は解決する」と，従来の支援論の変容方法の正当性に疑義を唱え，新たな変容論を提示したのである。

この支援法の特徴は，以下のような処方に見られる。たとえば，「夫の不品行のせいで，私は精神的におかしくなった，それゆえ夫さえ変われば，私の問題は解決する」などの訴えは，「原因の除去で問題（訴え）は解決する」という直線的因果論に依拠している。この支援法は，問題解決を願っているが，どうしても不品行が止まらない夫に対し，「今の不品行な行為を続けてください。そうすれば奥さんはあなたへの関心を持ち続け，精神が活性化されます」などと逆説的な処方を出す。これは，直線的因果論で考えれば，「訴えられる問題の原因の維持は，問題の持続になる」はずであるのに，「原因の維持で，問題（訴え）は解決される」ことを主張する逆説的処方である。このように，変化を放棄することで変化を起こすことを処方するのが，逆説的支援法である。

しかしこの逆説的な変容の因果論は，妥当性を有するのか。そしてその変容論は無矛盾なのか。本章では，逆説的因果論を導きの糸としつつも，さらに一歩踏み出し，逆説の定義法を批判的に分析し，因果論を再構築したうえで，文脈論を導入し，その問題解決法を超克する新たな生成論的な支援法の概略を提示してみたい。

3. 逆説的支援法における文脈論の不在，そして文脈論的支援法への転換

逆説的支援法は，世界に存在する力学として見なされていた直線的な原因と結果の因果律のみではなく，全く正反対の因果律も存在することを主張した。それは，世界の生成力学の説明法を根底から揺るがした。いくつもの相対立する力学が世界内に存在するのだろうか。この問いかけを一層深めるならば，因果律は存在するのではなく，構成され，物象化された説明の前提にしかすぎないという，社会構成主義的な因果論が生じるであろう。時代的な制約もあり，逆説的治療論は，そこまで徹底して因果論の問題を問うことはなかった。それゆえ，それは原因の除去による問題の解決という因果論は否定するが，問題の実践の処方，すなわち解決法の枠組みが，直線的な因果論であることへの考察が不十分であった点を押さえておかなければならない。「問題行動の処方そして実践」を切り札とする支援論においては，問題定義が，クライアントの置かれている幕場という構成文脈から切り離されている。さらに，その支援方法においては，処方の実践の後の対人トランザクションにおける多義的な差異の生成過程への視点が，中抜きになっている。この処方とその実践との間では，人の行為選択と意味構成の規則とが生成し続ける文脈を想定しなければならない。つまり，問題行動を処方する場面と，その処方に基づく実践の場面では，それぞれ異なる文脈が作動するがゆえ，指示される行為は，本質的意味を有する問題行動として処方されるのか，あるいは実行した行為は，本質的な問題行動の実行になるのかという疑問が生じる。

トランズアクション過程に目を向けるならば，支援者の処方という行為は，受け手により新たに意味づけられ，受け手はそれを文脈として，他者に対し，新たな行為選択を試みる。さらに，この過程は，幕場自体をも作り変える力を生み出す。彼／彼女の意味構成や行為選択は，幕場，つまりトランズアクション群である，出来事全体をも作り変える力を有する。通常一つの問題行動と定義される行為さえも，処方の受け手である主体が，それに特有の意味を構成し，その行為を実践するならば，それはもはや，問題行動の実践ではなく，解決行為の実践となるであろう。文脈論及び差異生成論からは，問題行動を処方され，その実行を試みる過程は，逆説ではなく論理的な説明がつく過程として見なされる。

以下では，この文脈論と差異生成論に基づく，逆説的支援法の批判的分析を試み，その上で，人自らの意味的世界の生成，そしてそこでの人々の間でのトランザクションのパターンという，主

体の世界生成とシステムズ理論の両理論を組み合わせ，支援の基礎理論とする支援モデルの概略が示される。それは社会構成主義的な変容の基礎理論である[3]。

II．逆説的支援法の基礎理論への批判的吟味

1．逆説処方における逆説

　支援論における逆説は，単なる論理展開の逆説，あるいは文章の意味の逆説ではなく，処方の実践とその結果という，行為の遂行に関わる逆説である。問題発生因の除去は，問題の解決を実践することである（dox: 通説）が，ここでは問題発生因の維持が，問題解決となり，それは通説（dox）には反する（para）。つまりこの因果律は paradox である。

　逆説的介入法は，以下である。問題行動が特定され，その行為に対し肯定的にリフレーミングがなされた後に，問題行動がクライアントに対し処方される。クライアントが，リフレームされたその問題行動の処方に従うならば，もはや問題行動は，制御可能な特性を有する行為に変質される（Weeks and L'Abate 1982=1986）。従わない場合は，問題は消失する。

　具体的に例示してみよう。たとえば，親に対して口汚く反抗する子どもに対して，「その行為は大人になる練習である」などと肯定的にリフレームし，その反抗的行為の実行の重要性を説明し，実行を命じたとしよう。仮に，子どもが，指示どおり「口汚く反抗する行為」を実行したとしよう。問題行動と見なされた「口汚く反抗する」という行為の実践は，そこでは，計算された行為となり，これまでの不随意な行為とはまったく違った行動となる。あるいは，「そこまで大変なこと，ばかばかしいことはやりたくない」などと，指示に従わないならば問題行動は選択されない，つまり消滅する。いずれの場合でも問題は解決する。このように，クライアントに対し，問題と見なした行動の意図的実施を処方することで，クライアントが問題を客観的な実在物と位置づけ，発見不可能なその原因を探し，発見したと信じる虚偽の解決行動を実践し，さらなる問題を生成させる，強い悪循環過程を阻止する力となることが，数多くの臨床例によって示されている。

　しからば，問題の原因の維持，つまり問題行動の処方とは何か。ここでは，問題行動と見なされる行為に対し，一義的に原因としての定義づけがなされている。メッセージが選択される文脈を考えると，同一内容のメッセージであっても，それが実行される文脈を離れて，自立した意味を持つことはない。出来事の先行的意味合いや成員それぞれの行為選択や意味構成の文脈に拘束されて，その時のメッセージ（処方の意味も含む）の意味の生成も，それに続く行為選択も展開することはない。比喩的に言うならば，同じセリフもどの芝居のどの幕場で発せられるかで，その意味合いは全く異なる。

　このように，メッセージの送受信は，文脈依存的で，多義的であり，かつ生成的であるという論法が成立するならば，処方される問題行動への一義的な定義が崩れ，「問題の原因の除去が解決になる」という順説に対する「問題の原因の維持が解決になる」という逆説の二分法も成り立たなくなる。ひいては，逆説的問題解決という主張も説得力を失うことになる。

　以下では，逆説処方とその実行場面を例に取り，メッセージの意味の多義論に依拠し，順説対逆説という二分法の批判を，さらに詳しく論じてみたい。そして，この逆説的支援法における課題を超克する，さらにラディカルな，現実構成の説

明力を有する，新たな支援パラダイムを提示してみたい。

2. 逆説の吟味

(1) 矛盾律を前提とする逆説論

問題発生や，その解決法を説明するメタルールは，矛盾律に従ったルールである。

矛盾律は以下のように定義される。

主張1 「SはPである」と主張するとき，他の条件に変化がない限り，同時に，
主張2 「『SはPでない』と主張してはならない（主張しないことにしよう）」という認識の決まりで，単なる約束事である（廣松 1988: 98）[4]。

この規則に従っているか否かの最終判断は，超越した，客観的基準によって下されると一般には想定されているが，実は，その判断は物象化された「判断主観一般」（廣松 1988: 98）によって下される。言い換えるならば，論理展開が矛盾律に従っているか否か，理にかなっている主張であるのか否かの最終的判断は，時代や社会に支配的な言説を文脈にして下される。例えば，「SはPである」。「なぜならば，それは今日の科学的言説に裏付けられているからである」というように。これは，説明するまでもなくフーコーの権力論である（Foucault 1994）。

さらに，ミクロなコミュニケーションの場面においては，「SはPである」，あるいは反対に「SはPでない」という言明は，ある特定の状況における文脈に従う言語行為である（Wittgenstein 2001）。この文脈を土壌としなければ，これらの言明は生きることはできず，それゆえ，それらが，相互に矛盾するか否かの純論理的な決定も困難となる。問題場面と同じく矛盾律が解決作りの場でも展開していると設定することは，観念論的な設定なのである。

つまり，逆説的支援法において，問題行動を変えるために，問題行動を処方することが，問題行動の除去になるがゆえ，それを逆説とするという説明は，実は観念論的なレベルでの議論に留まった説明ということになる。問題を定義するレベル，その行為を処方するレベル，およびそれの解決行為を実践するレベルにおいては，各々の問題の定義は文脈依存的にしか生成しない。それらを同一の地平で論じることはできない。

(2) 二重拘束的命題の吟味

援助活動において，この矛盾律に違反すると定義される典型的な逆説的事態は，主張1を認めれば，主張2と矛盾が生じ，主張2を採用すれば，主張1と矛盾するメッセージ伝達のなかに見られる。この逆説的メッセージは，条件次第では，メッセージの受け手に矛盾した，遂行不可能な実践を指令し，その実行が処罰にいたる，二重拘束的命題となる（Bateson, Jackson and Haley 1962）。それは「私のメッセージを文字どおり受け取りなさい」（メッセージSの意味はPである）が「私のメッセージを文字どおりに受け止めてはならない」（メッセージSの意味はPでない）が同時に送り手から出され，それが繰り返され，受け手はそこから逃れることができず，判断停止におかれる事態である。メッセージ伝達行為を言語レベルと非言語的レベルに区分し，それぞれに一義的定義を与えた上で，矛盾律を土台にして，それに二律背反的な構造を構成する特殊な操作によって逆説命題は出現する。

はたして，援助活動における処方として伝達されるメッセージは，クライアントに対し一義的な意味を有し，一義的にクライアントを拘束する力を有するのか。考察の対象は，伝達される言語的メッセージの内容は一義的に伝達され，非言語的メッセージの内容も一義的に伝達され，さらにそれらが互いに矛盾する形で伝達されるという，メッセージの伝達と構成に関する二重拘束の前提

である。このように矛盾律を解釈の土台にして言語行為論を構築したならば，そこでは多方面へずれる可能性を有するメッセージ伝達行為の多義的変容の可能性が制止されていると，文脈論を土台とする言語行為論者からは指摘されるであろう。この逆説的コミュニケーションにおける，伝達する言語的メッセージを伝達者が反省的に考察すると，そこでは多義的な意味合いが浮上する。また表現方法などの非言語的メッセージについても同様である。伝達される側は一層多義的な構成の可能性を有する。

そして，コミュニケーション場面での個々の行為選択や行為の意味構成は，それまでの出来事群の特性や，既存の関係性定義など，先行的な構成文脈に依存して生成することも付け加えておかなければならない。

(3) コミュニケーションの実際場面における逆説的コミュニケーションの吟味

① 文脈論的な行為選択と意味構成論

通常問題発生やその解決方法を説明する命題は，因果関係の枠組みを前提とする。いかなる問題発生に対しても，その必然性を裏付ける因果法則が実在するならば，問題解決のため，その原因を除去する方策が採られるであろう。

「犬は飼い主に殴られたので噛みついた」という，一見何の問題もないと思われる説明文を取り上げてみよう。このよく見られる行為の因果連関の構成は，単純な主語と述語の因果連鎖構造を有する。「殴ること S（原因）」と，「噛みつくこと P（結果）」それぞれに定義が与えられ，殴ることが原因で，噛みついたことは結果として「飼い主が殴る（S）ことで，犬は噛みつく（P）」という因果命題が出現する。

その実際場面を振り返って考えてみよう。飼い主に噛みついた犬の行為を中心に振り返ってもらうと，「私の犬は殴られたので，怒って噛みついた。でも，今にしてみると，じゃれついて噛んだようでもあった」と異質な意味付けを浮上させることもしばしばある。原初的な個々の事態が生起する文脈を取り去り，矛盾律を土台として「殴る」行為と「噛みつく」行為の因果連鎖を構成するとき，「犬は殴られると噛みつく」に対して「犬は殴られると喜ぶ」が，逆説的因果法則となる。この逆説的法則を受け入れるならば，噛みつきを止めさせるためには，殴るという問題行動が必要だという逆説的支援法が成り立つ。

では犬からすると，この事態はどう説明されるだろうか。述語の「噛みつく」行為は，文脈次第では怒りを表す行為になったり，喜びの表現となる行為である。また，飼い主にその時の自らの殴る行為を振り返ってもらうと，「確かに腹を立てていたが，今にして思えば，殴った後遊びに切り替えようとする気持ちもあった」と，自らの行為が一義的な意味を有していなかったことを述べることも珍しいことではない。自らの殴る行為に，遊びに切り替えようとする意図があったと意味づけたなら，犬が噛む行為が，喜びを示す行為として意味づけられることに，何の矛盾も生じない。

行為と意味構成とを整理してみよう。最初の命題の「殴る」とは何か。たとえ，物理的に同一の行動であっても，コミュニケーションの場面においては，これらの「殴る」は，どの場面でも同じ意味の「殴る」行為ではない。この「殴る」は，コミュニケーションの主体たちの多様な世界構成規則に従う「殴る」であり，構成文脈抜きの一般的定義は存在しない。

しからば「噛む」とは何か。この行為も文脈依存的であり，多重的な意味合いを有する。ここではそれまでの犬と人との関係性が，人の「殴る」行為の意味を浮上させ，犬のその後の行為選択を生起させ，そしてその行為への飼い主の意味構成を産み出す，重要な文脈として作用する。このように，因果的法則が展開する場面は，現実構成の主体たちの，それまでの出来事定義や関係性定義，コミュニケーション過程の行為選択規則や他

者の行為の意味構成規則という文脈に影響され，行為選択と意味構成が局面ごとに生起し，それらが逆に文脈を変容するという，循環的な力学が連鎖する場面である。

② 行為選択と意味構成の生成的シークエンス分析の実例

具体的トランズアクション過程を取り上げ，文脈論的な行為選択と意味構成の過程を説明してみよう。

飼い主が殴る→犬が噛む→飼い主はそれを遊びと見なすという，単純なトランズアクションのシークエンスにおいてさえ，主体と対象とが変化する複雑な局面が連続する。殴られた犬は，次には噛む主体と変化し，続いて噛む行為は，主人の行為の対象となる。そして，それぞれの局面で，行為選択と意味構成を生成する力学が展開し，自他定義など，トランズアクションの構成文脈が相互生成する。そして将来の出来事生成（幕場）が予測される。

この単純な連鎖を整理してみよう。

i まず，飼い主が犬を殴る（S）。ここでの飼い主の行為の文脈は多義的である。
ii 犬はこの殴る行為Sを，P（人の言葉を用いて表現するならば「遊びへの誘い」）であると構成する。ここでの，犬の意味構成も多義的であり，この多義的な現実生成の可能性から，上記の構成法が引き出される。
iii つづいて犬は，その構成法を文脈として行為選択を行う。つまり噛む（S）。それゆえ犬にとっては噛む行為は，遊びへの誘いへの応答表現となる。
iv しかしながら，次に飼い主は，犬の噛みつき行為（S）は，怒りである（P）」と構成する。
v この構成に基づき，飼い主は，犬を落ち着かせようと，反応を控える。
vi しかし，従来の構成文脈をはずし，Sへの定義Pを飼い主が振り返る中で，それは遊びであると修正することも可能である。遊びとしてその行動を見なすならば，飼い主の次の行為選択は，遊びへの対応という形をとるであろう。

ここでのコミュニケーションの流れにおいては，意味構成と行為選択に関してメッセージ伝達の局面ごとに主体が入れ替わる過程で，相乗的にそれらの差異を生成させる力学が展開している。つまり，最初の主体の行為は，他者の反応を引き起こす文脈となり，この他者の反応は，最初の主体の反応を作り出す，そしてそれぞれに行為選択や意味構成のより広汎な文脈を生成するように。この循環論を前提とするならば，主体の行為Sが引き起こす相手の行為Pという直線的因果論は，問題が発生する，あるいはそれが解決する状況の過度の単純化と言える。

さらに，世界定義の基本的要素である出来事は，主体それぞれが，この一連のメッセージ交流の局面ごとに，特殊な意味を浮上させ，行為を選択し，行為群や意味構成体の一部を切り取り，自他定義や出来事定義を構造化させ，それらを構成の文脈とする重層的力学の中で生成される（Kamo, Oshita and Okamoto 2014）。

この局面ごとに差異化され続ける，主体間での行為選択や，その意味構成（これまでの表記法ではSはPである）やそれらの文脈生成の過程を抜き取り，さらに，出来事の先行的出来事を切断したり，あるいはこの出来事の後に発生した事態を削除したりして，最初の行為と最後の行為とを直線的に結び付けられる人為的な操作により，直線的一義的因果連関が構築される。犬は殴られると，反撃するというように。この直線的因果関係論を土台としてしか逆説的因果論は生起しない。

犬と飼い主が演じる舞台は公園だと仮定しよ

う。互いに共有されている公園での散歩という文脈は，上記のトランズアクション過程の構成に強い影響を及ぼす。この強い場面全体の構成文脈とトランズアクション過程で局面ごとに生成する現実構成文脈という二重の文脈を抜きにした現実構成過程の説明は不可能なのである。

行為選択及び行為の意味構成を土台とする現実構成は，対人関係の文脈に影響され，逆に，それらの土台が文脈を作り出す。この土台と文脈との相互生成的世界分析の理論枠は，言うまでもなく社会構成主義的な説明の枠組みである。本章においてはこの基礎理論に依拠して支援論が構築される。

III. 生成論的支援モデルの概略

逆説的支援法の理論的問題を描きだすために，これまで，あえて畑違いの認識論や実践論の地平での議論を試みた。臨床実践が本業である筆者にとっては，荷が重いこの議論をここで終わりにし，以下では，これら意味論及び実践過程論についての哲学的議論より得られた，コミュニケーション過程の生成論を基にして，逆説的支援法の超克を目指す支援の枠組みについて論じてみたい。直線的な因果連関論から生成論への転換が議論の道筋である。

1. 治療的二重拘束論の批判的吟味

(1) 治療的二重拘束論の超克：逆説的メッセージ連鎖の構造と力学

二重拘束とは，メッセージの送り手の言語あるいは非言語のいずれのレベルに従っても，受け手を葛藤状態に置くメッセージ伝達法であった。ワツラウィックたちは，クライアントの常同的な病理維持行為を，停止させることを目的として，クライアントに特有の二重拘束的メッセージを与えることで支援者の処方を受け入れても，拒否しても，問題解決に至る特殊な逆説的なメッセージ伝達法を理論化した（Watzlawick, Bavelas and Jackson 1967 = 1998）。広汎な生活場面での問題を作り出している行為の実践を問題解決法としてクライアントは処方され，この状況から離反することを禁止される。治療者が行為を実行してもしなくても，問題が解決する力を有するメッセージをクライアントに投げかけるならば（通常は問題行動の処方である），クライアントは実行するか，しないかの自由な選択を行う事態に置かれる。進んで処方を自ら実践するならば，問題行動は自らの統制下に置かれる。馬鹿馬鹿しく思い，行動化を拒否すると，問題行動は消える。いずれの場合でも訴えは消滅する。この問題行動を処方することで，問題解決を図る逆説療法は，彼らにより「治療的二重拘束」と名付けられた。

しかし，原因としての処方と結果としての問題解決とは直接結びついているのだろうか。原因と結果の間のコミュニケーション連鎖に目を向けてみよう。

この治療論は，言語内容と非言語の各レベル内，そしてレベル間では，意味が潜在的に多義的であることを除外することで成立する。しかし，その前提条件は，非現実的である。伝達される意味は，そもそも多義的意味合いを有しているからである。

具体的な例で考察してみよう。親子間で生じている二重拘束的事態を解決するために，「今のお子さんには甘い態度は余計不安な気持ちを増大させる」など，もっともらしい理由をつけ，「お子さんを呼ぶときに，できるだけ嫌な顔つきをするように」と，クライアントである母親に，治療的

二重拘束を目的として，行為を処方したとしよう。すると，母親が遂行する行為（子どもを呼ぶ）は，支援者から指示された「練習」であるがゆえ，メッセージの内容に伴う非言語的情報には，「嫌な顔つきを練習しているのです」という「練習」の意味合いが含まれる。しかしながら練習で示す嫌な顔つきに嫌味はない。あるいは母親は練習に苛立った表情を示すかもしれない。バカバカしくて苦笑することも考えられる。通常それらは混在し，伝達される。この事態においては，伝達される言語内容，および非言語的内容は多義的である。それゆえ言語行為全体は，子どもに対し多彩な伝達力を有する。さらに，子どもはそれを特殊な形で意味づけ，母親のメッセージの二重拘束性を弱化する。ここでは，セリフは同じでもその意味は芝居ごとに異なっているのである。それゆえ，母親の子どもを呼ぶ言語行為は，もはや二重拘束性を失ってしまう。そして，母親の二重拘束はその拘束力を得ることはできない。

ここでの問題行動の実践による問題解決過程には，比喩的に表現するならば，芝居の流れには何の矛盾も存在しない。それは，逆説的な解決過程とは言えない。再度あらゆるメッセージの意味合いはむろん，二重拘束的メッセージの意味合いも，文脈に拘束されることを強調しておこう。そして文脈もまた流動的である。

(2) 変容の内部生成論

問題解決は，治療的二重拘束により，解決すると報告されたとしても，問題解決過程を，原因としての治療的二重拘束，結果としての問題解決という直線的な因果連関で説明することには無理がある。そこでは，クライアントの生活システムの外部の専門家が，「問題発生因の処方が，問題解決である」と直線的因果論で説明しているだけで，トランスアクション過程における問題解決策の内部生成力学を説明していない。それには多彩な変容力を見出し，それらを強化する力学の説明が不十分である。クライアントは，この二重拘束的メッセージをいかに構成したのであろうか。その構成と行為選択との関連性は，そして行為選択の後，彼/彼女の現実構成規則にはどのような変質が生じたのだろうか。二重拘束の病理生成過程は，原因としてのメッセージと，結果の間の直線的説明論であり，主体による他者の意味構成や行為選択にはほとんど触れていなかった。正確に表現するならば，それらの不在という前提で，それは人とその世界の喪失を論じていた。これは非現実的な前提条件である。

治療的二重拘束理論もそれと同一の説明上の問題を有している。原因P（大声）が維持されることで消去されるS（問題）という因果論の存在を前提としつつ，コミュニケーションの文脈を排除して，問題因と見なされる行為を処方することで問題解決を語る治療的二重拘束論は，局面ごとの生成力学の説明が不十分な，問題実践による解決という直線的因果モデルを前提とする治療パラダイムである。

外部から，ここでは支援スタッフより，治療的二重拘束を解き放つ，逆説的メッセージが処方されたとしよう（むろん，これまで論じたようにそれは逆説ではないが）。その際クライアントを含む成員たちは，メッセージの出し入れを差異化し続け，意味的な世界においては，多彩なトランスアクションが展開する。つまり，そこでの変容は，主体の外部からの処方で作られる新たな反応という外部生成論をもってしては説明がつかない。問題増幅から問題解決という変容は，主体が属するシステムの内部の差異生成力学によって生じる。それゆえ実践に際しては，循環的トランスアクション・パターンと，その局面ごとでの主体である「私」の情報の差異化の力学の両軸から，内部生成論的な変容力学が説明されなければならない。

治療的二重拘束論は，治療者が処方する二重拘束的メッセージの受け入れから逃れることができ

ない事態を前提とする理論であるが，伝達される治療的場面は，様々な意味構成と行為選択のずれが生じる場面であり，受け手は常に処方からずれる力を有する。そこでは，処方するメッセージ自体が複数の意味合いを有し，さらに受け手は新たな意味の構成主体である。それゆえ，受け手が，送り手のメッセージの受動的受け手の役割から離反できず，メッセージの交流が一方向に持続する事態，つまり二重拘束的な事態および治療的二重拘束が展開する事態は現実にはありえない。いずれもメッセージの一義的拘束力という非現実的な前提に依拠する理論体系である。

求められるのは，トランズアクション場面における行為選択や意味構成の差異を内部より生成させ，それらを強化する社会構成主義的な支援法である。場面全体の生成文脈を考慮しつつ，トランズアクションの局面ごとの循環的差異生成の文脈を意識して，問題解決を目指す支援法は，トランズアクション過程において問題解決が産出されることを強調する，ラディカルな内部生成論を主張する社会構成主義的なソーシャルワーク・モデルである。

この変容手法の概略を述べてみよう。

2．内部生成論的変容の実際

（1）出来事の変換

まず，循環的質問法（Tomm 1987）により，クライアントの訴えは出来事の連鎖に変換される。

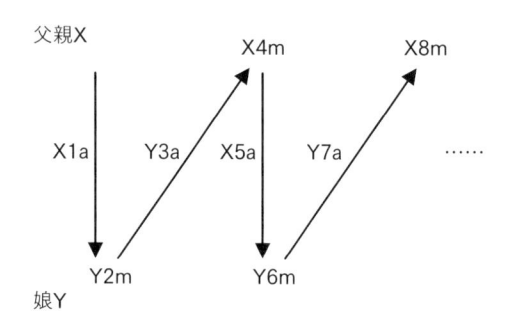

図1　出来事の要素のシークエンシャルな力学

このシークエンスは以下の事態を示している。父親 X は行動 X1a（act: a）を選択する，娘 Y はその意味 m（meaning: m）を構成する（Y2m）。

トランズアクションの連鎖は，出来事（Episode: Ep）の要素，X1a, Y2m……レベルまでに細分化され，具体化される。それらは，最小単位でかつ具体的な対象であるがゆえ，X1a, Y2m……のいくつかを，あるいは出来事全体を差異化し，変化を作り出すことができる。

図1のトラッキング図を用い，問題場面の説明を試み，変容法を略述してみよう。昨夜，娘の帰宅が遅いことに腹を立てて，父親が娘を叱責し（x1a），娘も大声で言い返し（Y3a），喧嘩になったとしよう（Ep）。娘に対して，事態のいきさつを詳細に聞き，大声を出すことが親孝行ですと，娘に，肯定的にリフレーミングする処方を試みることができる。「大声を出してください。するとお父さんは，親として頑張らなければという気持ちが強まります」（Y3a'）などと。もちろん，父親の行為や意味構成に対してもそれは可能である。この処方は，論理的には昨日の大声（Y3a）は，親子関係を悪化させる行為であるはずであるのに，「昨日の大声（Y3a）は，親子関係を改善する行為である」と説明する処方である。処方に従う問題行動は，統制できなかった問題行動の実践であり，同時にそれは，統制する行動でもある。この処方はこれらの逆説を発生させる逆説的処方である。

しかし，大声を出して，事態が改善する場面は数多く存在する。大声を出す行為の規則は，トランズアクションの文脈抜きには理解することはできない。一月前の言い争いは強く喧嘩の色合いが見られても，先週の喧嘩には異なる意味合いを読み取ることができるであろう。娘は攻撃よりも，必死で訴えていたと自らの行為を説明するかもしれない。

この直接的リフレーミングではなく，言い換えるならば，広い文脈の指示的な再構成ではなく，

初めから父親のX1aについて娘のリフレクションを求め，それが父親の必死の訴えであったなどと，娘の「私」による再構成を励ます方法（Y2m）も選択できる。それは最初の父親の，「娘が怒鳴って，問題が発生した」という，出来事の因果構成の差異化の力となる。むしろこの手法の方が，より洗練された変容法である[5]。これは北米ミラノ学派の循環的質問法である。

ここでの父子関係において，大声を出すことが潜在的には問題解決になっていたと想定することができるであろう。娘の立場から説明するならば，その大声は，例えば真剣に問題を訴えたなど，必ず多義的意味合いを有するからである。大声を出す処方は，大声を出す行為を相手への攻撃から大声の練習行為の遂行へと人工的に純化させる。大声を出す行為は，文脈次第では練習という意味を本来内包する。ここでの処方は逆説ではなく，もともと娘が有していた行為の統制力を生成させる処方でもあるだろう。

この伝達するメッセージの意味の多義性は，実践場面においてはしばしば顕在化する。その行為への娘のリフレクションを求める支援法に対して，あえて形式論理的レベルに立ち返り，その処方を逆説と一義的に定義することは，事態の説明の過度の単純化である。そこでは複雑な状況定義メカニズムや問題解決力学が捨象されている。そこからは多彩な変容手法を引き出すことは困難で，支援は硬直化する。問題と見なされる一つの出来事あるいはその要素である行為は，文脈依存的で，それらは多様な定義域を有しており，特殊な技法，例えば循環的質問法により，これらにさまざまな意味を付与し，具現化することが可能である。真空世界内での出来事はさておき，日常の問題解決場面においては，人の世界構成過程は根源的な差異生成力を有する。この根源的な差異生成の主体として，システムズ理論により放逐されたはずの「私」の概念が再び登場する。

(2)「私」と世界の生成の変容技法

システム全体の構造と力学を私たちは取り上げ，意味的世界を描くことができるだろう。しかし，この枠組みは，あくまでも変容作業の見取り図にしかすぎず，それは，処方を作り出す力を有していない。

人の主体的構成なくしては，意味的世界は新たに生成することができない。この構成なくしては，新たな事態が産出されることなく，システムには均衡状態が持続し，このシステムは衰退の一路をたどるであろう。この構成は，同様に世界を構成する主体である他者による構成と相互的に進行する。この相互構成される情報を構成するという，二重のフィードバックループの構成主体を「私」と呼ぶ。

しかしながら，ここでは「私」は経験的世界に実在する「私」ではない。それは経験的には存在しない，主体の世界構成の拠点である。「私」の生成は，その企投対象である，与件である世界の生成を伴い，ここで「私」と，人と物から構成される経験的な社会的世界という，世界の基本的な構造が出来上がる。この基本的構造形成は，人の世界生成の前提条件であるがゆえ，人は「私」であることを教え込まれ，その用法を学ぶ。

この「私」とその構成与件という2つの世界構成の柱は，自己が対人間で具体的な世界構成の実践作業を他者へ説明し，伝達するなかから浮上する。「今の……の言い方を振り返ってどう思われましたか？」と自らのメッセージの意味を振り返り，それを自らの構成として伝達する機会を与えられるならば，超越論的な構成主体である「私」が浮上し，同時に「私はこう考える」という，局面ごとの経験的な世界についての意味構成が浮上する。そこでは，未分化な世界が，構成主体としての「私」と対象である経験的な世界とに分離され，一度成立した「私」は，実在味を帯びて，自らの世界構成法に他者の構成とは区別された特権を保証する根拠となり（Wittgenstein 1972）[6]，そ

れは新たな世界構成活動に力を与える。「私」を基軸とする内部生成論的な，問題解決を技法化したのが，トムの循環的質問法である（Tomm 1987）。

二重拘束規則が送り手に乗り移り，受け手が確定した二律背反的な意味に自動的に拘束される事態はありえない。さらに，二重拘束の解決を目的として，そこで処方される問題遂行についても，問題維持すなわち，問題解決と見なされる逆説性は存在することはない。

主体間ではトランスアクションが繰り広げられる。このトランスアクション過程から，そのパターンに着目し「私」と呼ばれる主体の構成作業をカッコ内に入れると，経験的なコミュニケーション・システムの構造が顕在化する。それらは，融合，拒否，引きこもり，あるいは二重拘束などのパターンである。しかし，パターン化された記述はあくまでも素描であり，具体的に問題を解決するのは，確実ではあるが解決力を失った旧い解決法を，「私」による構成として，新たな確実性を有する解決法へと再構成する，クライアントのコミュニケーションの実践である。

（3）実証主義者たちの文脈論的支援論への批判への反批判

逆説論的支援者からは，発生原因の確定，その処方による，問題解決は逆説的支援法と見なされる。ところが，文脈論を主張する支援者Bは，支援者が発生原因を確定し，その原因を処方し，クライアントがその処方された問題行動を実践したとしても，それは不随意に遂行された状況とは異なる文脈において，意図的に統制された実践であり，それゆえもはやこの実践は問題行動の実践ではないと，逆説的解釈を否定する。本章では，後者の正当性の論証が示された。

文脈論に強く反発してきたのは，対人支援論への学問的な考察を試みる科学的支援法の最先端にいると自負する研究者たちである。彼らは，彼らがこだわる実証主義的科学のイメージゆえに，この文脈論に依拠する支援モデルを強く批判してきた（Hudson 1982: 2）。彼らが批判するのは，文脈論の実証力の弱さ，とりわけ測定力の弱さであった。しかし，彼/彼女たちの文脈論に依拠した世界構成過程論に対しての批判には生成的過程への実証主義的考察が欠けていた。北米の解決志向の支援論の発展のなかで，解決志向の実践者は，逆説的支援論からこのような文脈論への展開を実践活動において体現してきた。体現であり，そこでは理論的考察は不十分であった。実証性の弱さを突く批判に対して，筆者たちの，北米ミラノ学派の業績を継承する一連の社会構成主義的支援モデルは，これら実証論を主張する研究者たちが提示できなかった，トランスアクションの成員たちの相互変容力学の測定を示し，その数量化の実例をも示していることを付け加えておきたい（Oshita and Kamo 2011, Oshita and Kamo 2014）。

まとめ

一定程度体系化された北米の伝統的な支援モデルが有する暗々裏の変容方法の前提，つまり，原因の除去，問題解決という直線的因果論の問題点を明るみにだし，そのモデルを批判的に論じたのが，逆説的支援モデルであった。そして，そのモデルは原因の維持，問題の除去という問題解決法を提示した。この逆説療法の反撃に直面した一部のソーシャルワーカーや心理臨床家たちは，もはや，原因と結果の範疇を無批判に受け入れて実践を試みることはできないのではと，自らの実践への疑念に捉われることになった。ところが，この逆説療法は，問題維持，問題解決という，伝統モ

デルと同じ直線的因果関係を前提として，変容を説明した。そこには，人のトランズアクション過程における，持続的差異の生成力学が描かれていなかった。本章では，二重拘束理論とその理論を臨床に応用した逆説的処方，つまり，治療的二重拘束が見過ごしてきた，メッセージ伝達者の伝達メッセージの多義性，そこで伝達されるメッセージに対しての受け手の差異生成力についての説明を試みた。そして，このミニマリストの立場からの差異生成論つまり変容論を土台として，トランズアクション・システム（これは社会でもある）の評定と変容技法枠に考察を加え，ラディカルな社会構成主義に依拠する新たな生成論的な支援モデルの体系を概略した。「直線的な因果論から生成論へ」。これは新たな社会構成主義的な支援モデルの旗印である[7]。

[注]

1）逆説的介入法を吟味する作業は，例えば直線的因果論が鮮明に提示される行動療法的な支援論を乗り越える作業としては，意味を有する。ところが，国内の支援論においては，因果論には無自覚のまま，直線的な問題解決の発想が浸透している。厳密性に欠ける直線的な因果論は，様々な対人支援論の教科書のなかでも無批判に支援活動の前提とされている。本章の議論は，曖昧な因果論による支援論，明確な直接的因果論に依拠した支援論，そして，その因果論の克服を目指す支援論という，支援の因果論の考察段階での，第２の段階から考察を開始している。既存の支援法の曖昧さを論じる場合，権利擁護という規範，道徳理論についての批判的吟味，変容の基礎理論についての言及，そして変容についての技術の吟味を網羅した論述が必要で，これらの錯綜したテーマを整理し，テーマごとに論じる作業を一つの章で収めることはとても無理だからである。

2）国内のソーシャルワークの実践現場でクライエントの「振り返り」という言葉が流布しており，またその実践が重視されている。この振り返りは自分の内面への振り返りという単純な意味合いにおいて使用されているが，あえて説明するまでもなく，この「振り返り」は元来，Hollis, F. によって論じられた，Person in his/her situation への Reflection という，精神分析の色合いが強い技法論である（Hollis 1972）。多くの支援者は，この Reflection の意味合いを単なる「振り返り」と日常化し，それを支援技法として強調する。Reflection の概念は，支援のキー概念であり，それゆえその問題点の吟味と再構築が求められる。この点については，Kamo, K., Oshita, Y. and Okamoto, H. (2014) の議論を見てほしい。むしろより根源的な問題は，以下であるだろう。それは，彼／彼女たちには自らの「振り返り」技法を含めた支援活動の全体の技法についての「振り返り」がほとんど見られないことである。

3）因果論を中心に新たなモデルの構築を試みるためには，循環的因果論を主張する，例えば構造的家族療法に強い影響を受けた「家族中心のソーシャルワーク」（Hartman 1983）についても吟味を試みなければならないであろう。しかし，このモデルは，正常家族システムへの回帰モデルであり，循環的因果論を唱えながらも，結局は実在すると想定される家族病理に原因を想定し，家族とその背景と，家族システムの要素間の相互生成メカニズムとして問題発生を捉える視点は弱い。それゆえ，本章ではそれら家族療法の循環的因果論の吟味は除外した。因果論への根源的な批判を加えるのは，むしろ逆説的支援論であった。彼女たちはその後，ナラティブモデルに急接近する（Hartman 1991）が，この彼女たちのシフトはあまりにも性急であり，ナラティブ実在論，決定論に陥るという見逃せない問題点を有していた（加茂 2013）。

4）本章では，「『Ｓ は Ｐ であり』，同時に『Ｓ は Ｐ ではない』ことはありえない」という矛盾律を世界内の存在の様式を表す根本的法則と見なすのではなく，それは，状況を説明するとき，上記の対立する説明法のそれぞれを同時に用いて説明することを禁止しておくという，認識の約束事として捉えられている。この規則に従っているか否かの客観的な決定を下す判断基準は不在であり，制度化された時代の主たる言説（判断主観一般）が超越的判定尺度の役割を担う。そもそも Ｓ の述部 Ｐ の定義は，文脈依存的で，状況ごとに多義的意味を有する。コミュニケーションが流動的であるため，そこでは生成文脈も流動化し，述部 Ｐ の意味もずれ続ける。原初的存在様式は，空間的に常に動き，時間的にも生成し続ける。この所与がそれ以上のあるもの，所識，「として」構成され，公共化されていく過程で，それは普遍的同一性を呈する（廣松 1988）。例えば「精神」，「原因」，「正常対異常」がその例である。

5）素材が「として」構成され，実在身を帯びるという生成論に依拠するならば，主体にとっては，他者からのリフレーミングは，他者が有する素材についての他者の構成でしかなく，そこでは，主体としての「私」の構

成は不在で,「私」の世界は存在しない。それは,このリフレーミングの後の関与,つまり主体の「として」の世界構成操作を限定し,世界構成の道筋を狭めるという難点を有する。それに続く逆説的処方も一層強くクライアントの現実構成を制限する。ポジティブ・リフレーミングは,治療者によるクライアントの世界内の出来事についての肯定的構成である。その後にクライアントに対して,それの吟味を促しても,それは体系化された世界構成の提示であるため,その後のクライアントの世界構成の方法は制限を受けることになる。むしろ,最初から,原初的な生活場面に対して,クライアントの記述を求め,それに対しての再吟味を求める方法は,生活の内部から多彩な差異を引き出す力を有し,より多様な現実構成の道筋を切り開くであろう。これは,変容の内部生成を強調する社会構成主義的な支援論である。

6) 理論の正当性はどこかでそれへの疑いを停止させないと成立しない。停止させたレベルが,その正当性の根拠となる。つまり,正当化の不変性を有する安定した根拠は存在しない。それゆえ,「私」の見方は正しいと,「私」の構成であることを根拠にして,正当性を主張することができる。この「私」の発言であると宣言するがゆえ,の正当性論は,ウィトゲンシュタインの古典 *On Certainty* の 28 頁を見よ。「私の問題定義とその解決法に間違いはない。しかし,その解決法では問題が解決しない」。これがクライアントの二律背反的な現実構成法である。彼 / 彼女はこの苦難を逃れるために,次の「私」の世界構成の確実性を探索しなければならない。それゆえこの苦難の事態を,解決を進める先行的な力と見なすことができる。

7) 本章において,国内でのソーシャルワーク実践に言及しないのはなぜかと問われるかもしれない。国内ではソーシャルワーク支援は,法的に定められた手続きの実践であり,それを遵守するならば,それ以外は何でもありという雑多な実践が大多数である。そこでは直線的因果論が語られるが,その定義や用法はあまりにも曖昧であり,吟味の対象として取り扱うことは非常に困難で,ましてや逆説と関わらせて論じることは不可能であった事情を理解していただきたい。それにしても,近頃のソーシャルワーク支援論の理論構成力の低下,および技法を用いた変容力の衰退は目に余る。理論構成や技法が雑多に展示されている支援論の教科書の水準を超える支援モデルを目にすることはない。このような状況はなんとかならないものか。

[文献]

Bateson, G., Jackson, D. D. and Haley, J. H. A. (1962). Note on the Double Bind. *Family Process*. 2. 154-164.

Cronen, V. E., Pearce, W. B. and Tomm, K. (1985). Dialectical view of personal change. In K. J. Gergen and J. Davis eds., *The Social Construction of the Person*. New York: Springer-Verlag. 203-224.

Foucault, M. (1994). *Power*. In J. D. Faubion ed., (R. Hurley and others. Trans.). New York: Penguin Books.

Hartman, A. (1983). *Family centered social work practice*. New York: Free Press.

Hartman, A. (1991). Words create worlds. *Social Work*. 36 (4). 275-276.

廣松渉 (1988)『新哲学入門』岩波書店。

Hudson, W. W. (1982). Scientific imperatives in social work research and practice. *Social Service Review*. 56 (2).

加茂陽 (2012)「ソーシャルワーク論考:社会構成主義的パースペクティヴより」日本社会福祉学会編『対論社会福祉学』。

加茂陽 (2013)「児童問題へのもう一つのアプローチ」,『家族臨床社会学』放送大学。

Kamo, K., Oshita, Y. and Okamoto, H. (2014). Multiple-reflection Model of Social Work Practice. *Japanese Journal of Social Welfare*. 54 (5). 1-10.

鬼界彰夫 (2003)『ウィトゲンシュタインはこう考えた』講談社現代新書。

Oshita, Y. and Kamo, K. (2014). A New Intervention Skills and Measurement Method for Clinical Social Work Practice. *Japanese Journal of Social Welfare*. 54 (5). 11-22.

Oshita, Y. and Kamo, K. (2011). *Reconstructing Meaningful Life Worlds: A New Approach to Social Work Practice*. Bloomington: iUniverse.

Tomm, K. (1987). Interventive Interviewing: Part II. Reflexive Questioning as a Means to Enable Self Healing. *Family Process*. 26. 167-183.

Watzlawick, P., Bavelas, J. B. and Jakson, D. D. (1967). *Pragmatics of Human Communication: A Study of Interactional Patterns, Pathologies and Paradoxes*. New York: W. W. Norton.(山本和郎監訳(1998)『コミュニケーションの語用論——相互作用パターン,病理とパラドックスの研究——』二瓶社)

Watzlawick, P., Weakland, P. and Fisch, R. (1974). *Change: Principles of Problem Formation and Problem Resolution*. New York: Norton Company.(長谷川啓三訳(2000)『変化の原理』法政大学出版会)

Weeks, G. R. and L'Abate, L. (1982). *Paradoxical Psychotherapy: Theory and Practice with Individuals, Couples, and*

Families. New York: Brunner/Mazel, Publisher.（篠木満・内田江里訳（1986）『逆説心理療法』星和書店）

Wittgenstein, L.（2001）. *Philosophical Investigation*. The German Text with a Revised English Translation.（G. E. M. Anscombe, Trans.）. Oxford: Blackwell.

Wittgenstein, L.（1972）. *On Certainty*. G. E. M. Anscombe and G. H. von Wright eds.,（D. Paul and G. E. M. Anscombe, Trans.）. New York: Harper and Raw.

第3部
事 例 編

第10章
ファミリー・ソーシャルワーカーの役割と里親家族支援論

大下由美・加茂　陽・前田佳代

はじめに

　現在，日本の児童養護の領域では，社会的養護が中心であるが，施設入所中心の支援方針から，家庭的養護の拡充に向けて，里親などへの委託率を引き上げる方向性が打ち出されている（厚生労働省雇用均等・児童家庭局 2011）。里親などへの委託率の増加に伴い，問題となってくることの一つに，委託後の子どもの問題行動への対処法を里親に教育，支援する体制が十分ではない点があげられる。それは，その支援をどの機関が担うのかというハード面と，実際に，里親家族が直面する問題の解決を支援できる専門家の養成というソフト面の不十分さである。ハード面においては，平成24年度より，里親支援専門相談員が配置されるようになったが，その運用においては自治体ごとの格差が大きく，体系立った活動には至っていない。ソフト面においても，里親支援専門相談員が，里親家族の問題解決過程を支援できる高度な知識と技術を身につけるための養成プログラムは未整備である。それゆえ，里親家族への体系立った支援モデルの構築は，急務の課題と言える。

　一般的に家族システムの危機は，子どもの成長発達に伴い各家族に特有の形で現れる。里親家族システムにおいても，里子が思春期に入ると，こ れまでの親子の関係性に変化が生じ，家族システムが再編の危機にさらされる。里親だけでは，その危機を乗り越えられない場合も多く，子どもが思春期に入って，里親委託が解除され，再び施設生活に戻る子どもが一定数いるのが現状である。この里親家族の危機を克服する支援ができたならば，里親委託の継続率は増加するし，子どもも里親も，成長を遂げることが可能になるであろう。

　そこで本章では，以下のように議論が進められる。最初に，支援の基本的枠組みを提示する。そこでは，まず伝統的ソーシャルワークでは自明のこととされてきた「クライアントの問題の訴えは，現実の反映である」とみなす現実反映としての問題定義とは対照的な，「訴えは自ら生成した規則に従い構成され，伝達される言語行為である」という，生成論的な問題定義が論じられる。

　次にニーズおよび資源についても生成論的に定義される。訴えを客観的現実の反映として定義するニーズ論者は，主体は一義的な問題定義を有し，他方，問題の解決に必要な公共的なニーズが存在していると捉える。そして，外部の制度化された実在する解決資源を前提にして，ニーズの充足のためにそれら制度化された資源を導入するこ

とを支援と見なす。

　これに対して，本章では，問題解決過程においての，問題解決の希求としてニーズを定義する。つまり，問題定義，その解決案の立案，そしてその実行の希求という3つの連続した変数構成体としてニーズを定義する。このニーズ生成の過程において解決資源が生成する。あるいは解決資源の生成により，ニーズは再構築される。このように，ニーズと解決資源とは，共生成する。

　このニーズと解決資源の共生成論を基礎理論として，北米ミラノ学派の質問法や，解決志向短期療法の変容技法群が結合され，理論レベル，技法レベルが統合された支援体系が提示される。

　最後に，上記の支援の理論的枠組みに基づき，ファミリー・ソーシャルワーカーが，思春期の里子と里親家族への支援を行い，里親家族の問題解決力を向上させた，つまり里親委託の継続が実現した事例を示す。この事例の考察を通して，これまで体系化が不十分であった，里親委託後の里親家族への支援論が提示される。

I．支援論の基本的枠組み

1．訴えとは

　たとえば，毎朝登校時間が迫ると，「おなかが痛い」と子どもが母親に訴える場面（クライアントは子ども）を想定してみよう。この子どもの「おなかが痛い」という訴え（メッセージ）は，子どもが自分の内面に実在する腹部の不快感を冷静に，客観的に記述している訴えと見なすことができるかもしれない。この見立ては，伝統的なソーシャルワークにおける訴えの捉え方である。この見立て方を採択した場合，子どもの内在的かつ客観的な腹部の「痛み」を，普遍的な測定尺度（様々な医学的検査など）に照らし合わせて，その記述の正当性を判断する方法が選択される。その上で，子どもの訴えが正当であると判断されたならば，それを消失させるための介入が，治療者によって試みられることになるであろう。

　他方，訴えは，音声伝達，そのときの感情，行為，自他の関係性の定義方法などを自分のものとして束ねて，相手に伝達する言語行為と見なすこともできるであろう。この捉え方に基づくと，「おなかが痛い」という子どものメッセージは，腹部の不快感を示すという単一の意味を伝達する行為ではなくなる。たとえば，この子どもに対し，支援者が，面接の中で「毎朝おなかが痛いの？」と，反省的に再記述を求めたとしよう。すると子どもは，このメッセージが単なる「痛み」が起こったという事実の記述としてではなく，「痛いといったときは，（母親から）優しくして欲しかった」，「自分の気持ちを解ってもらえない」，「いつも同じ叱り方ばかりする」など，子どもなりに説明をするであろう。これらの説明から，子どもは「おなかが痛い」は，「何々して欲しい」など，対話者である母親との関係性のあり方について言及しているのである。

　客観的な記述と言語行為の記述との違いは，「痛み」と「痛みの訴え」，あるいは問題である痛みの「内容」と痛みの「伝達行為」とを区分するところにある。つまり「痛み」を他者不在の密室で表示する場面と，自らにとって重要な他者に痛みを訴える場面との差を想定するならば，それらの差は明確になるであろう。ソーシャルワークにおいては，密室での訴えを対象とはしない。

　以上の議論を基に，本章でのクライアントの訴えの一般的定義をしておこう。「訴えは固有の現実構成法であり，それは，他者に伝達される行為である」。むろんこの定義は，ウィトゲンシュタイン（Wittgenstein, L.）の言語ゲーム理論（鬼界

2003）を下敷きにしたものである。

2. ニーズと資源生成

訴えは，解決の必要性を伝える，いまだ拡散したストーリーである。このストーリーを出来事レベルに再構成する作業から，支援が開始される。本章では，問題解決の希求としてのニーズと資源とを共生成論的に定義したうえで，問題解決過程を分析する。その枠組みは，表1に示されている。

この枠組みは，問題解決の介入点を具体化し，介入作業が作り出す力動性を明示する。変容点は「ニーズの生成過程（N）」のN1, N2, N3と「資源生成作業（R）」のR1およびR2である。一般的には，ニーズ（N）が生成しないと解決行為（R, Pra）は動かない。それゆえ，クライアントの問題解決過程は，IのN1の「出来事レベルで具体化された問題を解決することの希求」から始まり，IIのN2の「1つの問題の出来事を構成する要素群の，どれかの要素についての解決方法を立案することの希求」，IIのR1「解決方法の立案作業」，IIIのN3の「立案された解決策を，対人的文脈で具体的に実現する方法を得ることの希求」そして，IIIのR2「立案された解決策を，対人的文脈で実現する方法の具体化」へと進む。そして，「考案された解決のための実践行動（Pra）」へと進む。

たとえば，母親が，「今日の食事代に事欠く」と訴えた場合で考えてみよう。まず，この母親は訴えを，具体的な出来事レベルでの解決の希求として生成する（N1）。その実現には，具体的な解決策が不可欠であることを理解した上で，探索を試みる（N2）。その上で，母親なりの問題解決法を探索し，作製し（R1），立案された解決方法を，対人文脈で具現化させる方策を得ることを希求する（N3）。さらに彼女はその方策を実行する段取り，つまり資源を考案し，具体化する（R2）。そしてこの具体的な解決策を実行する（Pra）。

このように，問題解決過程においては，ニーズと資源とが共生成する特有の力学が存在する。これらは，単独で存在する要素ではない。たとえば「私には問題を解決する資源が必要だ」という訴えについて，「必要だ」という述語のみを取り出すならば，ニーズが実在味を帯び，目的語の資源を述語から切り離すと資源が実在化する。伝統的な支援論は構成と実在とを混同し，ニーズと資源とを実在化させるという誤りを犯している。

これらのニーズと資源とが相互生成する場面はトランズアクション過程である。そこでは，クライアントは，これまでの対人及び対物との関係性定義を構成文脈としつつ，入力される情報に固有な意味合いを与え，問題を定義し，一連のニーズ

表1　ニーズと資源との共生成過程

	I	II	III
ニーズの生成過程（N）	出来事レベルで具体化された問題を解決することの希求（N1）	1つの問題の出来事を構成する要素群の，どれかの要素についての解決方法を立案することの希求（N2）	立案された解決策を，対人的文脈で具体的に実現する方法を得ることの希求（N3）
資源生成作業（R）		解決方法の立案作業（R1）	立案された解決策を，対人的文脈で実現する方法の具体化（R2）
生成した資源の使用（Pra）			考案された解決のための実践活動（Pra）

N: needs, R: resource, Pra: practice，I～IIIは問題発生（解決）過程の段階

を生成し，それを解決する資源を策定し，そして解決策の実践を試みる。それゆえ表1が示す，いずれかの地点の変容は，これらの過程全体に波及する。

ニーズ構成（N）と解決策の立案（R），そして解決行為の実践（Pra）という問題解決過程，ソーシャルワーカーは，トランズアクションの最小単位である，システム構成員それぞれの意味構成と，行為選択の差異化の流れとして，同型的に読み直すことができる。

このニーズと資源の共生起過程を，より微細な現実構成概念である意味構成と行為選択に読み替えるならば，上記ⅠからⅢの問題発生（解決）過程の各段階は，これら両変数の差異化の衰退（発生）過程として分析することが可能になる。以下，このニーズと資源の共生起過程を説明する場合，表1の（ ）内の略記号を用いる。

Ⅱ．変容論

1．訴えの生成力学

クライアントの初回面接での訴えにおいては，複数の出来事群が恣意的に結びつけられている。それはクライアントなりには筋の通ったものであり，他者と共有可能な公的規則に従っていると主張される。またそれは，訴えを持続させる世界観などのメタレベルの規則に基づいて主張される。

たとえば，「問題は何か？」と支援者が問うと，クライアントは，解決が必要な（ニーズ）問題群を列挙し，クライアントなりに筋道を立てて，「解決策が見つけられない」と解決に必要な資源の不在を訴える。つまり，問題解決したいニーズは強いが，他者の行動や物材及び自分自身をどう考えればいいか分からない（意味構成）や，他者に対して，あるいは，物材の利用について，及び自分自身に対し，どうすればよいか分からない（行為選択）というように，解決のための資源（R1）の不在が訴えられる。そして，クライアントは，それを「毎日大変なことばかりで，どうしていいか分かりません」などと，固有な問題定義と解決策の不在とを生活場面全体に肥大化して説明するであろう。私たちはこの問題増幅システムを生活場面のマップ（あるいは，エコマップ）として表記することができる。このような，ある問題の意味が浸透した生活システムにおいて，クライアントは問題の解決という主体的世界再構成の実践を試みるにもかかわらず，逆にそれが問題構成の力になり，彼/彼女は問題への対処力を喪失してしまうという，逆説的な力学に陥ってしまっている。それゆえクライアントの訴えを，そのような逆説的な言語行為であると捉え，彼/彼女に対して，その力学を変容する支援が試みられなければならない。

2．変容戦略

解決が不可能だとして報告される，問題が染み付いた世界構成法の記述の後，問題と見なされる世界構成法の典型的な要素，つまり，具体的な出来事が取り上げられなければならない。クライアントの訴えは，出来事群を恣意的に束ねて構成した世界であり，彼/彼女はそれを客観的であり，真として訴える。言い方を変えるならば，クライアントにとってはいかんともしがたい問題群の正確な記述として，問題が語られる。これら記述された問題とみなされている生活場面全体を一挙に変容させることは不可能であることを，まず押さえておきたい。

また，生活場面全体を問題として定義し，他者

```
A           m2
│         ↗
│s1    s2/  │s3    ……
│    /      │
↓  /        ↓
  m1
B
```

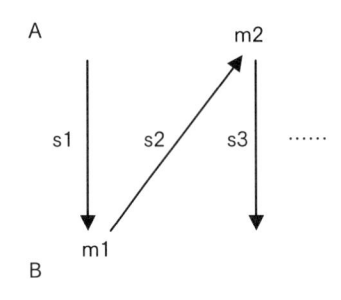

s1〜s3：言語行為，m1，m2：意味構成

図1　シークエンスの記述法

に伝達する場合，必ず問題定義から外れた要素が潜在化させられている。それゆえ解決のために取り上げるのは，この問題定義を構成する際に排除された要素群であることも強調しておきたい。

問題解決は，ある生活場面での要素，つまり，ある具体的な出来事をクライアントが行為選択あるいは意味構成の連続過程として記述することから開始される（図1参照）。クライアントは，これらの要素を記述する過程で，自らの訴えが一層正確に他者に伝達されているという実感を得る。問題場面の具体的なシークエンスの要素の記述を，クライアントに求めたことで，考察の領域は焦点化される。するとそのシークエンスの要素群の中で，排除された要素を浮上させる，あるいは問題維持の形で固定化されているシークエンスの要素を差異化させる変容戦略が浮上する。つまり，行為選択と，他者の行為の意味づけの差異化，ないしは排除されているそれらの要素の復元が，そしてそれら諸要素の新たな結合が，変容戦略として引き出されるであろう。

3. 現実生成力学の変容

問題の評定は，問題維持のシークエンスに現れるクライアントの世界構成と，彼／彼女とトランズアクションを繰り広げる他者の世界構成との循環的過程で生成する固有の現実生成力学に対して試みられる。

抽象的に表記するならば，図1に示すように，AとBとの間での意味構成（m1，m2）と行為選択（s1〜s3）の要素の連続過程を，彼らが恣意的に構成することで固有の出来事が生成する。これは表1のR1の生成過程でもある。

Aは自らの行為選択（s1）とそれに続くBの行為選択（s2）への意味構成（m2）とを，彼／彼女の特有の世界構成法を文脈として語るであろう。

Bも同様に意味構成と行為選択とを試みる。これらの双方の力学がパターン化されるならば，この過程より，AがBの行為を意味構成し，次の行為をBに向けて選択する規則が生じる。同時に，Bにも同様の規則化が生じる。両者の文脈の循環過程において，この各主体の規則の生成力学を変質させるならば，それは各主体の新たな，行為や意味づけが浮上するであろう。この新たな世界構成の文脈の生成力学が作動することで，解決力が生起する。

この現実の生成力学の変容の具体的戦術について，表1を用いつつ，例示してみよう。クライアントは問題を公的な，誰もが納得する説明規則に従って捉えたと信じている。その問題を，クライアントにとって解決したい1つの出来事として確定してもらう（N1）。そしてそれを，シークエンスの要素として記述することを促す（記述：N2）。それに対して，クライアントは，対人関係上の意味づけを軸に再考すること，つまりどの要素の変容をどのような方法で行うかについての再考を求められる（リフレクション：R1）。

例えば図1のAのs1"うるさい"という言語行為を，Aが変容すべき要素として取り出したとしよう。Aにs1について「もう少し詳しく話してもらってもいいですか」などと，Aの自らの行為の選択時の意図の記述を促すならば，多くの場合，Aは，s1について，「腹が立っていたから」あるいは「解って欲しかった」などと，Aにとっての対人的な意味合いを記述するだろう。そこでは，Aのs1の行為選択時の多様な意図が浮上す

る。

さらに，これらのAによって記述された意図と選択されたs1"うるさい"の行為選択についてAに再考を促し，さらにAに新たな行為選択の可能性を記述するよう促す。それが具体化するならば，Aは，Bとの新しいやり取りのなかで実践することを考え（N3），その具体的実行方法を考案し（R2），その方法を実行する（Pra）。これは，Bに対しても同様に実施することができる。

4．変容の手順

変容は，クライアントの訴えに対し，ニーズと資源の共生成過程を含みつつ，以下のような手順で試みられる。（ ）内のN, R, Praは，表1の略記号を意味する。

一般的な手順は，以下のとおりである。クライアントに対し，記述的循環的質問法（Descriptive Circular Questions：DCQ）を用いて抽象的な問題定義を，もっともクライアントが変えたいと思う具体的な出来事に移し替え，それを記述するよう促す。そこで記述された出来事は，解決が必要なニーズとしての出来事である（N1）。そしてさらに一つの出来事を，シークエンスの要素として記述することを，DCQを用い，クライアントに促す。そこでクライアントによって抽出された要素群は，クライアントにとって，解決方法の立案を希求する要素群である（N2）。この要素群の中で，さらに具体的な変容の計画を作成する要素を確定し，リフレクシブ循環的質問法（Reflexive Circular Questions：RCQ）を用いて，解決法を立案してもらう（R1）。それはクライアント自身によって作成されるがゆえ，その対人的文脈での実施へのニーズが生まれ（N3），新しい要素の実践方法が検討され（R2），実行に移される（Pra）。

また解決志向的質問を取り入れて変容する場合では，以下のような手順が採用される。DCQを用いて，クライアントに問題場面を具体的な出来事として記述してもらったのち，その出来事全体の定義を変容する，解決志向的質問法が試みられる。そこでは，どのような解決を作り出すかが問われるため，表1のR1の資源の生成作業に焦点化される。

解決の文脈で語られた資源群について，さらにRCQを用いてリフレクションを求めるならば，具体的な実践への希求が語られ（N3），その実行方法が探索される（R2）。

いずれの手順で変容を試みても，クライアントは自らの解決プランを実行する（Pra）ことになるであろう。

III．変容技法

本章で論じられる技法論は，第6章の表1で示されている技法群の内，I．循環的質問法（Tomm 1985）と，II．解決志向的質問法（Miller 1997）を中心にしたものである。その効果的な使用法の一例がニーズと資源の生成過程と結びつけて，文脈において，提示される。以下，IとIIの技法についての概略を述べる。

1．循環的質問法

循環的質問法は，図1で示したシークエンスの要素である意味構成（m）や行為選択（s）を記述し，差異化することで，世界の再構成を目指して用いられる技法である。この技法は，2つのタイプに分けられる。通常，どうしようもない災難として，被害的な立場からクライアントは世界を構成し，問題として訴える。援助過程においては，

それらは，吟味が可能な地平に置き換えられなければならない。つまりクライアントによって，具体的な場面がトラッキングされて，要素と要素の連鎖過程として記述しなおされる。この具体的な要素を記述する過程は，クライアントにとっては，問題を自らの循環的なトランズアクションとして語りなおす過程でもある。このとき用いられるのが，記述的循環的質問法である。さらに，問題の解決に必要な資源の明確化を意図して，支援者は，クライアントに記述された構成要素群のひとつを選択させ，その要素に対する循環的な意味生成の力学への考察を励ます。ここで用いられるのが，リフレクシブ循環的質問法である。

また，家族合同面接の場合は，たとえば，一方の構成員の一つの言語行為に含まれる，他者への期待を記述してもらい，それへの他者の側からのコメントを，他者のポジションから記述させ，その差異について双方のポジションから，リフレクションを促すことによって，シークエンスの差異化作業を試みることができる。このようにシークエンスの要素の差異化作業は，トランズアクション過程における主体たち相互にとっての，世界における能動的ポジションの獲得と並行して進行するのである。

ある問題を持続させる力として作用する前提（慣習的な出来事定義や，関係性定義など）と局面ごとの行為に対しての意味づけとの悪循環は，具体的言語行為の再考を支援することで，変容するのである。相手の行為に対しての意味づけを変化させることで，関係性定義は差異化される。また，差異化した関係性定義は新たな行為選択を作り出し，トランズアクションの相手への変容力として作動するであろう。このように「私」の重層的現実構成の循環的力学と，そのような「私」同士（二者間あるいは複数人間）の循環の力学との二つの循環的力学の変容が，この質問法を使用することで試みられる。この技法は一人の主体による他者の行為の意味づけや自らの行為選択についてのリフレクションから，さらにトランズアクションの相手への同様のリフレクションによって，トランズアクション過程の変容を試みる技法である。しかもこの技法は，図1のAのs1，Bのs2，Aのs3およびBのm1，Aのm2のどの要素に対しても用いることができるため，多数の変容点を見出すことができるという利点がある。

2．解決志向的質問法

もうひとつの技法の柱であるSFBT（Solution Focused Brief Therapyの略）の諸技法には，クライアントが生活場面の中で既に偶発的に生じている解決行動群に気付くための質問（コーピング・クエスチョン）や，クライアントが着目していないが，実践したことがある過去の解決事象を探索する質問（例外事象の探索）や，あるいはこれから実践するあるいは実現する可能性のある解決予測場面（ミラクル・クエスチョン）についての語りを促す質問法がある（Miller 1997）。これらの質問は，問題場面のシークエンスをリフレクションする過程で，シークエンス全体への意味づけの差異を，時間軸を利用して浮上させる質問群である。つまり，これは表1で言えば資源生成作業段階（R1）からのアプローチである。これは，シークエンスの要素に対する差異化をもたらす循環的質問法とは異なり，シークエンスを記述する時間的文脈全体を変えて，出来事定義のレベルの差異を浮上させる技法に位置づけられるだろう。

3．両技法の統合的使用法

SFBTの質問技法で浮上してきた新たな出来事定義は，リフレクシブ循環的質問法を用いてさらにリフレクションされ，具体的な要素として記述させていくことで，解決行為の実践の具体的プラン作りにつながる（R1）。たとえば，クライアントが，過去の成功のエピソードを発見したなら

ば，その場面を具体的なシークエンスの要素として記述しなおし（DCQ の使用；N2），問題が生じた場面で選択している行為と，過去の成功エピソードにおける場面でのクライアント自身の選択した行為との差異は何かと，リフレクシブな循環的質問法を用いることができる。そこでは何が解決の資源となるのか，解決場面を再現するには，どうすればよいかを明確にすることができる。

さらに，解決資源を対人関係に投入する方策についても，考察が深められる（R2）。

IV．事例分析

1．考察の目的

上記で論じられた理論的体系に基づき，思春期の被虐待児童が里親委託されたのち，里親家族がかかえる問題の解決を実現した過程を明らかにし，本章で論じたニーズと資源との共生成論的支援モデルが，里親家族の問題解決力向上モデルとして有用であることを論じてみたい。

本節においては，問題の最小化及び解決行為の具体化を試みる変容論に依拠し，里親（父）の宿題を強制する行為とそれへの里子の対抗戦略のシンメトリックな矛盾増幅過程を，里子の問題解決の希求（ニーズ）と資源を生成する過程において，変容させる手法について論じてみたい。この事例は，6回の面接で終了した。各々統制された面接過程において，いかに変容が作り出されていったのかを論じる。

2．事例の概要

クライアントは，養育里親に委託された中学2年生女子（以下，Aと記す）と養育里親である。Aは，里親家族で生活していたが，ある日「里父から暴力を振るわれるから，家に居たくない。家に帰りたくない」と訴えて児童養護施設を訪れた。児童相談所は，念のためAを一時保護したが，Aへの処遇方針が決まらず，児童養護施設のファミリー・ソーシャルワーカー（略記号 FSW）に面接の依頼があり，介入することとなった。

なお，事例の掲載についてはクライアントから了解を得ており，その内容は，個人情報保護の視点から変更が加えられている。

3．変容過程

（1）初回面接での訴えの記述過程

① Aによる問題の記述とアセスメント

以下での，記述的循環的質問法（DCQ）を用いて，問題場面の詳細な記述をAに促した過程で得られたデータは，Aと里父との対立増幅的なやり取りの行為連鎖を示している。（　）内の数値は，Aの感じた里父の言い方の強度（＝怖さの度合い）を，スケーリング・クエスチョン（Berg 1994）を用いて「0」を「怖さを感じない」から「10」を「最大の怖さを感じた」という10段階で記述するよう促した結果を示している。里父とAの問題増幅パターンについて評定してみよう。

Aの「家に帰る気がない。帰りたくない。里父が叩くから」という訴えを，FSW は，「帰る気がない」という，Aの内面の気持ちの反映として捉えるのではなく，Aが里父との関係性の改善を図ろうと模索している行為と捉え，その浮上を目指しAが困っている問題場面の記述を求めた。するとAは，宿題場面での出来事をあげた（N1）ので，その中からAにとって最も困るエピソードを，A自身に選択してもらい（N2），それの具体的シークエンスの要素への記述をAに促した。Aと里父の具体的なやり取りは，i）いつものA

と里父のやりとり，ⅱ）Aが里父から最初に叩かれた日の具体的やりとりの2つのパターンに分けて記述された（N2）。

  ⅰ）いつものパターン
  1 A：おかえり〜
  2 F：宿題は終わったのか？（5）
  3 A：あっ，ごめんなさい
  4 F：なぜやっていないのだ（8）
  5 A：遊んでいた
  6 F：いますぐやれ！
  7 A：あっ，はーい
    （叩かれないうちにダッシュで逃げる）
    （その後，里父は仕事で外出。里父が夜に帰って来た時に，Aは自室にいて，車の音が聞こえたら慌てて宿題にとりかかる）
  8 F：A, 下りて来い（10）
    （A, 下りる）
  9 F：どのくらいまで進んだのか？
  10 A：まだあんまりできていない
  11 F：なんでだ！（11）
  12 A：……
  13 F：寝ないで，やれ！（12）
    （この後Aは宿題をやる）

この過程を，1A〜7Aと，8F〜13Fに区分して考察してみる。どちらのやりとりにも，里父はAに宿題の進行度合いを詰問し，Aは進んでいない状態を報告し，里父はそれを聞いて強く宿題の実行を迫り，Aは宿題に取り掛かるという，里父（詰問）−A（否定的な報告）−里父（強制）−A（服従）パターンが展開していることが想定された。

  ⅱ）叩かれた日のパターン
  （この日は，ⅰ）いつものパターンの1A〜7Aの後，里父が腕をつかんできたので，逃げたら，

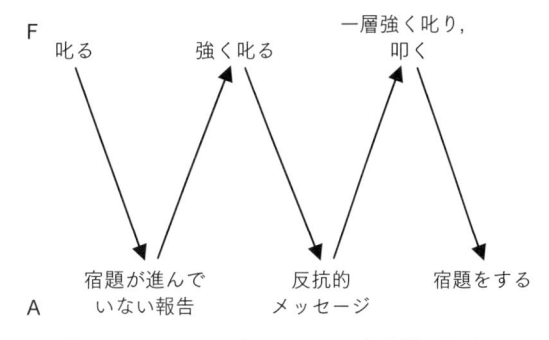

図2　里父-A サブシステムの力動性の評定

迫ってきて，頭をつかまれて）
  1 F：俺をばかにしているのか！
  2 A：ばかにしてない
  3 F：じゃあ，何で言うことを聞かないのだ（15）
  4 A：……
  5 F：やっぱ，俺をばかにしているんだな
  6 A：ばかにするなら，もっと別の方法でする
  7 F：（叩く）お前の顔は見たくない
  8 A：（自室へ行こうとする）
  9 F：ちょっと待て，お前，何か言うことはないのか
  10 A：ごめんなさい
  11 F：謝るくらいなら，宿題をしろ
    （その後，Aは夜遅くまで宿題をやった）

ⅱ）のパターンを見ると，里父（詰問）→A（否定的なメッセージ）→里父（詰問の強化）→A（反抗的なメッセージ）→里父（暴力・強制）→A（服従）というパターンが見られる。このパターンは，ⅰ）いつものパターンの里父支配対子ども服従のパターンとは異なり，里父の詰問の強化（5F）に対してAの言語的な反抗（6A）が加わり，里父の（暴力・強制）（7F）の要素が浮上したと考えられる。

このやりとりでは，それぞれの主体の解決行動が，偽解決行動になっていた。つまり，悪循環の生成力学を，このシークエンスに読み込むことが

できる（図2）。それは硬直した相称的な関係性の悪循環過程である。

図2に示すこれらの要素のうち，どれかのあるいは両者の行為選択が差異化されるならば，日々の宿題場面で生じる，里父-A間の対立増幅過程は消滅し，里父の暴力的行為の選択力は衰退すると考えられた。

② Aにより記述された要素のリフレクション

そこで，A自身に，解決資源の生成作業として，Aが記述した里父とAの間の対立増幅パターンに対して，リフレクシブ循環的質問法（RCQ）を用い里父の言語行為，あるいは自分自身の行為選択へのリフレクションを求め，未だ具現化していない解決行為の浮上（資源の生成）を試みた（表1 R1）。以下FSWは，ワーカーを示す。

1 FSW：振り返ってみてどう思う？
2 Ａ：私は懲りない子よ。自分で自分がこわいくらい。でも何でそこまで怒るのかがわからない。(ⅱ)叩かれた日のパターンの3Fのリフレクションの開始）
3 FSW：里父に，そうやって聞いたらどうなる？
4 Ａ：どうせ，お前が悪いと言われる
5 FSW：怒られて，自分の部屋に行った後はどうなったの？
6 Ａ：言われたところまで（宿題を）やった。いっつもこんな感じ。夏休みも冬休みもこんな感じ
7 FSW：怒られた後には宿題を全部仕上げているんだ
8 Ａ：うん

1 FSWでは，里父と言い争いになる場面でのAの自己定義，3 FSWでは，これまで選択していないAの新たな行為選択の可能性についてのAの見立てを聞いたのち，5 FSWでは，着目していない対立増幅を乗り越える力へのリフレクションが促されている。その結果，里父から叱られる懲りない子でありながら，宿題をやり遂げられる行為選択力を有することをAは確認する（6 Ａ）。7 FSWでは，Aの実行力が解決資源として評価された（R1）。

この一連のエピソードの中で，Aが宿題を全部仕上げる結果を作り出したAの実行力を文脈に，里父の3Fの行為の意味へのリフレクションが試みられた。

9 FSW：じゃあ，Aに宿題をやらせる里父のやり方は，成功しているってことかね？どう思う？
10 Ａ：宿題はやった方がいいと思うし，（学校での）居残りはないほうがいいけど，そこまで急いでやることか，と思う。（里父とAのトランズアクションについての，Aのリフレクション）

ここで，Aは，里父の言語行為（3F）への意味づけを，肯定的な意味（宿題はやった方がいい）と否定的な意味（そこまで急いでやることなのか）に区分して記述した。そこでさらにAなりの宿題への取り組み（実行力）を差異化して解決力を引き出すため，以下のように面接を続けた。

11 FSW：え？ どういうこと？
12 Ａ：里父は，宿題は早めに終わらせたほうがいいと思っていて，自主勉強をしたらいいと思っている。けど，自分は学校が始まるまでにやればいいと思う（Aなりの宿題への取り組み方の記述）

Aは，11 FSWの問いかけにより，里父が早く宿題を終えさせようとするのは，自主勉強をさせようとしているからだと説明しなおした（12 Ａ）。しかし，宿題を終えた後，自主勉強を勧める里父の行為について，Aは否定的な意味を付与した。

そこでファミリー・ソーシャルワーカーは，里父の宿題を早く終わらせ，自主勉強をさせようと

強く叱る行為へのリフレクションをAに促した。

13 FSW：宿題を早目に終わらせるって，里父はどんな考えなんだろうか？（里父の行為に対するAのリフレクションを促す）
14 A：自分にえらくなって欲しいと思っている。勉強ができて一人で食べていけるようになって欲しいと思っている。（肯定的な里父とAの関係性定義）

その結果，Aは，里父の行為への肯定的意味合い（自分への期待）を浮上させたが，その一方で，里父の期待には，強制的な意味合いが付与され，一義的な里父の行為への意味づけの差異化は不徹定であった。つまり解決資源の生成には至らなかった。

そこで，Aの実行力（宿題をやりぬく）を文脈に，将来どのような自分になりたいかを，語るよう促した。

15 FSW：じゃあAの方はこうしたい，こうなりたいと考えていることとかある？（里父の期待とAの期待の比較）
16 A：……できれば動物園で働きたい
17 FSW：へー，いいねえ。そのこと言ってみたことある？
18 A：言ったって，どうせ，里父に却下される
19 FSW：え？　もし，言ったらどうなる？
20 A：「どうせできない」と言われる。何でもかんでも自分の思い通りにして欲しくない（と言いながら泣く）
21 FSW：思い通りにならないと思う？
22 A：うん，何でも里父の思い通りにされる

ここでは，Aは，Fの行為を，自分の意見を聞いてくれない行為だと訴えた（N1）。そして，Aの解決が希求される問題場面を具体化し（N2），そこでの問題解決の実現方法を考案するため（R1），次回までに，これまでの里親家族での生活の中で，Aの「思い通りになった場面」と「思い通りにならなかった場面」を区分して整理し，報告するよう課題を出した。Aはこの提案を受け入れた（N2）。

(2) Aのニーズと資源の生成過程
① Aによる記述とリフレクション，そして排除された要素の浮上（面接2回目）

Aは次の面接で，思いが通る場面（解決資源が十分で問題解決のニーズが存在しない場面）と思いが通らない場面（強い問題解決のニーズが存し，かつそれを解決する具体的手段が入手できない場面）を以下のように記述した（N2）。

ⅰ）思いが通る場面
＜ごはん＞
「今日はあっさりしたものが食べたい」と言ったら，うどんにしてくれたりする。作って欲しい料理の名前を言うと，作ってくれる。

ⅱ）思いが通らない場面
＜ゲーム（DS）＞
宿題・勉強が終わったらやってもいいと言ったのに，終わってもゲームをやらせてくれない。やらせてくれない時はそのままにして，部屋でゴロゴロする。
＜テレビ・ビデオ＞
「勉強をちゃんとするなら，ビデオを何でも録ってあげる」と言っても，結局録ってくれない。「録ってやるっていったのに」と言っても「そんなことは知らない」というので，それ以上言わない。
＜マンガ喫茶＞
土曜日に宿題を終わらせたら，日曜日にマンガ喫茶に連れて行くというのに，終わらせても連れて行ってくれない。

Aが「思いが通らないこと」として記述した，＜ゲーム＞＜テレビ・ビデオ＞＜マンガ喫茶＞に関するそれぞれの出来事の記述を通して，Aに，

「宿題を済ませたら○○してよい」と許可のメッセージを里父は伝達するが，Aが実行力を発揮して，宿題を済ませても，それらが実現されることはなかったことが説明されたのである。つまり，Aは問題解決を強く希求し，自らの解決行為を試みるが（Pra），それは里父との間ではAの解決を実現する資源の生成に至らなかった。ここでの父子間でのトランズアクション場面では，Aが里父の処方に従えば従うほど，Aの問題解決力は衰退し，父親への対抗力は増大し，里父が処方すればするほど，彼女の反抗が強化され，彼の処方は効力を失くすという，常同化されたシンメトリックな解決資源（R）の衰弱メカニズムが持続していた。このAの宿題をやり遂げる実行力が，里父との間で，資源生成過程となるよう，新たな資源の生成方法を考案し（R1），さらにそれを対人間で実行する（R2）過程が必要であると考えられた。

そこで次の介入計画として，今回記述された「思いが通らなかった場面」の中で1つの場面を取り上げ，詳細にAに記述してもらい，それらを，循環的質問法を用いてリフレクションし，Aの解決の希求，つまりニーズを明確化し（N2），その資源生成（R1）を実現する方法も考えられた。しかし，Aの父親の行為への否定的な意味構成は強固で，そこでの常同的パターンを変化させることは困難であった。それゆえ，ここでは，Aの解決資源としての実行力を文脈に，Aが里父との間で，「思いが通らなかった場面」としてあげたいくつかの場面群が，「思いが通る場面」に変わったならば，実行力のあるAはその場面で，どのように行動しているかを想定させる，解決志向短期療法のミラクル・クエスチョン（Miller 1997）を用い，その記述を促した。つまり，R1生成に支援が焦点化された。この肯定的な文脈で，里父の行為選択へのAの意味づけの差異化が試みられた。

② ミラクル・クエスチョンによる解決場面の想起と，解決場面での具体的行為や意味構成の確認

Aに，思いが通らない場面が解消した状況（思いが通る場面）を想定してもらうために，「Aが考える，こうなれば楽しいだろうなと思う毎日はどういう感じ？」とAに質問すると，表2に示す内容が報告された。

このミラクル・クエスチョンによって引き出された具体的な場面群の記述は，Aにとって，「思いが通る出来事」つまり，問題解決の資源生成の記述と言える（R1）。

表2 Aの考える「思いが通る」出来事群

平日	休日
6：30起きる 　ご飯食べて，着替える 　学校へ行く 　ⓐ通学中のバスで，音楽を聴きたい（校則では禁止だけど，みんなやっているから） 授業 　ⓑ帰りのバスまでに，30分時間があるので，近くのコンビニでマンガを買いたい（校則では禁止だけど，みんなやっているから） 家に帰ったら，まずごはん 早く宿題を終わらせたい（さっさとやったら1時間，だらだらしたら2時間くらい）	ⓒ11時まで寝ていたい （FとMが仕事の時はいつも，7時半に起こされて，ご飯を食べるように言われる） ⓓ土曜日に宿題を全部終わらせて，日曜日にはゲームをしたり，マンガを読んだり，好きに過ごしたい

ここで記述された，解決のエピソード（思いが通る出来事）群を，実際の生活場面で実現していく優先順位をつけるために，各々の出来事群ⓐⓑⓒⓓについて，スケーリング・クエスチョンを用い，具体的な解決策（R1）の対人間での実行のニーズ（N3）および，日常の対人間での実現方法のプラン作りを開始した（R2）。

1 FSW：4つこうなったらいいなということがあるようだけど，全部かなえばすごいけど，なかなか難しいこともあると思うから，ⓐⓑⓒⓓで，一番こうなったらいいなあと思うのはどれ？（スケーリング・クエスチョン）
2 A：ⓓ
3 FSW：土曜日に宿題を終わらせて，日曜日はフリータイムで過す。日曜日終日フリータイムか，いいねえ。じゃあ，もしこれが実現したらどうなる？（ミラクル・クエスチョン）
4 A：もしこうなったら……（長い沈黙）……こうなっても（家には）戻らない

　ⓐ～ⓓの解決したいことの優先順位を，スケーリング・クエスチョンを用いて求めると，Aはⓓを選択した。さらにミラクル・クエスチョンを用いて，その具体的な場面で何が生じるかの想定をAに促した（3 FSW）。するとAは，ⓓが実現しても家には帰らないと説明し，新たな資源の探索が，Aによって開始された（R1）。

5 FSW：もうちょっと詳しく話してもらえる？
6 A：もしそうなったら（日曜日にフリータイムとかだったら），自分の好きなことしかしない大人になる
7 FSW：え？　どういうこと？
8 A：宿題するのは当たり前で，宿題しかしなくなったらみんなより遅れる。うちも気が向いたら（自主勉強も）できるよ
9 FSW：えー，びっくりした！　そんなこと考えていたの！　宿題だけでも全部するのはすごいのに，みんなより遅れたくないなんて考えていたなんて，びっくりした
10 A：日曜日に全部フリータイムよりも，没収したもの（マンガ，ゲーム機，MD）を返して欲しい。取られていたら余計捜すことになってやる気が出ない。それと，宿題が終わったら，マンガを読んだりゲームをしたり自由にしたい

　4Aの「…こうなっても（家には）戻らない」という発言について，Aにリフレクシブ循環的質問法を用いリフレクションを促すと（5 FSW），日曜日は丸一日「フリータイム」にするという方法へのリフレクションが開始した。さらにFSWはAに発言を促すと（7 FSW），Aは，毎日の宿題は，やった上で（里父が勧める）自主勉強をすることの必要性を新たに主張した（新たなN2）。さらに説明を促すと（9 FSW），Aは10Aで，没収されたもの（マンガ，ゲーム機，MD）を里父から返却してもらうことで，日々の宿題への取り組みができ，自主学習に取り組むやる気を出せると解決策を発案した（新たなR1）。

　この没収されたものの返却を里父に求め，了承され，宿題や自主学習に取り組むことを実現する（N3）ためには，A自身による家族内での実現方法の考案（R2）と里親の協力が必要であった。そこでこのAの計画に両親の関与を強めるために，FSWは，Aの実行プランを里父が受け入れたならば，何が起こるかをAに考えてもらった（R2）。

11 FSW：その2点を里父がOKしたらどうなる？
12 A：それなら，1週間戻ってみて決める。でも，（里父は要望を）絶対のまないと思う

FSWは，Aのプランを直接里父と里母に伝えること（R2）を提案したが，Aは，それを選択しなかった。つまり，Aは自分で表1のR2の実践（Pra）を断念した。そこで，FSWは，「Aの気持ちを里父と里母に話してみて，FSWが気持ちを探ってみて，もし難しければ，また作戦会議をしよう」と提案し，Aは了解した（R2）。

(3) 各サブシステムの変容
① Aの問題解決策に対する里父，里母のリフレクション（面接3回目）

FSWは，Aの訴えを，里父，里母への批判という文脈ではなく，Aが自分なりの問題解決の取り組みとして理解していることを，里父，里母に伝えた。さらに，Aが，困っていることを訴えるだけではなく，その解決策を具体的に考え，FSWに説明できるまでに成長していることに焦点化し，里親としての貢献をたたえた。その上で，リフレクシブ循環的質問法を用い，Aの出した解決策が家族関係にどのような変化をもたらすかを里父と里母それぞれにリフレクションをしてもらい，一時帰宅する場合の，家族成員間のトランスアクション・パターンの変容計画を立てることにした。

（Aの「思いが通る」出来事づくりとして，①ゲーム機等を返してもらうこと，②宿題が終わったら，毎日自由にしてもいいことを挙げたことを伝えたあと）

1 F：大体思っていた通りです
2 FSW：Aがこんなに自己主張できるほど大人になったのは，これまでしっかり見てきてくれたからだと感心しました
3 F：（里父・里母は，Aの要望2点（①没収しているゲーム・漫画・MDをAに返す，②宿題が終わったら，自由にする）を了解した上で）自分たちからは，「(a) ～しなさい」と言わないようにする，Aが「(b) ～してほしい」と望むことはしてあげると言っていたと，Aに伝えて欲しい（里母も同意）
4 FSW：一度にそれは難しすぎませんか？
5 F：大丈夫です
6 FSW：無理しなくてもいいですよ
7 F：いや，できます

FSWは，Aの具体化最小化した2つの要求の提出が，Aの立派な自己主張であるとポジティブに評価し，さらに，それを可能にした里父・里母の貢献をもポジティブに，リフレーミングした（2 FSW）。すると里父，里母は，Aが提示した解決策（R1）を実現するプランとして，新たな実行プラン（3Fの(a)と(b)）を提示した（R1）。この難題に取り組むことが，問題解決への道のりとなるため，具体的な解決行動(a)と(b)を立案した里父，里母に対し，4 FSW，6 FSWで，この立案に再度リフレクションを促した。しかし彼らには行動実践の迷いはなかった。

里父と里母からの解決法の提案を，里父からAに直接伝える方法を，FSWは，里父と里母に促したが（R2），里父は，「里父と里母がAの要求を飲んだこと」さらに「(a)『～しなさい』と言わない」，「(b)『～してほしい』と言葉にして表現されたことはしてあげる」ことを，FSWからAに間接的に伝える方法を選択した（R2）。さらに二人は，里母とAで一緒に帰る方法が，自然に帰宅できると提案した。それらの提案を，今度はFSWからAに伝え，リフレクションを求めることにした。

② Aによる里父，里母の問題解決法の提案へのリフレクション（面接4回目）

次にAに対し，里父・里母がAの要求を受け入れたことと，里父からは，「(a)『～しなさい』と言わない」，「(b)『～してほしい』と望むことはしてあげる」という提案がなされたことを伝え，この里父，里母からの新しい提案について，

AにRCQを用いてリフレクションを試みた。

 1 FSW：今，どう思う？
 2 A：驚いた。のんでくれると思わなかった
 3 FSW：もし，(a)「～しなさい」と言われなかったら，どうなるかね？（ミラクル・クエスチョン）自分にとっていいと思うことと，反対に心配なことってある？
 4 A：うーん，良いことは，少しは自分で考える力がつくんじゃない？（R1の獲得の予期）心配なことは，朝起きること（Aの新しいN2）
 5 FSW：朝起きること心配なんだ。心配なことはどうする？
 6 A：里母に「起こして」と頼む（里父と里母の提案への具体的実践プラン）(R1)
 7 FSW：そうねえ，(b)「してほしいことはやるよ」って言ってくれているものね
 8 A：うん
 9 FSW：これで，帰ってみてやれそう？
 10 A：うん，お試しでやってみる

Aは，里父が要求を受け入れたことについては，「驚いた」(2A) と語り，里父の行為への予測とは異なる反応が得られたことへの驚きが語られた。Aの解決行動の具体的発案（R1）は，ファミリー・ソーシャルワーカーから伝えられたことで，里父，里母の行動変容を引き出したことになり，解決資源として作動したと言える。その結果，Aの里父の行為へのネガティブな予測力は，衰退し始めた。さらに，里父母からの2つの提案についてAにリフレクションを促すと，里父，里母の行為選択（(a)『～しなさい』と言わない）に対して，自分自身には，自分で考える力がつくと肯定的に捉えた。さらには，里父，里母の行為選択の課題である（(b)『してほしい』と望むことはしてあげる）に関しては，A自身が帰宅後A自身では解決が困難な課題（特に朝起きること，

N2）への手助け方法を具体化させている（R2）。これらは，FSWの媒介的働きかけを通して，Aが里父，里母の提案（R1）を，自らの問題解決に必要な用件（R1）へと作り替え，その具体的な対人関係の中で具体的に実現する方法を考察し（R2），そしてそれを実践した（Pra）過程と言える。

ここでは，里父，里母の実践課題をAなりにリフレクションして構成した課題1「自分で判断を試みること」，課題2「朝起きる時の具体的支援を得ること」について，お試し期間の結果を踏まえて強化することとなった（Pra）。

当初の予定は，1週間後であったが，家族が揃って来所したのは，数週間後であった。Aに課題実践の場面で選択された行為や意味構成（Pra）を記述してもらい，それらの要素群をリフレクションする機会を設定した。そこでの家族成員間の変化を，以下の面接記録から考察してみたい。

(4) 家族システムの変容
① Aによる課題実践へのリフレクション（面接5回目）

まず，A自身に，課題の結果についての記述を促し，Aの行為選択や里父や里母の行為選択への意味構成のリフレクションを試みた。

 1 FSW：家に帰ってからどうだった？
 2 A：（首を傾げて）……
 3 FSW：マンガとかゲームとかMDとか，返してもらって，(a)「～しなさい」と里父や里母が言わないと約束したことだけど……
 4 A：ああ，あれは返してもらって……
 5 FSW：里父や里母は勉強のこと言う？
 6 A：たまに言うけど，そろそろ試験が近いから……
 7 FSW：もしかして，前に話したこと忘れてた？
 8 A：（照れ笑いしながら）……うん

上記のAの記述から，里父，里母は，Aが要求した「ゲーム機などを返却する」は実行され，(a)「〜しなさい」と言わないという里父と里母から出された課題については，たとえ「〜しなさい」というセリフが伝えられてもそれを文字通り受け取ることはなく，6Aにあるように，その行為の意味づけを，「試験が近いから」とアドバイスの文脈で構成している。そこでは初回の「〜しなさい」という行為選択への強制的意味合いは，衰退しており，Aの意味構成規則の変容を見ることができる。初回面接時の里父とAとの間の対立増幅パターンは，解消されたことが分かる。

9 FSW：この前は，(a)「〜しなさい」と言われなかったら，朝起きるのが心配と言っていたけど
10 A：ああ，週末は犬が起こしてくれるし，平日は里母に起こしてもらうから（課題2の達成）
11 FSW：へえー，じゃあ今困っていることはないのね
12 A：うん
13 FSW：今のこの状況をどう思う？
14 A：まあ，いいなあって
15 FSW：里父と里母がゲームとか返してくれたことをどう思う？
16 A：意外にあっさりのんだなあと思った
17 FSW：今，Aに困ったことはないようだけど，里父と里母に聞いたらどう言うかね？
18 A：何かいっぱい言いそう
19 FSW：例えばどんなことを言いそう？
20 A：部屋片付けろとか，マンガをあまり読まずに犬をもっと見てとか，靴下洗えとか言うかな……
21 FSW：里父と里母がどう言うか，Aが予想したことが当たるかどうか一緒に話してみようか

22 A：うん

(b)「してほしいことはしてあげる」については，10Aの記述から，実行され，週末は「犬」を支援者として，活用していた。つまり，Aは，「朝起きるのが心配」という課題を，解決する方法を考案し，実行できたことが確認された。

② 家族面接による相互の行為へのリフレクション（面接6回目）

他方では，里父，里母の行為の変化が作り出した結果を同定し，それをリフレクションする機会を，リフレクシブ循環的質問法を用いて実施することは，家族成員間相互の関係性の変容の後押しになるため，Aを含む3人での家族面接を実施した。

ⅰ）里父から見た家族システムの変化
（Fは里父，Mは里母である）

1 FSW：Aは，家に帰ってから，今困っていることはないと言っていますが，里父と里母はどうですか？
2 F，M：苦笑して「まあ，色々ありますねえ」
3 F：あれから基本的に自由にして，「ルールを守らなかったら怒るよ」と言って，「今のは怒っていいところ？悪いところ？」と聞いて怒るようにしました（里父の行為選択法の変容の記述）
4 FSW：へえー，面白い方法ですねえ。そうやってAが何か変わったことがありますか？
5 F：変わっていないですね，言わないと，やらなければならないことはしないし，いいところも悪いところも，もともとのAそのままです。朝でも7時5分までに起きておいでと言って，後は言わないようにして……，以前のように頭ごなしに言わないように……，そ

ういう意味では一番変わったのは僕ですね。その代わり里母とAとの言いあいが多くなって，僕が仲裁に入ることが多くなりました（里父自身の肯定的自己評価，加害者的役割の里父から救済者役の里父への転換）

6 FSW：へえー，そんな変わった里父をAはどう思う？
7 A：まあ，がんばって
8 FSW：里母はどうですか？
9 M：Aは，ほんと言わないとしないので……
10 A：里母の言い方はむかつくんよ
11 M：あなたの方が悪いでしょ。反省を言葉にすることが苦手なので……
12 F：そのくせ犬には「何回も同じことを言わせんでよ」とか言ってますからね
13 M：そうそう
14 A，M：（顔を見合わせて笑っている）
15 FSW：なんか，仲良しですねえ
16 A，M：「仲良し？」（また顔を見合わせて笑う）

　里父の3Fの記述から，里父とAの間の対立増幅過程は，里父がAを解決ポジションに置くコミュニケーションを実践する過程で，解消されたことが分かった。この里父とAの関係性の変化は，里母とAの関係性の変化，そして里母とAとの相称的な言い争いに対し，里父が仲裁するという変化へと拡大した（5F）。

　ii）家族システムの変化とエコロジカルなシステム変化のリフレクション

　次に，家族システムの変化のリフレクションと，Aのエコロジカルなシステムレベルの変化が記述された。

17 FSW：里父と里母の話を聞いてどう思った？
18 A：まあ，少しは変えようかなあ……って
19 F：Aはやっぱり表現は下手だけど，「〜がいけなかった」とか反省を言葉で言えるようになったと思います。まあ，その後の行動は伴なわないけど……，（Aに）態度で示そうね。でも，変わったことと言えば，前はクラスの女の子を全否定していたけど，最近友達の名前が出てくるようになって，女の子の友達と仲良くできるようになってます（エコロジカルなシステムの変化）
20 FSW：へー，それは何か前と変わったことがあったの？
21 A：……別に
22 M：犬と一緒に出たテレビを見て，声をかけてくれるようになったこともあったようです

　Aは，里親の変化についてリフレクションする過程で，自分自身も変わろうとしていることを18 Aで記述した。すると里父は，変わろうとしているAを，家族システム内だけではなく，背景システムである学校システム内で見出し，クラスの友達との関係性の変化を記述し，肯定的に評価した。また19 F，22 Mにあるように，Aの言葉にして説明することが苦手なところについて，里親は，Aの言語表現の改善を例示し，その表現力を強化する働きかけも生じた。

　iii）里父，里母，Aのそれぞれの実践へのリフレクション

　家族システム全体の変化について，相互にリフレクションが可能になるように，リフレクシブ循環的質問法を用いて，以下の面接を実施した。

23 FSW：里父も里母もAのために色々考えて，努力しておられるのですね
24 F：いや，ただ我慢しているんですけど（苦笑）……，まあ，とにかく怒鳴らないし，怒鳴り声がなくなりました（里父の具体的な行為選択の差異化の

述。図2で示されている里父の叱る行為群の消失の報告）

25 M：それは誰もが認めますね
26 FSW：そうですか！　そんな里父をAはどう思う
27 A：うん，いい！（里父の行為変容へのAの肯定的評価）
28 F：（にっこり）
29 M：最近はずっと家の窓が開いていますからね。前は怒鳴り声で開けられなかったけど。それにAについて担任から，「クラスでケンカをしなくなった。宿題以外は普通にできるようになった」と言われました（エコロジカルなシステムの変化）
30 FSW：それを里父と里母はどう思いますか？
31 F，M：すごく嬉しいです

　里父から家族システム内で，「怒鳴り声がなくなりました」と行為選択の差異が説明され（24 F），その変化を，里母もAも肯定的に評価した（25 M，27 A）。そして，Aの変化は，家庭内に留まることなく，学校の担任の先生からも，「ケンカをしなくなった」と肯定的な評価をもらうようにもなった（29 M）。

32 F：でも，2人の仲裁の回数は増えています。2人がもめたら，2人が僕にメールしてきて……
33 M：言いたいこと言ったらすっきりするよね
34 A：そうそう，するよね〜（里母に）ねっ！
35 M：うん
36 F：僕もほんとに楽になりました。怒鳴ったりしたら自分の気持ちを収めるのも大変だったし，Aをなだめて言い聞かせて，2つのことをしなければいけなかったけど，今はAを言い聞かせることをひとつすればいいですから（解決策の具体化）

　里父は，「怒鳴る」行為の選択を放棄し，Aには問いかけたり，非言語での伝達方法を工夫することで，Aの行動変容を引き出せるという，父親としての解決行動の選択規則を生成することができている。

37 M：前は里父が帰ってきて食事の時間に怒ることになって，今は食事の時に怒らないからご飯がおいしいです（肯定的エピソードの浮上）
38 A：（頷いている）

　里母からも，「ごはんがおいしい」という変化を伝えるメッセージで，里父の役割行動の変化を肯定し，それにAも同調した。

39 F：帰ってきて宿題をしていなければ，怒らず「あ，してないの？じゃあしておいで，がんばれよー」って感じですね
40 FSW：里父がとてもがんばって変わったってわかったけど，Aは何か自分で変わったなってないかな？
41 A：今日，言われなくても部屋の片付けをした。（あんまり汚くて）さすがにやばいかなあーって（4回目の面接で計画された課題1の達成）
42 F，M：これは，言わなくても自分でしてましたね。片付けたら（きれいになって）猫が部屋に入ってきてくれたって（笑）
43 A：（笑っている）
44 FSW：言われなくても片付けたんだ。じゃあ，(a)「〜しなさい」と言われなかったら，少しは自分で考える力がつくかもと言っていたけど，里父も言うように，ついてきているってことかな？」（課題1のリフレクション）
45 A：うん

A自身も，「自分で考える力が付く」自分になれるよう，実践している（Pra）ことが，41Aで語られた。これらの結果，一時帰宅の前に，設定した課題（①ゲーム機などを返してもらう，②宿題が終わったら自由にするというAの課題と，(a)「『～しなさい』と言わない」(b)「『～してほしい』と言ったことはしてあげる」という里父，里母の課題は，ともに実行され（Pra），家族システムの変化が生じたことが明らかとなった。

　Aも現在特に困っている問題はないという発言があったこと，里父，里母からも訴えはなかったこと，そして，この家族成員間の問題パターンの解消が確認されたことから，この家族への面接は，全6回で終了となった。

4．考　察

　この里親家族への支援は，6回という短期間で終結した。「ⅱ）叩かれた日のパターン」でアセスメントされた里父（詰問）→A（否定的な報告）→里父（詰問の強化）→A（反抗）→里父（暴力・強制）→A（服従）という，相称的な関係性の悪循環パターンは，以下のような過程で解消された。まずは，Aを中心に具体的な問題解決の必要性が確認された（N1）。その上で，さらに家族システム内の行為選択や意味構成の変容の必要性が再認識され（N2），それらの変容が試みられた（R1）。ミクロシステムの行為あるいは意味構成法の差異化は，システム構造の差異化として作動する力を有する。それは，表1で示した問題解決の資源として機能する（R1）。本事例では，Aの自発的な解決策の考案が開始し（R1），その具体的実施のニーズ（N3）と実施方法（R2）が生成され，実践された（Pra）。この1つのサブシステムでの力学の生成を各成員間での問題解決力の強化へと波及させていくことが，里親家族支援の戦略であった。権力構造の用語を用いて説明するならば，里父・A間で，里父の行為の規則がメタ補足的なものへと変化した。里父はAとの関係改善のみならず，里母対Aの対立の調停力までも獲得した。このシステム力学の変容過程において，Aは問題解決力を与えられ，同時に彼女の攻撃的行動や離反行動は消失した。このようなメタ補足性（Watzlawick, Bavelas and Jackson 1967: 53-54）の行為選択規則の獲得とその実践，そしてシステム全体の力学の変容が，この里親家族の問題解決過程であった。

　また，この事例においては，最初，記述的循環的質問法とリフレクシブ循環的質問法のみで，Aの問題解決のニーズと資源の生成を試みたが，その生成過程は活性化しなかった。そこで，解決志向短期療法のミラクル・クエスチョンなどの技法を取り入れ，Aの解決資源の生成作業を試みた上で，記述的循環的質問法とリフレクシブ循環的質問法を用い，それら生成した資源をさらに記述し，そしてそれらへのリフレクションを試み，それらの使用実践の機会を作る戦略が採用された。この実践を通して，Aは問題解決のニーズと資源の共生成過程を活性化し，それら資源を具体化し，さらに対人場面におけるその効用を確認することができた。この新たに提示された，解決志向短期療法の技法群と循環的質問法との効果的な併用法は，これまで国内外のソーシャルワークにおいて，言及されたことがない，独創的な技法仕様モデルである。それゆえ，それは，ファミリー・ソーシャルワーカーの実践に大いに貢献すると考

える。

まとめ

　本章においては，主体にとって不可欠な，つまりニーズである，問題解決力を有する用件として資源を定義し，その生成法について論じた。また，ニーズと資源の両概念の共生成過程を問題解決過程として理論化した。この理論枠を用い，事例を通して，児童を里親委託した後の，ニーズと資源生成作業としての里親家族支援の方法が論じられたと考える。またそこでは，記述とリフレクションを軸とした，ファミリー・ソーシャルワーカーが用いる技法について効果的な使用法が例示された。

　本章で示した実践モデルは，里親家族の問題解決過程を支援する里親支援専門相談員の養成過程で活用可能なモデルの一つになると考える。里親家族への支援では，親子間の血縁関係が存在しないため，里親と里子の間でひとたび強い葛藤が生じると，里親家族も，彼らと関わる専門家も，直接の解決よりも，里親委託の解除による解決を実行しがちである。しかし安易なその方法の実践は，里親にとっても里子にとっても，今回の事例分析で示したような，問題解決力を高めるせっかくのチャンスを捨ててしまうことになる。本章での実践モデルがより洗練化されるならば，里親委託の解除の検討の前に，思春期の子どもを持つ里親家族への危機介入が実現するのではないかと考える。これらの課題に応えるためにも，本モデルの更なる洗練化の研究は，必須と考える。

[注]

1）これは言語ゲーム論の視点である。詳しくは Wittgenstein, L.（2001）. *Philosophical Investigations*. (G. E. M. Anscombe, Trans.). Oxford: Blackwell.

[文献]

Berg, I. K. (1994). *Family Based Services: A Solution-Focused Approach*. New York: W. W. Norton & Company, Inc.（磯貝希久子監訳（2010）『家族支援ハンドブック』金剛出版）
鬼界彰夫（2003）『ウィトゲンシュタインはこう考えた――哲学的思考の全軌跡 1912-1951』講談社現代新書。
Miller, G. (1997). *Becoming Miracle Workers: Language and Meaning in Brief Therapy*. New York: Aldine De Gruyter.
Oshita, Y. and Kamo, K. (2011). *Reconstructing Meaningful Life Worlds: A New Approach to Social Work Practice*. Bloomington: iUniverse.
Tomm, K. (1985). Circular Interviewing: A Multifaceted Clinical Tool. In D. Campbell and R. Draper eds., *Applications of Systemic Family Therapy: The Milan Approach*. New York: Grune and Stratton.
Watzlawick, P., Bavelas, J. B., and Jakson, D. D. (1967). *Pragmatics of Human Communication: A Study of Interactional Patterns, Pathologies and Paradoxes*. New York: W. W. Norton.（山本和郎監訳，尾川丈一訳（2007）『コミュニケイションの語用論――相互作用パターン，病理とパラドックスの研究――』二瓶社）
Weeks, G. R., and L'Abate, L. (1982). *Paradoxical Psychotherapy: Theory and Practice with Individuals, Couples, and Families*. New York: Brunner/Mazel Publisher.（篠木満・内田江里訳（1986）『逆説心理療法』星和書店）
全国里親会 http://www.zensato.or.jp/231001.pdf あるいは厚生労働省雇用均等・児童家庭局 http://www.mhlw.go.jp/bunya/kodomo/syakaiteki_yougo/dl/12.pdf

第11章
被虐待児童と里親家族への支援論
―家族構造変容論の視点から―

山田修三

はじめに

　最近，大きな社会問題となっている被虐待児童は，生活場面のストレスに対し衝動的な行動や見捨てられ不安が強いなどのため，対人関係の持ち方が不安定になり不適応状態に陥りやすいと言われている。それゆえ，彼らの支援においてはストレス対処力を向上させ，人間関係の中で彼らなりの問題解決力を発揮する体験を積み重ね，社会適応力を向上させる支援が不可欠と考える。

　そのような支援に効果的な制度として里親制度がある。しかし，これまで里子と里親が一つの家族として成長する過程を支援した事例で，その支援過程を理論的，実践的に体系立てて考察した報告は見当たらない。

　そこで，本章においては，深刻な不適応症状を呈していた里子とその子を養育することを了解した里親との家族システムが，支援者の関与法を通して機能的な家族システムへと変化していった過程を論じる。そこでは，里子が自己実現を図り，里親が親として成長していく両過程が論じられる。さらに，何らかの理由で里親家族を変更する場合，これまで各々の里親家族の関係性は論じられてこなかったが，本章では，旧家族システムと新家族システム間の有機的なネットワークづくりの理論と技法の使用法についても論じた。

　事例分析の理論枠としては，主体固有の重層的な世界生成構造と主体間での世界の生成過程，そして連動するこれら2つのメカニズムから，人とその世界の生起を説明する社会構成主義的家族療法理論を用いる。これらのトランズアクショナルな過程とそのパターン化に焦点化しつつも，変容対象は最小の要素を選択し，その変容技法としては，循環的質問法（Circular Questions）（Tomm 1985）や解決志向短期療法（SFBT: Solution Focused Brief Therapy）の技法群を用いた。

Ⅰ．理論の概略

1.「訴え」とは

　伝統的なソーシャルワーク・モデルでは，クライアントの訴えは，実在する問題を反映した記述であるという認識論や存在論的前提に依拠して理解されるがゆえ，問題の原因を探索し，その除去を目指すという支援パラダイムが採用されていた。しかし，何らかの原因によって作り出された実在する問題というような，病理現象の究極の原因の存在を前提とする直線的因果関係による説明方法は，常識の中では通用しても，それは，過度に単純化された状況手法であり，状況の厳密な説明力を有していない。それゆえ，新たな問題解決のパラダイムが提示されなければならない。

　一方，社会構成主義の理論は，クライアントの訴えを，客観的な対他，対物的な条件の反映としてではなく，クライアントの特有な構成法として説明する。むろん構成された訴えは，トランズアクション過程において生成される。そこでは，行為や認識の規範が，公的あるいは私的規則として生起される。独立した個人が，他者と無関係に世界を生成するなどということはありえない。生成した規範は，今一度主体に取り込まれ，それは訴えを強化したり，変形させたりする力学として作用する。それらの規範は，理論編第１章，第２章で論じられているように，各主体の主語としての「私」固有の世界構成法として，そして「私」間の世界構成法という両面の力学より，問題持続や解決生成力学から説明される。そして，その力学の変容を試みるのが，社会構成主義的支援論である。物象化されたパターン化のメカニズムに焦点を合わせるならば，そこにはシステムズ理論が描き出す構造化された世界が出現する。本章においては，この世界生成の二重のメカニズムの中で，パターン化された世界に焦点化し，そのパターンを変化させる里親家族への支援論が語られる。

　家族は１つのシステムであるが，それは単なる個人という部分の集合体ではなく，集合体以上の特有の機能を有した全体として統合されたシステムと見なされる。この視点から１つのサブシステムにおけるルールが変化すれば，それが全体システムに影響を及ぼして変化し，システム全体の変化は，部分としてのサブシステムの機能を変化させるという変容理論が導出される。本章の社会構成主義的フレームに依拠するならば，無論システムの具体的な変容は，「私」個人の場面ごとの状況構成や実践過程を抜きには不可能である。

　この理論に基づき，一方ではシステムは部分と全体が相互作用するがゆえ，サブシステムの一部を変容させて，システム全体を変容させるという変容戦略が立案される。さらに，コミュニケー

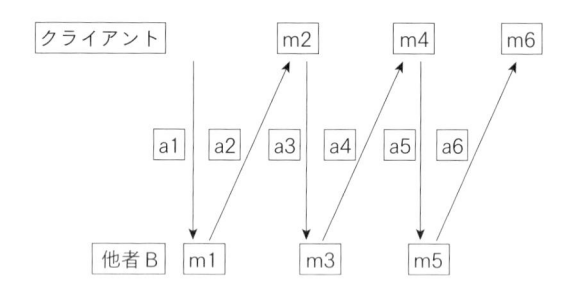

a：行為選択　　m：行為の意味づけ
図１　システムの力動性

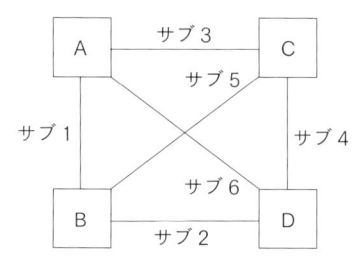

サブ：サブシステムの略
図２　システムの結合構造

ション理論を土台として，人が「私」として世界を構成する過程の変容手法にも言及する。言い換えると，変容対象は，クライエントの「私」により構成された問題場面に最小化される。問題場面を構成する要素群の矛盾増幅過程を断ち切るため，差異化の技法や解決志向の技法を用いることの効果が論じられる。

2. システムの概念

システムは形式的には，ある要素と要素の力動性と結合（構造）として定義される。力動性とは，トランスアクショナルな過程で要素と要素が連動する動きである。それは，図1のように表すことができる。

システムの結合とは，図2のように表記される。それは，要素相互の結合構造である。つまり，AとBを要素とするサブシステム1，BとDを要素とするサブシステム2，同様に3, 4, 5, 6のサブシステムとそれら相互の結合体として，このシステムは説明される。なお，構造を変容させるには，1～6までのサブシステムの内，一つのサブシステムを取り上げ，そのサブシステム内の力動性を変えることから始める。構造全体を一挙に変容させることは，そのシステムの解体以外にはないため，通常は，一つのサブシステム内の，その最小の構成単位である一つの行為選択や意味構成のレベルでの差異の生成から開始される。これはミニマリストの変容論の立場である。

一つのサブシステムの機能の変容は，他のサブシステムとの新たな結合関係を生成させる引き金となり，システム全体の変容へと発展させることが可能となる。評定に当たっては，パターン化された家族構造を描き出すシステムズ理論の説明法を取り入れ，実際の変容の試みは，人が「私」として固有に現実を生成するメカニズムの変容に焦点化する。

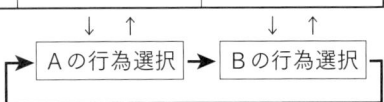

図3　現実構成の構造と力学

3. システム過程の重層性

このトランスアクショナルな過程を担う人の現実構成法は重層的に展開する。重層構造の各ランクは，他のランク生成の文脈として作用する。クロネンたちはこの重層的メカニズムをCMM (Co-ordinated Management of Meaning) と名づけた (Cronen, Pearce and Tomm 1985)。通常それは，他者の行為の意味構成と他者への行為選択，それへの自らの行為選択への意味構成を要素とした，出来事全体の意味構成，自他の関係性の意味構成，「私」と生活場面全体との関係性の諸ランクとして説明される。例えば，朝の挨拶「おはよう」は前日の出来事の意味構成によって，その具体的な意味合いが生成されるであろう。そして，出来事全体の意味合いは，それまでの出来事群より生じた関係性定義を文脈として与えられるであろう。これらの意味構成の規則は，行為選択の文脈，つまり先行的な力として作用する。逆に行為選択規則は，重層的意味構成の先行的力として働く (Cronen, Pearce and Tomm 1985, Kamo, Oshita and Okamoto 2014)。この重層的過程の変容は，1つのランクが変容するならば，それはこの重層構造全体へと波及し，その重層構造の変化は，主体間相互の水平的なトランズアクションの変容へと波及する。

図2のサブシステム1を取り出し，重層的及び

水平的な現実構成の構造と力学を図示すると図3のとおりである。

この重層論から，一方の具体的行為選択への意味構成の変化を作り出し，それを成員AB相互間のトランスアクションへと拡大する変容方法であるミニマリストの支援論が引き出される。

4．変容技法

本章での変容技法は，循環的質問法を柱とし，それに解決志向短期療法の諸技法群が併用される。支援過程の全面では，解決志向短期療法のコンプリメント（Miller 1997: 74）が用いられる。それは，クライアントの訴えを肯定的に翻訳し，解決の文脈づくりとして用いられる。それを引き金に，具体的な場面への関心が向けられ，記述的循環的質問法により，具体的なシークエンスへと変換され，その差異化がリフレクシブ循環的質問法によって目指される。この変換および差異生成技法について論じてみよう。

(1) 訴えの出来事への変換

訴えは出来事群に細分化される。そして，出来事は行為や意味構成の時系列へと再構成される。問題場面の再記述をクライアントに求めるならば，そこにはクライアントの訴えに当てはまらないような，多義的な出来事シークエンスが浮上してくる。変容の手法は，浮上してきた問題として主張される一つのシークエンス全体の差異化を図るか，「シークエンスを構成している要素に分解し，その一つひとつの要素を差異化する方法」に（大下 2006: 57）区分される。

通常，クライアントが問題と見なす文脈を1つのシークエンスのレベルで取り上げるが，例えば，例外事象を探索したのち，問題解決の行為や意味構成の探索を励ましたり，あるいはミラクル・クエスチョンにより，未来に想定される問題解決の事態を取り上げその内実の訂正を促したり

表1　循環的質問法のタイプ

差異に関する質問	文脈に関する質問
Ⅰ．カテゴリーの差異の質問＝CD（Category Differences）	Ⅰ．カテゴリー化された文脈間についての質問＝CC（Categorical Contexts）
Ⅱ．時間的差異の質問＝TD（Temporal Differences）	Ⅱ．時間的文脈についての質問＝TC（Temporal Contexts）
Ⅲ．差異の順序づけの質問＝OSD（Ordering a Series of Differences）	

（Tomm 1985）

することもある。さらに，クライアントが問題と見なす事態を支援者が意図的に強く肯定的枠組みを提示し，その中で問題行動を実行させる介入も試みられる。それは，問題の行動あるいは出来事は，クライアントにとって不随意なものであるが，それを主体的に実行することで不随意性を取り去り，問題解決を図る逆説的介入法である。この手法は本章では詳述されないが，変容対象として選択されたシークエンスの問題解決の見通しによって，表1に示す差異化の技法が選択される。

(2) 具体的変容技法

シークエンス全体，あるいは，その要素の差異化は以下の一連の技法によって試みられる。

① 循環的質問法

この技法は，表1に示すように，カール・トムが差異作りを試みる質問として体系化したもので，「差異に関する質問」と，文脈を用いて差異化を促す「文脈に関する質問」に大分され，さらに，5つの下位分類がある（Tomm 1985）。

「差異に関する質問」は，訴えられる問題について，未だ具現化されていない対人関係場面での行為や思考を基本単位として差異を作り出すことを試みる質問である。「文脈に関する質問」は，

一つのレベルで生起した差異を，他のレベルの差異として作動させ文脈の変容を意図して用いられる。例えば，「今朝の夫の行動には我慢できない」という妻の夫の行為への意味づけに関しては，「これまでの出来事に拘り，そう思ってしまった。でも今考えるとそれは正しくない」というように，出来事定義の差異化を文脈とした行為の意味づけの再構成を目指す。むろん，「今朝の夫の行動は我慢できない」から，「こちらの態度次第で」と，文脈を利用し意味構成を強化する手法も可能である。これは意味構成の類型に関与する「文脈に関する質問」である。また，差異が具現化した一つの出来事に関しては，ある行為や意味構成の時間的前後を文脈として，それらの変容や強化を目指す，時系列の「文脈に関する質問」も試みられる。

原則としては，ある行為選択や意味構成法，そして出来事定義の差異を浮上させ，それを意味構造や出来事の時系列上の文脈を利用して根源的な強化あるいは変容を目指す。つまり，「差異に関する質問」から「文脈に関する質問」という流れで，変容手続きが取られる。実際場面においては，「差異に関する質問」から「文脈に関する質問」という流れの後，再度「差異に関する質問」が選択されることもある。

また，質問法は，支援者の使用する意図により，2種類に区分される。一つは，記述的循環的質問法（Descriptive Circular Questions）で，もう一つは，リフレクシブな循環的質問法（Reflexive Circular Questions）である。前者の質問法は，問題維持的行為選択や意味構成を明らかにするために用いられ，後者の質問法は，記述されたトランズアクション過程の要素へのリフレクションをクライアントに求める際に用いられる。以下，逐語記録の中で，循環的質問法を用いた場合には，表1の略記号（CD, TD, OSD, CC, TC）で示す。

② 解決志向短期療法（SFBT）の諸技法（Berg 2010）

この技法群は，生活場面の中で，解決力を有する出来事の探索を励ます技法である。具体的には，シークエンス全体や要素を序列化し，差異化を試みるスケーリング・クエスチョン，クライアントがこれまでに取り組んできた問題の解決の兆しについて問うゲッティングバイ・クエスチョン，意識化されていない過去の問題解決力を有する出来事を浮上させ，その解決法を現在の問題解決に利用する例外事象の探索法，未来の解決場面を想定させ，新たな意味づけや行為選択の可能性を広げるミラクル・クエスチョン，そしてクライアントがこれまで気づかなかった具体的な問題解決の対処法を引き出すためのコーピング・クエスチョンがあげられる。これらの技法群は，①循環的質問法と併用される。

II．事例分析

1．事例の概要

本事例は，思春期の里子（以下，H子とする）と里親（以下，父，母とする）の家族への支援事例である。

H子は幼児期から実親と離れて生活をしており，集団生活において対人関係面での問題行動があった。その後，H子本人や実親からの強い要望もあり家庭引き取りとなったが，数か月後，H子は「実親から虐待された」と訴えた。そこで，H子への支援としては，集団生活よりも家庭的な生活体験を通して社会的自立を育み，社会適応力を高めることが必要と判断されて，里親委託となった。

一方，H子を受け入れる里親は養育経験が少ないため，親になっていく過程の支援が必要であると判断された。

本事例の支援過程で，父母は里親として子どもの自立を促すコミュニケーション・スキルを獲得していった。H子は，「私」として世界を構成するスキルを獲得していった。その過程で，次の里親を探す課題も生じたが，里父母とH子のシステムと新父母とH子のシステムの有機的ネットワークを生成することで，H子の拡大支援システムが構築された事例である。

2．評　定

(1) 基本的な評定の用語について

ここでは，道具的役割と情緒的役割の2つの用語を用い，家族構造とその力学の評定を試みる。道具的役割とは，問題解決を目的とした行動を意味する。子どもが学習などの困難な課題を解決するには，誰かが，通常は親が道具的役割の上位に立ち，子どもに解決方法を教えなければならない。ここでは，親は道具的上位，子どもは道具的下位の役割を遂行する。これは補足的関係である。この過程において，子どもは励まされたり，褒められたりすることでこの課題遂行の力を得る。ここでは，親が情緒的に上位で，子どもは情緒的に下位である。強く批判する，されるという否定的な情緒関係も上位と下位で区分される。これらも補足的関係である。この役割概念は，ベールズたちの，フロイドの口唇期，肛門期，エディプス期を社会的相互作用理論へと組み替えた，家族システムズ理論において詳細に論じられている（Parsons and Bales 1956）。

この両役割行動は，補足的な上位下位のみならず，上下が決定しない対立的で相称的な形でも展開する。さらにそれは，意図的に道具的役割において，相称的な関係に立つあるいは，情緒的に下位に降りることで，子どもの自立を促すという，メタ相補的関係性において展開される。ワツラウィックは，これらの関係性の構図力学について詳細に論じている（Watzlawick, Beavin and Jackson 1967）。

(2) 一般的な評定と変容戦略

H子は他者との間で相称的な攻撃的行動の選択規則が顕著で，同時に問題解決の考案過程においても，過剰に上位に立とうとし，他者と対立を引き起こす相称的問題解決パターンが目立った。これら相互に結びついた，適応の問題を増幅させる情緒的，道具的な相称的役割行動を変容させることが，必要と判断された。その実践の資源として里親委託が試みられた。親子関係という相補的な関係性を利用して，H子が補足的下位やメタ補足的上位の関係に移行する機会を作ることが目指された。

(3) 里親家庭での適応状況

父子間では，道具的役割遂行の関係性は希薄で，上位下位が未分化な情緒的融合関係が支配的であった。母とは思うようにならないと，H子は強い攻撃的行動で対抗し，情緒的，道具的役割遂行の上位獲得を巡って激しい対立が生じた。そして，この関係性の葛藤は，H子の養育法を軸にした父母関係の対立へと波及していった。父の関与法は母から甘すぎると見なされ，父は母の関与法を厳しすぎると見ていた。ここでの家族システム

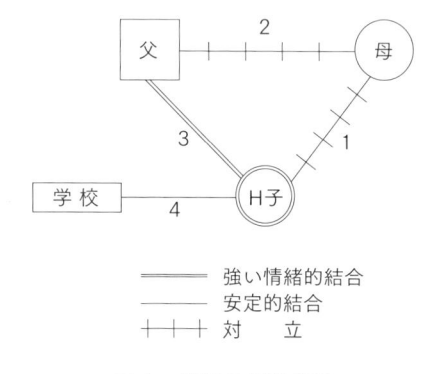

図4　初期の家族構造

の構造を図示すると図4のとおりである。

3. 変容過程の概略

変容過程を4期に区分し，要約して説明してみよう。なお面接の時間的経過は，初回をX年0月とし，その後は，X年＋〇月の形式で示す。

(1) 第Ⅰ期：親子間での融合，及び対立的関係性の変容

母子間では，相称的な対立関係を利用して，母が道具的，情緒的にもメタ補足的な関係性（Watzlawick, Beavin and Jackson 1967=1998: 51）を土台としたコミュニケーションを実践し，H子を問題解決の上位に立てることで，H子の問題解決行動を強化させる支援が試みられた。父子間では，父とH子間の強い情緒的融合関係から，父が主となりH子に解決法を示す，つまり父が道具的役割で上位に立つ支援が試みられた。父母間では，硬直した母の道具的役割と父の情緒的役割を，柔軟な役割配分へと変容させる支援が試みられた。

(2) 第Ⅱ期：父母の役割変容に伴う家族関係の構造と力学の変容と，H子のコミュニケーション・スキルの改善

母子間では，道具的役割や情緒的役割において，メタ補足的な関係性の萌芽が見られたことを受けて，それを強化する支援が試みられた。また，父子間では，父の道具的役割を強化する支援が試みられた。

(3) 第Ⅲ期：H子の「私」としての語りの構成力の増大と新たな家族関係の生成

第Ⅱ期で生成した父子，母子の新しいメタ補足的パターンを維持・強化する支援が継続される中，H子の「私」としての構成力が増大した。母子関係は再び対立的関係性が顕著となったが，父子間では，父の道具的上位の役割遂行，母子間では，母の情緒的下位の役割遂行を強化する支援により，新しい家族システムの機能づくりが試みられた。

(4) 第Ⅳ期：H子の支援システムの拡大と再組織化

H子の支援システムは，父母システムと新父母システムに拡大された。この里親の変更に伴い，これまでにH子が獲得した問題解決スキルのリフレクションを試み，そして新里父母（以下，新父母とする）とH子との良好な関係構築を目指して循環的質問法による面接が試みられた。また，父に対しては，道具的役割の優位性の強化，母に対しては，娘に対する情緒的役割の劣位のポジション取りの強化が試みられた。さらに母としての自らの一連の取り組みを肯定的に自己評価するリフレクションが試みられた。その結果，H子は新父母との良好な関係性をつくり，さらには父母との関係性の持続を実現した。

4. 変容過程

(1) 第Ⅰ期：親子間での融合，及び対立的関係性の変容プロセス

H子は里親委託されたことで順調に登校し，また母の家事を手伝うなど，里親家族の一員として順調に生活をしていた。しかし，生活に慣れてくるにつれて，母とH子の関係は，情緒的役割，道具的役割の両面から対立が増幅していった。父子間では道具的役割の遂行関係が弱く，情緒的融合状態であった。そして，これらの両メカニズムは連動して展開し，H子の養育を巡り父母関係も対立的になり，H子は登校を渋り始めた。

そこで，家族関係の力動性を評定したうえで，主に母子関係の対立的で相称的な情緒的役割遂行の力動性を変容させることを試みた。変容技法としては，循環的質問法の記述的質問法と記述された要素のリフレクションを促すリフレクシブ循環

的質問法を用いた。その結果，母はH子に対して主体的に行動を選択させることが，うまくいくコツだとメタ補足的な役割遂行の実践を問題解決のための手段として取り始めた。それに伴い，父子関係の情緒的融合状態も変化した。

X年＋0月の面接では，母のメタ補足的な行動選択が，家族内でどのような変化と結びついているかを父母およびH子に振り返ってもらった。

以下の逐語の文末に記載している記号は，全て循環的質問法のタイプを区分するために記載したものである。CDは「カテゴリーの差異の質問」，TCは「時間的文脈についての質問」，CCは「カテゴリー化された文脈間についての質問」，TDは「時間的差異の質問」である（表1）。

 1 SW：H子は子ども会のことを楽しく話してくれましたが，母との関係で何か変化がありましたか（CD）。
 2 母：最近「家事を任すよ」と言うと，手伝ってくれるので本当に助かります。本当に素直になりました。
 3 SW：素直に家事を手伝ってくれると，どうなりますか（TC）。
 4 母：うるさく言わないで，「任せる」と言うと素直に手伝ってくれることが解りました。
　　　　　　（中略）
 5 SW：最近，学校を休みがちのようですが，学校を続けるかどうかについて，どのような話し合いの結果になったのか教えてください（TD）。
 6 父：母は学校を続けさせて卒業させたい気持が強いですが，私は，今は登校できないようなので，それでも良いと思うようになりました。
 7 母：私も夫と同じ気持ちです。
 8 H子：母の言うことは重たい。
 9 父：H子は母が「学校へ行きなさい」と言うのが負担なのでしょう。
10 H子：母の言うことは全部が重い。
11 母：私の言葉はH子にとってそんなに重たいかね？
12 H子：全部重たい。
13 SW：全部重たい。今の話どう感じられました（CC）。
14 母：重たいのはたぶん私でしょう。先日もH子は起きた時からきつそうだったのに，追い討ちをかけて「行け，行け」と言ったのがいけなかったかもね。間をおけばよかったのでしょうが。
15 SW：言ったのがいけなかった。そこまで，ご自分の発言を反省されている（TC）。

ここでは，子どもに家事の手伝いを任せる場面でのやりとりを取り上げ，循環的質問法を用い，母子間での一つの行為への意味構成や，時系列での差異構成を試みることで，母のメタ補足的な道具的役割の遂行力を強化する支援が試みられた。14母はその効果の表れである。そこでは，追い打ちをかけるのではなく（硬直した道具的上位の役割），任せること（メタ補足的な道具的役割）の重要性が暗々裏に伝えられている。

また，母は上記以外でも，H子とのメタ補足的関係のスキルを獲得していった。自分の主張をいったん収めて，まずH子に発言させていく問題解決のスキルに加え，H子の答えにすぐさま反応しない「間を置く」，という問題解決のための道

支援前	支援後
①否定的な 　情緒的相称性　　++ 　　↓↑ ②否定的な 　道具的相称性　　++	①補足的な 　情緒的役割　　　+ 　（母上位，子下位） 　　↓↑ ②メタ補足的な 　道具的役割　　　+ 　（母下位，子上位）

＋はその強度を示す。

図5　母子サブシステム間の情緒的及び道具的役割遂行の変容

支援前	支援後
未分化な 情緒的融合関係　++	①補足的な情緒的役割　+ （父上位，子下位） ↓↑ ②補足的な道具的役割　+ （父上位，子下位）

+はその強度を示す。

図6　父子サブシステム間の情緒的及び
　　　道具的役割遂行の変容

支援前	支援後
①硬直した情緒的役割　++ ↓↑ ②硬直した道具的役割　++ （母は批判的行動で優位） （母は問題解法の決定で優位）	①上位，下位の立場が 柔軟に変容する情緒 的役割　　　　　　+ ↓↑ ②父の道具的役割　　+

+はその強度を示す。

図7　父母サブシステム間の情緒的及び
　　　道具的役割遂行の変容

具的スキルをも獲得した。この「間を置く」ことで，母子間での相称的で否定的情緒関係の増幅力は弱まった。それはH子の問題解決のためのコミュニケーション・スキルの獲得と連動し，さらに，父も道具的役割を担うようになる（6父）という効果が現れてきた。

この支援後に見られた母子間でのメタ補足的な道具的役割の変化は（図5），父との情緒的融合状態から，父がH子の適応方法を決定する道具的上位の役割生成へと連動した（上記，6父）。その動きを表示すると図6のとおりである。

さらに，母子間，父子間の関係性の変容は，父母間での硬直した役割関係が柔軟な関係性へと変容された（図7）。

(2) 第Ⅱ期：父母の役割変容に伴う家族関係の構造と力学の変容と，H子のコミュニケーション・スキルの改善

その後，第Ⅰ期で生じた，家族システムの変化の維持強化を図るための支援が継続された。なかでも，X年＋2月の面接で，H子のアルバイト採用の出来事を取り上げ，循環的質問法により父母やH子にそれをリフレクションさせたことは，H子の自己肯定感の形成に繋がり，父母もH子の行為を肯定的に評価する出来事となった。

以下の逐語の文末に記載している記号は，CDは「カテゴリーの差異の質問」，CCは「カテゴリー化された文脈間についての質問」，TCは「時間的文脈についての質問」である（表1）。

1 SW：バイトに合格したのですね。少し話してもらってもいいですか（CD）。
2 H子：「いらっしゃいませ」と大きな明るい声で言うの。すごいでしょ。学生で合格したのは私だけよ。
3 SW：学生で一人だけバイトに合格したのですか。父母は，H子が学生の中で一人合格したのはどんなところが良かったと思われますか（CD）。
4 父：素直で明るい性格でしょうか。一人だけ合格したのだからね。褒めてやりました。
5 SW：お母さんはどう思われました（CD）。
6 母：元気が良くて，はきはきしているところでしょうか。
7 SW：母から見てH子が家でも良くなった面があれば教えて下さい（CD）。
8 母：家事を頼んだら直ぐやってくれます。
9 SW：最近はどのような言い方で頼んでおられますか（CD）。
10 母：「忙しいから頼むね」と言います。
11 SW：「頼むね」と言うと手伝ってくれるのですか（TC）。
12 母：手伝ってくれます。割と素直です。

支援者がH子自らの成果を振り返る機会を作り，さらに，リフレクシブな循環的質問法を用い，この出来事を父母が吟味し評価する機会を持った。

ここでは，H子の自らの行為選択への肯定的評価が浮上した（2 H子）。また，母は，「忙しいから頼むね」（10母）というようなメタ補足的な道具的役割行動が出現し始めた。

X年＋3月の面接では，両親からH子の生活態度の変化が多く語られ，さらに，父母の道具的役割行動が実施される場面が父母より語られた。

1 SW：H子との関係で以前と比べてどこが変わったと思われますか（CC）。
2 母：あの子が冷静に話してくれるので，話しやすくなりました。
3 父：家内もあの子と上手に付き合うようになりました。
4 SW：H子は母との関わり方が以前と今とではどこか違いがありますか（CD）。
5 父：以前は母に反抗して家を出ていましたが，今では母に不満があると「鬼」と言って，それを私に認めて欲しいような態度をするので，私は「わかった」と言ってやります。
6 SW：そうするとH子はどうなりますか（TC）。
7 父：言葉に出すともう落ち着いて，もとの自分に戻ります。

父はH子が問題解決力を発揮できるということを，「わかった」（5父）というような言い方で，言語コミュニケーションによる解決行動がとれるようになり，道具的役割行動が持続している。

この時期，H子は再び登校し始めて交友関係が拡がり，学習意欲が出てきて成績が向上し，学校生活は順調に進んだ。このサブシステムを図示すると図8のとおりである。

(3) 第Ⅲ期：H子の「私」としての語りの構成力増大と新たな家族関係の生成

H子は学校での登校渋りや家庭生活での母子の対立的関係など，多くの課題を抱えていたが，言語コミュニケーション・スキルを向上させたり，規則正しい生活習慣を身につけたりして，登校状況や学力など就学状態が著しく改善した。それに伴い，社会性が発達して友達宅の生活様式（専用の部屋など）を家庭に取り入れることなど，「私」としての主張が目立ち始めた。それに伴い父母サブシステムの問題解決力の強化が目指された。

そこで，X年＋6月の面接で，家族内での問題解決力を高めるため，H子が個室を持ちたいという要求に対して，父子間での父の道具的上位の役割遂行，母子間での母の情緒的下位の役割遂行の強化を目指し，父母に対して面接を試みた。

逐語の文末に記載している記号は，OSDは「差異の順序付けの質問」，CCは「カテゴリー化された文脈間についての質問」，TDは「時間的差異の質問」，CDは「カテゴリーの差異の質問」である（表1）。

1 H子：これまで専用の部屋のことで話し合ったが，無理だと言われたので里親を替わりたい。
2 SW：替わりたい。仮にこの家で生活し続けるとしたら，何が認めてもらえると可能なのか順番に教えて（OSD）。
3 H子：個室，小遣いを上げる。
4 SW：個室，小遣いが上がる。それであなたはどう変わるだろうか（CC）。
5 H子：何と言われてもこの家から替わりたい。
6 父：現実，我々は家を建て替えて専用の部屋を用意することは難しいです。それ

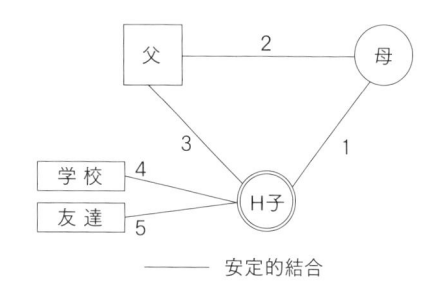

図8　第Ⅱ期の家族構造

に家内は小遣いを増やすことを嫌うでしょう。家内は自分のことは自分で考えてすること，無駄使いをしないという養育方針です。

7 SW：母はこの1年でH子への子育て観が随分変わられたように思うのですが（TD）。

8 父：このところ大変変わりましたが，長年の生活体験で身についたことを変えることは難しいでしょう。

9 SW：今後，H子が自立をしていくためには，どの方法が一番よいと思われますか（OSD）。

10 父：H子が希望するのであれば，里親を替わることも仕方ないと思います。

11 SW：父はあなたが里親を替わりたいのであれば，仕方ないと言われたけど，今後，どのような具体的条件の下で生活したいのか教えて（CD）。

12 H子：専用の個室，小遣いを上げてくれる里親がいい。

　父母にとっては，個室を作ることは現実的に無理であった。また，H子のその他の要求についても，母子間でさらに話し合いを深めることは，H子の自立行動を高める上において，また，母の柔軟な情緒的下位の役割遂行をさらに強化するためにも重要な作業であったであろう。

　そこで，父母とH子は個室について数回にわたり話し合ったが，父がH子の里親変更を受け入れる決断をしたことは，H子との共同生活を維持する形での道具的役割遂行行為ではなく，H子の次のステップを応援する形での，父親としての道具的役割遂行行為となった。

(4) 第Ⅳ期：H子の支援システムの拡大と再組織化

　この時期，H子は新たな里親とのマッチングを試み，里親を替わるという体験から，H子も父母に対しても，これまでの時期で獲得した問題解決スキルについて再確認する面接を実施した。それは，現在の父の道具的役割の優位，母の情緒的下位の強化，そしてH子の自立の促進，さらに父母とH子，新里父母（以下，新父母とする）とH子，父母と新父母との友好的な関係性づくりの過程でもあった。

　そこで，X年＋11月では，最も重要なことであるが，H子の新父母との間での問題解決力の向上を目指し，新父母との生活場面を予測してもらい，そこでのH子の解決法の記述を試みる面接を実施した。

　逐語の文末に記載している記号は，CCは「カテゴリー化された文脈間についての質問」，TDは「時間的差異の質問」，TCは「時間的文脈についての質問」である（表1）。

1 SW：これまで父母と上手くいかないこともあったけど，これから新しい里親宅での生活が始まったら，問題をうまく解決していけるH子になれているとするね。そんな自分になれていることを，どんな所で気づくと思う？（ミラクル・クエスチョン）それは，今とどう違う（TD）。

2 H子：里親さんと楽しくやって，学校にも行っている。

3 SW：なるほど。楽しくやり，学校にも行っている。楽しくやっていることを思い浮かべることができるかね（TD）。

4 H子：個室があって，里親さんと一緒にご飯を食べて，手伝いもする。

5 SW：手伝いをすると言ったことには少しびっくりしたんだけれど。手伝うとうなる（TC）。

6 H子：どおって？

7 SW：思い浮かばない？（TC）。

8 H子：喜んでもらえる。

　H子は，ミラクル・クエスチョンにより，問題を解決できる自分として，新父母との生活を予測することができた。そこでは，学校に行き，一緒にご飯を食べ，手伝いをして，新父母に喜んでもらえる行動をとれる自分を語ることができた。この語りは，新しい里親家族での，H子の行為選択の文脈として作動するであろう。

　X年＋12月の面接では，H子を問題解決の主体に置き，その立場から，主体的に問題解決策を提示させる方法が採択された。最初から守るべき条件を提示すれば，以前の相称的対立が発生するからである。新父母はH子の提案を受けてコメントを行うメタ補足的な関係性であった。

　1 SW：新母は仕事で遅くなるとき，家事の手伝いをして欲しいと言っていたね。それをどう思う（CC）。
　2 H子：料理や掃除は好きだからするよ。
　3 SW：そうだったね。前の父母も上手だと言われていた。でも簡単ではないけど，できるかね（TD）。
　4 H子：大丈夫。
　5 SW：その時，新母は何と言うだろうか（TC）。
　6 H子：多分「ありがとう」と言うと思う。
　7 SW：そしたらどう応える（TC）。
　8 H子：多分笑って，「他に何かすることがあれば言って下さい」と言うかも。
　9 SW：H子のこの手伝いの話はどんな感じですか（CC）。
　10 新母：手伝ってもらえば嬉しいので，「ありがとう」とお礼はもちろん言います。
　11 SW：小遣いの額について教えて（CC）。
　12 H子：小遣いは弁当を作ってもらって携帯代を入れて9千円もらえばいいです。
　13 SW：今の話を聞かれてどう思われましたか（CC）。
　14 新父母：それくらいなら，今の年齢からして許せるね。

　新父母宅を訪問し面談を終えた直後，H子と新父母の印象について話し合った。
　そこでも，H子を問題解決者の立場に置き，新父母との生活において，以前の里父母から学んだことを役立てられる「私」になれるよう面接が進められた。

　15 SW：新父母は二つの要望を受け入れるので，父母が了解したら来てもよいと言ったことを聞いて，どんな気持ちがするか教えて（CC）。
　16 H子：私が会って思ったような新父母だったので安心した。早く移りたい。
　17 SW：私が思ったような新父母とはどんな人なのか教えて（CC）。
　18 H子：個室を与えてくれて，若者のことをわかって話ができそうな人に思えた。
　19 SW：H子は新父母に対して話をよく聞いていたけど，父母と生活したことが新父母との生活で役立つと思われることがあったら教えて（TC）。
　20 H子：家事の手伝いをして，何でも話して，すぐ腹を立てないようにすることが役に立つと思う。
　21 SW：手伝い，よく話し合う，すぐに腹を立てないことが役に立ちそう？（TC）。
　22 H子：うん。

　H子は周囲からの強制ではなく，自身のことばで手伝いをして何でも話し，腹をたてないようにする（20 H子）ことを，問題解決策として述べることができた。こうしたH子が「私」自身の決断として発した問題解決策は，今後の新父母との安定した家族関係を形成するうえで重要な役割を担うであろう。また，H子からの問題解決策に対

して，新父母はメタ補足性の関係で「手伝ってもらえれば嬉しいので，ありがとうと言う」（10新母），「それくらいなら，今の年齢からして許せるね」（14新父母）などの役割遂行が見られた。これらの行為は，H子との新たな家族システムで機能する関係性のパターンづくりとなった。

X年＋13月では，以前の里母に対して，養育里親として，H子の発達に貢献できたと母自身が考える行動を，母親自身に語ってもらうための面接を試みた。

1 SW：母は思春期という難しい時期のH子のために，様々な努力をされました。今考えてみると，大変な時期をどうやって乗り越えてこられたのだと思われますか（TD）（コーピング・クエスチョン）。
2 母：最初，私とH子はうまくいっていましたが，慣れてくると徐々に反抗して，私への不満をSWに訴えていました。今思うと，H子は私と喧嘩しないように気を遣っていたのだと思います。
3 SW：H子は気を遣っていたと思われるのですか。反抗のなかにも，気遣いを読まれていたのですね（CC）。
4 母：あの子はよく気がつく子で家事を率先して手伝ってくれていました。しかし，あの子は私によく腹を立てていました。今考えると，それは我々夫婦が仲よくしていることに嫉妬していたのだと思います。少しH子の立場で考えられるようになりました。
5 SW：今ではH子の反発が嫉妬だったことに気付かれたのですか（CC）。
6 母：そうです。知人から教えてもらってわかりました。でもH子を気持の上で年齢を下げて見てやれなかった。
7 SW：知人の話で嫉妬だと理解された。普通言われるだけで理解する人はそんなに多くありません。それでも子どもとして年を下げて見られなかった（CC）。
8 母：そうですかね。小さい時から世話をしていたら，今のような関わりと違っていたかもしれません。年長になってからお世話するのは難しかった。
9 SW：そこまで自らに厳しい母に教えていただきたいのですが，これからのH子に課題があるとすればどんなことですか（TC）。
10 母：自分のことは自分でするようにと厳しく言い過ぎましたが，H子が自立するために必要なことだと思います。それと我が家を訪問したいと言えば来てもいいです。
11 SW：H子は家事をすること，何でも話す，すぐ腹を立てないことを教わったと言っていました（TC）。
12 母：もう少し，子どもと思って教えればもっとよかったのでしょうが。
13 SW：もう少し子どもと見ればもっとよかった。なるほど，もう少し子どもと思えば，うまくいくこともある（CC）。
14 母：ええ，できるだけ，年齢を下げて見るようにしたいと思います。

上記の面接から，母は，H子の行動を反抗的行

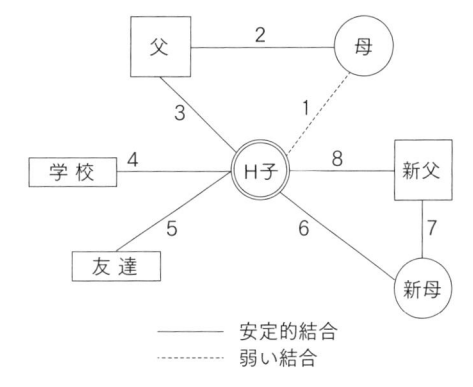

図9 里親変更後の家族構造

動とのみ見るのではなく，良好な関係作りにあこがれる嫉妬と読み替える力や，父母への気遣いであるなどと，多様な意味構成が可能になったことが語られた（4母）。また，それまでの母親自身が実践してきた，H子の自立を励ます行為を，肯定的に捉えた上で（10母），あえて情緒的にメタ補足的な関係性を作ることの重要性を理解したことが語られた（12母，14母）。

その後，H子は新父母の下で安定した家族関係を維持し，学校生活においても以前のようなトラブルも少なくなり，資格を取得し無事に卒業した。その生活構造を図示すると図9のとおりである。

5. 事例のまとめ

本事例では，里親委託が困難であると言われてきた，思春期の子どもが育児経験の少ない里親に委託され，支援が開始された困難なケースであった。それゆえ，子どもへの支援のみならず，里親への支援も含めた，家族成員の相互関係への支援が必要な事例であった。

主に，母子関係では，母とH子間で展開していた相称的対立増幅の力学を，母親に対しては，メタ補足的な情緒的，道具的役割遂行者へと変容する過程を支援することで，衰退させることを試みた。つまり，母がH子を問題解決の上位に置き，自らは意図的に下位の立場をとるメタ補足性の関係性を生成した。それに伴い，父とH子の強い未分化な情緒的融合関係性は，父がメタ補足的な情緒的，道具的な役割遂行者となることを支えることで変化し，結果，母子及び父子の対立増幅パターンは解消され，H子の問題解決力も向上したと考える。

このような各々の問題解決力の向上が図られた後に，家族内で生じた課題に対し，サブシステムの問題解決力が強化され，里親を変更するという解決法が選択された。

さらに，本事例では里親を変更する際，H子と里親には，家族として生活した中で，学び取ったことを振り返り，H子の支援システムとして関係性の持続を促す面接を持った。ここではこれまでの里親との生活の有意味性の浮上と，H子と新たな里親との間での問題解決力の向上という支援目標を明確化できた。そして，父母が，里親として獲得した養育スキルを確認し，今後の別の子どもの里親として，社会的養護者の役割を果たしていく上での課題も明らかになった。この支援過程は，養育里親の育成過程としても，効果的な支援過程になったと考える。

まとめ

本事例報告では，里子と里親としての成長・発達について，システムズ理論を土台に，そのシステム生成の機動力となる人の構成に着目し，この構成過程に対して，循環的質問法及び解決志向短期療法の諸技法を併用して支援を試みた。本事例においては，一連の過程で用いられた循環的質問法及び解決志向短期療法の諸技法は，里子と里親が，問題解決力を高め社会適応力を向上させる上で有効であったと考える。

本事例は委託した里親を途中で替えるという，あまり例を見ない里親支援の事例であった。この事例への支援過程を通して，里親を替わる際には，里子が旧里親から獲得した対人関係のスキルを確認し，新里親との間の関係性構築の文脈とすることのみならず，残された問題への対処法を考察する作業が，子どもの発達に有用であることが示唆された。さらに旧里親に対して，里親変更という体験を，里親役割行為をリフレクションする

機会にしたことは，里親が，養育里親として成長していく過程を支援するうえで，重要な役割を果たすことが示唆されたと考える。

［注］
1）家族構成と会話内容は個人情報保護の観点から大幅に変更を加えている。
2）本研究は県立広島大学研究倫理委員会の承認を受け，関係者からの同意も得ている。
3）里親制度とは，様々な事情により，保護者などと一緒に生活することができない乳児院及び児童養護施設等の児童福祉施設で生活をする子どもたちを，家庭的環境の中で養育する制度である。

［文献］
Berg, I. K. (1994). *Family Based Services: A Solution-Focused Approach*. New York: W. W. Norton and Company, Inc.（磯貝希久子監訳（2010）『家族支援ハンドブック』金剛出版）
Cronen, V. E., Pearce, W. B. and Tomm, K. (1985). A Dialectical View of Personal Change. In K. J. Gergen and K. E. Davis eds., *The Social Construction of the Person*. New York: Springer-Verlag.
Kamo, K., Oshita, Y. and Okamoto, H. (2014). Multiple-reflection Model of Social Work Practice. *Japanese Journal of Social Welfare*. 54 (5), 1-10.
Miller, G. (1997). *Becoming Miracle Workers: Language and Meaning in Brief Therapy*. New York: Aldine De Gruyter.
大下由美（2006）「被虐待児童への支援技法とその体系化」加茂陽編著『被虐待児童への支援論を学ぶ人のために』世界思想社。
大下由美（2010）『サポート・ネットワークの臨床論』世界思想社。
Tomm, K. (1985). Circular Interviewing: A Multifaced Clinical Tool. In D. Campbell and R. Draper eds., *Applications of Systemic Family Therapy: The Milan Approach*. New York: Grune and Stratton.
Parsons, T., and Bales, R. F. (1956). *Family: Socialization and Interaction Process*. Glencoe, Ill: Free Press.（橋爪貞雄・溝口謙三・高木正太郎・武藤孝典・山村賢明訳（1981）『家族』（『核家族と子どもの社会化』改題合本）黎明書房）
Watzlawick, P., Beavin, J. H. and Jackson, D. D. (1967). *Pragmatics of Human Communication: A Study of Interactional Patterns, Pathologies, and Paradoxes*. New York: W. W. Norton and Company, Inc.（山本和郎監訳（1998）『人間コミュニケーションの語用論——相互作用パターン，病理とパラドックスの研究』二瓶社）

第12章
家族エンパワーメントと退院支援

執行良子・神成成子・加茂　陽・大下由美

はじめに

　精神科家族看護において，患者の症状管理の上でも，家族支援を中心とした退院支援論の構築は重要な課題である。しかし，これまで十分にそれは，体系化されているとは言えない。たとえば，家族の支えがあれば，患者の症状は改善するなど，家族は患者にとって有用な資源として位置づけられてきた。その一方で，患者の症状が，精神科に入院することで改善されても，家族との生活を始めると症状が悪化し再入院となるケースは，多数報告されており，そこでの家族は患者の症状の悪化の要因とみなされた。このように患者に対する家族の関係は，支援者（資源）としてか患者の症状の悪化の要因としてかに二分されて捉えられてきた。

　従来のエンパワーメント論は，公共的ニーズ論を軸に，公共的資源によるニーズの充足として語られてきた（久保 2000）。各々の主体は適応に必要なニーズを有し，このニーズを公共的資源により満たすことは個人の適応に不可欠であり，それゆえそのニーズは満たされなければならず，その阻害因は除去されるべきであると，その理論では説明される。ところが，この公共的ニーズとそれを満たす公共的資源という発想に依拠するエンパワーメント論は，無視できない根本的な理論構成上の問題を有している。たとえば，退院支援を行う際などには，患者は「早く家に帰りたい（患者のニーズ）」といい，家族は「まだ帰るのは早すぎるから入院が必要（家族のニーズ）」といい，両者の表出された公共的ニーズが相矛盾する事態が生じる。この事態において従来のエンパワーメント論では，いずれの訴えに対処すべきであるかを論理的に決定できない。つまり，どちらのニーズの主張が正当性を有するのか，ニーズを満たすために必要な資源は何かについて，論理的な判断を下す基準を提示できないのである。このような公共的なニーズ論とそれへの公共的資源による充足論としてのエンパワーメント論は，実際の支援過程においてゆき詰まる。

　さらにこの公共的ニーズ論は，自己決定論と安易に結び付けて論じられてきた。この場合の原理的問題点を述べてみよう。自己決定の原則では，いかなるニーズがその患者や家族にとって不可欠であるのか，そしていかなる形でそれを充足するのかが，主体の決定にゆだねられ，他者はそれについて干渉する権利を有さない。この自己決定の原則と同時に，容認されるべき公共的ニーズとそ

れを実現する公共的資源のリストが存在すること
を認めたとしよう。このとき，自己決定を遵守す
るならば，公共的ニーズは存在せず，公共的資源
は不要となる。逆に，公共的ニーズと公共的資源
のリストの存在を肯定するならば，自己決定は否
定される。このように，公共的ニーズと資源は存
在し，他方で主体による自己決定は保障されなけ
ればならないと主張する従来のエンパワーメント
論は，二律背反的，原理的な矛盾を有している。

それゆえ，本章では，この伝統的なニーズの自
己決定論と公共的ニーズ論，それらに対応する資
源実在論を軸としたエンパワーメント論に批判を
加え，患者と家族成員間の問題解決過程におけ
る，資源とニーズの共生成論を中心軸とした，家
族システムレベルのエンパワーメント論を論じ
る。その上で，精神科家族看護における家族エン
パワーメント実践の理論的技術的展開を試みる。

I．ニーズと資源の相互生成とエンパワーメント

1．ニーズと資源論の生成的定義

(1) 公共的ニーズと私のニーズそして資源

家族看護論においては，人の適応に不可欠な最
大公約数として公共的ニーズ（生理的欲求，安全
欲求など）が存在することは共有されているであ
ろう（野島・中野 2005）。これらのニーズの充足
方法を前提に，人のあらゆるニーズは外部より満
たされなければならないという主張が生じる。し
かし，その論拠は曖昧である。

たとえば，家族看護の領域において，強い理論
的影響を与えてきた著名なワルシュの家族発達理
論を取り上げると，近年家族の発達は，多元的に
説明される（Walsh 2003）。つまり，家族の発達サ
イクルは多元的であるがゆえ，どの段階の家族
が，どのようなニーズを，どのような方法で充足
すべきかを，公共的に決定することは困難なので
ある。個々の家族で，その発達サイクルは異なり，
またそこでの充足方法も，各家族で異なることを
前提としなければならない。

しかも，支援の場で注目されるニーズは，最大
公約数的なニーズではなく，特殊なニーズ，つま
り，個々の主体にとっての，解決の必要性，つま
り私のニーズである。

(2) ニーズと資源生成論

本章で採用する私のニーズは，何かの既存の資
源によって満たされることを期待している実在的
要求ではない。それは自ら定義した問題への自ら
編み出した解決法，ここでは自らの行為や出来事
構成法などが必要不可欠であることの確信であ
る。人はトランズアクション過程を文脈として問
題を独自に構成し，解決の必要性を作り出す。つ
まりニーズを自己決定的に浮上させ，さらに適応
のための具体的財を自己決定的に考案する。

この過程において，人は原初的な他者を自分に
とって役立つ人物へと変換することが求められ
る。さらにものの世界を，自らにとって有用性を
有する物に作り替える，つまり両方の資源の生成
が必要である。人の適応には，これらひとつひと
つのものや他者の行為への意味構成レベルでの自
己決定的資源構成作業が不可欠である。

ある主体にとっては，この過程は必ずしもス
ムーズに進行するわけではない。他者に頼む方法
や，道具の使用方法を見出せない場合や，そして
手助けをしてくれる他者が不在のままの事態は，
十分予測できる事態である。この時，一般的な専
門家は，彼/彼女の周囲の物や人という外的資源
のみならず，クライアントの問題解決の道具化の
能力，つまり内的資源が不在だと評定するであろ

う。クライアントは，生活に必要な内的，外的条件が満たされていないと感じるであろう。しかし，ここで問題解決に必要（ニーズ）だと見なされる具体的条件は，すべての主体に共通する問題解決の道具という一般的条件ではない。あくまでも主体ごとに特殊な問題解決の過程で有用となる条件である。さらに，それらは，問題定義の差異化と連動し，トランズアクション過程において，次々と差異化されていく条件である。このように従来のニーズ概念とそれを充足する資源という定義は，生成的に定義しなおさなければならない。つまり，世界構成の資源である自他定義法や出来事定義法などの世界構成の知識の生成と相関的に，問題解決法入手の必要性（ニーズ）が生じる。この生成論的ニーズ及び資源の定義に基づき，本章での家族エンパワーメントが生成的に定義される。

2．問題解決過程とエンパワーメント

問題解決過程におけるニーズと資源が共生起する過程を，エンパワーメント過程として説明する。

（1）問題状況の構成

ある事態が，問題としてクライアントにより訴えられる。つまり，問題が構成される。家族は退院してくることを待ち望んでいるが，患者自身は，自信がないので退院したくないといい，対立している場合を想定しよう。

（2）解決資源の欠如

患者は，問題解決のために必要な，つまりニーズを満たす人的および物的な資源が不足していると，従来の表現で言い換えるならば，ニーズ充足の資源が不足していると訴える。たとえば，患者は自分に退院できるだけの生活力が不足している，あるいは家族は本当は受け入れる気がないなどの，硬直化した自他定義法と相関的に「退院できない」という世界構成の資源の必要性（ニーズ）が共生起する。

（3）解決の資源作り

支援活動において，患者は，訴えを記述した後，人とものを問題解決の用財（資源）へと構成する，主体としての作業を開始する。人が何の媒介的実践もなく，資源の利用のみで，適応の力を得るという説明は誤りである。たとえば，「外泊」という制度を活用し，患者の持っている問題解決力が発揮できるよう，明確に課題を設定した外泊計画を立てることは，効果的な退院支援法になるであろう。なぜならその計画の遂行によって，外泊生活で，患者自身が新たな問題への対処法を実行することで，新たな自他の定義法（資源）を獲得し，次の世界生成資源の必要性（ニーズ）を生成することになるからである。

（4）エンパワーメント

上記のような，問題解決ができるという自己定義やそこでの有用なものや他者への定義，つまり資源が生成し，次の新しい世界構成の必要性（ニーズ）が生じる過程が，エンパワーメント過程である。

このように，本章では，ニーズと資源そしてエンパワーメント過程は，問題解決の過程で共生起する概念として生成論的に定義される。

Ⅱ．ディスエンパワーメントと排除の力学

1．ニーズの硬直化，常同的な人の物化，ものの道具化の過程とディスエンパワーメント

　ここで患者と家族成員間のトランズアクション過程を分析するために，廣松の四肢構造論を取り上げる（廣松1983）。これは，ルカーチが述べた，人が物化されると逆に物象化された物が人の意識を構成するという，現実構成の物象化の力学の概念（ルカーチ1971）を，廣松が四肢構造論に組み替え，一層精緻に論じた世界構成の生成過程と構造である。トランズアクション過程で，人やものを行為や意味構成の与件とし，それらへの実践を試みることで生じた「らしく認識する」や「らしく振舞う」方法は，物象化され人の自明の世界構成規則となる。始原的なものは，人の適応の道具に変換される。これらの人の物化，ものの道具化（これも特有の物化である）の四肢構造の力学において世界は，そして資源は生成する。

　一般的な例では，父親（母親，子どもも同様に）は，実在性を疑うことがない「らしさ」を示す規則を，行為と思考に不可欠な道具的資源とし，それにふさわしい衣装，装飾具等々の物理的な条件を，自らのトランズアクションの遂行の道具として，いわゆる「用材」化して（ものの道具化），問題解決にあたる。その結果として，父親らしさ（人の物化）が生じる。これは自らを，そして他者を，社会的役割遂行者として，そしてものを，その役割遂行に必要な用材としてつくり出す力学，つまり四肢構造の力学として世界生成を説明する理論である（廣松1983）。

　臨床的に言えば，ある精神疾患を疑われる思春期の少女が，母親から「部屋が汚い」と注意されたとしよう。ここでの「部屋が汚い」というメッセージは，「衛生管理ができない病者」という母親の娘定義（人の物化）と，部屋に対する母親の意味構成（娘が作り出した汚い部屋が私を不快にする）（物の道具化）という2つの働きをしている。そこでの母親は，部屋を自分にとって我慢できないものとして批判すると同時に，少女自身（人）の行為や思考方法を「部屋を汚くする」物（物象化された人の定義＋物理的背景）として一義的に定義している。そして，この事態の解決に必要なのは（ニーズ），娘の行為変容だとして，娘の行為や思考方法を物化し，意味構成と行為選択を資源として，母親は母親らしさを得ている。しかし，この母親が母親らしさを獲得する過程は，問題解決には至らない，つまりディスエンパワーメントの力学が進行する過程となっている。

2．システムの排除の力学

　看護実践においては，上記の母娘のように，患者と家族の解決の試みが，その意図に反して問題を悪化させている事態にしばしば直面する。ここでは，家族成員が，従来の世界構成法を行為選択の文脈として，常同的な問題解決行為を試みるため，新たな問題の定義や解決行為の選択は排除され，偽解決（Berg 1995）の過程を生み出す事態となる。さらに偽解決は常同的な相手の反応への期待（ニーズ）を作り出す。そこでは，既存のマクロな現実構成文脈に適合しない文脈（出来事定義，行為選択規則，行為の意味づけ規則など）を排除し，マクロな文脈に適合する要素を資源として内在化することで，世界を成立させている。この試みを解決行為として当事者は信じる。

　しかし，この排除の力学を伴う構成過程では，自己定義，関係性定義，行為選択法，そして個々の場面での行為の意味づけなどの差異は，トランズアクション過程の局面ごとに常に産出される可

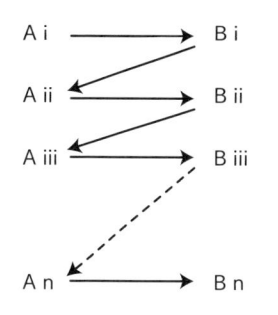

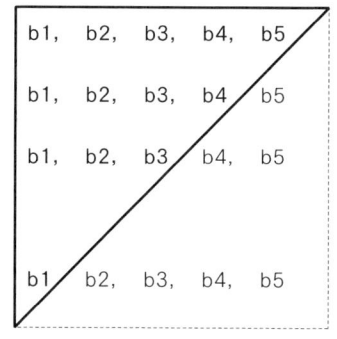

図1 Bの一義的世界生起と排除の力学

能性があるものの，それらは排除され続けられるがゆえ，患者の症状は一層悪化していく。特定の構成要素の排除に随伴する症状の悪化は，主体の統制力を超えた世界を構成する力となりうる。つまり症状形成過程において，既存の世界（症状が存在する世界）の「絶対的外部」（西谷 1998）である，症状生成から排除された要素が世界内部に侵入を開始するとき，言い換えると，それが主体の自己同一性を解体する資源として作動するとき，世界の再構成が始まる。先の母娘で言えば，部屋を「汚さ」として母親が構成する局面で，異なる意味づけが母親の世界構成法に取り入れられるとき，母子システムでは，もはや既存の問題解決法を維持することが困難になる。つまりこれまでと同様の排除の力学を作動させることが困難となり，成員個々及びシステム全体が解体の危機に陥る。

図1は，AとB二者間のトランズアクション過程における世界構成過程を示している。b1～b5は，Bi～Bnにおける，BがAの行為選択に対し，選択できる意味づけの要素群を示す。トランズアクション開始時は，BにとってAからの行為は，b1～b5までの多義的意味合いを含む行為として伝達される。ここでの世界生起は，自他構成法，出来事構成法，他者の行為の意味構成法，そして行為選択法の規則群の生成から説明される。これらの知識は，世界構成の資源である。しかしやりとりが続き，Bnに到達した時点では，Aの行為への意味づけは，b1に限定される。たとえば，BにとってBnの時点でのAの行為は，「悪意がある行為」としてしか意味づけられなくなっている事態を指す。

図1を用いて，上記の母親の「部屋が汚い」という，物化したメッセージの構成過程について考えてみよう。ここでは，Aを娘，Bを母親とする。娘の存在全体を「汚い」（Bnのb1）と定義したこのメッセージは，「汚さ」に見合わない意味（b2～b5）を排除することで，構成可能な意味である。つまり，少女の行為群のそれぞれにおいて，「汚くする」とは異なる意味づけ法は，排除されているのである。にもかかわらず「汚い部屋」は，母によって少女の自己決定的な産物だと見なされてしまう。そしてこの意味構成の後に問題解決のために必要と見なされる手段が講じられる。しかし，問題は続く。

このディスエンパワーメントの過程を変容するためには，この過程で作動している現実構成の基本的な力学である，排除の力学（Bnでb1のみを浮上させる力学）への対抗戦略が必要となる。

図1のBiの局面で示しているように，娘の行動や部屋に関する母親の定義は，別だての世界構成が本来は可能である。部屋は完璧に汚いのか，

娘の行為のすべてが，たとえば統合失調症の基準に当てはまるのか。否である。ここでの，人が汚いと物化され，物が道具化される過程は本来は多面的である。図1のBによって排除される世界の要素群（b2～b5）を顕在化させる力が，ディスエンパワーメントの生成過程への対抗的力となる。

3.「否定の力」とエンパワーメント

適応上の問題は，一義的に人を物として類型化し，ものを人が作り出した特定の道具として構成する排除の力学が作動する過程で生じる。この排除の力学に対抗する力学を活性化させる実践により，問題解決が実現されメカニズムとして，本章のエンパワーメントは定義される。

先にも述べた共同主観的に認識と行為についての「らしさ」のような役割規範が生成されるコミュニケーション過程は，本来は，多様な現実の構成が可能な過程である（廣松 1983）。しかしこの過程では，斉一性維持の力学，つまり既存の世界構成（正）を前提に，日常で生じた行為選択や意味構成群の統合が保てるように，それとは矛盾する要素を排除しつつ，これまでの世界構成を維持する力が作動する。そして，それはしばしば硬直化する。これはシステムを変容させる資源の生成力が停滞し，問題解決力が低下する事態，つまりディスエンパワーメント過程である。これらの力学は既存の世界構成法の維持に対してノイズとして作用する構成法を排除する。このディスエンパワーメントの力学の生成過程の変容戦略として，歴史的（時系列）な力動性を説明するヘーゲルの弁証法を，「否定の力」という視点から読み直す，西谷の記述を取り上げてみよう。「否定」とは，次のように説明される。

　　＜否定＞とはあるがままのものに手を加え，自分にとって役立つもの，つまりは＜道具＞にすることだ（西谷 1998: 100）。

人間つまり，理性的主体は，自らのニーズを満たすため企投対象（正）の物質的，対人的世界のいくつかの要素を排除し，ある要素群を取り入れ，新たに意味づけ（反），拡大された自己と他者，そしてその物質的環境，つまり世界を作り出す（合）。

しかしながら，この排除によって構造化された世界の背後では，次のような力学が作動している。

　　弁証法的否定の階梯を一つ一つ登って，ついに全体化した知（主体でもある知）は，その＜全体＞の内に充足して＜内部＞として閉じることで，いわばその背後に絶対的外部を開いてしまう（西谷 1998: 103）。

現実構成過程で排除した要素群は，潜在化し，自らが構成した世界全体を否定するメタレベルの否定の力（＝大文字の否定の力）（西谷 1998: 125）となるまで，蓄積され続けるのである。その過程で人はディスエンパワーされる。

廣松の人，ものと，社会化された人「として」生成される人の社会的類型化と，人の財として構成されるものの道具化という世界の四肢構造は，言い換えるとこのような原始的外部を社会的な物として生成し続ける構造である。そしてその外部は常に顕在化された世界を差異化する力（＝大文字の否定の力）として，均衡化しようとする内部を脅かす。それゆえ変化は，この現実構成過程から排除された，いまだ原初的な要素，意味構成や行為選択を復元し，変容資源として構成し，差異化の力学（大文字の否定の力）を活性化させることである。私の問題解決にとって必要なのは，これらの要素の私自身による復元である。つまり新たな解法を否定し排除する力学が展開する問題生成過程において，その過程全体を否定する力（＝大文字の否定の力）を顕在化させることが支援の

原則である。つまり患者と家族の間のトランズアクション過程で，排除された要素の現実構成力を復活させるのが，本章でのエンパワーメントである。それは，症状保有者として類型化され，物化された人を，役割行動の構成の主体へと変換し，さらに，処方される紋切り型の問題解決のための道具使用法の拘束から彼/彼女を自由にする支援法である。以下この問題の変容法について述べて見よう。

Ⅲ．エンパワーメントの方法論：問題維持の社会システムの変容論

ここでは，社会システムを固有の結びつき方，つまり構造とその力動性として捉える。廣松の四肢構造論と西谷の排除の力学概念は，社会の問題維持と変容の力学を説明するキー概念である。それらの構造とメカニズムを軸に，問題を持続させる構造とその力学の変容法について述べてみよう。

1．問題を持続させる構造と力学

問題場面は，構成された問題が構造化される場面として捉えられる。役割遂行規則は，地位に付随する社会的役割行動と，他者への反応の期待，そして意味構成の規則である。この規則を内面化することで，人は社会的な人となる。ものの道具化の規則は，ものを社会化し，社会的な道具として認識する規則である。原初的な人が社会的役割遂行者として形成され，この役割規則を内面化した人間相互間の結びつきが生じ，ものが社会的に有用な道具へと構成され，社会的な有用な道具群の連関が生まれる。それは，次の世界構成のニーズ生成と連動する。これら人とものおよびニーズと資源の結びつきが安定するならば，その事態は構造と呼ばれる。むろん，その構造は新たな行動などの攪乱因子を内包するが，問題解決が生じない構造においては，それらの因子の構造への同化は進展しない。

母親の「私の娘は摂食障害だ」という娘に対する記述は，娘の抽象的な記述ではなく，心配して一生懸命作った（本章の説明法を用いるならば，食材を生命維持の素材とした）食べ物が片方で存在し，他方「何で私を困らせるようなことをするの」など，娘の言語的，非言語的メッセージへの意味構成が伴う。そして，その後，摂食への期待の背後に潜む，強い拒食への期待と共に解決のための言語行為が選択され，さらに娘の反応への意味が構成されるであろう。これらの人とものの両世界に関わる意味構成や行為選択の規則は，関係性維持の資源として機能する。そして，母親は，既存の関係性を維持する娘の反応を求める。ここでは，資源とニーズが共生成する。娘の側からも，同様な特有の人の物化，ものの道具化が試みられる。そこでの資源とニーズは，共生成する。実際の生活場面においては，両メカニズムは切断されておらず，人の役割遂行も常に道具化を伴うが，分析上二つの軸に社会の構造と力学とを区分するならば，支援の対象がより焦点化される。さらに，そのことで両側面は相互に結びついているので，いずれかの側面の変化をシステム全体に拡大するというシステム的な支援法の枠組みが浮上する。

2．問題維持の過程と否定の力学

問題維持の構造においては，「このように考え，行動するのが当たり前である」という意味構成や行為選択法の硬直化は，次に生成される世界への期待を硬化させ，システム内部においては差異生成力が衰退する。この問題維持システムでは，排

除の力学が作動する。成員たちから正当性を認められた役割遂行やものの道具化の規則群に対して，対抗的な行動や意味構成は，あるいはそれらの規則は，彼/彼女たちから排除される。その限りにおいて社会は常同化し，安定化する。これは社会の顕在的レベルである。しかしながらこの安定化のためには，排除が過剰に作動しなければならない。均衡維持のために変容力を持つノイズ，つまり行為や他者への期待，そして意味構成は，排除されなければならない。もちろん，事態を問題として捉えているがゆえ，成員たちは人的・物的構成法を生成させ，様々な解決行動を試みる。ところが，これらの解決行動は，問題維持力として作用し，一層硬化した問題維持構造が産出される。そこでの解決行動は，問題状況の再現を期待する先行的力の生成，つまり問題維持の力となり，それは解決志向の心理療法の言い方を用いるならば，偽解決である。娘の立場では，母親の心配する注意は，強い叱責として固定観念化され，また，食べものは白雪姫の「毒りんご」と化す。このように母子間の既存の解決行動の解決力は衰退し，また排除された要素の蓄積は，遅かれ早かれ主体の統制力を超えるまでに潜在域において肥大化する。そして，持続と変容との均衡は危うくなる。つまり，問題維持過程の背後では，排除によって維持されてきた秩序を崩壊させる「大文字の否定の力」が蓄積する過程が進行しているのである。

3．否定の力の増幅作業としての変容論

このように排除によってかろうじて維持されてきた，解決資源であるはずの既存の対他的行動や，対自および対他的意味構成や，ものの道具化及びその意味構成は，崩壊の危機をはらむ。問題が訴えられる事態は，この既存の排除の力学を放棄せざるを得ないのに，放棄しきれない，変化の前ぶれとして定義される（Hoffman 1981）。問題場面は，社会的に形成された人相互間と道具化されたものの結びつきとその力学と言う二重の視点より定義された。人相互間では，主体の行為選択，他者の反応への期待，他者の行為の意味構成が相互に生成する。人は相互的に社会的役割を遂行する人として生起し，それらは規則化され，世界構成の資源となる。知識としての構成規則は，世界構成力を有する資源である（Foucault 2002）。また道具化や道具の意味構成も同時に生成する。変容力を有する資源はこのように多様である。さらに，これらの変数は，有機的に関連し合う。それゆえ，問題維持システムを構成するこれらの潜在的資源のいずれかに揺らぎが発生するならば，それは顕在的なシステム全体の揺らぎへと波及する。このいずれかの変数の差異化を試み，それをシステム全体に波及させる関与が，「大文字の否定の力」を増幅させる力となる。支援者は様々な解決法の選択が可能である。問題定義の変容，意味構成や行為選択の差異化，その後の問題解決法の生成，つまり，エンパワーメントの目的のために，変容手順に従った一連の変容技法が用いられる。

4．エンパワーメント過程と技法

この排除の力とそれへの否定の力との力学より世界生成を説明する理論的枠組に基づく支援技法の一つとして，ここではポジティブ・リフレーミング（Weeks and L'Abate 1980 = 1986）を取り上げる。ポジティブ・リフレーミングは，クライアントが構成した，人の物化およびものの道具化過程を，肯定的に枠組みづけ，その過程で潜在化されている人の物化および物の道具化の規則を顕在過程へと浮上させる技法である。図1を用いて説明するならば，排除の力によって，潜在化させられた要素群（図1のb2，b3，b4，b5）を，否定の力の活性化により，顕在化させる技法と言える。以下の事例分析では，このエンパワーメント

技法としてのポジティブ・リフレーミングを用いた事例を取り上げ，家族エンパワーメントの実際を論じてみたい。

IV. 事例分析

以下では，30代の抑うつ状態と診断された女性入院患者Aとその家族に対し，病棟担当看護師（以下，Bとする）が中心となり，家族支援チームを作り，退院前に実施される「外泊」という一つの制度を利用して，Aとその家族のエンパワーメントを実現した退院支援事例を取り上げ，本章での理論的枠組みと，そこで用いたエンパワーメント技法（ポジティブ・リフレーミング）の有用性を考察する。

1. 事例の概要

Aは，夫と子どもの3人暮らしである。Aは，有職者であったが，子どもが発達障害と診断されてから，退職を選択し，以後専業主婦となった。その後子どもは保育園に通い始めたが，「保育園に行きたくない」と子どもが訴えたため，Aは子どもを幼稚園に転園できるよう奔走した。この頃から不安で眠れず，食欲不振が見られ始めた。ところが子どもは，幼稚園に行き始めてしばらくすると，今度は「やっぱり保育園の方がよかった」と訴えた。Aはこの子どもの訴えを聞いて，自分の対処法では「もうだめだ」と思い，子どもの要求に，一つ一つ一生懸命に応えてきたことの無意味さを構成し始め，次第に子どもへの否定的な構成法が強化されていった。入院時には，「子どもに会いたくない」，「かわいいと思えない」，「子どもと一緒には暮らせない」，「家事もできない」，「こんな自分は母親失格で死にたい」などの訴えを繰り返していた。さらに不眠，食欲低下も顕著であった。児童への影響も考え，抑うつに対する入院治療が開始された。入院時の評定では，Aは子どもや自分自身への意味づけを硬直化させ，その対処法も限定されており，子どもや家族の反応への期待の生成力も停滞しており，排除の力学が強く作動していた。そのため，Aと家族成員間（子どもや夫）での日常的なやり取りの具体的な記述をAに求めても，振り返って説明することが困難であった。その中でもBは，Aが現時点では排除している子どものために様々な取り組みをしてきたことへの語りを促し，それへの肯定的評価を試みる面接を繰り返した。そのようなかかわりを繰り返す過程と平行して，Aは，少しずつ眠れるようになり，落ち着きが見られるようになった。BはAの症状が落ち着いてきて，主治医から外泊の話が出たため，外泊を利用した家族エンパワーメントの支援を計画した。1回目の外泊前には，家族の様子を見て，その印象を報告してほしいとのみ伝え，自宅生活でのAと子どもや他の家族成員とのかかわりの具体的な記述を外泊終了後に収集したうえで，インテンシブな介入計画を立てることとした。このインテンシブな面接は，計4回実施された。

2. A家族のディスエンパワーメント過程の評定

(1) エコロジカルなシステムの評定

1回目の外泊実施後に行った1回目の面接で，Aが語った生活場面全体の構造と力学が，図2に示されている。Aは子どもに対し，母親として叱ることを試みた結果で，Aは，子どもと対立的になった（図2の3のサブシステムの動き）。すると夫は子どもをなだめ（図2の2のサブシステムの動き），母親が冷静になるのを待つために，その場から子どもとともにその場を離れた。この夫の事態への対処行動は，Aと夫との希薄な関係性を生みだしていた（図2の1のサブシステムの動き）。Aの「子どもを見たくない，母親失格で死にたい」という訴えの持続は，この図2のような家族システムの特有の力学の中で維持されていると評定された。

さらにこの家族システム内の，人の物化，ものの道具化過程から，特有のサブシステムごとの力動性の評定を試みてみよう（図3参照）。

(2) 家族間のニーズとディスエンパワーメントの力動性の評定

① 母子間のニーズとディスエンパワーメントの力動性

まずは，図2の3のサブシステムの母子関係の力学のインテンシブな評定を記述してみよう。この特有の関係性が生じる過程では，Aが，母親失格だと，自らを社会的な類型に置き，物化する力学が作動している。順に見て見よう。

問題増幅の常同的過程は，つまりディスエンパワーメントの過程は，図3に示されている。DVDを見ている子どもの行動（子1）は，問題行動として物化されて，定義づけられ，子どもの使っていたDVDは，子どもへの悪影響を与える道具として，つまり母親にふさわしい子どもを守る役割遂行を邪魔するものとして，道具化されていた。この子どもの行為とものへの特有のAの意味構成法（資源）は，子どもの問題行動を維持する先行的力として作用し，それはたびたび子どもを強く叱るという常同的なAの行為選択（A2）を引き起こした。それに対する子どもの応答（子3）は，反抗的な行動としてAから定義され，問題定義は強化された。この過程でAは，子どものDVDへの関与法を変えられない自分を母親失格として物化した。また，そこでのDVDは，問題の根源として道具化され，それを文脈として，母

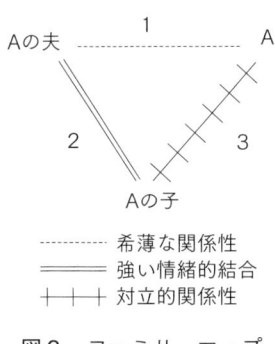

```
       1
Aの夫 ━━━━━━━ A
       ╲      ╱
      2 ╲    ╱ 3
         ╲  ╱
         Aの子

------ 希薄な関係性
══════ 強い情緒的結合
┼┼┼┼ 対立的関係性
```

図2　ファミリーマップ

＜顕在的過程＞

子1　　　　　　A2　　　　　　子3　　　　A4　　　　　　　　　　　夫・子5　　A6
DVDを見る → 「やめなさい」→「何で？」→「目が悪くなるから」→　外出する → 落ち込む
　　　　　　　　　　　　　　　　　　　　と言ってお尻を叩く
　　　　　　　　　　　　　　　　　　　　＋机をける

＜排除された資源としての潜在的意味構成や行動選択＞

ⅰ　観察力：子どもの行動を感情的にならず観察している。
ⅱ　思考力：考えることは苦手なのに，理路整然と考え，解決法を模索している。
ⅲ　実践力：「うそでも抱きしめてきた」と解決の実践を試みている。

図3　外泊時の家族内のディスエンパワーメント過程と排除構造

親らしさを取り戻すために（ニーズ），DVDの使用を規制する行為選択が再び選択された（A4）。Aはこの一連の過程で，問題解決力を著しく低下させていったと考えられた。言い換えると，Aは子どもの世界に存在するものおよび自他への多様な意味づけを一義的に定義し，それに見合う解決行動を選択する過程で，「母親失格」という自己定義を再生産していたと言える。その一方で，図3の⒤～ⅲは，Aが外泊時の報告の中で漠然と語った内容であるが，Aの構成過程から排除されている。

② 夫婦間のニーズとディスエンパワーメントの力動性

母子間で生じた，母親失格という物化された母親の関係性定義が構成される事態に対し，夫は子どもと外出するという解決行為を試みた。ところが，この夫と子どもの行為を，彼女は，二人のいなくなった部屋で，母親失格と結びつけて構成し，自分自身を母親失格だと強固に物化した。家族成員である夫の行為（夫・子5）は，その解決努力にもかかわらず，Aにとっての問題解決の資源としては取り入れられなかったのである（A6）。むしろ夫の問題解決の努力は，逆説的に家族から問題解決力を低下させていた。夫が，Aが無力ながら解決行為を試みた場面に対して，その肯定的な意味合いを構成させることができたならば，事態は改善したであろうが。

また，夫は子どもを連れて，頻繁に面会に来ていたが，Aが母親の役割遂行に自信がないから退院したくない（ニーズ）と訴え続け資源生成を断念するため，夫は，面会に行くことへの効果を見出せないと訴え始めた。そこでの夫は，自らを夫失格として物化していたかもしれない。

このように，Aと夫のサブシステム内では，相互に否定的な自他の関係性定義を構成する知識の増殖力学が展開し，また，否定的な事態の生起を期待する先行的力が強化され，家族システム全体では，相互の問題解決のためのニーズは新しい意味構成法や行為選択法という解決資源の生成と結びつかず，問題増幅過程が再生産されていた。つまり，この力学はディスエンパワーメント過程となっていた。無論，夫婦サブシステムでも，問題増幅過程の背後に，この顕在的力学を変質させる可能性を有する，潜在的な過程が随伴している。それゆえ，変容の戦略は，いかにサブシステム（図2の1～3）ごとに潜在過程の要素の生成力学を浮上させるかである。

3. 変容（エンパワーメント）計画

この家族システムにおけるディスエンパワーメントの過程の変容には，システム全体の力学の変容が必要である。システムは，いくつかのサブシステムから成り立ち（図2参照），一つのサブシステムの変容は，システム全体の変容の引き金となる。そこで，患者Aと家族のエンパワーメントを実現するためにAの訴えの変容，つまり，この家族システム内の図2の3のサブシステムで作動している排除の力学に対抗する否定の力を活性化する方法が採択された。そこでの排除の力学により顕在化を妨げられ，潜在化している要素群を浮上させる方策が立案された。

4. 家族成員間の問題解決力の生成過程

(1) Aのエンパワーメント過程

変容計画を立てたのちに実施された2回目の面接で，Bは，メタレベルの否定の力（大文字の否定の力）の活性化に向けて，Aに問題全体の記述を励ました。Bは，Aが子どもとのやり取りを記述する過程で，その世界構成過程から排除している図3の要素群（⒤～ⅲ）に着目した。これらは，それまでの構成過程から排除されていた，対人関係の構成法である。そして，それらの要素群を，Aにとっての世界構成過程に顕在化させるため，

まずは潜在過程の⑴を取り上げた。Aには観察力があるとしてポジティブ・リフレーミングを用いた面接が効果的であると考えられたからである。これは，出来事全体あるいはそれを構成する意味づけや行為選択群に対して，強く肯定的な意味を付与する技法である。

そこで確認された具体的な解決法をクライアントが生活場面で実践し，その成果をリフレクションするという手順で支援に取り組んだ。

以下はその過程の中で，実際の介入技法を用いた過程を抽出している。（ ）内は，文脈をわかりやすくするために，筆者らが加筆した。

1 Ｂ：外泊中，子どもさんのことを観察された場面について，詳しく教えていただけますか？

2 Ａ：DVDを（見るのを）止めなさいと言ったら「何で？」と聞くので，「目が悪くなるから」と説明し，お尻を叩いた（その後机を蹴った）。（それを見ていた）主人は，子どもと出かけた。居なくなると（一人残されて）寂しくなった。

3 Ｂ：（子どもさんを）叱ってしまったけども，（ご主人と子どもさんが）出かけられたら寂しいと思われたのですね。

4 Ａ：夫は子どもの扱いがうまい。わたしは，どう遊んでいいかわからない。どうしたらいいのか，どうしたら悪いのかがわからない。子どもに接するのに怒ってはいけない，言い聞かせるようにしてきた。夫はそれが苦にならないようで自然にしている。私は考えて育てている。本当は苦手。顔も見たくない。

5 Ｂ：今の説明を聞いて，少し驚いたことがあります。おわかりになりますか……。子どもさんのことで，気持ちが揺れ動いた場面を正確に表現されるのは，大変難しいことです。優れた観察力をお持ちだと思います（ポジティブ・リフレーミング）。（その観察力を発揮してもらうためには）次の外泊のとき，何も考えないでとにかく遊んでみて（その時の子どもさんの様子をじっくり観察して），その結果を次回の面接で報告していただけませんか？

6 Ａ：そうでしょうかね。……わかりました。やってみます。

この過程でAは，2Ａ，4Ａで硬直化した子どもやものへの意味づけと，行為選択法を語った。それは否定的事態を生起させる条件の必要性を確証し，自らを母親失格であるとして定義づけるという，ディスエンパワーメントの過程になっていた。そこでBは，5Ｂにおいて，2Ａの記述の中に見られる一連のAの行為や，4Ａでの一義的な記述内容を，文字通り直接的に取り上げず，この一義的世界の構成過程で作動している排除の力学に随判している否定の力学の生成に着目した。Bは，2Ａ，4Ａの語りが，入院当初，Aが家族とのやり取りを記述できなかった時に比べ，詳細に語られていることを踏まえ，Aに「自分自身および子どもについての優れた観察力を有している」人であると，肯定的にリフレームしたのである（5Ｂ）。このAの観察力への焦点化は，図3の⑴を浮上させる引き金であり，それは，⑵思考力の向上，⑶実践力の差異化にもつながり，⑴〜⑶の要素の相互浮上は，顕在的な矛盾増幅過程の展開を解体させる，「大文字の否定の力」の活性化になると考えられた。つまり，問題定義を再吟味しつつ，A自身が潜在域に有する世界の構成知識を浮上させ，解決策と見なされるその知識の必要性（ニーズ）を確認させ，それを実践過程へと向かわせ，問題解決力を強化する過程が，エンパワーメント過程である。

```
＜顕在過程＞
子1              A2           子・A・夫3      夫4        子5              A6
「○○食べたい」→ リクエスト  → 楽しくたくさん → 片づける → 「寂しいから   → 一緒に寝る
                 に答える      食べる                     一緒に寝て」
```

＜潜在化した意味構成や行為選択＞
ⅰ 子どもの要求に応えられない「母親失格の自分」
ⅱ 子どもに会いたくない

図4　変容過程

（2）母子間での新たなトランズアクションの生成力学

2回目の外泊では、Aが図3のⅰ観察力を駆使する課題が設定された。Aに対し、Bは5Bで「とにかく子どもと遊んで、その様子を観察して報告する」という課題を出した。これは、Aが、苦痛を作り出す世界構成の根源的な文脈である否定的自己定義を、「冷静な観察者」へとずらすことを目的とした処方である。Aは、観察力を駆使するために、2回目の外泊を実施した。

2回目の外泊後に実施した3回目の面接で、BはAに、外泊時の観察の記述を促した。その結果を、顕在過程と潜在過程に区分してまとめたものが図4である。

図4の変容過程を見てみよう。子1の行動に対してAは、子どもの要求に答えるという行為（A2）を選択している。そこでの子どもの行為への意味づけをAに記述させると、子1の行為を、「こどもは『○○食べたい』と（自分の好きなものを）要求できるようになった」と、母親として子どもの成長を喜んでいるという意味合いを浮上させることができた。つまりこれまでの子どもの行動に対する否定的な、一義的意味づけが差異化され、新たな子どもの反応への期待が生成し始めたのである。また、ここでは、子どもが食べたいといった物は、母親らしさを獲得する解決資源として活用され、Aの子育て実践に組み込まれた。差異化された子どもの行動への意味構成、子どもへのAの行為選択の差異化、そこに伴うものの意味構成の差異化、その利用法の差異化、これら人とものとの新たな四肢構造は相互に生成され、そこでは新しい世界構成力が生じ、Aのニーズ生成と解決資源の生成によりエンパワーメント過程が顕在化した。

（3）家族エンパワーメント過程

このAと子どもの関係性定義の変化に連動して、さらに、子どもとAと夫の3人での新しいコミュニケーション・パターンが展開し、家族成員間の相互の関係性の定義や、他者の具体的行動への意味構成の差異化が生じた（図4の子・A・夫3）。これは、人の属性定義の変化、つまり人の物化の変化である。さらに、食事場面は、家族それぞれの行為や他者の行動を楽しくする場面として意味づけられ、家族成員相互の反応への期待が生成する場となった。

この家族成員間の関係性の変化は、食事外の場面でも生じ、夫の妻Aに対する資源である新しい行為選択も浮上した（図4の夫4）。この場面では、夫の行動は、Aが子どもの相手をして母親役割を遂行する助けになる行動として、肯定的に構成され、Aと夫のサブシステムの変容も生じた。また、母子間においては、この食事場面で生成した新たな関係性は、就寝場面にも拡大した。子どもからの寝つかせの要求行動（図4の子5）を冷静に観察し（図3の潜在過程のⅰ観察力の強化）、Aはそれを肯定的に意味構成し、解決策を考案した（図3の潜在過程のⅱ思考力の強化）。つまり、解決策の知識により、新たな出来事の生成の必要性を認識（ニーズ）し、それを文脈とし

て世界生成を実践することができたのである（図4のA6）（図3の潜在過程の⒤実践力の向上）。この過程において，A，夫，子どもの家族成員間で，図3の問題場面とは異なる，新たな資源である問題解決法とニーズが生成しエンパワーメント過程が浮上したと言える。

このように，Aによって報告された内容は，子どもとの遊びの場面の冷静な観察内容のみではなく，変化は，図3の潜在過程の⒤⒤思考力，つまり問題解決法の模索，そして，⒤⒤⒤実践力にまで及んだことが確認された。

2回目の外泊によって確認された，新しいAと夫と子どもとのトランズアクション過程の力学をさらに強化していくために，その後も外泊が実施された。そこでも，Aに対し，子どもや家族との具体的な行為を観察してくるという課題が出された。なぜなら，上記の外泊後の結果より，Aの新たな行為選択や意味構成の活性化，つまり解決資源の探索の活性化とその必要性の確信には，観察するという課題が有効であると判断したからである。

Aの母親役割の遂行力の強化と家族システムの安定化をめざし，4回目の面接が実施された。それは，他の家族成員では対処できなかった，なかなか泣き止まない子どもを，Aが抱っこすること（図3の潜在過程の，⒤⒤⒤実践力の強化）で，落ち着かせることができたという内容であった。その他にも，Aが自分から夕食を作って夫に褒められたエピソードなども報告された。

このAの実践力をさらに強化し，Aが訴えた時点での「母親失格」の自己定義を，A自身に再構成してもらうために，「泣き止まない子どもをAが抱っこをして落ち着かせた」出来事について，Aにリフレクションを求めた。するとAは，泣き止まない子どもの行動を，「この子なりに我慢している」や「（Aが入院中は）不安とさびしさでいっぱいだったのだろう」と多義的に説明し（図3の潜在過程の⒤⒤思考力），そのような子どもに対し，「自分はできることをやった」（図3の潜在過程の⒤⒤⒤実践力）と，肯定的に語ることができた。その後，Aの入院当初の抑うつ的な訴えは消失したため，自宅退院となった。自宅退院後も，外来通院をしばらくは継続していたが，再就職を果たし，再入院することなく生活されている。

5. 考　察

問題解決の試みすなわちエンパワーメント実践において，主体は，人を物化し，ものを道具化する。その過程では，常に排除される要素が生じる。それは，新しい世界構成を実現する，意味構成法や行為選択法などの資源としての知識である。その潜在化された要素群を，解決の資源として生成させ，その必要性（ニーズ）を確信させ，実践行為の選択を促す過程が，エンパワーメント過程であると，本章では生成的な定義を提示した。そしてこの定義に基づく実践事例が示され，具体的な変容過程が論じられた。また，潜在化した要素群の顕在化は，母子サブシステムにおける否定の力の浮上から開始され，家族は相互に成員が結びつくシステムであるので，この親子関係の変化は夫婦関係の変化へと連動した。そしてその連動を作り出す基本技法として，問題定義のラディカルな変容を試みるポジティブ・リフレーミングの有用性が示された。

さらに，対人的トランズアクション過程に伴って，ものの世界も問題解決の用材へと作り変えられていく過程も，詳細に論じられた。人とものどちらの側面から，否定の力が作動したとしても，これら人とものについての問題解決の資源化の過程は，相互的に進展する過程であることが，本事例においても示された。

まとめ

　本章では，家族看護における家族エンパワーメント論を取り上げ，そこでのニーズと資源とエンパワーメントの概念を批判的に吟味し，人的及び物的な世界構成の資源である規則群と世界生成の期待，つまりニーズとの共生成力学の視点から，力動的にエンパワーメントを定義した。その上で，退院支援における一つの制度である「外泊」を活用した，新しい家族エンパワーメント論の実例を提示した。そのことで本章での家族エンパワーメント論の臨床的有用性が示されたと考える。

　なお，本章中の事例については，掲載の承諾を本人から文書にて得ている。また，個人情報保護の観点からデータは加工され，まとめられている。また本章には，日本家族看護学会，第16回（岐阜県）と第17回（愛知県）大会で発表した内容が含まれている。

［文献］

Berg, I. K. (1995). *Family Based Services: A Solution-focused Approach*. New York: W. W. Norton and Company.（磯貝希久子監訳（1997）『家族支援ハンドブック──ソリューション・フォーカスト・アプローチ』金剛出版）

Foucault, M. (2002). *Power*. J. D. Faubion ed. (H. Robert and others, Trans.). London: Penguin Books.

廣松渉（1983）「精神の間主体的存在構造──「精神異常」の存立構制の定位のために」『思想』岩波書店，9-18。

Hoffman, L. (1981). *Foundations of Family Therapy: A Conceptual Framework for Systems Change*. New York: Basic Books.（亀口憲治訳（1986）『システムと進化：家族療法の基礎理論』朝日出版社）

久保美紀（2000）「エンパワーメント」加茂陽編著『ソーシャルワーク理論を学ぶ人のために』世界思想社，107-135。

西谷修（1998）『戦争論』講談社学術文庫。

野嶋佐由美監，中野綾美編（2005）『家族エンパワーメントをもたらす看護実践』へるす出版。

ルカーチ, G. 著，平井俊彦訳（1971）『歴史と階級意識』未来社。

Walsh, F. (2003). *Normal Family Processes: Growing Diversity and Complexity* (3rd ed.). New York: Guilford Press.

Weeks, G. R., and L'Abate, L. (1980). *Paradoxical Psychotherapy: Theory and Practice with Individuals, Couples, and Families*. New York: Brunner/Mazel.（篠木満・内田真理訳（1986）『逆説心理療法』星和書店）

第13章
介護実践におけるポジティブ・リフレーミングの有用性

中尾惠子

はじめに

　介護現場においては，しばしば高齢者と介護者間のコミュニケーションの不調和により問題が起こる。介護場面は，物理的サービスの提供のみならず，対人的コミュニケーションの場面でもある。ところが現在，新しい介護福祉士の養成カリキュラムにおいても，コミュニケーションが重視され，コミュニケーション技術が新たな科目に位置づけられているが，コミュニケーションを軸にした，介護場面での変容論の研究は未成熟である。例えば，介護場面での技術論は，身体介護技術が中心的に取り扱われるのみで，利用者に頻繁に見られる心身の症状についての訴えや家族の抱えている問題の解決については，技術よりもバイスティックの7原則[1]が紹介されるのみで，体系化された理論は，確立していない。

　では，利用者の心身の繰り返される訴えに着目してみよう。通常認知症と診断されていれば，利用者の訴えは，解決の方法がない認知症の症状と見なされる。認知症高齢者は，脳の画像上何らかの変調が確認されるかもしれないが，日常は，それぞれの高齢者なりの方法で，自分のストーリー作りを試みている存在である。この前提を受け入れるならば，介護者には，高齢者自身の語り（言語及び非言語を含め）から，各々の高齢者の，オリジナルな世界の作り方を浮上させ，それを活性化し，高齢者にとって手触り感がある現実作りへの支援が求められる。

　よって本章では，介護支援における基礎理論として，高齢者の訴えについて考察し，伝達される場面での悪循環構造と力動性について整理する。そして基礎理論に基づいて，変容手順を示し，循環的質問法（Tomm 1985）とポジティブ・リフレーミング（若島・長谷川 2000）の変容技法論が体系的に論じられる。その上で，整理した基礎理論とその変容手順に基づく実践事例を考察し，悪循環過程への変容法として，循環的質問法を主軸として，ポジティブ・リフレーミングを併用するモデルの有用性を吟味する。

I. 介護支援における基礎理論

1. 高齢者の訴えの再考

　高齢者が「痛い」と痛みを訴える事態を想定してみよう。通常、それは「痛い」としか言いようのない身体内部の異変を伝達している行為として理解され、医学的原因が探索され、それを除去する治療が試みられるであろう。この対応で痛みが消去されるならば、痛みについての余計な詮索は不必要である。

　ところが、介護者は、介護現場において「痛い」という訴えが、必ずしも身体内部の痛みの存在と対応していない事態にしばしば直面する。例えば、高齢者が「痛い」と言えば、最初のうちは、介護者は、「どうされましたか。どこが痛いですか？」と語りかけ、「足が」と高齢者が答えれば、「足のどこが痛いですか」と質問する。高齢者が「ここが」と場所を指す。介護者は、「取りあえず湿布してみましょうか」と対応して解決を促す。しかしますます「痛い」という高齢者の訴えは続き、「ここも、あそこも」といつのまにか足の至るところに、湿布が張り巡らされている事態になることもしばしばであろう。あるいは、介護者の「歩く練習をしませんか」というリハビリ活動を促すメッセージに対して高齢者は、「（歩けないほど）足が痛い」と訴え、リハビリに消極的な態度を示すような場合もある。どちらの訴えも、医学的根拠はないため、対応にゆき詰まる訴えである。

　重要な視点として、「訴えは対人関係のなかで伝達される行為である」という自明な定義をあげておこう。つまりここでの両者の訴えは、身体内部の痛みの記述ではなく、他者との関係性を作る言語行為と捉えなければならない。つまり、「痛い」という訴えは、空に向けて発せられる行為ではない。それは誰かに伝達される言葉を用いた行為である。それが誰かに伝わるためには、伝達の規則に従わなければならない。「痛い」という訴えは、規則に従った行動である。そして受け手の次の行為選択が、その場で共同生成される規則に従って選択される限りにおいて、クライアントの「痛い」という訴えは持続する。

　介護者が、高齢者の「痛い」という訴えを、上記のようにいつもの「身体の痛み」の訴えと見なすとき、その局面ごとに高齢者が発する意味を探索する意味構成力は衰退する。そのため介護者の行為選択は単純化し、それは、高齢者の「痛い」と訴える行為の選択力を増大させる。そこで、介護者は、高齢者の「痛い」という訴えの持続を阻止し、新たな循環を作り出すために、「『痛い』という訴え」を身体の問題に還元せずに、まずは、「『痛い』と訴える」行為へのポジティブ・リフレーミングを試み、高齢者の主体的な語りを保証したうえで、高齢者に「痛い」について語ってもらう。そこでは、各々の高齢者特有の語りが引き出される。そこで語られたことは、高齢者の新たな世界づくりの資源となる。

　ここでのトランズアクション・モデルは、身体の痛みの訴えをそれぞれの変数生成の多義性を説明するモデルであるがゆえ、数多くの介入点を浮上させ、また多義的介入の方向性を指し示すモデルである。言うまでもなく、このモデルはウィトゲンシュタインの言語ゲーム理論（鬼界 2003）を下敷きとしたものである。

　鬼界は、「旧来の痛み概念は、我々が考えた痛み概念である。新しい概念は、我々が現に生きる痛み概念である」（鬼界 2003: 393）と述べている。またウィトゲンシュタインは、次のように述べている。

　　全ての言語ゲームは、語と対象がくり返し再

認されることに基づいている。我々はこれが椅子であることを，2×2＝4を学ぶのと同じ厳しさで学ぶ（鬼界 2003: 402）。

また利用者の訴えの持続には，そこでのものへの意味づけや行為選択も関与する。ものに対しての一般的な理解は，たとえば椅子は，座る時に使用する道具である。しかし，実際に椅子が生活の中で使われる使われ方は，人によって異なる。仮に和室生活が中心であるならば，何かを置く物であったり，貴重な飾りものになるかもしれない。椅子が，座る時に必要な道具として一義的な意味を有する物材と見なされるようになるのは，言語習得過程においてである。そこでどのような規則が，生じているのかは，あらかじめ誰も知ることはできないのである。そこで共同生成されている規則は，行為を振り返って初めて顕在化する。

2．「訴え」が伝達される場面の構造とその力動性

クライアントは，対人間でのトランスアクション過程から生じる要素群を組み合わせ，問題として構成し，ストーリー化し，他者に訴える。訴えを聞いた介護者は，クライアントの問題解決に向けて，解決行動を起こすが，意図に反して解決しようとすればするほど，ますます問題が深刻化していく事態に，陥ることがある。その場面での介護者の解決行為は，偽解決行為となり，問題を持続させる。それゆえ問題の解決とは，介護場面において，偽解決の力学を変化させる試みとして定義される。

仮の事例を基にして訴えが増幅していくコミュニケーション連鎖を説明する。

図1のシークエンスの要素を上記の偽解決のフレームに置き換えて考察してみよう。Aは「痛い」と訴える。Bは，「どこが痛いですか？」と伺い，Aは「喉が」と言う。しかしこの喉については，昨日も病院で診てもらい，異常はなかったため，

```
A
痛い↓  ↘どこが痛い  喉が↘  喉が痛いはずは  痛い！！↓
        ですか？           ないと思いますが
B
```

図1　悪循環のパターン

Bは，「喉が痛いはずはないと思いますが」と説明する。しかしAは再度「痛い！！」と訴える。その後も，Bの説明に対し，Aの訴えは持続する。このようなAとBのやり取りは，お互いの問題解決のための試みが，かえって問題の持続に貢献してしまう悪循環過程と言える（長谷川 1987：31）。

このトランスアクション過程（相互作用ではなく，互いが変容し続ける過程）に，対立増大，あるいは一方の引きこもりなどの逸脱が増大するならば，それぞれの成員は，自らの行為選択や他者の行為の意味構成に対して自己疎外感を感じ始める。介入の対象となるのはこれらの，行為選択法や行為の意味づけ法である（Cronen, Pearce and Tomm 1985）。

先の例の続きをみてみよう。AはBに，「喉が」と痛みの存在を身体部位として指し示すメッセージをBに伝達する。Aの「喉が（痛い）」は「このことを言えば，Bは自分と時間をとってくれるだろう（とるべきだ）」などの他者への期待と共に伝達される。ところがBは，医学的な根拠がないことから，それを「喉が痛いはずはない」というメッセージで応答する。その後のAの「痛い」は，1回目のAの「痛い」という訴えをさらに強固にしたことになる。

3．メッセージ分析

A，Bのメッセージ分析法をAの立場から試みてみよう。AはBがAのメッセージを「何々と受け取り」，Aが求める方法で行為することを期待し，Aはそれまでの行為の選択規則に従い「痛い」とBに伝達する。Bからの特定の行動に対して「痛い」と言うメッセージを伝達（し続ける）

第13章　介護実践におけるポジティブ・リフレーミングの有用性　223

Aの行為選択規則は，Bにそのメッセージの特定の理解と行動を求める規則と結びついており，これらの規則に基づきAのメッセージ伝達行為が引き起こされる。

ここでコミュニケーションの流れが，円滑に進行しているならば，Aは，自らの行為と意味構成をBが正しく理解していると判断することになる。うまくいっている場面で，それぞれの意味構成と行為選択を説明してもらうならば，そこでの状況維持規則が浮上するであろう。その規則は二人の間で公共化，あるいは制度化された規則である。この規則が現実生成の文脈として力を有し続ける。

しかし，一層詳しくAに，Bに向けたメッセージについて語ってもらうならば，Aのメッセージ伝達は多義的であり，また意味構成も曖昧であることにA自身も気付くであろう。そして多義的な文脈を構成する，これまでのいくつもの出来事群が浮上する。Aの「痛い」という訴えと，Bのそれへの反応の規則は一義的ではない。

それゆえに意味構成と行為選択との結びつきにも，厳密な論理的連関は存在しない。Aの「私の言うことを，苦しみとして受け止め，そしてこの苦しさを聞いてほしい」という期待とBの実際の行為選択とは，完全に一致することはない。仮に意味構成で一致したとしても，その後の行為選択では一致するとは限らない。Aは慰めて欲しかったとするならば，Bの「苦しいことは分かった（意味構成）」，だから「病院へ行けば」と言ったという行為選択は，Aからは，「鈍感な言い方」と見なされるであろう。ましてやBによるAの行為への意味構成や行為選択は一層多義的であり，次のBの行為選択はAの予測より大きくはずれても何ら不思議ではない。

4．トランズアクション分析法の介護活動への適用

介護支援において求められるのは，自他の関係性の再構築や行為選択法の獲得などが生じる，介護者とクライアント間，さらにクライアントと生活場面を同一にする人々との間でのトランズアクショナルな過程に対しての支援である。

ここで本来は多義的である最初の「痛い」のメッセージの説明をAに促してみよう。ここからは先の悪循環からの「ずれ」が開始する。丁寧にAの説明を聞くならば，痛くもない痛みを繰り返す人というBのAへの一義的意味づけ（構成規則）とそれに結びつく行為選択規則が揺らぎ始める。痛みの訴えは，振り返ることによって，次の場面に展開していく。「喉が痛い」だけでなく，「背中も」などと訴えが続いたと仮定しよう。「痛い」という言語行為は，病院で治療を求める痛みの存在を示しているだけではないとするならば，そこには自分の体（ここでは喉や背中）を一生懸命に気遣っていることが暗々裏に伝えられているとして構成することは理にかなっている。そこに，まったくAの気遣いが排除されていると断定することには無理がある。Aが一生懸命身体の事を気遣っていることをBが評価すると，次の訴えを巡る悪循環過程は変わるであろう。

一方Bは，「喉が痛いはずはないと思いますが」とAを安心させようとしたのに，Aが「痛い!!」と強く言うので，Bは腹が立ったと振り返ったとしよう。すると，「それだけ心配しているのに，その気持ちをうまく伝える方法を思いつきませんか？」という問いかけから，Bが新しい行為選択を考案し，実行すれば，その後の悪循環の生成を変容させる引き金になるであろう。

5．介護場面での支援手順と技法

（1）変容手順

本章での支援技法の実施手順は，以下の通りである。

①訴えの記述（リフレームする素材作り：ト

ラッキング）
② ポジティブ・リフレーミング
③ リフレームされた要素のリフレクション
④ リフレクションされた出来事の要素を含む実践
⑤ 最初の出来事の記述とリフレクションされた出来事の実践の記述のリフレクション
⑥ クライアントによる新しいストーリーの生成

　高齢者の訴えを，循環的質問法を用いて，具体的な場面での問題として語りなおしてもらう。そこで語られたこと（内容および言語行為）へのポジティブ・リフレーミングが試みられる。さらに，このポジティブ・リフレーミングの後，クライアント自身によって，リフレームされた肯定的な出来事定義を文脈として，その出来事を構成する具体的要素についてリフレクションを求める。そこでは，それまで問題と見なされていた行動が，実は，解決行為であったことが発見される。クライアントは，その解決行為を，日常生活場面の中で実践し，それをさらにクライアント自身，どのように取り組んだかを，循環的質問法を用いて具体的な場面として語りなおし，そこでの変化をリフレクションする。このような変容段階ごとに特有の技法を使用し，ポジティブ・リフレーミングは，クライアントの現実変容力を高める素地づくりの技法なのである。

(2) 技法
① 循環的質問法
　循環的質問法は，「差異の質問法」と「文脈の差異の質問法」に分類されている（Tomm 1985）。「差異の質問法」は，①類型間の差異，②時系列での差異，③差異の順序づけに区分される。①類型間の差異は，人と人，ものともの，人とものなどの差異を記述させる質問法である。たとえばソーシャルワーカーが娘に「お母様のトイレ介助をした時の，『ありがとう』と食事介助をした時の『ありがとう』では，どのような違いを感じられますか？」といった質問である。②時系列での差異は，ある時点と別の時点での行為の差異を記述する質問法である。たとえば「入所される〇年前のお母様と，今のお母様の様子を比べると，どんなところが変わったと思われますか？」とソーシャルワーカーが家族に尋ねるような質問である。③差異の順序づけは，関係者の解決行為の順序づけを記述する質問法である。たとえば「家族の中でだれが一番お母様を落ち着かせることができますか？」といった質問である。
　「文脈の差異の質問法」は，①カテゴリーの文脈の差異の質問法，②時間的文脈の差異の質問法に区分されている。①カテゴリーの文脈の差異は，重層レベル間での差異を記述する質問法である。たとえば娘が，「わがままなことばかり言う母」と定義している場合，「介護士の質問に，お母様は一つ一つ自分の言葉でしっかりと答えておられるようですが，お母様と介護士さんの様子をみて，あなたはお母様のことをどのように思われますか？」（出来事を文脈とした関係性定義の質問）と問うことができる。それは，「昔は，私の言うことには真剣に耳を傾けて聞いてくれる親だった」と娘が母親との肯定的な関係性定義を浮上させることができる質問法である。②時間的文脈の差異は，ある行為が時間的経過により意味づけられたことを記述する質問法である。たとえばソーシャルワーカーが，家族に「食事介助を初めて実施していただきましたが，まず何からやって見られましたか？」といった，出来事を時系列で記述させる質問法である。

② ポジティブ・リフレーミング
　高齢者あるいは，その家族成員の行為や行為の意味付けの規則はこのようにトランズアクション過程において，多義的に生成し続けていく。本章で取り上げるのは，対立増幅的な規則が生成し続ける事態である。そこでは，トランズアクション

の主体たちが，互いに他者の行為を否定的にとらえ，対抗的な行為を選択するプロセスが繰り広げられている。

　もちろん対抗的という表現は，常識的な表現であり，その行為は，多義的に意味を構成することが可能である。例えば，以下の事例で示されている「家に帰らせて」という言語行為は，否定的にも肯定的にも意味付けることができる。それへの肯定的な意味付けをクライアントが受け入れるならば，次のクライアントの行為選択は差異化され，問題増幅過程が変化する。ワツラウィックらは，以下のように述べている。

　うまいリフレーミングは問題に関わる人々の立場や期待，変わりたい理由や条件，即ち人々のもつ概念的な枠組みといったものを考慮に入れる必要があるということだ（Watzlawick, Weakland and Fisch 1974=1992: 143）。

　リフレームとは，ある具体的な状況に対する概念的および，あるいは感情的な構えや見方を変化させることであり，それは同じ状況下の「事実」の意味を規定する古い枠組みに代えて，それよりも良い，もしくは同等の他の枠組みを与えて全体の意味を変えてしまうことなのである（Watzlawick, Weakland and Fisch 1974 = 1992: 133）。

II．介護実践事例の考察

　以下では，2つの事例を取り上げ，介護実践におけるポジティブ・リフレーミングの有用性を考察する。なお，事例1については，家族より口頭で掲載の承諾を得ている。事例2は，複数の介護家族の特徴をもとに再構成した事例である。なお，どちらの事例においても，個人情報保護の観点から，個人を特定する情報については改変されている。

1．「家に帰りたい」と訴える高齢者への支援

（1）事例1の概略

　Tは，施設で生活している80代女性である。彼女は，「帰る」とたびたび介護者に要求した。

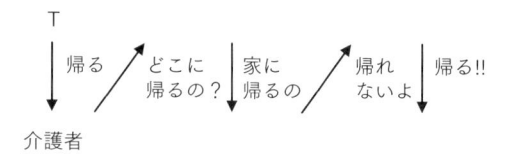

```
T
 ↓帰る ↗ どこに ↓ 家に ↗ 帰れ ↓ 帰る!!
          帰るの？  帰るの   ないよ
介護者
```
図2　Tと介護者の典型的な悪循環のパターン

介護者は帰れる状況にないことを説得しようと試みたが，さらにTの強い要求行動を引き出し，Tの「帰る」の要求は，頻度を増していた。図2は，ストーリー化された高齢者の訴えを介護者が，解決しようとしてますます悪循環を起こした場面の表記法である。

（2）評定

　図2では，Tの「帰る」という訴えを，理詰めで否定しようとする介護者の試みとの間で，Tの一層強い訴えが生じ，さらにそれが強い介護者の制止を伴う行為選択という悪循環が展開している。この悪循環を切断する為に，ソーシャルワーカーによる変容活動が試みられた。

（3）支援計画

　支援の目的は，Tと介護者間の悪循環を変容させ，問題が継続する対処行動を別の意味付けに置き換える。つまりそれは，「帰る」というTの訴えを，「帰宅願望」としてではなく，Tがその時

表現しようとしているそれとは別の意味を探索することである。ここでは，偽解決という悪循環のなかで，一層悪化する問題行動が，変化のターゲットである。

Tの「帰る」という行動が展開する介護者とのやり取りを基に，そこでのTの言語行為の構造化，言語の使用法，生活場面（物材）に対してポジティブ・リフレーミングを試みる。つまり「家に帰る」と訴える場面でのTの行動に対し，「自立の気持ちが強い」とポジティブにリフレームし，さらに帰宅に必要な条件を，Tと一緒に探し，Tの行為選択についてリフレクションを促す過程で，悪循環過程の解消を目指す。

（4）介入場面

介入過程を逐語の形式で示す。SWはソーシャルワーカーの略である。

 1 T：家に帰らせて。
 2 SW：家に帰りたいの？
 3 T：うん。いつになったら家に帰らせてくれる？
 4 SW：今は足のリハビリのため，しばらく歩く訓練をしてください。歩けるようになったら帰れますよ。
 5 T：えっ足のリハビリ？
 6 SW：ええ。足のリハビリをしましょう。
 7 T：どこも悪くないよ。ほら（足を動かす）悪くないでしょう。
 8 SW：Tさんは元気ですよね。歩こうとする気持ちが強いですね。社会に復帰しようとする意欲も強いです。そのお年で歩こうとするなんてすばらしいですよ。車椅子に乗らないと歩くことが難しい人も多いですよ。（ポジティブ・リフレーミング）
 9 T：うん。私は歩けるよ。

7 T「どこも悪くないよ」というTのメッセージは，6 SW「足のリハビリをしましょう」に対し，抵抗の意味合いが浮上している。しかしここで，ソーシャルワーカーは，8 SW「歩こうとする気持ちが強い。社会に復帰しようとする意欲も強い」と，ポジティブにリフレーミングした。長谷川のポジティブ・リフレーミングの分類で言えば，「帰属はずし」であり，原因や理由，形容詞の言い換えとしてのポジティブ・リフレーミングである（長谷川 1987: 158）。

 10 SW：どうやったらTさんのお年まで，元気でいられるのか教えて欲しいです。（リフレクシブな循環的質問法）
 11 T：うーん。元気ではないよ。
 12 SW：少し膝を伸ばす訓練をしたら，これ（歩行器）を持たないでいいから，家に帰れるかもしれませんね。
 13 T：そう。膝の訓練をするの？
 14 SW：膝の関節を伸ばす訓練です。（手を添えてTさんの膝を伸ばす）
 15 T：膝を伸ばすのね（Tさんが自分で膝を伸ばしてみせる）
 16 SW：ご自分で訓練されているのですか？頑張っておられますね。やってみられてどうでしたか？ きっと良くなった所があると思います。（リフレクシブな循環的質問法）
 17 T：どこと言っても
 18 SW：今のTさんの頑張りをお手伝いしようと思うのですが。いかがですか。私はでしゃばりですか？
 19 T：そんなことはないですよ。

10 SWでは，「家に帰る」と訴えているTではなく，「元気で歩こうとする」Tを文脈に，日々のTについて語ってもらうことを促している。12 SWではTがこれからも元気でい続けられるための方法が提案され，13 TでTもそれに応答し始めている。さらに，14 SWで，Tの膝を伸ば

す運動を実際にやってみせると，15 T「膝を伸ばすのね」（自分で膝を伸ばしてみせている）で，実践し始めた。そこでさらに，16 SW では，「自分で訓練され，自立へと頑張っておられる」と T の行動をさらにポジティブにリフレーミングした。そして 16 SW「きっと良くなった所があると思います」とリフレクシブな循環的質問法により，T の自らの身体へのリフレクションが開始された。このリフレクシブな循環的質問法により，T は，「頑張り」という肯定的出来事レベルとそれらの個々の要素との循環的関連について考察を深めた。そして，T への頑張りに対し，SW が手伝いの許可を求め（18 SW），T からその承諾が得られた（19 T）。

図 2 の T の行為選択と介護者の SW の行為選択が相称的に展開していた悪循環過程から考えれば，「家に帰らせて」という T の訴えによって，T は，ソーシャルワーカーの上位に立とうと試みていたが，この相称性は，ソーシャルワーカーが，T をアップ・ポジションに立たせ，その立場から，自ら帰宅に必要な条件を整理する作業を試みたことで変容した。つまり，T が訴えることで，他者の上位に立つという T の戦略は消失した。ここでの技法は，一連のポジティブ・リフレーミングと循環的質問法によるリフレクションを併用した具体的実践例であった。

このような介入の後，T は，「家に帰らせて」と訴えるものの，その後のやり取りが，対立的になることはなく，リハビリ活動や他の日常の活動への移行がスムーズに行えるようになった。

2. 虐待が疑われた高齢者の介護家族への支援とポジティブ・リフレーミング

（1）事例 2 の概略

この事例は，80 代の母親 A と A を介護している 50 代の長男 B の 2 人暮らしの家族への支援事例である。A の対処が困難な行動（失禁，失便）への，B なりの解決行動を，ポジティブにリフレームし，B の行為を「虐待」の要素を発見するためではなく，リフレクシブな循環的質問法を用いて，A の日々変化する行動に対し，B の多様な介護行動の選択力の活性化を目指した支援を行った結果，在宅での生活の持続が実現できた事例である。

（2）評定

B の説明から，母親 A の「排泄の失敗」や「徘徊」などは，B の予測を超えた，対処法が考案できない行動群であることがわかった。B は，これらの行動に対し，まじめに対処を試みるがゆえ，A と B の間で言い争いが増大し，A への対処法が固定化し，それがかえって母親の全身での抵抗を引き出すという悪循環が展開していた。

（3）支援計画

支援の目的は，この B が熱心なあまりに生じている対立増幅過程を変容させることである。具体的には A の適応力が低下した行動に対して，B の対処法を増やすことである。そこで排泄の失敗時に言い争いになる場面（B が A の介護で最も選択肢が減少する場面）を，ポジティブにリフレームすることで，B を問題解決の文脈に置き，解決行動の選択力と結びつける。さらに解決法の実践とその結果のリフレクションにより，さらに行為選択力だけではなく，母親の行為への多様な意味づけを可能にする意味構成法の変容へと結びつけ，A と B の悪循環過程を変容する。

（4）介入場面

SW はソーシャルワーカーの略である。

1 SW：A さんの目の上にあざがあるのですが，自宅で転倒されたのですか？
2 B：いいえ　転倒していないです。
3 SW：転倒していないの？

4 B：あの。母とついケンカしました。
5 SW：えーケンカしたの？
6 B：はい。ケンカしました。（苦笑い）
7 SW：AさんとBさんとでケンカされたのですね？
8 B：はい。
9 SW：Aさんの目の上のあざはケンカしてできたものですね？
10 B：（苦笑い）
11 SW：あの……お互い自分のことは，ゆずれないですね。（ポジティブ・リフレーミング）
12 B：はい。私もつい腹がたってね。

ここでの支援は，4 B「母とついケンカしました」に対して，虐待というネガティブなフレームで定義し，その定義に見合う日常の行動や出来事を探索するのではなく，11 SW「お互い自分のことはゆずれない」とBがAに対し，一生懸命取り組んでいる出来事として，喧嘩の場面をポジティブにリフレーミングしたことである。

13 SW：Bさんが，腹がたった場面を詳しく教えて頂けますか？（リフレクシブな循環的質問法）
14 B：母は，私によくわからないことを言うのです。
15 SW：Aさんが，Bさんにわからないことを言うのですか？
16 B：うーん。これを見てください。大変なことになってしまった。
（携帯電話を取り出し，写した便失禁のパンツの画像を見せる。）
17 SW：これは初めての出来事ですか？
18 B：そう。困ったことになったよ。大変だったよ。
19 SW：初めてのことで大変でしたね。（コンプリメント）
20 B：今までこんな失敗はないです。パンツをこんなに汚して大変だった。以前は自分でなんとかできていたから。（鞄からリハビリパンツとパッドを取り出し）ところでどっちが前？ 当て方を教えて。
21 SW：（当て方など説明する）このようにしたら大丈夫です。
22 B：あーこのようにするのですね。わかりました。これからは，パッドを使う方が良いですね。
23 SW：男性の方は，最初パッドの当て方などは戸惑いますよ。よくお一人で，お仕事をされながら介護されていますね。（ポジティブ・リフレーミング）
24 B：仕方ないです。しかしだんだん母は，物事がわからないようになりました。

その後13 SWのリフレクシブ循環的質問法により，Bの実践が振り返られ，その結果，20 Bで説明されているように，「パッドの当て方」に，Bの取り組むべき課題が，最小化，具体化された。ここでの「パッド」は，単に，Aの失禁，失便への対処を容易にする資源におさまらない。23 SWのメッセージにあるように，Bには，仕事がありながら親のことに，一生懸命であるという肯定的自己定義を与えられたならば，「パッド」は，Aの低下した身体機能を補う物材という意味だけではなく，Bが，自立した生活を望む母親を支える主体的な介護者であることを示す，有用な物材であることが分かる。23 SWのポジティブ・リフレーミングによって，Bは，自らの生活をリフレクションし始めた。

25 SW：Aさんは，最近物事がわからないことが多いですか？ 以前と比べて何ができなくなりましたか？（リフレクシブな循環的質問法）
26 B：うーん。色々できなくなった。
27 SW：色々できなくなったとは，たとえば？

28 B：えー外に出なくなった。またあまり食べなくなった。半分くらいしか食べないです。
29 SW：外出することが減って，食事は，半分くらいは食べておられる？
30 B：はい
31 SW：BさんからみてAさんの，一番改善したらいいなと思うことは何でしょうか？
32 B：そうですね。最近体がやせてきたので，しっかり食べてほしいです。

Bの解決行動の選択力を高めるべく，ソーシャルワーカーは，25 SW「以前と比べて何ができなくなりましたか？」と問題の最小化と解決行為の探索を開始する質問を試みた。そして，31 SW「一番改善したらいいなと思うことは何でしょうか？」で，28 BでBに記述してもらったいくつかの問題を，Bは自らリフレクトし，問題の最小化，具体的解決行為の考察が試みられた。その結果32 B「最近体がやせてきたので，しっかり食べてほしい」とBによってAの食事が取り組む問題として最小化された。

Ⅲ．考　察

これら2つの事例は，介護場面では，典型的な困難事例となるケースであろう。1つ目の事例は，介護者と利用者間で生じた悪循環を解消することで，Tの「帰る」という訴えは，文字通りの意味合いが変容され「元気で歩こうとするT」を文脈に，次の新しい行為を選択するトランズアクションの生成が実現した。また2つ目の事例では，ポジティブ・リフレーミングにより，息子の行動は「高齢者虐待」を文脈に意味づけられるのではなく，個々の問題場面への「息子なりの取り組み」として問題場面を記述しなおすことで，息子自身の自己定義を肯定的に組み替えることが可能になったと考える。そして肯定的自己定義を文脈に，Bの解決行動をリフレクションし，Bの新しい行為選択力は向上した。それに基づく実践を試みた結果その後も虐待が疑われることなく，Aとの在宅生活が持続されたと考える。ここでは病理モデルとは対照的な行為の規則変容で問題解決を試みる，言語ゲーム的実践モデルの介入例が示されたと考える。

ま と め

本章では，施設における介護場面での，高齢者とその家族への支援論が論じられた。国内において，介護場面での高齢者とその家族への統制された変容論の研究が少ないなかで，本章の第Ⅰ節においては，高齢者の訴えについて吟味し，支援の基本的枠組みを整備した。さらに，第Ⅱ節は具体的事例を用い，高齢者と介護者家族とのコミュニケーションの悪循環パターンの評定と介入法を示し，ソーシャルワークの技法群である循環的質問法と，解決志向短期療法の一技法であるポジティブ・リフレーミングの併用法により問題解決を生成した過程を論じたという点では，学術的，臨床的意義が高いと考える。

今後，この本章で論じた支援法に基づく臨床事例を増やし，高齢者とその家族への支援論として，さらに洗練させていきたい。

[注]

1) ケースワーカーがクライアントに対して援助関係を形成する際の原則として，個別化，意図的な感情表現，統制された情緒的関与，受容，非審判的態度，自己決定，秘密保持の7つの原則がバイスティックによって提示された。詳細は F. P. バイステック著，尾崎新・福田俊子・原田和幸訳（2006）『ケースワークの原則』誠信書房を参照のこと。

[文献]

Cronen, V. E., Pearce, W. B. and Tomm, K. (1985). A Dialectical View of Personal Change. In K. J. Gergen, and Davis, K. E. eds., *The Social Construction of the Person*. New York: Springer-Verlag.

鬼界彰夫（2003）『ウィトゲンシュタインはこう考えた』講談社現代新書。

長谷川啓三（1987）『家族内パラドックス』彩古書房。

Tomm, K. (1985). Circular Interviewing: A Multifaced Clinical Tool. In D. Campbell and R. Draper eds., *Applications of Systemic Family Therapy: The Milan Approach*. New York: Grune and Stratton.

若島孔文・長谷川啓三（2000）『よくわかる！　短期療法ガイドブック』金剛出版。

Watzlawick, P., Weakland, J. and Fisch, R. (1974). *Change: Principles of Problem Formation and Problem Resolution*. W. W. Norton & Company.（長谷川啓三訳（1992）『変化の原理──問題の形成と解決──』法政大学出版局）

第14章
高齢者とその家族への支援論
―― コミュニケーション理論の視点から ――

藤原恵美

はじめに

　高齢者支援では，本人の支援と同時に家族の支援を行わなければならない。しかし，高齢者支援での実践研究においては，家族の力動性を分析し，介入する手法を示した研究は数少ないのが現状である。このような現状での高齢者支援における理論体系の説明力の弱さと現実変容力の低さに対して，本章では，ベイトソンらのコミュニケーション理論（Bateson 1972 = 2000）を基盤とするクロネンらのCMM（Coordinated Management of Meaningの略）理論（Cronen, Pearce and Tomm 1985）とした社会構成主義的なシステムズ理論に，MRI（Mental Research Instituteの略）で開発された戦略的家族療法や，その後に発展した解決志向短期療法（Solution Focused Brief Therapy）の変容技法群の体系が試みられる。そのうえで，高齢者とその家族への支援論が論じられる。

I．高齢者家族支援論の課題

1．既存の高齢者支援論の限界

　これまでの高齢者支援論では，高齢化に伴う人の適応上の問題は，身体的問題を中心に介入が試みられてきた。しかし高齢者の適応は，社会や家族との関係性抜きには考えられない。それゆえ，高齢者の適応不全は，社会や家族と高齢者との相互作用の過程，つまり文脈の中で考察されなければならない（加茂 1995: 126）。

　たとえば，市場経済が展開する現代社会の支配的言説の一つは，経済効果によって価値づけられ，商品価値や貨幣価値という基準で評価されることである。このマクロレベルの労働力の質，量によって人格的価値を決定する社会の中で，高齢者とその家族は特有の状況に置かれる。高齢者は「あなたの自己実現を助けます」という敬老的スローガンを伝達される一方で，医療費や保険料などの大半は高齢者に支出され，高齢化により国の負担が増え，世代間の不公平感や将来への不安も伝達される。つまり高齢者は一方で敬老されながら，他方では貨幣価値を生み出すものではない存在として否定され，一種の二重拘束的状況（Bateson 1972

= 2000) に置かれている。

また，日常生活場面でもこの二重拘束的状況が生じやすい。たとえば高齢者は健康長寿を要求され，専門家や家族から「自分のことは（できるだけ）自分でやり自立しなさい」というメッセージを伝達される。そして同時に介護保険サービスなどの利用を勧められ，「自分で自分のことはできないのだから（私の言うことに）従いなさい」というメッセージを伝達される。これらのメッセージは，片方に従うと他方に反することになるメッセージ受容の矛盾状況，つまり二重拘束的状況を作り出す。

このように，高齢者にとってマクロレベルでは社会規範が二重拘束的特性を帯び，ミクロレベルの生活場面のコミュニケーション過程では，二重拘束的メッセージが伝達され，不適応に陥りやすいと言える。そしてそのような拘束的状況を打開するために，高齢者自身が次第に二重拘束的メッセージを発する家族の側を，自らの症状を呈示することで二重拘束下に置くようなメッセージを選択し始める。例えば，高齢者は患者として症状を提示することによって，自らの安全性を保持し，相手の行動を無意味化するようになる。そしてこの高齢者の行動に家族は巻き込まれて，家族の側も二重拘束的状況に置かれてしまうのである。この矛盾増幅過程は，介護をしている家族の問題解決力を低下させ，高齢者の症状の悪化と家族の問題をますます深刻化させる。このように高齢者とその家族は，マクロレベルでもミクロレベルでも二重拘束的状況に陥りやすい状況にあるため，高齢者とその家族の適応不全への支援法として家族成員間で生じた矛盾増幅過程の力学を分析し，介入するソーシャルワークの支援法が，体系化されなければならない。

2. 新たな高齢者と家族への支援論の方向性

高齢者が，このマクロレベルとミクロレベルで連動する二重の二重拘束的状況に置かれる事態は，見逃すことができない改善すべき課題である。このミクロレベルとマクロレベルは連動しているがゆえ，その解決は，どちらのレベルからの変容でも実現が可能である。そこで，本章では，特に家族成員間で伝達されるメッセージの矛盾は，高齢者の病態的反応として体現されるため，高齢者の病態的反応を社会，家族，個人の重層レベルで生じる特有のメカニズムから捉えた上で，その変容をミクロレベルで実現する新たな高齢者とその家族への支援論を論じる。支援にあたっては，高齢者へ伝えるメッセージの二重拘束性の解消が目指される。そのために，既存の硬直化したコミュニケーション・パターンを評定し，特有の関係性の持続下で安定した意味合いが与えられている文脈に亀裂をいれ，異質な文脈を浮上させる試みや，逆にこの文脈を取り上げ変化させることが有効である。そして文脈をずらすことで，認識や行為の内容も変化すると見なす社会構成主義的認識論を土台とした介入策が導き出される。以下では，家族レベルを中心とした新たな高齢者支援論の評定及び介入技法の概略を示す。

II．基本的概念整備

1. 現実構成のメカニズム

問題は客観的に存在するのではなく，生活場面でのトランズアクション過程で構成される。その構成過程は，クロネンらのCMM理論で述べられている重層的現実構成のメカニズムを用いて説明される。クロネンらは，意味の構成規則を，①発話行為—言語的，非言語的メッセージの対人関係

上での伝達行為　②エピソード―相互的行為のパターンの特性についての概念であり出来事の意味づけ　③関係性―どのように，あるいはいかなる条件で2人以上の人がかかわっているのかを示す概念であり自他の関係性定義　④自己像―社会的行為の中での自己概念　⑤家族神話―どのように社会，個人の役割や家族関係があるべきかに言及する高次の一般的概念，の5つのレベルで示した。

　たとえば老親が食後にお皿をテーブルから落として割ってしまったのに対し，息子が「後始末はしなくてもいいよ。お母さんが何かすれば，それだけ仕事が増えて（嫁が）迷惑するから。僕たちがちゃんと世話をするからお母さんは黙って世話をされてたらいいんだよ」と言ったとする。母親が自分で食事をした証であるお皿を割って，片付けようとすると（自立的であろうとする），息子から強く止められる。そして，この母親の自立的行動は，子どもにとっては「迷惑」な行動と意味づけられる。そして，自立的な活動を禁止する，つまり「僕たちが世話をする」（自立的であるな）という関係性定義を受け入れるようなメッセージが出される。そこでは，母親は，「老親は何もしないで子どもから世話をされていればよい」存在とされ，母親の自分で食べ片付けようとした自立的活動は，無意味化され「自分では何もできない」と自らを定義づけ始めるのである。

　CMM理論では，この過程を意味の構成規則と行為の制御規則のループとして説明する。メッセージの連鎖において，先行するメッセージの解釈は，次の行為選択の先行的力となる。つまり，それまでの関係性や自己像を維持する反応が試みられる。老親のケースでは，食後の後始末をしようとしてお皿を落としてしまった母親に対して，手伝おうとしたり手を出すことを禁止する行為の制御規則が作動していると言える。

2. コミュニケーション理論の基礎概念

　家族構成員間の交流にみられる相互のコミュニケーションの機能を理解する上で，必要な概念を以下に述べる（Watzlawick, Bavelas and Jackson 1967 = 1998）。

　コミュニケーションは，内容（報告）と関係（命令）という二つのレベルに分けられ，それらは相互に関係している。内容はコミュニケーションの「データ」を伝達し，関係ではコミュニケーションがどのように受け取られるかを伝達する。たとえば，「痛い」というメッセージは，「痛みがある」という内容の報告であり，もう一つの側面として「私の痛みをわかりなさい」という命令として，相手との関係を明確に示している。ただし，コミュニケーションの当事者間の関係性が良好であれば，コミュニケーションの関係の側面は後ろに退き，反対に病的な関係性はその関係の側面が前面に押し出され，コミュニケーションの内容的な側面は重要性を失っていく。

　ワツラウィックらは，コミュニケーションにおける相互作用のパターンを，シンメトリー（相称）的相互作用とコンプリメンタリー（相補）的相互作用に区分する。相称性はパートナーがお互いの行動を権力拮抗，競争，増幅的に展開させる関係である。相補性は一方のパートナーの行動が他方の行動を補い合いながら，お互いの社会的役割を保持する権力関係が異なる行動のパターンを意味する。

3. 一つのメッセージの構造分析

(1) 二重拘束理論

　ここでは，日常的な二重拘束状況を取り上げる。母親が子どもに対して「自発的にふるまいなさい」というメッセージを伝えた場面について考えてみよう。子どもが受け取るメッセージの構造を図1に示した。

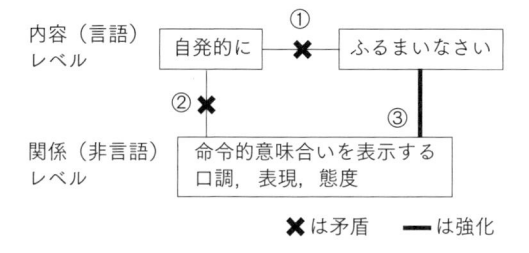

```
内容（言語）     ①
レベル    ┌─────┐ ✗ ┌──────────┐
          │自発的に│───│ふるまいなさい│
          └─────┘   └──────────┘
              ②ǁ✗        ③ǁ
関係（非言語）┌──────────────┐
レベル    │命令的意味合いを表示する│
          │口調，表現，態度     │
          └──────────────┘
                  ✗は矛盾 ──は強化
```

図1　子どもが受け取るメッセージの構造

　このメッセージを言語レベルと非言語レベルに分けると，言語レベルにおいて，図1の①のように「自発的に」という自発的行動選択を勧める内容と「ふるまいなさい」という他者の命令に従う内容が同時に伝えられ，内容レベルでパラドキシカル（逆説的）な関係性が生じる。つまり命令されたならば，自発的になることは不可能であるが，それを同時に要求される事態に子どもは置かれるのである。次に図1の②のように内容と関係レベルでみると，関係レベルでは，母親と子どもという強力な相補的関係性が基本であり，それゆえ内容よりも関係性の意味合いが強く伝達される。つまり母親の言語レベルでの「自発的に」と非言語レベルの口調，表現，態度などは，相補的な関係性を軸に，「命令に従いなさい」という意味合いが伝達され，両者間には矛盾が生じる。つまり言語レベルと非言語レベルにおいてパラドキシカルな内容が伝達されるのである。

　他方，図1の③の言語レベルの「ふるまいなさい」は関係レベルの命令的意味合いと結びつき，その意味合いがいっそう強化される。結果，図1の①のレベルと②のレベルにおける矛盾も強化され，言語レベル，非言語レベル相互間でこのメッセージはパラドキシカルなものとなり，受け手に対して強い矛盾を感じさせるものとなる。

　ではこのようなメッセージを受け取る子どもの行為選択について考えてみよう。内容レベルに自発的に子どもが従おうとすれば，関係性レベルの「命令への服従」への反抗となることが強く意識される。反対に関係性のメッセージである「命令への服従」に従おうと子どもが従順さを提示すれば，内容レベルの「自発的行動選択」と矛盾するため，子どもは自立的ではないと処罰される。このようにいずれのレベルの要素に従っても，子どもは親のメッセージに反する状況に置かれる。これはベイトソンの二重拘束理論（Bateson 1972 = 2000）である。

（2）双方向の二重拘束構造

　家族間でのコミュニケーションにおいて一方が他方から二重拘束的状況にさらされ，習慣的になってくると，一方が他方に対し，逆に症状を出すことで上位に立ち，逆の方向からの二重拘束状況も生じる。

　このような二重拘束の病因性の問題は，たとえば感染と発病といった医学的モデルに見られる原因—結果という直線的に説明することができず，ある特定パターンのコミュニケーションという見方が必要になってくる（Watzlawick, Bavelas and Jackson 1967 = 1998: 213）。

4．関係性の文脈で構成される症状の意味合い

　高齢者は，慢性疾患や能力低下，つらい喪失体験，死の脅威といった，様々なさし迫った人生の状況に対処しなければならない。特に慢性疾患を伴って年老いていくという日常的現実の中で，さまざまな生活場面での問題が構成される。それゆえ，高齢者とその背景システムの構成員間で，どのように生活の問題が作り出されているのかのメカニズムを理解することが求められる。そして，そのメカニズムの変容が新たな高齢者支援論として体系化されなければならないのである。ここでは疾患に伴う症状の意味合いがどのように構成されるかということを考えてみる。

　これまで高齢者の訴える症状は，加齢に伴う生物医学的な病理の文脈から解釈され，その結果，症状生成の生物医学的な緩和が試みられた。症状

は，医学という理論的枠組みに当てはめられ，狭い専門的な問題として分類され，生物医学的モデルの中で，特有の疾患の生物学的な構造や機能の変化であると定義されてきた。それゆえ治療は原因の除去という大前提の下で試みられるものであった。このような症状の発生の原因の除去を目指す医学的治療方法が，高齢者の適応水準の改善にもたらしたことを否定的に評価する人はいないであろう。

ところで，症状の身体的分析から高齢者が症状を有して生活する場面に視点を転じると，そこでの症状を，自然科学的意味合いで一義的に定義することは困難である。高齢者の症状の訴えは，生活する場面では特定の誰かに訴えられる。医療場面においては特定の処方枠が準備されているため，症状の訴えは治してほしいというあらかじめその内容が明確な訴えと見なされる。他方，生活場面において症状の訴えとその意味は，そこで繰り広げられるトランズアクションによって構成されるため，文脈により症状は多彩な意味合いを呈する。生活場面においては，例えば「痛い」という訴えは，身体の痛みを正確に記述したものであるというよりも，むしろ訴えることで人間関係を作り出そうとする行為として理解しなければならないのである。そしてこの訴えは，トランズアクションの過程において特有の現実構成の力を発揮する。「痛い」と訴える行為は，訴えられた方に無力感を引き起こし，関係性を支配しようとする行為として理解することもできるのである。そしてこの「痛い」という訴えを軸にして悪循環が展開する。そこでは高齢者の症状の訴えが増大することになる。つまり高齢者の症状の改善には，身体のレベルでの医学的処方が必要であると同時に関係性のレベルでの改善も要請されるのである。

Ⅲ．高齢者と家族への支援モデルの枠組み

1．問題行動処方と症状コントロール

これまで概念整備では，CMM 理論，二重拘束理論を土台に，システム的な情報還流のフレームワークを用い，家庭内で生じる不適応を説明した。次に具体的な支援モデルについて述べる。

本章での高齢者と家族への支援モデルは，問題行動の除去による解決を目指す従来の直線的因果モデルとは異なり，クライアントに対し，問題行動を持続するよう指示し，問題解決を目指す支援モデルである。つまりクライアントが変えたい，なくしたいと思っている問題行動を処方（パラドキシカル処方）（Weeks, and L'Abate 1982＝1986）することにより，問題行動の意味合いを変化させることを意図した介入技法である。クライアントは問題行動をやめる（命令に従わない）か，または自主的に問題行動を実施する（命令に従う）ことによって，問題行動をコントロールできるようになる。そしてクライアントが問題行動を支配できるようになることで，その関係者との二重拘束的コミュニケーション・パターンは解消されるのである。

2．変容手順

治療的二重拘束の一般的手順は，(1) 問題の聴取―帰属パターンと家族の説明様式，(2) 悪循環と例外事象の発見，(3) 達成されるべき治療目的の具体的定義，(4) 介入の4つのステップが提示されている（長谷川 1987）。しかし本章では，(1) クライアント自身による問題場面の記述，(2) 問題場面のポジティブ・リフレーミングとリフレクション，(3) 問題行動の処方，(4) クライアントによって提示された解決行為の，クライアントに

よるリフレクションというステップで実施される。

　この方法は，従来の支援者優位のパラドキシカルな処方ではなく，ワーカーがワンダウン・ポジションの位置をとり，クライアントを問題解決の上位に置いた上で実施されるパラドキシカルなアプローチである。本章ではクライアント上位の関係性を基本に，クライアント自身が問題を定義し，解決も自らが定義していく過程を支援する手順が取られる。

3. 技法体系

(1) 循環的質問法（Tomm 1985）

　この質問法は，問題場面の具体的記述と記述された内容をクライアント自身に吟味（リフレクション）してもらう段階で，差異の生成を意図して用いられる。たとえば，母子関係を葛藤的だと定義している娘に対し，「入浴介助の場面で，娘さんが介助する時とお孫さんが介助する時ではお母さんの様子に違いがあると感じておられるようですが，娘さんとお孫さんの声かけの仕方にどんな違いがありますか？」という質問で，娘の行動へのリフレクションが試みられる。

(2) ポジティブ・リフレーミング

　これは，起きている事実は事実として認めるが，その事実を背後から支えている枠組みの方を変えて，全体としての意味を全く変えてしまう技術である。この技法によってある人間，あるいはある状況に貼られているレッテルを変化させることができる。たとえば肯定的意味づけによって家族メンバー間の関係を肯定的に定義し，一方で問題解決の流れをシステム的なレベルへと変化させていく。たとえば言い争いが絶えない夫婦に対し，「お二人の言い争いはお互いが成長していくために不可欠なことです」とワーカーはポジティブ・リフレーミングをする。このメッセージによって今まで制御不可能であった言い争いを制御可能な文脈に置く。その上でパラドキシカル処方が試みられる。

(3) パラドキシカル処方（逆説処方）

　この処方は，問題行為を実践せよという処方である。具体的に説明してみよう。先の夫婦へのポジティブ・リフレーミングに続き，「お互いの成長を確認するために，今の言い争いをぜひ続けて下さい」と処方するのである。つまり「もっと言い争いをしなさい」と命令すると，この命令に反抗すれば夫婦は言い争いをやめることになり，命令どおりに言い争いを続ければ，支援者の指示に従ったことになり，そこでの言い争いの意味は，お互いの成長を助ける行為実践に変わる。

(4) ミラクル・クエスチョン
　　（De Jong and Berg 1998=1998）

　問題の解決法が見つからないクライアントは，問題探しの連鎖に陥っている。その連鎖から抜け出すことは容易ではないので，まったくその連鎖にはまらない状況をクライアントに想像してもらうために，ミラクル（思いもしないこと）が偶発的に起き，問題が解決した状態を想像させやすくするミラクル・クエスチョンが用いられる。クライアントはこの質問により，自分の人生に起きてほしい変化を述べ，ワーカーがその変化の実行を彼らに促すことで，解決をつくり出す。そして想像された具体的行為選択や解釈を取り上げる作業を展開し，新たな資源を選択したり，実践したりすることで新しい現実づくりが試みられる。

　以下では，面接場面で展開した対立増幅場面を評定データとして用い，問題場面をポジティブ・リフレーミングにより肯定的に意味づけなおした上で，その場面で持続している問題行動の処方を試み，対立増幅過程を変容した高齢者家族への支援実践例を紹介する。

IV. 事例分析

1. 事例の概要[1]

一人暮らしの母親（60代）は娘（40代）に対して同居を望みながらも実現できず，抑うつ状態となった。娘は心配し，訪問して介護を続けていたが，母親の抑うつ状態と体の苦痛の訴えは増悪し，寝たきりとなった。この母親の症状の増悪について医学的問題は診断されなかったため，関係性への介入が必要と考えられた。そこで，ワーカー（以下，SW）は，母親の在宅生活が継続できるように，問題の評定とその解決策を検討する家族面接を行った。

2. 評定

本来ならば，対立場面の具体的な要素は，記述的循環的質問法を用いてクライアント家族に記述してもらうが，本事例では面接中に展開した母親と娘の言い争いの場面を評定データとして面接を進めた。悪循環過程の具体的要素を以下に示してみよう。

1 娘：母への願いは，私が世話をしたいけど同居できないからもっと自分のことは自分でしてほしいのです。
2 母：いちいちうるさいのよ。
3 娘：でも朝起きたら自分で顔を洗ったり着替えをしてほしいの。
4 母：私のことはほっておいてほしい。
5 娘：私だってもう何も言いたくないわ。
6 母：一人では何もできないし，そんなことを言われると見捨てられてしまったような気がする。
7 娘：母は自分のことを投げているのよ。だから私が指示したり強制するようになるのよ。
8 母：あんたがいいようにすればいい。

上記の会話の分析は，二重の二重拘束状況として図2に示している。

娘は母親を世話したいという願いを持ちながらも1娘で「自分のことは自分でしてほしい」という自立のメッセージを伝達する。母親は2母でそれを言語レベルでも非言語レベルでも拒否する

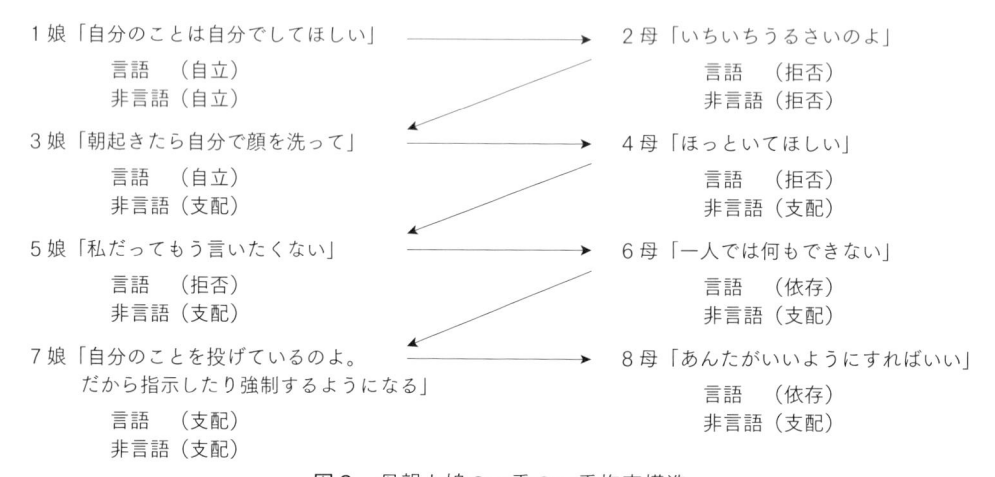

```
1娘「自分のことは自分でしてほしい」  ──→  2母「いちいちうるさいのよ」
    言語　（自立）                         言語　（拒否）
    非言語（自立）                         非言語（拒否）
3娘「朝起きたら自分で顔を洗って」    ──→  4母「ほっといてほしい」
    言語　（自立）                         言語　（拒否）
    非言語（支配）                         非言語（支配）
5娘「私だってもう言いたくない」      ──→  6母「一人では何もできない」
    言語　（拒否）                         言語　（依存）
    非言語（支配）                         非言語（支配）
7娘「自分のことを投げているのよ。     ──→  8母「あんたがいいようにすればいい」
    だから指示したり強制するようになる」
    言語　（支配）                         言語　（依存）
    非言語（支配）                         非言語（支配）
```

図2　母親と娘の二重の二重拘束構造

と，娘はそれに対処しようとして，3娘で言語的にはさらに強く自立を伝え，非言語的には「病気だから介護する私の指示に従うべき」という支配的な意味合いを浮上させる。すると母親は4母で言語的レベルでは2母と同様な言語的・非言語的レベルで拒否的なメッセージを伝達し，非言語レベルでの寝たきりという身体的症状は，娘に対して自立せよのメッセージを無意味化し，優位に立とうとする。つまり娘が非言語で支配的になろうとすればするほど，母親も強く症状を出して支配的になるのである。それに対して娘は5娘で言語的には拒否のメッセージを発するが，非言語的には母親に対して3娘と同様な支配的なメッセージを伝える。そのメッセージに対し母親は6母で言語的には「何もできない」と4母とは一転して表現し，非言語レベルでは4母と同様に寝たきりの身体的症状を示し，娘のメッセージを無意味化する。6母のメッセージは，4母に比べ「私の世話をしないのは娘として罪である」という意味合いを強め，娘に対してますます支配力を行使しようとする。それに対し，娘の反応は，7娘で世話をしようと言語的にも非言語的にも指示的になり，娘は支配力を顕在化させ，8母で母親は6母と同様のメッセージを出し，支配力を行使しようとする。つまり，1娘のメッセージに対し母親が2母で拒否をして，3娘で娘のメッセージの二重拘束的意味合いが生じる。このメッセージは母親の二重拘束的メッセージの生成に連動する。そして，その後5娘で娘の二重拘束的意味合いが強化され，それは母親の6母の二重拘束的メッセージの強化に連動した。母娘間でのトランズアクション過程では，相互に支配する相称的な関係性が展開し，しかもそのメッセージは娘の場合は「自立と支配」，「拒否と支配」，母親の場合は「拒否と支配」，「依存と支配」という言語レベルと非言語レベルで矛盾するメッセージが反転しつつ展開している動きを読み取ることができる。この二者間で反転する二重拘束的構造を変容することが，この

母娘間の問題解決力の向上に必要と評定された。

3．支援計画

この評定より導き出される介入計画として，二つの二重拘束のループより生じる対立増幅パターンを変質させるために，ポジティブ・リフレーミングとパラドキシカル処方が主たる介入技法として選択された。また娘の「自立と支配」，「拒否と支配」，母親の「拒否と支配」，「依存と支配」で揺れ動く力学を止めるための介入は，3段階で行なわれた。第1段階は，面接場面で展開した言い争いの場面をポジティブにリフレーミングする。第2段階は，ポジティブにリフレーミングした言い争いの場面を文脈として，母親と娘の肯定的な出来事を浮上させつつ，娘に対し「自立と支配」のパターンを強める問題行動の処方（パラドキシカル処方）を行う。第3段階は，前段階の問題行動の処方により浮上した娘の新たな行動選択（解決行動）に対する，母親へのリフレクションを試み，新しい母娘の関係性を生成した。

4．変容過程

(1) ポジティブ・リフレーミングによる介入の開始

第1段階として，母親と娘が言い争いになる問題場面の意味づけを変え，二人の解決行動が試みられた場面としてその内容を変質させるポジティブ・リフレーミングを行なった。

10 SW：二人が愛情とお互いへの思いやりを表現するために，絶えず熱心に言い合いをしておられることがわかります。娘さんはお母さんの希望通り自主性を尊重しながらもよくお世話をしておられます。それにお母さんは娘さんの気持ちを察して親孝行ができるようにわざ

と任せておられるのですね。そうでなければ，お互いに認め合う二人がこれほどの時間と労力を費やして，言い争いの苦痛に耐えたりするでしょうか。二人は痛みを分かち合いながら，絶妙な調和を保って，お互いを支えておられます。

11 娘：それでも母はやさしい言い方をすると「もっとして，もっとして」と言う。それでは寝たきりになってしまう。寝たきりにならないよう自分のことは自分でしてほしいのに「そうね」ということはない。だからもっと強く出ないとはじかれてしまう。

まず10 SWでワーカーはお互いの関係を肯定的に定義し直すポジティブ・リフレーミングを行なった。つまり喧嘩は「お互いの愛情と思いやりの表現」であり，「熱心な言い合い」と肯定的に意味付けられた。また，娘の指示的で強制的な態度を，「お母さんの希望通り自主性を尊重しながら世話をしている」とリフレーミングし，また母親の依存的態度を，「娘の気持ちを察して，わざと任せている」とリフレーミングを行なった。そして「言い争い」は「痛みを分かち合う」ことで「絶妙な調和」による「支え合い」であると肯定的に意味付けを行なった。ここでのワーカーのねらいは，二人の対立的なやりとり全体の意味を変化させ，二人に肯定的な変化への期待を与え，更にお互いが支配されているのではなく，自分自身でコントロールしているという感覚を与えることであった。しかし娘は，11娘で「強く出ないとはじかれてしまう」という，指示的態度の特性を主張した。そこで11娘のメッセージに対するパラドキシカル処方が試みられた。

(2) 娘へのリフレクションと問題行動の処方

第2段階として，母娘の肯定的関係性を文脈に，まず娘に「強く出ないとはじかれてしまう」というメッセージについてさらなる記述を求め，問題場面での娘の自立の主張とは異なる娘の支援的行動を取り上げた。そのエピソードの重要性を示唆しつつ，これまで続けてきた娘の自立を求める行動をもっと徹底的に実行するよう指示した。その過程は以下の通りである。

12 SW：はじかれてしまうとどうなりますか。
13 娘：母は自分で責任をとらないので，私が全部責任をとることになる。
14 SW：責任をとることになると言われましたが，もう少し詳しく聞いてもいいですか。
15 娘：体調が悪い時は私が一緒に通院したり，足が弱らないように歩いたり，買い物も全部私がやらなくてはならない。
16 SW：たしかに，これまで娘としての責任を充分果たされてきました。毎週病院へ一緒に行かれたり，散歩に誘われたりしています。お母さんの好物のお菓子をそっと用意しておられる姿にも，いつも感心していました。本当にお母さんを大事にしておられるのがよくわかります（ポジティブ・リフレーミング）。しかしお母さんが寝たきりにならないようにするためには，はじかれないように娘さんは情を捨てて，もっと強く出たらどうでしょうか。親思いの娘さんの立場もあるのでこれは大事なことです（パラドキシカル処方）。
17 娘：もうこれ以上私はできません。
18 SW：でもせっかくここまで頑張ってきたのだから続けなければならないと思いませんか。もう少し強く引っ張り出すぐらいにして，お母さんをコントロールしなければなりません。
19 娘：いえできません！

ここでの変化を，第Ⅱ節の基本的概念整備で述べた CMM 理論の現実構成の重層構造を用いて説明してみよう。まず 13 娘の「私が全部責任をとる」（家族神話）という記述から，いつも言い争いをする母親と娘の関係性定義とは別立ての役割定義を浮上させるべく，14 SW でさらに娘に記述を促した。15 娘で娘は母親の自立を強く願いつつも，母親に振り回されている関係性を記述した。それをワーカーは肯定的に組み換え，16 SW で言い争うこととは反対の「一緒に病院へ行ったり，散歩につきあったりする出来事」，さらに「お母さんの好物のお菓子をそっと用意していた行為」（言語行為）を取り上げ，それらを「お母さんを大事にしていること」と肯定的にリフレーミングした。そこでは，これらの出来事が娘の非支配的な実践として意味づけなおされた。その後ワーカーは，娘の語りによって引き出された非支配的な関係性とは矛盾する，母親への対抗的な行為選択を処方したのである（パラドキシカル処方）。

　この処方は，「親思いの娘の立場」を軸に，非支配的に関わってきたことを暗に推奨しつつ，「ここまでがんばってきたのだから，支配的実践を続けなければならない」「情を捨てて強く出ることが大事」と問題が生じる行為の方の選択を処方した。その結果，娘はこの処方と従来の行動がいかにひどい事態を作り出したかを振り返る状況に置かれた。このメッセージに対して娘は，全面的に拒否し，これまでの支配的な行為も，あれこれ配慮して行う実践も，どちらも「できない」と 19 娘で宣言した。

（3）母親へのリフレクション

　そこで，第三段階としてこの娘の宣言に対する母親の行為選択および意味構成規則の差異化を目ざし，ワーカーは母親に 17 娘，19 娘のメッセージについてリフレクションを求めた。

20 SW：娘さんがこんなふうにおっしゃっておられますが，お母さんはどう思われますか。
21 母：私が頑固で娘の言うことに素直になれないからいけないのです。
22 SW：ああ，そうですか。ちょっとびっくりしました。ご自分が頑固で素直になれないとおっしゃったので，これまでと違ったように言われていると思うのですが，素直になれないとは具体的にどんな時ですか。
23 母：娘が朝電話をしてきて，私が朝の支度をしているか確かめてくる時です。
24 SW：朝，娘さんが電話をして来た時に，素直になれないということですね。仮に，その時にお母さんが素直になれたらどうなりますか（ミラクル・クエスチョン）。
25 母：自分で顔を洗ったり，着替えをしたりすると思う。
26 SW：でも，それは難しいことで，そう簡単にできるとは思えません。きっと洗面所に立っているのも大変で，ころんでしまうかもしれません。
27 母：洗面所に手すりがあれば，娘がいなくても自分でどうにかできるかもしれない。
28 SW：娘さんはどう思いますか。
29 娘：手すりがあれば，母は一人でも大丈夫だと思います。
30 SW：それでは，二人の支え合い手すりを付けることにしましょう。

　ワーカーは 20 SW で「このように言われる娘さんに対してお母さんはどう思われますか」という娘の言語行為への意味づけへのリフレクションを，循環的質問法を用いて母親に試みた。すると 21 母で母親は，「自分が素直になれない」ことを

問題だと定義し，自分自身についてのリフレクションを開始した。そこで 22 SW で，母親が素直になれないと思う具体的場面の記述を促すと，23 母で母は，「朝娘が電話をしてきて，私が娘の支度をしているか確かめてくる時」と問題場面を限定して説明した。そこで，ワーカーが 24 SW で「仮に娘さんが電話してきた時に素直になれたらどうなりますか」というミラクル・クエスチョンを試み，母に新しい自らの行為選択についての予測を促した。すると 25 母で母親は，「自分で顔を洗ったり着替えたりする」と説明した。ここで母親の新しい行動の選択力を強化するため，ワーカーは 26 SW で実行する場面の難しさを提示し，それへの対処法をも母親に考案してもらうメッセージを投げかけた。すると 27 母で，「手すりを取り付ける」ことで，その問題を解決できると母親は，解決策を提案した。

そこで，この母親の解決策を提案する行為選択と娘の新たな行為選択の連動を意図して，ワーカーは 28 SW で 27 母のメッセージについてのリフレクションを娘に促した。娘は 29 娘で，母親の解決策に同意を示し，後押しするポジションに立つ行為を選択できた。そして 30 SW でワーカーは手すりを福祉用具としてだけでなく，母親と娘が互いに支えあう関係の意味合いをそれに付与した。

母親と娘の対立的パターンは，「手すり」という用具を付けることをお互いに決める過程でその変容が確認された。このことは「手すり」という物材が，母親の自立した行動を支え，転倒を予防するための用材として機能するだけでなく，娘が母親の問題解決を支えるという相補的な関係性に立つことを後押しする用材としても機能した。「手すり」という物材は，壁に取り付けられ，歩行を助ける一般的な意味を持って存在しているのではなく，この母と娘の間で意味づけられたように，特有の関係性の中で，特有の意味を与えられ，問題解決の用具として現れる。そのときの物材は，母娘の対立的関係性を改善する解決の資源になったと言える。

5. 結　果

これを機に，母親と娘のコミュニケーション・パターンに変化が起こり，その後も母親が問題解決策を提案して娘がその実行を支えるという新たなルールに基づいた関係性が継続された。また医学的所見がないのに寝たきりになっていた母親の身体状況は改善され，生活全体の改善がみられた。「世話をする，しない」「従う，従わない」という二分法的な価値規範に縛られず，母親なりの工夫と娘なりのサポートの仕方がこの母娘間での新しいコミュニケーション・パターンとして作動していることが確認されている。

まとめ

本章では，社会構成主義的パースペクティブを採用した新たな高齢者とその家族への支援法の構築が目指された。最初にコミュニケーション理論を基本とした理論的フレームと技法を示した。そして事例検討においては以下のことを論じた。

評定では親子関係の力動性を二重拘束という対立増幅パターンとして捉え，その変容のために循環的質問法やポジティブ・リフレーミング，そしてパラドキシカルな介入が併用された。これらの支援技法は，この事例において有効であったことが示された。この親子間の悪循環の生成力学は，パラドキシカル処方により衰退し，循環的質問法と解決志向短期療法の技法により，新しい規則作りが試みられた過程が示されたと考える。その過

程で，母親は自分で自立した生活を実現するプランを示し，主体的な問題解決者の立場に立った。そして，娘はそれを支える役割行為の遂行が可能になった。この両者の行動変容は，母親が問題解決過程で浮上させた「手すり」を，娘も問題解決資源とした。つまり両者にとって，用材として「手すり」が構成された過程と連動して生じた。「たかが手すり，されど手すり」である。

今後の課題は，本章で提示したような高齢者とその家族への支援論を，客観的な状況把握を主軸とする介護保険制度下でどのように活用していくかである。一つの解決の方向性として本事例も明示したように，高齢者や家族が有する内外の資源発掘過程と介護保険など公的サービスを結び付けていく過程を連動させる支援法が，高齢者支援において求められると考える。

高齢者や家族の隠された資源や長所，強みを引き出し，再発見できることによってエンパワーメントが行われる。これらの実現のためには，高齢者と家族の関係性の中で内外の資源が構成されるパワーをいかに増幅させていくのかが課題となる。介護保険制度においても財政問題がクローズアップされており，今後既存の施設や資源に頼らない新たな資源生成論を軸とする支援活動が重視されることであろう。

[注]

1) 事例の掲載については，本人・家族から承諾を得ている。また個人情報保護の観点から，基本情報は，改変されている。

[文献]

Bateson, G. (1972). *Steps to an Ecology of Mind*. New York: Ballantine Books.（佐藤良明訳（2000）『精神の生態学 改訂 2 版』新思索社）

Cronen, V. E., Pearce, W. B., and Tomm, K. A. (1985). Dialetical View of Personal Change. In Gergen, K. J., and Devis K. E. eds., *The Social Construction of the Person*. New York: Springer-Verlag.

De Jong, P., and Berg, I. K. (1998). *Interviewing for Solutions*. California: Brooks/Cole.（玉真慎子・住谷祐子監訳（1998）『解決のための面接技法 ── ソリューション・フォーカスト・アプローチの手引き』金剛出版）

長谷川啓三（1987）『家族内パラドックス』彩古書房。

加茂陽（1995）『ソーシャルワークの社会学 ── 実践理論の構築を目指して ──』世界思想社。

Tomm, K. (1985). Circular Interviewing: A Multifaceted Clinical Tool. In D. Campbell, and R. Draper eds., *Applications of Systemic Family Therapy*. New York: Grune and Stratton.

Watzlawick, P., Bavelas, J. B. and Jackson, D. D. (1967). *Pragmatics of Human Communication: Study of Interactional Patterns, Pathologies and Paradoxes*. New York: W. W. Norton.（山本和郎・尾川丈一訳（1998）『人間コミュニケーションの語用論 ── 相互作用パターン，病理とパラドックスの研究』二瓶社）

Weeks, G. R., and L'Abate, L. (1982). *Paradoxical Psychotherapy: Theory and Practice with Individuals, Couples, and Families*. New York: Brunner/ Mazel Publisher.（篠木満・内田江里訳（1986）『逆説心理療法』星和書店）

第15章
高齢者支援論の再考
―― 存在論的視点から ――

西田知世

はじめに

　従来の対人支援論では，支援者は，クライアントの問題を客観的に捉え，それについて対処することが可能であるということを前提としてきた。殊に高齢者支援の場では，専門家が，高齢者本人の状況を客観的にアセスメントし，必要と考えられるサービスを判断した上で，高齢者の置かれている状況にそのサービスを導入するという実践が主流である。高齢者支援の中心とも言える介護保険サービスにおけるケアマネジメントの「ケア」は，支援者の職業的「ケア」をマネジメントすることを指し，高齢者支援論での支配的な特性を見事に言い表している。

　なお本章では，ケアと「ケア」の使用法を区分する。「ケア」は専門家からの一方向的な関わりであり，ケアは存在論的視点を踏まえた双方向的な実践である。

　マネジメントされる職業的「ケア」とは何か。その基礎理論や変容技法は定まっておらず，普遍性を有する正当性の根拠は不在である。具体的な支援においては正当性が不在のまま職業的な関与が「ケア」と呼ばれ，一方向から公的に実践される。それらは種別ごとに分類され，根拠も抽象的なままにマネジメントされる。

　そもそも，クライアント（ここでの議論は高齢者支援であるため，以下では高齢者とする）の生活場面の問題について，客観的に正しく捉え，対処し，「ケア」するという理論的説明が成立するだろうか。その根拠なしには，公的「ケア」実践の正当性は保障されない。高齢者支援におけるケアマネジメント実践の「ケア」の正当性の根拠とされるのは，職務遂行の法的正当性のみである。よって，介護保険サービスにおいてもケアマネジメントは法的手続きの遵守を規範とする。しかし，法制度は超越性を有することはない。それは，あくまでも経験的な世界内の制度である。

　国内においては，ケア概念は実存主義ソーシャルワークの理論家によって論じられてきた。たとえば，支援者自身が高齢者とともに「その『いま』と『ここ』を生きること」（村田 1994: 57）と述べられる。一方，そこでは，「そのひとの置かれている客観的な状況とそのひとの主観的な想い・願い・価値観とがズレているとき，その『ズレ』がそのひとの苦しみを構成する」（村田 1994: 44）とし，その苦しみについて「主観的な想い・願い・価値観がその客観的状況に沿うように変わるのを支える」（村田 1994: 46）のが専門家の「ケア」で

あると説明が続けられる。ここでは，現実が主観と客観との二元論として説明されている。しかし客観は，学問や世間知などの何らかの共同主観によって，その正当性が保証される概念であり，その正当性を受け入れない限り，高齢者の悩みの二元論は成立せず，村田の言う「ケア」論の体系化も不首尾に終わる。共同主観は，そもそも時代的，社会的に構成された主観であるがゆえ，それは超越的な世界の説明力を持ち得ない。それにもかかわらず，この二元論に基づき高齢者の悩みを説明し，支援を試みるならば，支援者は，根拠があいまいな問題分析の二元論から，高齢者の悩みを説明し，変容を試みるという，超越的な「ケア」実践の立場に立脚することになる。しかもそこではケアされる側のケア論が不在となる。ケアが世界生成の実践作業である限り，被支援者のケアの理論化は不可欠である。

そこで本章では，あらゆる制度的な知識による定義に距離を置き，主体が世界をオリジナルに構成する過程における主体なりの，ものや人への関与法をケアとする。ここでのケアは，ハイデガーのSorgeを基盤とする。この用語は英語表現ではcare，日本語では「気遣い」と訳される。

ハイデガーのケアの概念は，必ず日々の生活の中で誰もが直面する肉体的死，さらにその意味さえも死滅させる世界の無化，そこより生じる絶望（キェルケゴールの言葉を用いるならば「死に至る病」）に直面する中で，人が，この無化からの救済の実践を，日々試みていることに焦点を合わすことを可能にする。

このケアは，自らの「死に至る病」からの救済を模索する，自分自身の実践であるがゆえ，他者の通俗的意見や抽象的論理の干渉をはねのける。世間知や既存の学問知がこの実践に介入できないとするならば，この高齢者のケア実践に対する支援法はいかなるものであるか。無化からの救済を求める実践である高齢者のケアは，自分自身以外の他の誰も肩代わりできず，意味構成も独自的な，「私」の自由な実践である。本章ではカッコつきの「私」と私を区分して用いる。「私」は世界構成の根拠を意味する。この立場が，支援の基本的前提である。この前提を受け入れるならば，俗世間的には問題や病理と見なされる行動群は，高齢者の「私」なりのケアと読みかえられる。このケア実践は，自らの問題を問題として浮上させ，他者に説明し，さらに，その「私」固有の解決法を考案し，その解決法を実行する作業によって，より強化され，般化する。この「私」のケア実践に寄与することが，支援者の役割遂行，つまり専門家のケアの実践である。

以下では，キェルケゴールの関係性への関係論，つまり絶望（死に至る病）に関係し続け，「私」自身の真の救済を追求すると論じられる，人の実存様式の理論を取り上げ，従来の「ケア」の問題点を吟味する。さらに，この絶望概念とそれを克服するプロセスという理論を土台とし，その実践を「気遣い」（Sorge=care）として概念化した，ハイデガーの実践的理論について論じる。この実存的な思想家のケア概念に依拠し，ケア実践の主体である高齢者とそのケアに貢献する支援者のケア実践，すなわちケアが交流する場面として，支援場面が定義し直される。言い換えるならば，これは「ともに」を土台とする支援法である。この「ともに」を実現する支援の実際を事例分析を通して論じる。

Ⅰ. 基礎理論

1. 自己と世界の生成的定義

(1) 導きの糸としての「絶望」

　高齢者支援論を再考するにあたり、その対象となる高齢者はいかに自己をつくり出しているのか、キェルケゴールの『死に至る病』（Kierkegaard 1849=1957）の「絶望」の概念の考察から吟味してみたい。

　キェルケゴールは、「絶望（分裂関係）」という状況から、自己の本来的なあり方を考察している。絶望は「自己自身に関係する関係から結果し来る」（Kierkegaard 1849=1957: 27）ものである。すなわち、自己は、他者との関係性の中で動的に捉えなければいけない。主体がこの動的メカニズムをリフレクトすることで、「私」としての自己と他者との再構成が始まる。主体はこの関係性を「私」として振り返り、自他、そして世界の構成を続けるであろう。しかし、この過程で、「私」による構成力が衰退すると、自己の解体あるいは無化に、つまり絶望に至る過程が生じる。この過程を潜り抜けて、人は初めて本来的関係へと歩み出すことができる。

　まずは絶望の力動的生成過程について述べてみよう。キェルケゴールは絶望を次のような形態で説明している。

(2) 自己と他者の力動的関係

　人間は有限なるものと無限なるものとの総合として生成される。「有限なるものは限定するものであり、無限なるものは拡大するもの」（Kierkegaard 1849= 1957: 48）である。そのうちで有限性が欠乏し、「想像力（ファンタジー）」（Kierkegaard 1849= 1957: 48）が作用し、「自己の再現」（Kierkegaard 1849= 1957: 49）が無限化すると、有限性の欠乏による絶望が生まれる。自他の関係を振り返る過程の中で、自己自身とするものを拡大し過ぎると自己は統一しきれず、まとまりに欠ける状況に陥る。大衆社会的状況下で、人はファンタジーの中で万能の主人公となることができる。ところが、他方では、この事態は排除しきれない自らの無化の恐れを蓄積する。

　あるいは、無限性の欠乏によって「自分の自己を『他人』から騙りとられ」（Kierkegaard 1849= 1957: 53）、「自己を忘却」（Kierkegaard 1849=1957: 53）したとき、自己は自己としてあることが不可能となる。無限性の欠乏による絶望は、他者との関係のうちで周囲に注意を向け、その一部となることに専念するあまり、他者との関係の中で自己を生成的に位置づけることができなくなる状況である。大衆社会で正当化されている基準に身を委ねることで、自己は周囲と一体化した安心感を得られるだろう。しかし、それでは固有の自己であるという実感を喪失する。大衆の一員となる時、一方で人は、自己の無化の意識化を阻止することはできない。絶望状態に陥る。

　自己を拡散させ、限りない自己としてその世界に留まるか、あるいは過剰に社会に同調し、大衆の一部として身を潜めるか、いずれの方法も社会維持に障害とならない限り、社会からは容認される。むしろそれは、推奨さえされる。有限性と無限性の欠乏に気づき、その関係を構成し直し、大衆社会から距離をおき、「私」らしさを吟味、主張することは疎まれる傾向がある。

　これらの状況を具体的な高齢者の日常場面に置き換えて考えてみよう。例えば、医者から「認知症」と診断を受けた高齢者に関わる場合、支援者を含めた周囲の人間は、その高齢者自身から発せられる言動を「認知症の症状」として意味構成する場面が少なからず生じる。ある場面で高齢者が「財布を盗られた」と言ったならば、それは「物

盗られ妄想」という「症状」の一種として一義的に捉えられる。またある場面で彼／彼女が「帰らなくてはいけない」と言ってその場から出ていこうとするならば，その言動は「帰宅願望」という「症状」としてカテゴリー化される。高齢者にとってみれば，それらは直面する無化からの救済に挑むケアの実践であるが，周囲からは「症状」と一義的に捉えられ，高齢者は無限性の欠乏状態におかれる。この無限性の欠乏状態で，高齢者は自らのケア実践を洗練化できず，常動的行動を繰り返すことになる。

　さらに，ほとんど問題視されることのない，いわゆるサービスに「適応」している高齢者でも同様の絶望を見て取ることができる。サービスに馴染み，他の利用者から突出することなくサービスの枠組みの中に組み込まれている高齢者は，まさに自分以外の存在によって与えられたプログラムのうちに，自らを一体化させている。そのような高齢者は，サービスの「利用者」として画一的に扱われる。固有の自己として限定するものはなく，自己は拡散する。これは有限性の欠乏状態である。そこでは，制度的規範への過剰適応が見られ，自己自身となる実践は敬遠される。そして，絶望は増幅する。

　たとえそれが支援と呼ばれる働きかけであっても，お仕着せの無限性や有限性は絶望を増幅させ，そしてそれは，もはや対処不能な病理と名付けられる形で，彼／彼女を取り巻く人々の前に出現する。この無限性の欠乏状態におかれる高齢者は，自己構成の苦難が続く，耐えられない現実から離反して，妄想と呼ばれる空想的世界に留まろうとするかもしれない。この他者の関与を阻む妄想世界への退避に，支援者はお手上げとなる。支援者が高齢者の現実的な表現をありのまま見つづけ関わることを断念すると，そこでは有限性の欠乏が一層増幅するであろう。そして自己への絶望感は，深層で蓄積されていく。

　キェルケゴールの絶望についての考案に学ぶならば，求められるのは，有限性と無限性との関係が一方に偏る状況を再吟味し，その関係を再構築する支援法である。

（3）無を底板とする有意味性

　キェルケゴールは，自己には，「可能性と必然性とが帰属している」（Kierkegaard 1849＝1957: 56）と述べる。この可能性と必然性は，自己の生成過程で欠かすことのできないものである。

　必然性が欠乏するとき，自己は「可能性のなかで自己自身から離れ去って，再びそこにもどり来るべきなんら必然的なるもの」（Kierkegaard 1849＝1957: 57）をもたず，「抽象的な可能性」（Kierkegaard 1849＝1957: 57）となる。自己は，本来自己のうちに「自分の限界とも呼ばれるべきもの」（Kierkegaard 1849＝1957: 59）を有している。その最も決定的なものが生物学的な死である。この自らの限界枠を自己が見失うと，何もかもが可能であるような錯覚に陥る。この状態が必然性の欠乏による絶望である。

　現代社会では，医学の発展に伴って延命技術が飛躍的に向上している。これは同時に，われわれを，死ぬことさえできない現実に直面させる。死ぬことは必然性の根拠であり，これは必然性の欠乏状態である。そこでは，生きる上での選択は無意味化され，生きること全体も無意味化される。限界枠内でこそ自己は可能性の中に自己を生起させることができる。人は，世界の意味を逆説的にしか獲得できない。現代は，この生物学的な死を，世界の意味構成の底板とすることが不可能な時代である。今日では，無化は生物学的死による無化ではなく，一層根源的な無化として進行している。自身の死＝無化という人間として抱える最大の必然性を除外しては，人は世界のうちに自分自身を位置づけることはできない。必然性を前提とすることで，初めて意味構成の可能性が浮上する。無化を前提とすることにより，無化から抜け出すことができる。

このように可能性が欠乏するということは，「一切が必然的であるということかないしは一切が日常的になったということのいずれかを意味する」(Kierkegaard 1849=1957: 64) と述べられる。何事も起こり得ることは，すでに必然的に規定されていることであり，もしくはいつも変わらず一定である。このような中では，自己は窒息状態に陥ってしまう。すなわち可能性の欠乏による絶望状態が生じる。しかし，既成の社会システムは，この窒息状態に対して，巧妙に可能性を小出しに提示する規制を備えている。そして絶望は，制御力を超えるほどまでに深層で増大する。

高齢者支援の場面では，しばしば生物学的な死について言語化する高齢者に対し，「うつ状態」とカテゴリーを付す。死や老いが，生物学的条件の無化に限定されなくなれば，死という最後の自らの選択肢さえも無化され，生きること全体が，実は無意味であるという事実を顕在化させることにつながってしまう。

（4）生成的自己と局面ごとの「私」

キェルケゴールは，「自己は，それが現在しているおのおのの瞬間において，生成の途上にある」(Kierkegaard 1849=1957: 47) と述べる。自己は，固定的に捉えられる存在者ではなく，ある不安定な状況の中で作られ続ける不確定な存在でしかない。人は無限性と有限性の間で，また可能性と必然性との間で揺れ動く存在である。この揺れは，その場しのぎの安易な解決法に救いを求めない限り，絶望，つまり死の自覚へとつながる。自分以外に誰も肩代わりできない，「私」自身の孤独な作業を通してのみ，有限性と無限性，可能性と必然性それぞれの不調和な関係性の組み換えを実現することができる。望まれるのは，死という自らの存在論的根源に立ち向かい，自己生成を試みる，「私」としての実践への支援である。

2．高齢者のケア（「気遣い」）

キェルケゴールは，無限性と有限性との関係や，可能性と必然性との関係の不調和から生じる「絶望」，つまり「死に至る病」に対して，その解決を宗教的な救済に求めた。

キェルケゴールの「絶望」とそれからの救済論は，本章では，死という存在の中心性を底板とした，人への支援的な関わりのレベルで，ハイデガーの『存在と時間』論における，Sorge＝ケアの概念を基軸に一層精緻に論じる。

ハイデガーは"存在"について問い，「本来的な存在」(Steiner 1989=2000: 206) について考察を加えている。彼もまたキェルケゴールと同様に，「本来的な存在は死への存在である Sein-zum-Tode」(Steiner 1989=2000: 206-207) と述べ，死に直面してこそ，本来的なあり方に向かう存在となることができると考えた。

ハイデガーは本来的な現存在（現存在：人間）に対置する非本来的な現存在を，「『ひと』が生きるように生きる」(Steiner 1989=2000: 193) と位置づける。その生き方は世俗的に大衆のうちの一部となった生き方である。"「私」なり"を喪失した状態と言えるだろう。ハイデガーはこの状態を「頽落」(Steiner 1989=2000: 200) と呼ぶ。

「頽落」のうちでは，現存在は専ら「道具連関」（木田 2001: 72）のうちにあり，「おのれ自身の可能性に対する気がかり」（木田 2001: 71-72）に依拠する，"もの"との関係に自分自身を見出すことに没頭している。この連関が普段には「世界の世界性」（木田 2001: 72）としてわれわれの目に映る。それが意味ある世界として捉えられている。

一方で，世界は死に直面したとき，「無意味なもの」（木田 2001: 76）として現れ出る。日常の有意味な世界が，無意味な世界の出現によって揺らぎ始めるとき，われわれは非本来的に生きることと本来的に生きることとの選択を迫られることになる。この死にさえも直面できない恐るべき無化

が，今日生起しているのであるが。

　現存在が本来的な生き方を選択したとき，その実践としてできることは「気遣い」(Sorge, care)(Gelven, M. 1989: 121=2000: 202)であるとハイデガーは述べる。以下での「気遣い」はケアと同義語として用いる。つまり，本章でのケアは「存在が世界におけるそれ自身の必然的な位置と関わり合いを把握する実存的様態」(Steiner 1989=2000: 205)を意味する。すなわちそれは，自己の無化を受け入れた「私」が，同様に無化に直面しつつ，その限界内で有意味性を作り出している他者の本来的存在に，「関心」(Steiner 1998 = 2000: 203)を向け，その世界や他者と具体的に関係する状態である。これは国内の意味が曖昧な「ケア」とは異なるケア概念である。

　この関係の仕方は，時間を軸とした特有の存在のあり方を特徴とする。非本来的である場合は，場当たり的に他者と道具的な関係を結び，その世界に意味を見出している。一方，本来的な「気遣い」は，「究極の可能性であるおのれ自身の死」(木田 2001: 81)を避けがたい未来として受け入れ，その決意の下，生活場面ごとに自らを立ち上げる実践である。この「気遣い」は，無に向かう存在であることを意識して，根源的不安を意識しつつ，可能性をそのつど具現化するという，死への途上の時間性の中に自分自身を，そして他者の存在を位置づける実践でもある。これは人生の最終到達点から，現在を逆照射し，「おのれを時間化」(木田 2000: 115)することと言える。

　高齢者はまさに死に近づきつつあり，あるいは残されたただ一つの権利である死の選択さえも否定される事実に直面する。死に直面し，無のうちでそれでも生きていこうとする彼／彼女らの一つ一つの実践は，純化された本来的な存在様式から発せられる自己の表現，つまり「気遣い」として，それぞれ慎重に扱われるべきものである。その実践に，無化の必然性とそこでの可能性の関係の力学が読み込まれなければならない。

　この視点を基本とすると，これまで支援において「問題行動」というラベルを付与されてきた高齢者の行動は，彼らの「気遣い」(ケア)として見直されなければならない。「問題行動」とは非本来的な社会で通用する世俗的な基準，あるいは制度化された科学的基準による，彼らの存在への考察が欠如した，一義的な意味づけである。本来的に生きようとする高齢者の実践への意味づけではない。

3.「ともに」の支援論

　非本来的に生きることと本来的に生きることの選択において，本来的に生きることを「決意」(Steiner 1998 = 2000: 215)した現存在は，「気遣い」の実践によって「超越」(Steiner 1989=2000: 202)を目指す。先駆的に死を意識し，それを基軸とすることは，自己を「配慮的に気遣う存在へと引き入れ，また他者とともにあって配慮的に気遣う共存在へと押しやる」(Steiner 1998 = 2000: 215)。自己は，自らの死という必然性を底板とし，その世界内に可能性を投げ込み続け，それに対し同様の存在としての他者が投げ込んだ可能性の試みに関与することで，有限的な固有の自己として生起する。「ともに」本来的にあろうとする各々の試みのみが，関係の相互性を達成する。

　支援場面において，この「気遣い」の相互性の原理を当てはめるならば，高齢者の試みは，独自的な企投であり，抽象的な論理と実証性を理由にする既存の科学的知見の説明力は通用しない。支援者は，日常用いられる概念の無意味化に直面しなければならない。支援者も，高齢者と「ともに」，無化のうちで他者と交わりつつ，自己として「気遣い」(ケア)の実践を試み続ける存在なのである。

II．「気遣い」（ケア）の支援技法

　高齢者は，自身を取り巻く世界と関係することで，そこに自己を生起させる。支援者はその場面に偶然立ち会い，高齢者が他者（支援者）との関係を自己生成の契機とできるよう，世界に向けて一自己として可能性を具現化することしかできない。そこでの具体的技法について，2つの柱を提示してみよう。

1．根源的ポジティブ・リフレーミング

　まず高齢者が世界の無化に立ち向かった実践を，「私」のケアとして浮上させる素地づくりが求められる。先に述べたように高齢者は，多くは自覚されていない可能性の具現化を試みている。支援者は，彼/彼女らの実践をケアとして浮上させるために，彼/彼女らなりの対自的，対物的な現実構成に配慮し，その作業を肯定的に捉え続けることを求められる。高齢者自らの現実構成を起点に，それらに応答してメッセージを体現する。本章では，これを根源的ポジティブ・リフレーミングとする。この根源的ポジティブ・リフレーミングは，埋没しかけている高齢者自身の「気遣い」（ケア）を顕在化させるために使用し，他の変容技法は高齢者の実践および「私」の立ち上げを活性化するために使用する。

　ここでのポジティブとは，従来のそれとは定義が異なる。それは世間的な判断基準に照らし合わせた"否定"に対抗して"肯定"的に捉える意ではない。あらゆる構成を人ともの，つまり世界への真摯な働きかけとして捉えるという意味での，人の世界構成に対する根源的なポジティブ・リフレーミングである。彼/彼女の現実構成法を基準とすれば，彼/彼女らの実践は，"彼/彼女自身の自己のあり方の表現"，すなわち世界への「気遣い」の実践そのものである。しかし，この実践は未だ潜在的であるか，あるいはその差異化が進展する力が弱い。それゆえ，彼/彼女が"実践している自己"に気づき，さらに自己を差異化していく，つまり「私」が立ち上がる過程を強化する関わりの実践が試みられる。

　ポジティブ・リフレームは，クライアントの認識の基礎的態度である根源的ポジティブ・リフレーミングと，具体的枠組みの変容に関わる作業であるポジティブ・リフレーミングに区分される。前者は，訴えないし存在する苦難状況全体の肯定的な受け止めであり，後者は，その力が弱い，あるいは埋もれている世界生成のシェマの拡大や強化を試みる，具体的な出来事への肯定的な応答である。この点において，ここでの根源的ポジティブ・リフレーミングは，人の存在を固定的に読み替える発想を持たない，逆説療法が試みる指示的処方としての「ポジティブ・リフレーミング」（L'Abate, and Weeks 1982）とは，明確に異なる援助技法である。

　また，根源的なポジティブ・リフレーミングとこれまで受容と呼びならわされたものとは，明らかな違いがある。受容は，良い面/悪い面と価値判断される，人の両面を受け入れることを命じる支援原則である。そこでは，道徳的な判断が内包される。しかし，根源的ポジティブ・リフレーミングは，このような単なる道徳的要請ではなく，これまで論じたように，人の存在論の厳密な考察から導き出されるリフレーム論である。

2．循環的質問法（Cronen, Pearce and Tomm 1985）

（1）記述的循環的質問法

　高齢者の世界に対する企投の試みを，根源的にポジティブにリフレームしたならば，「気遣い」

の実践が顕在化する。そこで、ケアの実践力を向上させるため、支援者は質問法を選択する。質問を契機として、高齢者の未分化で、自覚的でなかった世界が構造化される。さらに、その過程が自らの構成として、つまり「私」の世界として意識化される。この構造化と意識化の過程を推し進める技法は、記述的循環的質問法と呼ばれる。ここでの循環は、一つには、支援者と高齢者の間で情報が循環的に還流する生成過程に留意する質問法であるという意味において、もう一つは人の生活システムの人対人、人対ものの循環的生成過程に関わる質問という意味において、2つの意味で循環的である。

例えば「息子に怒られてばかりなので家に帰りたくない」と高齢者Xが表現したとしよう。その内容の真偽は第三者的に判断し得ない。X自身にとって、それは疑いようのない現実であり、自分自身の置かれている世界とそれへの対処法を説明しようとする試みである。しかし、それは未だ不明瞭で、X自身にとってはそれが自分自身によって構成された世界であるという意識は希薄である。よって、支援者は、その世界構成法をより具体化するべく質問をする。「どういうことが息子さんとの間で起きているのか話してもらえませんか？」と。この問いかけは、具体的な出来事に関する高齢者自身の記述の引き金となり、新たに構造化された現実構成を浮上させる、生成的な相互的循環作用が開始する。質問、それに対しての記述、そしてさらなる質問という循環的コミュニケーションが持続することで、高齢者の現実構成は一層具体味を帯びる。それは、自身の行為と他者の行為への意味づけという世界構成の最小単位を要素とする、時系列のレベルまで降下することを可能にする。あるいは、世俗的な尺度に馴染んでしまっている支援者にとっては、彼／彼女らの記述は支離滅裂であると感じられるかもしれない。そこでは支援者のケアが不足している。それら全てを高齢者の「気遣い」の実践とし、高齢者自身の世界内での、特有の世界構成法へと気遣う実践が支援者には求められる。

(2) リフレクシブ循環的質問法

キェルケゴールの定義に従えば、精神は関係性に関係する力動的過程である。自分と他者との関係性に関係することは、記述された自他のトランズアクションをリフレクトすることである。ここでのリフレクシブ循環的質問法は、記述された出来事の差異化を強く意識させる質問法である。

上記の高齢者Xは、具体的な出来事として「昨日一人で近所に散歩に行こうとしただけなのに『危ない』と怒られた」場面を記述したと仮定する。この出来事を記述することで得られた一連の現実構成のシークエンスの一つ、「黙って家を出たところで息子に見つかり大声を出された」を取り出し、支援者は「その時どんなお気持ちでしたか？」と息子の行為へのリフレクションをXに求めたとしよう。Xは「大声を出さなくても……」と答える。支援者は「息子さんの声の大きさが違っていたらどうでしたか？」と問いかける。Xは「普通の声で声をかけてくれたなら、心配してくれているんだなと思えたかもしれない」と返答したと想定しよう。この一連の過程でX自身が直面している世界の問題（大声）と、それへの解決法「いつも通りの話し方で声をかけてもらう」を採択したことになる。Xがこの問題解決を息子とのコミュニケーションに投入することができたならば、息子とのトランズアクションは変化し始める。このように記述した自らの循環的な現実構成に、再帰的考察を求める、リフレクシブ循環的質問法は、強い自発的変容力を有する。支援者とクライアントとの間で還流する循環的質問法によって、クライアントは投げ込まれた被投的現実に対して、企投力を向上させる。すなわち、世界に対する能動的な自己、つまり「私」としての構成を可能にする。

III. 事例分析

本事例は，地域の介護保険事業所から，A，B姉妹への支援依頼を受け，筆者らが支援を試みたケースである。なお，事例の掲載に関しては，本人の了解を得た上で，個人情報に配慮し，内容に変更が加えられている。

1. 概　要

A（80代女性）は，妹B（70代女性）の面倒を長年看てきたが，年々生活全般が立ち往かなくなってきていた。Bは，統合失調症を40代頃から発症していたとみられるが，未治療のまま自宅での生活を続け，現在に至る。Bは隣家を覗き込んで「飯を出せ！」と要求するなどの問題行動を繰り返していた。

A，B2人の自宅及び敷地には，ゴミ（主には弁当ガラや新聞・広告）が散乱しており，多くの猫が棲みついていた。さらに，異臭を発しているために近隣からの苦情の対象となっていた。

地域住民から相談を受けた診療所の医師の往診の結果，A，B姉妹への投薬治療と，生活環境の改善のため介護保険などのサービス計画が立てられた。

これまでA，B姉妹が姉妹なりのやり方で送ってきた生活様式は，専門家の介入により，存続の危機に陥った。そこで筆者は，精神保健福祉士（以下，PSW）として，A，Bの，ケアにケアする，「ともに」の支援を試み，A，Bそれぞれの「私」を立ち上げる支援を行った。

2. アセスメント

A，Bのこれまでの生活場面は，外部（他者）の関与が限定された，有限性の欠乏状態として評定される。その中でも，A，Bはそれぞれに，自己が無限化することによる無化に立ち向かいながら，彼女らなりのケアを試み続けてきたと捉えられる。

一方，今回医師やサービス提供者の介入により，A，B姉妹の世界は，一気に他者の支配を受けることになる。つまり無限性の欠乏状態が，急激に押し進められ，ともすると，これまでA，Bそれぞれがバランスを保ってきた無化に立ち向かうケア実践力は，大衆社会の枠組みに引き込まれ，衰退する可能性があった。そこで，これまでの有限性の欠乏状態において，無化に立ち向かう，A，Bなりの，それぞれの「私」の実践を浮上させ，その実践力で，新たな無限性の欠乏状態において無化に立ち向かう彼女らなりのケア実践の生成を試みる支援が必要であると考えた。

A，Bの生活場面（精神疾患を抱え，ゴミの散乱した不衛生な環境に暮らしている状況）を「問題」と捉えるのは，外部（他者）の基準が決定的な文脈として作用する場合である。外部の尺度のみを基準に，「問題行動」への対処としてサービス導入を調整するのであれば，A，Bの「私」は立ち上がる機会を失う。彼女らなりの，無化に対抗しつつ，自己を作り出そうとする実践を顕在化させ，より鮮明化して，初めてA，Bそれぞれの「私」は立ち上がる。

3. 支援計画

一般的な基準に基づくA，Bに対する意味づけから距離をおき，A，Bが日々の生活で実践している具体的な一つ一つの行動を，無化に立ち向かいつつ自らの世界を作り出そうとする試みとみなす。A，B姉妹の「私」の立ち上げの素地づくりとして根源的ポジティブ・リフレーミングを試みる。

具体的には，2人の生活環境を取り巻く食べ物の空き袋や空き缶などのものが，A，B当事者にとって，生活の中における多様なケアの実践を証明する用材であると読み替える。すなわち，そこには対物的な関係における，彼女らなりのケアが示されていると捉え，A，Bにその記述を求めることで，A，Bなりのケア実践を具体化させる。

　そののち，A，Bそれぞれのケアを，無限性の欠乏状態への対処法として活性化させるべく，循環的質問法を用いる。そしてA，Bが自らの記述とそれへのリフレクションを試みる過程で，A，Bがそれまでの「私」の世界を立ち上げる，無化への対抗としての新たなケア実践が生成されることを目指す。

4．支援過程

(1) A，Bのケアの顕在化過程

　A，Bの生活場面は，サービス導入に伴い，有限性の欠乏状態から無限性の欠乏状態へと変化した。その中で，A，Bそれぞれの生活における既存のケアの実践を顕在化させる支援を試みた。初回訪問では，彼女らなりの実践を以下のような過程で浮上させた。

　以下は，PSWがA，Bの自宅を訪問したときの逐語の一部である。

1　A：Bちゃん，お客さんが来ちゃったよ。
2　PSW：はじめまして。Nと言います。今日はBさんとAさんにお会いしたくて伺いました。（握手をしようと手を差し出す）
3　B：触るな！
4　PSW：ごめんなさいね，急に来てびっくりしますよね。
　　　　　　　（中略）
5　PSW：（デイケアについて案内）AさんとBさんは，デイケアの利用をどう思われますか？
6　A：そんなところがあるの。Bちゃん，どうする？
7　B：うちは普通の病気とは違って特殊な病気だから，人前には出られん！
8　PSW：事情も知らずに誘ってしまってごめんなさいね。

　ここでのBのケア（3B，7B）について評定してみよう。一般的に，3Bの行為は，訪問してきた他者（有限性をもたらす）への拒否的な行為，7Bは，外的資源への拒否的な行為として意味づけられるだろう。しかし，3B「触るな！」という行為は，4PSWの応答により，外部からの関与，つまり無限性の欠乏状態へ対抗するケア実践としての意味を浮上させた。

　同様に，サービス利用に対する応答としての，7Bも，無限性の欠乏に対抗するケア実践と言える。この過程ではBが，一般的には「拒否」と見なされる行為群で，ものや他者へのケアを実践していることが見出された。この「拒否」と一般的に見なされる行為に焦点化し，B自身に記述を促していくことが，Bの「ケア」の活性化につながると評定された。

　次にAのケア実践の浮上についてみてみよう。

9　PSW：（部屋の中のゴミ袋の中身を見ながら）でもこうやってみると，いろんなものを食べておられるんですね！　カップラーメンもぶどうパンも，おでんも食べたのがわかる！
10　A：ぶどうパンなんて食べてないよ。
11　PSW：でもここに袋がありますよ！　これおいしいですよね。
12　A：（足元の袋を見つけ）ほんと！　ぶどうパンって書いてある。食べたんだね。（笑）
13　PSW：（周囲にある他のゴミ袋の中身もAとPSWは一緒に観察する）

14 Ａ：（周囲の他のゴミ袋を見渡した後）これは猫ちゃんの餌よ。
15 PSW：猫ちゃんたちにもしっかりご飯をあげておられるから，こんなにたくさん集まってくるんですね！
16 Ａ：自分が食べなくても，猫には餌をやるんだから。

ここではＡの既存の有限性の欠乏状態でのケア実践が記述されている。つまり，もの（ここではゴミ）へのケアの実践が，顕在化している。PSWは部屋の中に置いてあるゴミ袋の中身一つ一つを取り上げ，Ａにその一つ一つについての説明を求めた。それにより，その一つ一つのものに対する，Ａのケアが現れ，リフレクションが展開した。ＡとＢが，カップラーメン，ぶどうパン，おでんなど多様な食べ物を選択して食べ，食事に留意してきたことがＡとPSWの間で確認された。さらに，猫の餌が入っていた空き缶を介して，猫に対するＡのケアも顕在化した（16Ａ）。このことから，Ａに対しては，ものへの関与法の記述を促し，リフレクションを試みる過程で，Ａのケアの活性化が図られると評定された。

このような初回訪問でのＡ，Ｂとのやりとりでは，Ａが対物的な関係からケアを顕在化し，Ｂが他者の行為への関心からケアを浮上させるという，それぞれのケアの特徴を読み取ることができた。次にこの特徴を踏まえ，Ａ，Ｂのケアの活性化を図り，Ａ，Ｂそれぞれの「私」が立ち上がる過程を支援することを試みる。

（2）Ａの「私」のケアの活性化過程

Ａは，PSWが関わり始めて1週間後，デイケアへの通所を開始した。その間，ＡはPSWとのやりとりの中で，デイケアと自分自身との関係をリフレクションし，Ａにとってデイケアという場が，Ａ自身が自宅では実践に苦慮している食事，入浴を可能にする有意味な場であると位置づけた。この過程を踏まえることで，Ａはデイケアというサービス利用を，単にサービスに自分を適合させるのではなく，Ａの「私」にとってのサービスとして意味づけ，その関与法を自ら決めることを可能にした。

また，Ａが通所する間に自宅環境の改善が図られ，片づけられた部屋にベッドが導入された。以下は，ベッド導入後（初回訪問から2か月経過時点）に，PSWがＡと面接した際の逐語の一部である。ベッドというものへのＡなりの関与法の記述を促した。

1 PSW：Ａさん，最近ベッドで寝ていますか？　調子はどうですか？
2 Ａ：寝ているよ。あんまり柔らかすぎずちょうどいいよ。うちは寝相もいいからね。
3 PSW：それにしても，Ａさんの適応力ってすごいですよね！
4 Ａ：そう？
5 PSW：私はいつもＡさんを見ていて思います。ベッドのこともそうだし，デイケアにだってすぐに慣れてきてくれるようになった！
6 Ａ：そう言われてみたらそうかもわからんね。

1 PSWで，ベッドというものへのＡの関与法の記述を求めた。するとＡは，それに対し，Ａの生活に新たに加わったもの（ベッド）を自分の生活に取り込んでいること，「寝相のいい自分」などを浮上させた。このように現れ出たベッドという物材を媒介にして浮上したＡの行為群に対して，PSWは「Ａさんの適応力はすごい（3PSW）」と肯定的に枠組みづけた。そしてものへのケアを試みているＡ自身をリフレクションするようＡに促した（5PSW）。するとＡは，6Ａで自らについてふり返り始めた。

そこでさらに，Ａのケア実践をリフレクトし，

実践力を向上させるため，うまく環境に適応することができる，A自身の取り組み方法について，「どうしたらそんなAさんのようになれるか（7 PSW）」とリフレクシブ循環的質問法を用いて投げかけ，Aの「私」と世界が立ち上がる過程づくりを試みた。

 7 PSW：どうしたらそんなAさんみたいになれるのでしょう……？（リフレクシブ循環的質問法）
 8 A：わからない。
 9 PSW：そうですよね，突然こんなこと聞いてもわからないですよね。
 10 A：そうよ！
 11 PSW：そうね〜，そしたら私が一番すごいなって思うことを聞いてもいいですか？
 12 A：いいよ。
 13 PSW：Aさんは，デイケアに来る日をしっかり覚えてくれているけど，それはどうやって実現できているのですか？（リフレクシブ循環的質問法）
 14 A：書いてあるから，見たらわかるよ！
 15 PSW：そうね，紙に書いてあるのを見たらいいね。でもそれを見るのを忘れるかもしれないですよ！　それを忘れずに見て，ちゃんと確認できているのはすごいことですよね！！
 16 A：そうだね（笑）

Aは，7 PSWの投げかけに対して，「わからない（8 A）」と応答し，リフレクションは進展しなかった。そこで，13 PSWでは質問を具体的な行為に絞って投げかけ直した。するとAは，自分自身の日々の実践を振り返り，ものとしての「予定表」を見るということで実現していると実践を語った（14 A）。

このAとPSWとのやりとりの過程では，ものを片付けられないAではなく，ものを活用し，デイケアという資源，「予定表」という資源を活用する「私」を語ることができた。それは，Aの「私」の実践である。Aが，日常生活環境を取り巻くものへのケアを試みていることを取り上げ，その過程のリフレクションを通して，Aは「私」の世界（デイケアに行く日を忘れない）を立ち上げたと考える。サービス導入という無限性の欠乏状態に陥ることなく，無化に対抗して，日々自分なりの実践（ケア）を積み重ねている様相を語ることで，より自己を鮮明に作り出す力が強化されたと考える。

（3）Bの「私」のケアの活性化過程

Bは統合失調症と診断され，「妄想」があると周囲によりラベルづけされていた。同時に，Bの行為は，他者に対して「拒否的」であると捉えられていた。しかし，Bの「妄想」，「拒否的」と見なされる一つ一つの実践は，Bの固有の無化に対抗する実践と理解することができる。そのことを踏まえ，Bの人へのケアが語られる場面を取り上げた。

Bは訪問するPSWに対して自分から積極的に声をかけてくることは滅多になかったが，ある日訪問したPSWに興奮気味に，Bが体験した朝の出来事を語り始めた。以下はBの語りを励ます記述的循環的質問法を用いた面接場面の逐語の一部である。

 1 B：今朝，大変なことがあったよ。
 2 PSW：どうしましたか？！
 3 B：目が覚めたらえらいことをされていた。
 4 PSW：どうなっていました？（記述的循環的質問法）
 5 B：その辺に，2寸の男がいるんだけど，その2寸の男がこっから（足のつけ根を手で覆いながら）パンツの中にうんこを入れたんだ！

6 PSW：まあ！！ それでどうしたのですか？（記述的循環的質問法）
　7 B：だから，便所まで行くのに往生したよ！！

　Bの語った出来事は，自らのコントロール力の喪失，つまり死へと近づいていることを実感する場面であった。しかしBは，特有の語りでそれへの対抗，つまりケアを試みていることを示した。それゆえBの語りに対し，PSWは4 PSW, 6 PSWでその記述を促した。5 Bの語りは，Bの文脈から切り離したとき，存在しない「2寸の男」の妄想的発言と一義的に意味づけられ，パンツの中の便は，「2寸の男」の仕業ではなく，B自身の便失禁として身体的問題にカテゴリー化されてしまうだろう。しかしこれらの言葉は，B特有の世界構成においての意味を付与されている。Bが体験した今朝の場面の特徴を示す言葉であり，他者によって否定され得ない言葉とその意味的世界である。Bによる語りから，B自身のものへのケア，他者へのケア，そして自分自身へのケアを顕在化させ，活性化を試みることが必要である。そこで，PSWは，パンツ，「2寸の男」，そして便失禁への対策について，Bにリフレクションを求めた。

　8 PSW：ところで，パンツは汚れなかったのですか？
　9 B：そのために，うちはパンツに紙を広げている。
　10 PSW：そうなの！ 対策しているんですね。"2寸"ってどれくらい？？ 大きい？
　11 B：何を馬鹿なことを言うか！"2寸"と言えばこれくらい（両手の指で示しながら）だろう！
　12 PSW：そうだったわ。その"2寸の男"どこから来るのですか？
　13 B：そこら（窓側のゴミの山を指しながら）に隠れている。それが，寝ている間にスーっと入れていったんだ！
　14 PSW：それは気持ちが悪い…。

　8 PSWでは，Bにパンツへの関与法について記述を求めた。すると，便失禁への対策を，紙を広げることですでにしていることが語られた。Bなりの無化する世界への対処法が語られた。次に，「2寸の男」についての記述を求める過程で，Bは「2寸の男」についての具体的説明と，「2寸の男」への観察結果を語った。そこでこれらの語りへのBによるリフレクションを試みようとした時，Bからその口火が切られた。以下ではリフレクシブ循環的質問法が中心に用いられる。

　15 B：あ，ズボンか。それなら大丈夫かもしれないな。
　16 PSW：私？ 私はズボンで来ていますよ。
　17 B：ズボンだったら入れられないかもしれないな。それでも気をつけないと！ "2寸"だから。（テーブルの下を見ながら）その下からも出てくるかもわからん。"2寸"なら入られるだろう？
　18 PSW：そうね。じゃあ，このゴミ袋で塞いでおくことにします。
　19 B：それがいいよ。
　20 PSW：それでも，ズボンなら大丈夫なのに，Bさんはズボンは履かないの？（リフレクシブ循環的質問法）
　21 B：わしはズボンは履いたことがない。スカートしか履かない。○○がスカートの方が良いって言ったからな。
　22 PSW：○○って誰？
　23 B：うちの旦那さんよ。早くに亡くなってしまったけど。
　24 PSW：そうだったのですね。そんな以前に旦那さんが言ったことを今でもBさんは守っているんですね。
　25 B：まあ，とにかく今朝は往生したんだ。

この過程でBは，PSWの身につけているズボン（もの）を自らの世界へ取り込み，無化への対抗戦略とすることを浮上させた（15 B）。さらにリフレクションを進めると，Bは他者であるPSWへのケアを実践し始めた（17 B）。そこでBの新たなものへのケア実践を生成するため，20 PSWの質問が確認された。するとBは，亡夫との世界を呼び起こし，ケアが試みられた（21 B）。ここでは，Bのものと人へのケアの実践と，Bの「私」として構成された世界が鮮明に語られた。

5．結　果

A, Bに対し，それぞれのサービス導入までのケア実践の活性化と，サービス導入後の既存のケア実践を生かした新たなケア実践法が考察された。これにより無化されることなく，各々が「私」の世界づくりを続けることができた。それに随伴して，社会サービスの利用も継続された。

6．考　察

本事例では，以下の点で，高齢者支援論が再考されたと考える。

1点目は，キェルケゴールの有限性と無限性，可能性と必然性の概念を用い，支援が開始されていない高齢者の世界を有限性の欠乏状態と定義し，支援者主導でのサービス導入を無限性の欠乏状態として定義して，一般基準から判断される高齢者A, B姉妹の不適応問題への介入のみではなく，高齢者の自己の生成の危機的状態を存在論的視点から評定し，介入が試みられた点である。

2点目は，その変容論が高齢者A, Bの生活に不足していたサービス（資源）の導入により，彼女らの不適応が改善されたという，オーバーアーチングな説明ではなく，A, Bそれぞれが日常生活場面ですでに試みている人やものへのケア実践を浮上させ，それらを各々の「私」の世界の立ち上げと結びつけて説明された点である。

さらに3点目として，それまでは潜在化していたA, Bそれぞれのケア実践を，「私」の世界構成に不可欠な実践として浮上させ，さらにその実践力を向上させていく支援者の技法が，根源的ポジティブ・リフレーミングと循環的質問法として示され，それらの併用的使用法の実際とその成果が，事例研究によって示された点である。

ま と め

本章では，存在論的視点からケアにケアするという，哲学知見を基に，新たな高齢者支援モデルの理論的整備と技法の体系化について論じた。

高齢者支援の場では，疾患や老化に伴う課題のみならず，経済状況，生活環境，家族との関係性など，多様な課題が，一人の高齢者の生活に重複して生じているように評定される。しかしそれらを，高齢者の文脈で捉えるならば，支援者は，目の前にいる高齢者が，日々自分なりのケア実践で生活場面を切り開いていくその力学の衰退の問題として評定することができる。

実際には，高齢者自身は無化に直面しつつ，世界に対して自己の可能性を投げかける試みを実践し続けている。その試み，つまり「気遣い」（ケア）の実践を読み込むことが支援のスタートラインである。根源的ポジティブ・リフレーミングは，高齢者自身が自らと世界を作り出す実践を顕在化させ，その生成過程を励ます基礎的役割を果たす。記述とリフレクションを促す循環的質問法は，さらに自己を構造化し，「私」を立ち上げ，差異を浮上させる具体的手法である。日常の中で埋没し，自覚的にも他覚的にも顧みられていない一つ

一つの高齢者のケアを，改めて読み込み，それを肯定する支援者のケアを投げかけることで，高齢者自身が潜在的に所有している問題解決力を復活させることができる。「私」らしさや，「私」としてのストーリーが鮮明になることで，さらに高齢者の自己解決力は高まる。事例分析を通し，多問題を抱えているとみなされる高齢者自身の「気遣い」に「気遣う」，「ともに」の支援モデルの有用性が明らかにされたと考える。

[文献]

Cronen, V. E., Pearce, W. B. and Tomm, K. (1985). Dialectical View of Personal Change. In K. J. Gergen and K. E. Davis eds., *The Social Construction of the Person*. New York: Springer-Verlag, 203-224.

Gelven, M. (1989). *A Commentary on Heidegger's Being and Time*. Northern Illinois: University Press.（長谷川西涯訳（2000）『ハイデッガー『存在と時間』註解』筑摩書房）

木田元（2000）『ハイデガー『存在と時間』の構築』岩波書店。

木田元（2001）『ハイデガー』岩波書店。

Kierkegaard, S. (1849). *Sygdommen til Døden*.（斎藤信治訳（1957）『死に至る病』岩波文庫）

Weeks, G. R and L'Abate, L. (1982). *Paradoxical Psychotherapy : Theory and Practice with Individuals, Couples, and Families*. New York, Brunner/Mazel.（篠木満・内田江里訳（1986）『逆説心理療法』星和書店）

村田久行（1994）『改訂増補ケアの思想と対人援助』川島書店。

Steiner, G. (1989). *Martin Heidegger: With a New Introduction*. Chicago, Ill: University of Chicago Press.（生松敬三訳（2000）『マルティン・ハイデガー』岩波書店）

用 語 解 説

一般化された他者
ミードは，相互行為によって自己が形成されるという理論を構築した。つまり人は，他者から期待される自分と，思い込んでいる自分とのせめぎあいの中で社会的な自分を作り上げている。期待を寄せるのは，個々の他者だけでなく，規範であるとか制度の場合がある。これらは一般化された他者と言える。

A-B-X モデル（認知的斉合性理論）
ニューカムは，人と人あるいは人と事象（話題）の三者関係に働く力学を説明するために，バランス（balance）・インバランス（imbalance）・アンバランス（unbalance）の3つの形態があるという理論を立てた。バランスのとれた関係では，AとBが好意的で，事象（他者）Xに対する評価（態度）も一致している。インバランスの関係では，AとBは好意的であるが，事象（他者）Xに対する評価（態度）が食い違っている状態であるために，事象（他者）Xに対する評価を自分が変えるか，相手に変えてもらうように働きかけるようになる。アンバランスの関係では，AとBは非好意的なので，事象（他者）Xに対する評価を，相手とは異なる方向に修正しようとする。

解決志向短期療法
これは，ヘイリーらの戦略的家族療法が発展する過程で，ドゥ・シェーザーやバーグらによって開発された心理療法である。クライアントの問題を短期に解決するには，問題の原因に焦点を当てるのではなく，問題が解決することについて語る，つまり解決を説明できる言語を使い，解決している場面やこれから解決していくことを，具体的に実践することを重視するアプローチ法である。スケーリング・クエスチョン，ゲッティングバイ・クエスチョン，例外事象の探索，ミラクル・クエスチョン，コーピング・クエスチョンなどの質問法は，本書においては，循環的質問法と併用される技法に位置づけられる。

企投
絶対的に，受け身的に世界に投げ出された現存在の本来的なあり方として，ハイデガーは企投という概念を提示した。この，死から逃れられない世界に人は被投されているが，そこから自らの生の意味を生み出す主体の試みを，企投と名付けた。（↔被投）

言語ゲーム
これは，ウィトゲンシュタインが，後期の『哲学探究』において提示した概念である。言語の意味を理解できるのは，言語の意味を厳密に理解できるようになるからではなく，言語の使用法，つまり規則を学習したからである。コミュニケーション過程で，相手のメッセージの意味を理解できるのは，メッセージの字義が正しく捉えられるからではなく，そこでの行為をどう理解するかのルールが共有されているからである。さらに，ウィトゲンシュタインは，この言語ゲームの規則を，固定化されたものではないとして，生成的な規則論を論じた。

構築主義
構築主義あるいは構成主義は，現実や意味が人々の頭の中で作り出されていることを強調する考え方であ

る。キツセとスペクターは，社会問題は，何らかの事態に対して苦情を述べる人々の運動として再定義することを主張した。

コミュニティ理論
アメリカ都市社会学や構造機能主義理論の影響を受けた松原治郎，奥田道大らは高度経済成長期の日本の地域社会状況を住民の関わりが「主体的か客体的か」，「普遍主義的か個別主義的か」という組み合わせによって，「地域共同体」モデル，「伝統的アノミー」モデル，「個我」モデル，「コミュニティ」モデルを概念構築し，郊外住宅地で動き出した住民運動を「コミュニティ」モデルと評価した。

CMM 理論（意味の調整的処理理論）
CMM は，Coordinated Management of Meaning の略で，ベイトソンのコミュニケーション研究をさらに発展させ，クロネン，ピアスらによって構築された，コミュニケーション過程の分析理論である。北米ミラノ学派のコミュニケーション理論とも言われる。CMM 理論は，意味を構成する重層的文脈論が特徴で，より抽象度の高いものから，家族神話，自己定義，関係性定義，出来事，言語行為という 5 つの互いに関係しあうレベルを提示した。このレベル間で，関係者相互の行為選択により，意味は重層的，循環的に生成される。

循環的認識論
ベイトソンの循環的認識論は，システム論的家族療法において，直線的因果律による医療モデルを克服する理論的基盤であった。クライアントとその環境を，相互回帰的な生態学的ネットワークシステムであるととらえるソーシャルワークの生活モデルの実践においては，問題を関係性が動的に展開する過程であるとみなし，その肯定的側面をも含めて標定する循環的認識論の視点が不可欠である。

トランズアクション
これはコミュニケーション過程を成員相互の生成的過程として説明する用語である。インタラクションの概念は，コミュニケーションを試みる主体が，メッセージを選択する局面ごとに変化することなく，一貫した自己として相互のやり取りを試みる過程を説明する概念である。他方，トランズアクションの概念は，成員がメッセージを交換する局面ごとに，新しい主体に作り変えられ，それにより，互いのメッセージを処理していく装置も，そのつど作り変えられていくことになる，共変化過程を説明する概念である。

被投
ハイデガーが，人は生まれた時から，既にある世界に投げ出され，その世界を生きなければならないという，絶対的に受け身的な世界に生まれ出ること，つまり死を避けられないという世界へ産み落とされたことを，被投と定義した。

北米ミラノ学派
カナダのカルガリ大学のトムは，ベイトソンのシステム論的認識論の影響を受けた，イタリアのミラノのパラツォーリを中心とするシステム的な家族療法のグループ，つまりミラノ学派の，チェッキンやボスコロたちの業績と，CMM 理論で知られるピアスおよびクロネンとの研究を結び付け，循環的質問法を再構成し，社会構成主義的な新たなシステミックな家族療法の技法を体系化した。このトムを中心とする家族療法のグループが北米ミラノ学派である。

ミニマリスト・アプローチ
解決志向短期療法で紹介された，クライアントの問題解決を最小の介入で実現するアプローチの総称。問題を含んだ生活システムの構造全体を，一挙に変容させることは困難である。しかしシステムは，要素から成り立っているため，その要素の変容は，システムの変化へと連動させることができる。この原理に従い，変化を起こすポイントをミクロレベルで決定し，それへの最小限の専門家の介入を試み，しかし結果は，家族システム全体や地域システムの変化まで，雪だるま式に拡大していくアプローチ法である。

リフレクション
この言葉には，2通りの意味がある。一つは，鏡に反射するという意味であり，もう一つは，自らの実践を振り返る，内省，反省，あるいは注意深い考察という意味である。この後者の意味でのリフレクションを土台にして，ホリスは「人と状況への反省的考察」の技法を編み出した。本書では，重層的かつ循環的にリフレクションが論じられた。

ワンダウン・ポジション
これは，治療者の処方に従わないクライアントの治療抵抗への解決法として考案された，短期療法の技法である。治療者は，クライアントに対し，意図的に一段下位の（つまり，治療者がクライアントに対しへりくだる）関係性をとることで，クライアントの変化への抵抗を無力化しようと試みる。

人物解説

ウィトゲンシュタイン，ルートヴィヒ・ヨーゼフ・ヨーハン（Ludwig Josef Johann Wittgenstein 1889-1951）
ウィトゲンシュタインは，オーストリア生まれの著名な哲学者である。初期の『論理哲学論考』において，厳密な論理的な文法構造を有する言語による世界の記述法を提示した。後期では，この形式的な言語構造は生活場面と切り離されていると考え，言語を規則に従う行為として捉えなおし，『探求』において「言語ゲーム理論」を提示した。これは本書での，「スピーチアクト理論」の基礎である。さらに最晩年の『確実性の問題』では，論理の確実性は，言語実践によってのみ基礎づけられることが論じられ，それは，本章では「私」論へと展開されている。

ウェーバー，マックス（Max Weber 1864-1920）
ウェーバーは，近代合理主義精神の成立を，担い手となったプロテスタントの利害状況と価値理念で構成される動機理解から解明しようとした社会学者である。その西欧中心主義的解釈や史的唯物論への反証という方法論は，多くの論争をまきおこした。

神島二郎（1918-1998）
神島二郎は，戦後日本の政治学者であるが，丸山真男が，ウェーバーを援用して，西洋的合理主義が欠けた日本とした研究手法に異を唱え，柳田國男の民俗学的方法論を用いて，第二次世界大戦へと向かった日本人の心性を分析する必要性を説いた。

キェルケゴール，セーレン・オービエ（Søren Aabye Kierkegaard 1813-1855）
キェルケゴールは，デンマークの哲学者であり，実存主義の先駆者である。主著に『死に至る病』があり，人間の本来的な存在様式を「実存」と名付け，大衆社会に迎合する生活様式を鋭く批判した。「自己とは自己自身に関係するところの関係である」という生成的な自己は，有限性と無限性，および必然性と可能性という4つのキーワードで説明される。第15章では，これらを臨床の基礎理論とした。つまり高齢者の不適応状態を，有限性と無限性の不均衡から説明し，その変容は，死という必然性を前提とする中での高齢者の企投により生まれてくる可能性によりもたらされるという新たな高齢者支援論へと展開した。

木村　敏（1931- ）
木村は，西洋哲学や京都学派の哲学を思想的背景にして，独創的な現象学的精神病理学理論を構築した日本の精神科医である。主著に『分裂病の現象学』，『自己・あいだ・時間』『時間と自己』などがある。とりわけ「あいだ」という概念装置による，精神病患者の「自己の自己性」の障がい，また体験様式の時間論的な変性の分析は，木村独自の学問的な地平を開いていると評されている。そこで展開されているのは，差異化の原理による主体形成論であり，本章ではそれを病理論としてではなく，自己生成の過程を説明する臨床論として援用した。

西田幾多郎（1870-1945）
西田は，日本の著名な哲学者であり，主著に『善の研究』，『働くものから見るものへ』，『無の自覚的限定』などがある。西洋哲学の紹介に終始する当時の論壇のなかで，西田は自ら思索し，近代日本ではじめて独創

的な哲学を築き上げ，京都学派と呼ばれる哲学的思潮を形成した。その哲学は，西洋哲学で根拠とされている種々の形而上学的原理を臆見として批判し，いかなる独断的な原理も前提としない「無」の概念に特徴づけられる哲学である。それは，我々が生きる現実の最も直接的な場面の，差異の生成力学を探求する哲学の企てである。本章では，その哲学をソーシャルワークの基礎理論に位置づけた。

トム，カール（Karl Tomm）
トムは社会構成主義的なシステムズ理論，とりわけベイトソンの「差異」（Difference）の概念を土台にして，独創的な精神，心理療法の技法を体系化した。それは，患者の自発的変化を作り出す，循環的質問法（Circular Questioning）と呼ばれる技法である。事態の記述を意図するのか，あるいは記述への再考察を求め変化を試みるのかという，治療者の治療の目的に応じた質問法の区分（Descriptive circular questions 対 Reflexive circular questions）に加え，メッセージそれ自体に差異化を試みる質問であるのか，それともその文脈を変化させようとする質問であるのかという分類も示され，治療者は，この体系化された質問法によって，洗練された自己変容的治療技法の選択が可能になる。トムのこれらの循環的質問技法論については，Tomm, K (1985). Circular Interviewing: A Multifaceted Clinical Tool. In D. Campbell and R. Draper (eds.), *Applications of Systemic Family Therapy* を参照。

バイスティック，フェリックス・ポール（Felix Paul Biestek 1912-1994）
バイスティックは，クライアントとワーカーが援助関係を形成するための7原則（個別化・意図的な感情表出・統制された情緒的関与・受容・非審判的態度・自己決定・秘密保持）について論じ，ソーシャルワーカーのみならず，広範な対人支援専門職からその原則は受け入れられている。一方で，バイスティックはケースワークの援助技法を調査，診断，治療の過程であると整理し，聖職者として自らの実践を神の摂理の道具とみなした。それゆえ，バイスティックの7原則は，パターナリズム的実践を容認する枠組みとして用いられる場合もある。

ハイデガー，マルティン（Martin Heidegger 1889-1976）
ドイツの哲学者。ハイデガーは，キェルケゴール，ニーチェらの影響を受け，存在者が，存在することとはどういうことかを問う存在論的なあり方を論究し，『存在と時間』の著者として有名である。ハイデガーは，存在の基盤を，従来の神＝理性から「世界内存在」へと転換した。世界内存在である現存在の世界生成の活動を，Sorge（英語では care）と定義し，死を底板とした有限性の中で，世界内の人やものを，それぞれの現存在にとって有用な意味のある人やものとして生成し，さらにそれらを道具的連関として構成する理論的枠組みを提示した。この Sorge（care）論が，本書でのケアの臨床論の基礎理論となっている。『存在と時間』が彼の代表的な著書である。

ハートマン，アン（Ann Hartman 1926- ）
ハートマンはファミリー・ソーシャルワークの研究と教育で数多くの偉大な功績を残した。その1つは，エコマップと名づけられた，家族内サブシステム，家族システム，家族＋背景システム（エコシステム）それぞれと，それらのシステム間の結合の様態と力動性を簡略に表示する手法を提示したことである。さらにハートマンはジェノグラムと呼ばれた世代間の結合様式と力学を描き出す手法をも定式化した。これらの手法を用いた優れたソーシャルワーク実践は，数多くの著書として出版された。例えば著名な Hartman, A. & Laird, J. (1983). *Family-centered Social Work* はその1つである。

パーソンズ，タルコット（Talcott Parsons 1902-1979）

パーソンズは，アメリカの著名な社会学者であり，1950年代の社会学理論の有力なパラダイムとなる，社会の構造機能分析法，及びその具体例であるAGIL図式を提示した。ベールズとの共著では，核家族の構造と機能に関する研究を行い，特に役割理論の研究は，家族療法の理論家や臨床家に大きな影響を与えた（*Family, Socialization and Interaction*（- with Bales, Robert Freed, 1955））。パーソンズは，家族に求められる役割機能として，道具的役割と表出的役割をあげた。本書の第11章の事例分析においては，パーソンズの道具的役割と表出的役割の概念を用い，里親家族の変容過程の考察を試みた。

廣松 渉（1933-1994）

廣松は実在的主観が実在する客体を認識するという物象化された認識の二分論を退ける。廣松は，トランズアクション過程での，人が役割遂行者として成形され（二肢），ものが社会的な意味を与えられた道具として役割遂行者の前に出現する（二肢），四肢構造において，認識とその物象化が状況ごとに産出される力学を論じ，新たな認識論，存在論，そして実践論の体系を示した。また，廣松は，既存の『ドイツ・イデオロギー』に対して厳密な文献批判を試み，編集上の問題点を明らかにした業績においても名高い。廣松の四肢構造論は，実在する主体による内面への内省論，あるいは実在的資源の導入論という，既存の硬直化した対人支援論を乗り越える支援モデルの理論的土台を提示する。膨大な量の著作を廣松は出版した。代表的な著作は，『世界の共同主観構造』（1972）。

ベイトソン，グレゴリー（Gregory Bateson 1904-1980）

西洋文明の二元論に異を唱え，現象の一部分を切り取り原因と結果の因果関係を論じるのではなく，生態学的視点からシステムを全体として捉えるため，個々の関係性に根ざす相互作用のパターンに注目した。ベイトソンの二重拘束論は，家族療法家に対して，コミュニケーションに潜む病理的パターンへの視点を開いた。ベイトソンの影響を受け，クロネン，ピアスらはCMM理論，トムは循環的質問法を体系化した。「人間関係の問題解決を図る」，「人びとがその環境と相互に影響し合う接点に介入する」という倫理綱領をもつソーシャルワーカーにとり，循環的認識論に依拠し，偏狭な目的意識から距離をおこうとしたベイトソンの思想から学ぶところは大である。

ベルタランフィ，ルートヴィヒ・フォン（Ludwig von Bertalanffy 1901-1972）

ベルタランフィーは，オーストリアの生物学者であり，「一般システム理論」を提唱した人物として知られている。主著に，『一般システム理論－その基礎・発展・応用』（*General System Theory: Foundation, Development, Application*, 1968＝長野敬・太田邦昌訳，1973，みすず書房）がある。システムとは，「相互に作用しあう要素の集合」であり，システム的な発想は，生物学に限らず，広範な諸科学に応用可能である。たとえば，GST（General System Theory）に基づき社会福祉の領域であれば，家族療法において，家族をその構成員が相互に影響をおよぼす家族システムであると捉える視点が構築されている。

ベールズ，ロバート・フリード（Robert Freed Bales 1916- ）

ベールズは，家族の構造と機能に関する研究を行った，アメリカの社会学者である。特に対面場面における小集団を一つのシステムと見なし，その小集団内での問題解決過程の組織的な分析方法と理論を発達させた。すなわちベールズは，小集団内で選択されるさまざまな行為選択を，12のカテゴリーを用いて区分し，行動の相互作用過程を分析する方法（Interaction process analysis）を確立した。ベールズらのこの研究は，パーソンズが社会体系の一般理論，AGIL図式に重要な示唆を与えた。

ホリス，フローレンス（Florence Hollis 1907-1987）
ホリスは，アメリカの社会福祉研究者であり，自我心理学を基礎理論とする心理社会療法（Psychosocial Therapy）の体系化に寄与した。代表的な著作には，*Casework: A Psychosocial Therapy* がある。ホリスは「状況の中にある人（the person-in-his-situation）」として人と社会の関係を定義した。また変容技法論としてのリフレクション論は，内面のリフレクション論に留まり，社会面の説明力の弱さが課題であった。それゆえ本書では，ソーシャルな世界でのリフレクション論を論じた。

ホワイト，マイケル（Michael White 1948-2008）
ホワイトはオーストラリアのソーシャルワーカーで，家族療法家であった。ホワイトはナラティブ・セラピーの創設者で，ミシェル・フーコーらフランスのポスト構造主義の思想家の権力論を土台として，問題の外在化，支配的ストーリーの再編集という斬新な心理療法の技法を提示した。著名な邦訳として，エプストンとの共著，『物語としての家族』1992，金剛出版（原著，White, M and Epston, D. (1990). *Narrative Means to Therapeutic Ends*. New York: W. W. Norton & Company）がある。

丸山眞男（1914-1996）
丸山眞男は，戦後日本の政治学者であるが，M．ウェーバーの方法論を援用して，第二次世界大戦における日本の敗戦は「合理主義」が西欧にあり日本に欠けていたことによると分析した。

柳田國男（1875-1962）
柳田國男は，明治維新以降，欧米から輸入された人文・社会科学に対抗して，日本民族固有の社会原理を解明するために民俗学を創始した。文書史料だけに依拠していては，普通に生活している人々（常民）の生活は明らかにできないとして，フィールドワークによる研究を基本とする民俗学の必要性を説いた。

リッチモンド，メアリー（Mary Richmond 1861-1928）
アメリカのソーシャルワークの実践家であり，理論家でもあるリッチモンドは，「ケースワークの母」と呼ばれた人物である。リッチモンドは 1889 年よりアメリカ慈善組織協会（COS）の活動において指導的役割を果たした。主著に，『社会診断』(Social Diagnosis, 1917 ＝杉本一義監修, 2012, あいり出版)，『ソーシャル・ケース・ワークとは何か』(*What is Social Case Work ?: An Introductory Description*, 1922 ＝小松源之翻訳, 1991, 中央法規出版) がある。リッチモンドは，ケースワークの基礎を確立すると同時に，ソーシャルワークを，専門性を有する科学的な実践として確立することに貢献した。

ワツラウィック，ポール（Paul Watzlawick 1921-2007）
彼はオーストリア系の米国人で，著名な家族療法家で，かつコミュニケーション理論家であった。ワツラウィックはパロ・アルトの MRI（Mental Research Institute）で中心的な役割を担い，ベイトソンの二重拘束理論を土台にして，ジャクソン，ウィークランド，ヘイリーらと，統合失調症の二重拘束理論を体系化した。その臨床的成果である『人間コミュニケーションの語用論』=Watzlawick, P., Beavin B. J., and Jackson, D. (1967). *Pragmatics of Human Communication: A Study of Interactional Patterns, Pathologies and Paradoxes*. は，精神医学，臨床心理学，そしてソーシャルワークなどの多領域の対人治療や支援の研究活動に大きな影響を与えた。

和辻哲郎（1889-1960）
和辻は，仏教倫理思想史や西洋の倫理学の研究を経て，独自の体系的な倫理学思想を打ち出した日本の哲学

者，倫理学者である。主著には『人間の学としての倫理学』，『倫理学』，『日本倫理思想史』などがある。和辻は，近代の個人主義的な人間観，倫理観を批判して，動的な人間関係としての「間柄」を主体とする倫理学を構築した。そこでは，絶対的な否定性としての「空」を人間存在の根源として，間主観的な生成プロセスを前提にした力動的な社会生成論が展開されている。本章では，ソーシャルの生起する動的仕組みを説明するために，和辻の「間柄」という概念装置を応用した。

索　引

〈あ行〉

あいだ ……………………………………… 60
間柄 ……………………………… iii, 64, 68, 70
悪循環 … 20, 37, 79, 92, 137, 177, 221, 226, 230, 236
──過程 … 102, 113, 127, 132, 136, 179, 221, 223
──生成システム ………………………… 20
アセスメント ……………………… 244, 252
イーミックなアプローチ ………………… 79
痛みの訴え ………………………… 172, 222
一般システム理論 ………………………… 42
一般的意味づけ …………………………… 10
意味構成規則 … 4, 6, 11, 28, 33, 46, 47, 53, 149, 241
──構成論 …………………………… 15, 158
──の物象化 ………………………………… 8
イリッチ（Illich, I.）……………………… 92
ウィークランド（Weakland, J.）………… 56
ウィトゲンシュタイン（Wittgenstein, L.）… 172, 222
ウェーバー（Weber, M.）…………… 81, 96
訴え ………………… 10, 51, 174, 191, 194, 222
──の記述 ………………………………… 224
──の記述過程 …………………………… 31
エコ・マップ ……………………… 45, 51, 174
エティックなアプローチ ……………… 79, 91
エンパワーメント
　……………… iv, 43, 206, 208, 211, 213, 216, 219
応答能力 …………………………………… 27
奥田道大 …………………………………… 81

〈か行〉

解決志向短期療法（SFBT）
　……… 130, 172, 176, 189, 191, 194, 204, 221, 232
──的質問 …………………………… 111, 177
可住地 ……………………………………… 83
過剰適応 …………………………………… 247
『家族中心のソーシャルワーク』 ………… ii
過疎地域 ……………………………… 80, 93
過疎を逆手にとる会 ……………………… 93
かた ………………………………… 67, 69, 74
可視化 ……………………………………… 33

神島二郎 …………………………………… 81
課題解決領域 …………………………… 143
課題実践 ……………………… 117, 140, 147, 151
カテゴリー化 ……………… 126, 127, 130, 199, 256
カテゴリー表 ……………………… 118, 121, 127
関係性定義 ……………………………… 17, 26,
　33, 36, 39, 53, 67, 106, 117, 193, 209, 216, 224, 241
──── 規則 ……………………………… 47, 53
間主観性 ……………………………… 66, 72
間主観的構造 ……………………………… 66
キェルケゴール（Kierkegaard, S. A.）…… 245, 246
記述…………………… 12, 15, 30, 107, 114, 142, 151
記述的循環的質問法（DCQ）
　…………… 16, 31, 35, 36, 53, 54, 104, 105, 115,
　122, 125, 128, 138, 150, 176, 178, 189, 195, 250, 255
規則の公共性と「私」性 ………………… 49
規則の変容手順 …………………………… 50
（支援の）基礎理論 ………………… ii, 20
帰宅願望 ……………………………… iv, 226, 247
企投 ………………… 8, 12, 101, 163, 250
（支援の）技法論 …………………… ii, 101, 121
技法選択 …………………………………… 13
木村敏 ……………………………………… 59
逆説 ………………………………………… 156
──処方 …………………………………… 237
──的技法 ……………………… 111, 114, 130
──的支援法 ……………………… 153, 156, 164
京都学派 …………………………………… 56
「空」の否定性 ……………………… 65, 73
クロネン（Cronen, V. E.）………… 15, 26, 193, 232
ケア（気遣い）……… 8, 14, 109, 244, 245, 248, 250
──マネジメント …………………… 54, 244
──論 ………………………… 3, 8, 20, 101, 245
ゲッティングバイ・クエスチョン ……… 113, 195
原初的因果関係 ………………………… 105
──な行為 ………………………………… 11
──なもの ………………………………… 9
現存在 ……………………………………… 8
言語ゲーム理論 …………………… 172, 222

言語行為
　… 3, 15, 26, 28, 33, 115, 161, 172, 177, 179, 212, 241
　――的メッセージ ……………………… 157, 212
行為実践論 …………………………………… 15
　――選択
　　… 10, 12, 17, 20, 30, 33, 35, 45, 46, 48, 107, 116, 125,
　　136, 139, 145, 148, 155, 158, 174, 209, 219, 222, 224
　――選択規則 ………… 6, 7, 11, 28, 53, 149, 189, 193
　――的直観 ………………………………… 62
　――的連関 ……………………………… 67, 72
　――の意味づけ …………………………… 210
公共的ニーズ ………………………… 206, 207
構造機能主義 ……………………………… 78
肯定的反応 ……………………… 129, 143, 147, 149
公的規則 …………………………………… 49
高齢者虐待 ………………………………… 230
コト ………………………………………… 61
コーピング・クエスチョン ………… 113, 177, 195
コミュニケーション理論 ……… iii, 192, 232
コミュニティ理論 ………………………… 78
コミュニティワーク ……………………… 80
根源的ポジティブ・リフレーミング
　………………………… v, 14, 111, 113, 115, 250
コンプリメンタリー（相補）的相互作用 …… 234

〈さ行〉
差異化 ……………………… 5, 16, 17, 47,
　56, 60, 62, 70, 73, 106, 110, 125, 133, 138, 175, 208
　――の技法 ……………………………… 5, 74, 192
再記述過程 ………………………………… 35
差異生成 ………………………… 12, 17, 49, 194
　――生成力 ………………………… 8, 29, 53, 163
　――生成論 ……………………………… 56, 155
　――に関する質問 …………………… 194, 195
　――の生成力学 ………… 73, 130, 137, 141, 151
　――の活性化 ………………… 13, 144, 151
里親 ……………………………………… 171
　――委託 …………………………… 171, 195, 204
　――家族 ………………………… iv, 171, 178, 191
　――支援専門相談員 …………………… 171, 190
　――制度 ………………………………… 191
里山資本主義 ……………………………… 94
サブシステム ……… 17, 43, 192, 200, 204, 216, 218
支援パラダイム ……………………… ii, 192

自覚 ……………………… 13, 59, 60, 62, 69, 70
　――の「機制」 …………………………… 59
　――の三相構造 ………………………… 59, 63
始原的世界 …………………… 28, 33, 39, 46
資源導入論 ………………………………… i
　――反映論 ……………………………… 101
自己決定論 ………………………… 206, 207
　――自身 ……………………………… 60, 61
　――生成論 ……………………………… 56, 59
　――定義 ………………………… 26, 33, 72, 209
　――の再現 ……………………………… 246
　――の無化 ……………………………… 249
四肢構造 ………… 3, 5, 6, 12, 101, 209, 211, 218
　――の力学 ……………………………… 209
システムズ理論
　………………… i, 3, 41, 44, 156, 163, 192, 204, 232
システム的社会理論 ……………………… 46
自然村的秩序のムラ ……………………… 81
実詞化（イポスターゼ） ………………… 61
実証主義者 ………………………………… 164
実践課題の設定過程 ……………………… 33
　――プラン ……………………………… 138
実践論的側面からの私 ………………… 24, 27
　――の次元 ……………………………… 7
実体論 ……………………………………… 58
質と量 ……………………………… 130, 151
児童養護施設 ……………………………… iv, 178
自然発生的退職者コミュニティ ………… 85
私的確実性 ………………………………… 11
私的規則 ………………………………… 10, 49
自明性を帯びた一人称の私 ……………… 39
社会構成主義的家族療法論 ……………… 191
社会的・情緒的領域 ……… 127, 136, 143, 147, 149
　――入院 ………………………………… 82
社会的役割 ………………………………… 43, 102
　　　――遂行者 …………………… 6, 43, 209
　　　――定義 ……………………………… 6
社会理論 ………………………………… 41, 70
重層的意味構成規則の力学 ……………… 47
　　　――メカニズム …………………… 47, 193
述語論理 ………………………………… 57, 73
受容 ……………………………………… 250
循環的時系列 ……………………………… 16

循環的質問法　……………　iv, 3, 14, 15, 30, 74,
　　113, 162, 164, 176, 191, 197, 221, 224, 228, 237, 241
───な相互過程　…………………………　113
───認識論　………………………………　20
情緒的役割　……………………………　196, 197
───融合　…………………………………　197
所識　………………………………………　6
所与　………………………………………　6
資力調査（ミーンズテスト）　……………　87, 93
シングルケース・デザイン　………………　120
身体介護技術　……………………………　221
シンメトリー（相称）的相互作用　………　234
心理社会療法　……………………………　119n
垂直的力学　………………………………　47
水平的力学　………………………………　47
数量的変化　………………………………　150
スケーリング・クエスチョン
　　………………………　113, 117, 178, 183, 195
生成的システムズ理論　……………………　3
静態的　……………………………………　61
制度化された言説　………………………　47
───的規範　………………………………　247
───的「ケア」　……………………………　8
世界構成主体としての私　…………………　28
───構成法　………………………………　8, 14, 45
───生成の垂直的な構造と力学　…………　47
───生成の水平的な構造と力学　…………　47
───内での自己定義　……………………　47
───の無化　………………………………　14, 250
絶対的「私」　………………………………　5
絶対無の場所　……………………………　57, 60, 71
絶望（分裂関係）　…………………………　246
潜在的な志向性　…………………………　14
戦略的アプローチ　…………………………　56
───質問法　………………………………　28, 30, 34
相互作用過程のカテゴリー　………　116, 121, 126
相称的な対立関係　………………………　196
即自的自己　………………………………　102
───立場　…………………………………　5
（支援の）測定論　…………………………　ii
存在論的側面からの私　……………………　24
───の次元　………………………………　6

〈た行〉
対他的自己　………………………………　103, 107
対物的自己　………………………………　102, 103, 107
頽落　………………………………………　248
対立増幅過程　……………………　iv, 17, 140, 187, 237
脱構築　……………………………………　78
智　…………………………………………　26, 31, 35
地域共同体　………………………………　78, 81
───原理　…………………………………　81
───支援事業　……………………………　82
───性　……………………………………　78
───組織化　………………………………　iii, 78
───福祉計画　……………………………　94
───包括ケアシステム　…………………　85, 95
超越的な「ケア」　…………………………　245
超越論的な「私」　…………………………　4
直接的ポジティブ・リフレーミング　………　17
直線的（な）因果論　………　iv, 114, 153, 158, 164
───質問法　………………………………　30
───世界生起論　…………………………　6
治療的二重拘束論　………………………　160
ディスエンパワーメント　………　210, 211, 215, 216
底板　………………………………………　247
出来事群　…………………………　51, 122, 174, 194
───定義　……　17, 26, 72, 115, 158, 177, 195, 209
伝達行為　…………………………………　172
伝統的アノミー　……………………………　78
道具化　……………………………　6, 7, 110, 113, 133
道具的下位　………………………………　196
───上位　…………………………………　196, 198
───役割　…………………………　196, 197, 201, 204
都市社会学　………………………………　78
トム（Tomm, K.）　………………　15, 30, 164, 223
「ともに」の支援論　…………………………　249
トラッキング　………………………………　31
トランズアクション　…………………………　iii, 3, 4, 7,
　　10, 14, 17, 20, 35, 41, 46, 47, 50, 54, 102, 103, 111,
　　123, 128, 150, 155, 158, 162, 164, 173, 177, 193, 207,
　　208, 209, 210, 211, 217, 218, 219, 222, 230, 232, 239
トランズアクション分析法　………………　224

〈な行〉
内部生成論　………………………………　161
ナラティブ・アプローチ　…………　ii, 3, 13, 23, 41

索引　269

二元論	25, 41, 245
二重拘束（ダブル・バインド）	51, 157, 160, 232, 238
──── 理論	161, 165, 234, 235
──── 的命題	157
西田幾多郎	iii, 56, 59
偽解決	73, 179, 209, 223
二分法	ii
ニューカム（Newcomb, T. M.）	90
認識的側面からの私	21, 24
認識論の次元	6
認知症高齢者	108, 221, 246
ノイズ	54, 56, 105, 115, 211, 213
能為的主体の二肢的二重性	6
能識者	6
能知者	6

〈は行〉

排除の力学	209, 212
バイスティックの7原則	221
ハイダー（Heider, F.）	90
ハイデガー（Heideggar, M.）	ii, 3, 8, 61, 101, 109, 245, 248
場所論	58
長谷川啓三	221
パーソンズ（Parsons, T.）	121
パラダイム転換	88
パンクチュエイト	63
判断主観一般	6, 157
ピアース（Pearce, W. B.）	79, 223
ファミリー・ソーシャルワーカー	iv, 178
被虐待児童	178, 191
非言語的メッセージ	157, 212
必然性の欠乏	247
否定的反応	129, 137, 147
人とものの相互生成論	ii
人の物化	209
評定	17, 52, 116, 233
病理モデル	61
廣松渉	3, 5, 71, 209
不可住地	83
物象化	209
ブラデック（Vladeck, F.）	86
文脈に関する質問	194, 195

文脈論	155, 158
──── 論的支援法	155
ベイトソン（Bateson, G.）	12, 23, 30, 35, 37, 232
ベールズ（Bales, R. F.）	116, 118, 121, 125, 126
変容手順	13, 108, 114, 121, 123, 127, 133, 236
北米ミラノ学派	ii, 20, 56, 74, 163, 172
ポジティブ・リフレーミング	iv, 14, 108, 166n, 213, 216, 219, 221, 226, 230, 236, 237, 250
補足的関係	196

〈ま行〉

松原次郎	81
マネジメント	8, 244
丸山眞男	81
ミード（Mead, G. H.）	90
ミニマリスト	193
ミラクル・クエスチョン	113, 177, 182, 189, 194, 201, 237, 242
無化	249, 257
無限性の欠乏	246
矛盾律	157
メタ補足的な関係性	197, 202, 204
妄想	248, 255
ものの道具化	6, 9, 113, 137, 209, 213, 219
問題維持	20, 48, 50, 175, 213
── 解決力	19, 41, 191, 200, 204, 215, 258
── 解決のスキル	198
── の評定	133, 136

〈や行〉

柳田國男	81
有意味性	247
有限性の欠乏	246, 254
養育里親	178, 204
用材化	6, 8, 110
用材的財態の二肢的二重性	6

〈ら行〉

力動性の測定	128, 137, 142, 148
リフレクシブ（的）質問法	30, 32, 53
リフレクシブ（な）循環的質問法（RCQ）	19, 32, 35, 50, 54, 106, 113, 117, 151, 176, 179, 183, 186, 195, 197, 199, 228, 237, 251
リフレクション（過程）	14, 17, 19, 32, 36,

39, 74, 104, 106, 113, 116, 125, 140, 148, 150, 176,
　　179, 180, 197, 199, 219, 224, 226, 228, 236, 237, 239
リフレーム ………………… 15, 162, 217, 224, 239
量的測定 ……………………………… 128, 129
臨床的社会理論 ……………………………… 46
倫理 ……………………………………………… 68
例外事象 ……………………………… 142, 236
───の探索 ……………………… 113, 177
レヴィナス（Lévinas, E.）……………………… 61

〈わ行〉
「私」………………………………………… iii, 3, 4,
　　8, 10, 20, 24, 28, 39, 49, 70, 103, 106, 163, 176, 257
───が立ち上がる過程 ………… iii, 28, 31, 104, 255
───の解決方法 ……………………………… 33
───の眼差し方 ……………………………… 12
───論 ……………………………………… 20

和辻哲郎 …………………………… iii, 56, 64, 65, 68
ワツラウィック（Watzlawick, P.）… 56, 64, 73, 234
ワンダウン・ポジション …………… 146, 149, 237

A－B－X モデル ……………………………… 90, 94
Besorgen ……………………………… 8, 102, 109, 116
care about …………………… 8, 16, 20, 109, 116
care for ……………………… 8, 16, 20, 109, 116
CMM（Coordinated Management of Meaning）
　　……………… 15, 26, 78, 193, 232, 233, 234, 241
Fürsorge ……………………………… 8, 102, 109, 116
GST（General Systems Theory）………………… 42
MRI（Mental Research Institution）………… 56, 232
PACE 事業 ……………………………………… 85, 96
Sorge …………………………………… ii, 8, 245, 249
SRM（Short-term Reconstruction of Meaningful
　　Life Worlds）………………… 3, 20, 118, 121, 127

＜編者紹介＞

大下由美（おおした　ゆみ）
県立広島大学保健福祉学部人間福祉学科　准教授
専門：家族支援論
業績：短期の現実構成法の効果測定，2013『家族心理学研究』（共著）
　　　A New Intervention Skills and Measurement Methods for Clinical Social Work Practice, 2014, JJSW（共著），
　　　Reconstructing Meaningful Life Worlds : A New Approach to Social Work Practice, 2011, iUniverse（共編著），
　　　『サポート・ネットワークの臨床論』2010，世界思想社（単著），
　　　『支援論の現在 ── 保健福祉領域の視座から ── 』2008，世界思想社（単著），他多数。

小川全夫（おがわ　たけお）
特定非営利活動法人アジアン・エイジング・ビジネスセンター理事長
熊本学園大学社会福祉研究所特別研究員
公益財団法人福岡アジア都市研究所特別研究員
業績：『老いる東アジアへの取り組み：相互理解と連携の拠点形成を』，2010，九州大学出版会（編著），
　　　「超高齢社会にむけた地域生活基盤構築：産学公民協働に対する中間支援の必要性」2013，『都市政策研究』第15号，31-41，
　　　『2030年代の機能統合型コミュニティ形成の中間支援機能』，2013，福岡アジア都市研究，他多数。

加茂　陽（かも　きよし）
県立広島大学名誉教授
専門：家族臨床社会学
業績：Reconstructing Meaningful Life Worlds：A New Approach to Social Work Practice, 2011, iUniverse（共編著），
　　　Multiple-reflection Model of Social Work Practice, 2104, JJSW（共著），
　　　A New Intervention Skills and Measurement Methods for Clinical Social Work Practice, 2014, JJSW（共著），
　　　他多数。

＜執筆者紹介＞

岡本晴美（おかもと　はるみ）
広島国際大学　医療福祉学部　医療福祉学科　准教授
専門：ソーシャルワーク実践理論，社会福祉専門職の人材育成
業績：Multiple-reflection Model of Social Work Practice, 2014, JJSW（共著），
　　　「"資源生成論"に基づくソーシャルワーク実践〜資源論の新たな枠組みの提案〜」2014，『社会福祉士』21，
　　　『ソーシャルワーカー論 ―「かかわり続ける専門職」のアイデンティティ ―』，2012，ミネルヴァ書房（共著）

神成成子（かんなり　しげこ）
医療法人　翠星会松田病院　看護師
専門：精神科病院における家族看護

執行良子（しぎょう　りょうこ）
医療法人社団更生会草津病院　看護師
専門：精神科病院における家族看護

田高寛士（ただか　ひろし）
医療法人比治山病院　地域生活支援センターふれあい　精神保健福祉士
専門：精神科ソーシャルワーク

中尾恵子（なかお　けいこ）
社会福祉法人メインストリーム　特別養護老人ホーム　エバーグリーンホーム
生活相談員兼介護支援専門員
専門：高齢者ケア論

西田知世（にしだ　ともよ）
社会福祉法人　広島市社会福祉協議会
専門：高齢者支援論

藤原恵美（ふじわら　えみ）
株式会社広島福祉サービス広島市南居宅介護支援事業所　主任介護支援専門員
専門：高齢者支援論

前田佳代（まえだ　かよ）
児童養護施設　広島修道院きずなの家　主任児童指導員
専門：児童養護（援助方法論）
業績：「児童養護施設における処遇計画の展開」2001，『日本の福祉』16，
　　　「児童養護施設における対応が困難な事例への対処法の構築：事例分析」2001，『社会福祉学』（共著），
　　　『日常性とソーシャルワーク』2003，世界思想社（共著），
　　　『被虐待児童への支援論を学ぶ人のために』2006，世界思想社（共著），
　　　「家族を支える力をつくりだす」2011，『子どもと福祉』Vol.4，他多数。

山岸文惠（やまぎし　ふみえ）
中国地方更生保護委員会　委員
業績：A New Perspective on Helping Principles. In Y. Oshita and K. Kamo (eds.). *Reconstructing Meaningful Life Worlds: A New Approach to Social Work Practice*. 2011, iUniverse

山田修三（やまだ　しゅうぞう）
安田女子大学・安田女子短期大学　非常勤講師
専門：児童ソーシャルワーク論，児童家庭福祉学，障害児保育

ファミリー・ソーシャルワークの理論と技法
社会構成主義的観点から

2014年10月31日　初版発行
2024年4月30日　初版第2刷発行

編者　大下　由美
　　　小川　全夫
　　　加茂　陽

発行者　清水　和裕

発行所　一般財団法人　九州大学出版会
　　　　〒819-0385　福岡市西区元岡744
　　　　九州大学パブリック4号館302号室
　　　　電話　092-836-8256
　　　　URL　https://kup.or.jp/
　　　　印刷・製本／城島印刷㈱

©Yumi Oshita, Takeo Ogawa, Kiyoshi Kamo
Printed in Japan　ISBN978-4-7985-0143-7